U0581463

全世界无产者，联合起来！

列宁全集

第二版增订版

第二十卷

1910年11月—1911年11月

中共中央 马克思 恩格斯 列 宁 斯大林 著作编译局编译

人民出版社

《列宁全集》第二版是根据中国共产党中央委员会的决定，由中共中央马克思恩格斯列宁斯大林著作编译局编译的。

凡　　例

1. 正文和附录中的文献分别按写作或发表时间编排。在个别情况下，为了保持一部著作或一组文献的完整性和有机联系，编排顺序则作变通处理。

2. 每篇文献标题下括号内的写作或发表日期是编者加的。文献本身在开头已注明日期的，标题下不另列日期。

3. 1918 年 2 月 14 日以前俄国通用俄历，这以后改用公历。两种历法所标日期，在 1900 年 2 月以前相差 12 天（如俄历为 1 日，公历为 13 日），从 1900 年 3 月起相差 13 天。编者加的日期，公历和俄历并用时，俄历在前，公历在后。

4. 目录中凡标有星花 * 的标题，都是编者加的。

5. 在引文中尖括号〈　〉内的文字和标点符号是列宁加的。

6. 未说明是编者加的脚注为列宁的原注。

7.《人名索引》、《文献索引》条目按汉语拼音字母顺序排列。在《人名索引》条头括号内用黑体字排的是真姓名；在《文献索引》中，带方括号[　]的作者名、篇名、日期、地点等等，是编者加的。

目　　录

1910 年

1911年

附　录

插　图

前　言

本卷收载列宁在1910年11月至1911年11月期间的著作。

这一年俄国的社会政治生活发生了重大的转变:斯托雷平反动时期结束了,新的革命高涨开始出现。这是俄国经济和政治发展的必然结果。1910年,俄国工业发展从停滞转向高涨,重要工业部门的产量回升,生产和资本更趋集中,工人阶级的队伍不断扩大加强。经受了斯托雷平反动时期的残酷迫害和镇压之后,俄国无产阶级开始重新聚集力量,投入新的斗争。斯托雷平的土地政策使千百万农民破产,富农大发横财,农村中的阶级矛盾日益加深。六三体制加剧了以工人阶级和农民阶级为代表的民主阵营同贵族大地主、大资产阶级和沙皇政府的联盟的对立,全民政治危机的因素日益增长。

1910年夏季爆发了莫斯科工人大罢工。11月,彼得堡工人为哀悼俄国大文豪列·尼·托尔斯泰的逝世举行了游行示威,发动了政治罢工,提出了“废除死刑”的口号。与此同时,爆发了轰轰烈烈的学生运动,罢工浪潮波及全国很多工业城市。无产阶级的斗争对全国社会生活产生了极大影响,推动了农民和其他民主阶层奋起斗争,新的革命高潮正在形成。本卷中《转变不是开始了吗?》、《游行示威开始了》、《立宪民主党人谈“两个阵营”和“合理妥协”》、《立宪民主党人和十月党人》、《论危机的意义》和《斯托雷平与革命》等文分析了当时的社会政治形势。列宁称颂彼得堡示威游行是“民主运动高涨开始之时”，指出黑帮反动派实行绝对统治的时期结束了，新的革命高涨时期开始了。列宁阐明，沙皇专制的反动统治和反革命政策不可能阻止新的革命，“斯托雷平企图旧皮囊里装新酒，把旧的专制制度改造为资产阶级君主制，因此，斯托雷平政策的破产，也就是沙皇制度在最后这条路上，在沙皇制度**最后可能走的**这条路上的破产”（见本卷第329—330页）。俄国人民从中得到的教训是：或者在无产阶级领导下推翻沙皇君主制度而获得自由，或者在资产阶级的领导下继续受反动地主政权的奴役。

在《列·尼·托尔斯泰》、《列·尼·托尔斯泰和现代工人运动》、《托尔斯泰和无产阶级斗争》、《“有保留”的英雄们》和《列·尼·托尔斯泰和他的时代》等文中，列宁结合俄国革命的历史特点和面临的革命形势，对托尔斯泰的思想作了深刻的马克思主义分析，高度评价他对剥削压迫制度和专制统治的无情鞭挞，同时指出了他的思想的局限性，揭穿了沙皇政府和自由派企图利用托尔斯泰思想的消极面来诱骗人民放弃革命斗争的险恶用心。列宁指出，托尔斯泰作为艺术家的世界影响和作为思想家的世界声誉都各自反映了俄国革命的世界意义。托尔斯泰的天才艺术作品非常突出地反映了1861—1904年这个历史时代，体现了俄国第一次革命的历史特点、力量和弱点。托尔斯泰以其卓绝的艺术作品，激烈地抨击了沙皇俄国的国家制度、教会制度、社会制度和经济制度，表达了千百万俄国农民自发的反抗和愤怒的情绪。但是，他不理解俄国所遭遇的危机的根源和摆脱这个危机的方法，鼓吹“不用暴力抵抗邪恶”，鼓吹不问政治、放弃革命和自我修养，宣传用新宗教代替旧宗教。他的学说无疑是空想的学说。俄国人民不应该向托尔斯泰学习如何求得美好的生活，不应该把托尔斯泰的学说理想化。俄国无产阶级要接受并研究托尔斯泰的遗产，向被剥削劳动群众阐明托尔斯泰对国家、教会、土地私有制和资本主义的批判的意义，其目的不是使群众局限于自我修养、憧憬圣洁生活、诅咒资本和金钱势力，而是使群众振奋起来对沙皇君主制和地主土地占有制进行新的打击，使群众团结成一支社会主义战士的百万大军，摧毁托尔斯泰所憎恨的旧世界。

收入本卷的《农奴制崩溃五十周年》、《关于纪念日》、《"农民改革"和无产阶级-农民革命》等三篇文章，是列宁在俄国 1861 年"农民改革"五十周年时写的。列宁把 1861 年农奴制的改革同斯托雷平的土地政策联系起来作了评述，并作出结论说，农奴主所进行的任何资产阶级改革都不能防止革命，党和工人阶级的斗争目的仍然是推翻沙皇制度。列宁还分析了 1861 年农奴制改革以来俄国社会政治生活中出现的两种历史倾向，一种是自由主义倾向，另一种是民主主义和社会主义倾向，指出这两种倾向、两种力量的较量将最终决定为建立俄国新型社会制度而进行的斗争的结局。自由主义倾向发展的结果，出现了资产阶级自由主义君主派的政党——立宪民主党，它把专制制度的"立宪"遮羞布当做旗帜来顶礼膜拜。小资产阶级农民群众的代表劳动派是民主主义倾向的继承者。创建马克思主义政党的俄国无产阶级是社会主义倾向的代表。列宁把自由主义倾向和民主主义、社会主义倾向同俄国可能的两条发展道路联系起来，指出前者要使新的资本主义的俄国适应于旧的农奴制的制度，而后者要完全消除阻碍新事物的旧障碍，摧毁农奴主地主统治的旧制度。列宁认为："只有无产阶级才始终不渝地坚持彻底的民主主义，彻底揭露自由主义的动摇性，使农民摆脱它的影响，英勇果敢地发动武装起义。”（见本卷第180—181页）

新的革命形势需要无产阶级政党增强领导作用，但俄国社会民主工党仍然没有摆脱取消派和其他机会主义派别所造成的思想混乱和组织分裂的状态。本卷中大部分文献反映了列宁为反对取消派、召回派和调和派的反党派别活动，争取党在原则基础上的统一而进行的艰苦斗争。《给俄国社会民主工党中央委员会俄国委员会的信》、《论党内状况》、《致中央委员会》等文献，分析了俄国社会民主工党的状况，阐明了布尔什维克对克服党内危机的明确立场和观点。列宁揭露了呼声派和前进派不执行1910年1月中央全会关于解散派别的决议、变本加厉地进行反党活动的事实，谴责了托洛茨基拼凑取消派、召回派、托洛茨基分子反党联盟的冒险行为和分裂活动，指出托洛茨基派是孟什维克所有派别中最有害的一个派别。列宁号召全党：要加强并千方百计地支持所有真正护党力量的联合，以便捍卫马克思主义，反对取消派和召回派；要争取尽快召开中央全会，以便摆脱党内危机；要同托洛茨基拼凑反党联盟的分裂活动和无原则的冒险行为进行斗争。

俄国国内的取消派搞垮了国内的中央，国外的取消派竭力破坏国外中央会议的召开。布尔什维克为召开中央全会同取消派进行了半年的斗争。列宁及其拥护者于1911年5月28日—6月4日（6月10—17日）在巴黎召开了俄国社会民主工党侨居国外的中央委员会议。列宁在《给俄国社会民主工党国外中央委员会议的信》、《三个布尔什维克中央委员向九个中央委员的非正式会议的报告提纲》、《关于党内状况的报告》等文献中指出，召开国外中央全会是摆脱由于呼声派、前进派和托洛茨基的破坏活动使党陷入的那种困境的唯一可能和唯一正确的出路。列宁起草的《对关于召开党代表会议的决议的建议》和《声明》提出了建立俄国组织委员会的问题，反对呼声派和前进派参加负责筹备党代表会议的国外组织委员会。六月会议通过了旨在恢复党的中央委员会的决议，谴责了取消派把持的中央国外局的路线，声明与它完全断绝关系，并且成立了筹备中央全会的委员会和筹备全俄代表会议的组织委员会。中央委员六月会议开始了护党斗争的新阶段。

列宁特别重视巩固俄国国内的党组织，团结在国外的布尔什维克，反对无原则的调和和妥协。在《合法派同反取消派的对话》、《俄国社会民主工党巴黎第二小组关于党内状况的决议》、《〈两个政党〉小册子的序言》和《对〈两个政党〉小册子的补充》等文献中，列宁把合法独立派和呼声派准备建立的新的公开的党称为斯托雷平"工党"，指出同这个新党的活动家是不能达成任何协议的，因为这个新党只能阻挠俄国社会民主工党的恢复。中央委员六月会议以后，调和主义是团结党和巩固党的严重障碍。列宁认为："现在党内危机的关键，无疑在于我们俄国社会民主工党是同取消派（也包括呼声派）完全分离，还是继续实行同他们妥协的政策的问题。"（见本卷第338页）在《党内状况》、《来自斯托雷平"工"党阵营的议论》、《论调和分子或道德高尚的人的新派别》等文章中，列宁揭露了调和派特别是托洛茨基调和派的危险性。列宁指出：托洛茨基是取消派的奴仆，巴黎的调和派是托洛茨基的地地道道的应声虫；调和派是一个最坏的最无原则的派别，它的错误在于他们不懂得现在首要的决不是组织问题，而是关于党的整个纲领、整个策略、整个性质的问题，是关于两个党即社会民主工党和斯托雷平工党的问题。

布尔什维克同取消派在组织问题上的分歧导源于重大原则的分歧。列宁写道:"马克思主义的理论,我们的整个世界观以及我党的全部纲领和策略的'**原则基础**'现在被提到党的整个生活的首要地位,这不是偶然的,而是必然的。"(见本卷第59页)列宁在《马克思主义和〈我们的曙光〉杂志》、《我们的取消派》、《关于政权的社会结构、关于前景和取消主义》、《论战性的短评》、《合法派同反取消派的对话》、《关于旧的但又万古常新的真理》、《俄国社会民主工党巴黎第二小组关于党内状况的决议》、《自由派工党的宣言》等文章中指出,取消派不执行党的纲领,公开否认党的革命的最近目的——推翻沙皇制度和建立民主共和国,宣传与马克思主义毫无共同之处的资产阶级自由主义思想,完全滚到改良主义道路上去。列宁评述了布尔什维克和取消派对1908—1910年俄国向资本主义演变这个特殊阶段的政权的社会结构和国家最近将来的前途所得出的不同结论,批判了取消派的机会主义论点。列宁从理论上指明,取消派同马克思主义的一切基本原理完全决裂,集中体现了资产阶级对无产阶级的影响。

本卷中的《俄国社会民主主义运动中的改良主义》一文深刻地揭示了改良主义的产生根源。列宁指出,由于资本主义和工人运动的迅速发展,资产阶级转而采取新的策略,用改良主义来反对社会主义革命,即企图用不彻底的让步和不大的社会改革来分化和削弱工人阶级,保持资产阶级的政权。西欧各国工人运动内部的改良主义就是这种变化的必然结果。除了这个一般的原因,俄国的改良主义由于俄国比欧洲落后和众多小资产阶级群众最容易动摇而显得特别顽强。列宁认为,取消派放弃无产阶级领导权思想是俄国社会民主工党内的改良主义的最露骨的表现，而他们的所谓资产阶级革命已经结束的论调则是用空话来掩饰他们放弃一切革命的企图。

《论马克思主义历史发展中的几个特点》一文是为捍卫马克思主义的基本原理而写的。文章分析了1905—1910年俄国的社会政治形势，阐述了马克思主义在不同历史时期所体现的不同特点，阐明了马克思主义运动内部危机的产生原因和发展深度，要求以科学的态度正确认识和对待马克思主义。列宁指出，马克思主义不是死的教条，不是什么一成不变的学说，而是活的行动指南，因此，它必然反映社会生活条件的异常剧烈的变化；只有创造性地把马克思主义运用于已经变化了的社会政治形势，才能正确规定党和工人阶级的任务。随着具体的政治形势和直接行动的任务的改变，马克思主义这一活的学说的各个不同方面也就不能不分别提到首要地位。在1905—1907年革命时期，策略问题被提到马克思主义的首要地位。在1907—1910年反动时期，捍卫马克思主义基础，反对理论方面的动摇成了迫切的任务。如果忽视了这一点，就会把马克思主义变成一种片面的、畸形的、僵死的东西，就会抽掉马克思主义的活的灵魂，就会破坏它的根本的理论基础及其同时代任务之间的联系。针对俄国马克思主义运动内部的危机，列宁指出："现在，由于资产阶级的影响遍及马克思主义运动中的各种各样的'同路人'，使马克思主义的理论基础和基本原理受到了来自截然相反的各方面的曲解，因此团结**一切**意识到危机的深重和克服危机的必要性的马克思主义者来共同捍卫马克思主义的理论基础和基本原理，是再重要不过的了。"（见本卷第88页）

本卷中的《欧洲工人运动中的分歧》、《两个世界》和《英国社会民主党代表大会》等文章，反映了列宁同第二国际机会主义所进行的斗争。在《欧洲工人运动中的分歧》一文中，列宁对背离马克思主义的两个流派——修正主义（机会主义、改良主义）和无政府主义（无政府工团主义、无政府社会主义）作了剖析，阐明了机会主义的根源和国际工人运动中产生策略分歧的主要原因。列宁认为，必须从资本主义国家的经济制度和发展性质中寻找修正主义和无政府主义的根源。一批批"新兵"和新的劳动群众被吸收到工人运动中来，他们往往只能领会马克思主义的某几个方面，还受着资产阶级世界观的影响。这是引起工人运动分歧的原因之一。无政府工团主义和改良主义是资产阶级世界观及其影响的直接产物，它们都把工人运动在各个不同时期所固有的特点说成是相互排斥的。修正主义者否认革命即飞跃的学说，认为改良就是局部实现社会主义。无政府主义者拒绝在群众中开展经久的耐心的工作，特别反对利用议会讲台。列宁写道："无论前者还是后者都阻碍了这样一件最重要最迫切的事情：把工人团结成为规模巨大、坚强有力、很好地发挥作用的、能够在**任何**条件下都很好地发挥作用的组织，团结成为坚持阶级斗争精神、明确认识自己的目标、树立真正马克思主义世界观的组织。"（见本卷第 67 页）列宁还阐明这两种倾向同资产阶级的策略的关系：资产阶级对工人阶级采取暴力方法，会引起无政府工团主义的增长；资产阶级对工人阶级实行让步政策，则会引起右倾机会主义的增长。在《两个世界》一文中，列宁评述了德国社会民主党马格德堡代表大会上倍倍尔同机会主义分子弗兰克在如何对待资产阶级法制问题上的争论。列宁批判了机会主义者完全相信资产阶级法制，认为这种法制会永世长存，社会主义可以装在这种法制的框子里的错误观点。列宁指出："有两个思想世界：一方面是无产阶级的阶级斗争观点，认为在一定的历史时期阶级斗争可以在资产阶级法制的基础上进行，但是阶级斗争**不可避免地**要导致最后的结局，要导致面对面的搏斗，要面临最后的抉择；或者是'彻底打碎'资产阶级国家，或者是自己被粉碎、被扼杀。另一方面是改良主义者、小资产者的观点，他们只见树木不见森林，只见虚有其表的立宪法制，不见残酷的阶级斗争，待在某个小国的穷乡僻壤，忘记了当代伟大的历史问题。"（见本卷第12页）列宁在《英国社会民主党代表大会》一文中揭露了机会主义表现形式之一的社会沙文主义。

收入本卷的《纪念公社》一文分析了巴黎公社的产生原因和真正意义。列宁指出，巴黎公社由于1871年的法国不具备生产力高度发展和无产阶级准备成熟这两个胜利的社会革命应有的条件而遭到失败，但是，巴黎的炮声对加强革命的社会主义宣传起了推动作用。列宁写道："公社的事业是社会革命的事业，是劳动者谋求政治上和经济上彻底解放的事业，是全世界无产阶级的事业。正是在这个意义上，公社的事业是永垂不朽的。"（见本卷第224页）

本卷还收入列宁悼念无产阶级革命活动家伊·瓦·巴布什金、保尔·辛格尔、保尔·拉法格和劳拉·拉法格的文章或演说。

在《列宁全集》第2版中，本卷文献比第1版相应时期的文献增加了10篇，其中有：《〈政治经济学原理〉课程讲授提纲》、《对弗·维·阿多拉茨基的文章〈论新自由主义。评帕·诺夫哥罗德采夫《现代法律意识的危机》一书〉的意见》、《声明》、《对〈两个政党〉小册子的补充》。此外，《俄国社会民主工党中央委员会议文献》中增收了《关于党内状况的报告》、《在讨论确定会议性质问题时的发言》、《在讨论关于召开中央全会问题时的发言》、《对关于召开党代表会议的决议的建议》和《声明》等 5 篇。《附录》中的文献也是新增加的。

弗・伊・列宁

（1910 年）

转变不是开始了吗?

(1910 年 11 月 16 日〔29 日〕)

这一号的报纸[1]已经排好版了,我们才收到彼得堡和莫斯科 11 月 12 日的报纸。尽管合法报刊上登的消息不多,但无疑从中还是可以看出:许多城市举行了大学生集会、示威和街头游行,要求废除死刑,发表反政府的演说。就连完全同十月党人唱一个调子的《俄罗斯新闻》[2]也报道说,在 11 月 11 日彼得堡的游行示威时,在涅瓦大街上聚集了**不下 1 万人**。这家报纸还报道说,在彼得堡区,"在民众文化馆附近有许多工人加入了游行队伍。在土奇科夫桥前游行队伍停了下来。警察怎么也阻止不了游行,人群唱着歌,打着旗,向瓦西里耶夫岛大街行进。只是在大学附近,警察才把人群驱散"。

不用说,警察和军队是按照真正俄国方式行动的。

对于这一次无可置疑的民主运动的高涨,我们将在下一号再作评论,但在这里我们不能不稍微谈谈各个党派对待这次游行示威的态度。《俄罗斯新闻》在 11 日刊登了一条**假**消息,说游行示威取消了;在 12 日又报道说,社会民主党并没有通过任何决定,而个别的社会民主党代表甚至表示反对,只有劳动派[3]在所通过的决议中认为不可能阻止游行示威。我们确信,这个败坏我们社会民主党代表声誉的消息是假的;这大概也是《**俄罗斯新闻**》恶意捏造的,如同它昨天捏造说游行示威取消了一样。《莫斯科呼声报》[4] 12日报道说,“除了社会民主党,所有党派的代表都反对大学生上街游行”。

很明显,立宪民主党的机关报和十月党的机关报在极力“回避事实”,它们被“游行示威是由塔夫利达宫操纵的”这种极端荒谬可笑的右派叫嚣吓坏了。

立宪民主党人[5]的行为很不体面,这是事实。《言语报》[6]在11日,即游行示威那一天,刊登了立宪民主党代表请求不要组织游行示威的呼吁书。无论是这篇呼吁书,还是《言语报》的社论,提出的理由实在卑鄙可耻:“不要玷污”哀悼的日子!“举行示威,把示威和悼念托尔斯泰联系在一起”——那就是表明“对神圣的悼念缺乏真诚的爱”!! 以及诸如此类道地的十月党人的论调(参看《莫斯科呼声报》11日那篇几乎字句都完全相同的社论)。

幸而立宪民主党人对民主运动施展的卑鄙伎俩没有成功。游行示威仍然举行了。警察当局的《俄国报》[7]继续把一切都归罪于立宪民主党人,竟然把他们的呼吁书都看成是“煽动”,而在杜马[8]中,用《莫斯科呼声报》的话来说,十月党人[9]和极右派(舒利金)却称赞立宪民主党人的**功绩**,认为他们是“游行示威的反对者”。

只要人们还在受立宪民主党人的领导,只要人们还没有本领对付立宪民主党人的背叛,俄国的解放运动事业就是**没有希望的**,——如果俄国革命的整个进程还没有教会人们认识这一点的话,那么就让人们从当前的政治事件中,从11月11日的游行示威的历史中去反复吸取教训吧。

民主运动高涨开始之时,也就是立宪民主党人开始干卑鄙勾当之日。

再谈一谈《莫斯科呼声报》上的一则消息，这则消息说，工人曾经建议大学生在 14 日举行大规模的游行示威。这也许有一部分是真实的，因为今天（11 月 15 日（28 日））巴黎的报纸报道说，在圣彼得堡有 13 名总工会委员因**企图**组织工人示威而被捕。

载于 1910 年 11 月 16 日（29 日）
《社会民主党人报》第 18 号

译自《列宁全集》俄文第 5 版
第 20 卷第 1—3 页

为穆罗姆采夫去世而举行的游行示威

（短　　评）

（1910 年 11 月 16 日〔29 日〕）

立宪民主党的《言语报》就黑帮杜马第 4 次常会第 1 次会议写道："本届杜马在今天彻底而坚决地背弃了人民情绪和民族意识。"这当然是针对黑帮分子和十月党人拒绝追悼第一届杜马[10]主席穆罗姆采夫而讲的。

这句话再明显不过地表明，我国自由派对整个争取自由的斗争的看法，特别是对为穆罗姆采夫去世而举行游行示威的看法，是极其虚伪的。

毫无疑问：由于穆罗姆采夫去世而举行游行示威来反对沙皇政府，反对专制制度，反对黑帮杜马，这是必要的；这样的游行示威已经举行过了；参加游行示威的有各种不同的、最广泛的居民阶层，有各种不同的政党，从社会民主党直到立宪民主党、"进步派"[11]和波兰的十月党人（波兰代表联盟[12]）。而同样毫无疑问的是，立宪民主党人对这次游行示威的评价千百次地表明，他们和民主派是多么不同，如果让他们来领导俄国的民主事业，或者哪怕只是让他们参与领导，对这个事业将会有多大的**危害**。

所有的民主派和所有的自由派当时都参加了而且也都应当参加为穆罗姆采夫去世而举行的游行示威，因为在黑帮杜马的黑暗制度下，这样的游行示威能够公开地、比较广泛地表达出对专制制度的**抗议**。沙皇专制政府拼命反对在俄国建立代表机构。当无产阶级和革命农民用群众斗争的办法迫使专制政府不得不在俄国召开第一届议会时，专制政府就在召开议会的问题上弄虚作假，肆意歪曲。**当**人民的声音，民主派的声音在第一届杜马中响起的**时候**，专制政府就对民主派，对人民加以嘲弄和侮辱。现在就连回忆一下民主派在第一届杜马中无力地提出的那些要求，也要遭到专制政府的追究（民主派在第一届杜马时期从杜马讲坛上提出的那些要求与 1905 年秋从公开的群众斗争浪潮建立起来的讲坛上提出的要求相比，要无力得多，贫乏得多，涉及面要窄得多，生命力要小得多）。

正因为如此，民主派和自由派过去才能够而且也应当取得一致的看法：利用一切可以提醒群众进行革命的机会，举行反对专制制度的游行示威。但是，他们尽管在共同举行游行示威方面的看法一致，却**不能**不对民主派任务的评价，特别是对第一届杜马的历史表明**自己的**态度。而他们一着手进行这种评价，马上就表明了我国资产阶级自由派的极端无知，在政治上的软弱和低能。

真没有想到，黑帮杜马“在今天”即在 1910 年 10 月 15 日这一天才“彻底而坚决地背弃了”人民！这就是说，在此以前它并没有坚决地背弃人民。这就是说，参加追悼穆罗姆采夫，就消除了，或者说能够消除“背弃”“人民情绪”的现象，即消除我国某些反革命分子背弃民主派的现象。热衷于民主派这一崇高称号的先生们，你们要知道，当你们这样提出问题的时候，正是你们自己，而不是别人在把游行示威的意义贬得最低最庸俗。《言语报》写道：“对第三届杜马道义上和政治上的评价即使再低，那种认为它会拒绝履行起码的义务，拒绝追悼这位如此辉煌卓越地开创了杜马〈!!〉并使之神圣化了的人的想法，也是荒谬的。"真会奉承，原来穆罗姆采夫开创了"杜马"、第三届杜马，并使之神圣化了！立宪民主党人这句话无意中道出了痛苦的真相，这就是，俄国自由派和俄国资产阶级背叛了革命斗争和1905年底的起义，而"开创了"整个反革命时期，特别是第三届杜马时期，"并使之神圣化了"。《言语报》写道："我们认为，一小撮政治捣乱分子是不能够压倒杜马中多数人的温文尔雅的声音的。"原来如此！过去和现在谈的都是"温文尔雅"的问题，而不是反对专制制度的问题。现在提出的不是民主派同反革命"**决裂**"的问题，而是自由派同反革命**联合**的问题。自由派正在采取反革命的立场，它邀请反革命代表十月党人一同来追悼穆罗姆采夫，不是为了表示对专制制度的抗议，而是为了做到"温文尔雅"。穆罗姆采夫"开创了"由沙皇召开的第一届所谓议会，"并使之神圣化了"(竟有这样令人作呕的话!)；十月党人先生们，你们坐在由沙皇召开的第三届所谓议会中，却拒绝履行这个"起码的义务"，岂不是"粗暴无礼"吗？从这个很小的例子中，仅仅从立宪民主党正式机关报的这一论断中，可以异常清楚地看出，我国自由派在思想上和政治上腐朽极了。他们的路线就是**劝说**专制政府、黑帮地主及其同盟者十月党人，而不是启发群众的**民主主义**意识。因此他们的下场就是永远做君主制度和封建主的奴隶，永远受到君主制度和封建主的蹂躏，这是这种资产阶级自由派在一切资产阶级民主革命中必然的下场。

如果立宪民主党的代表们对民主派的任务稍有了解，他们在第三届杜马中所关心的就不会是**十月党人**履行"起码的义务"的问题，而是面对**人民**举行游行示威的问题。那就不需要向主席呈递声明(根据议事规则第120条规定,这种声明是否宣读要由主席来裁夺),而是要通过某种方式把问题提出来加以讨论。

如果立宪民主党的作家们对民主派的任务稍有了解,他们就不会去责备十月党人无礼,而会阐明第三届杜马的所作所为恰恰突出地表明了为穆罗姆采夫去世而举行的游行示威的意义,恰恰不是去讲"温文尔雅"这种**庸俗的**、市侩的废话,而是把问题提到对现行制度和各个政党的作用**从政治上**进行评价的高度。

但是为穆罗姆采夫去世而举行的游行示威不能不同时提出另一个问题,即关于第一届杜马的历史意义的问题。立宪民主党人把穆罗姆采夫捧成"民族英雄",这是不言而喻的,因为他们当时在杜马中占多数,他们那时指望成立立宪民主党内阁,指望用"和平的"办法取得自由,指望加强他们在民主派中间的领导权。以日尔金先生为代表的劳动派竟然也堕落到附和自由派的这种论调的地步,他们干脆把穆罗姆采夫当做各左翼政党的政治上的"教导者"来纪念。

立宪民主党人和劳动派对第一届杜马的这种评价的重要意义在于:它表明了俄国"社会"的政治觉悟水平极端低下。俄国"社会"既然赞扬立宪民主党人在第一届杜马中的政治作用,他们就没有权利抱怨斯托雷平和第三届杜马,因为他们只配有这么一个政府。自由派在俄国解放运动中取得领导权,必然意味着运动软弱无力和野蛮的地主的统治无法排除。只是由于无产阶级摆脱了自由派,实行了无产阶级的领导权,才**使**革命**一再取得**胜利,并且**能够**使革命继续取得胜利。

第一届杜马时期就是在12月遭到失败的无产阶级为新的冲击聚集力量的时期。在12月以后低落下去的革命罢工这时又蓬勃地高涨起来；继工人之后，农民也跟上来了（1906 年春的农民骚动席卷了欧俄百分之四十六的县份）；士兵“暴动”也更趋激烈。这时自由派资产阶级必须作出抉择：或者是帮助群众实行新的**革命**冲击，这样，就有可能战胜沙皇制度；或者是脱离革命，从而促使沙皇制度获得胜利。群众斗争又一次高涨，资产阶级又一次动摇，沙皇政府犹豫不决、伺机而动，——这就是第一届杜马时期的**实质**，这就是俄国历史上这个时期的**阶级基础**。

无论是操纵第一届杜马的政党立宪民主党，或者是该党的首领之一穆罗姆采夫，都表现出对政治形势的完全无知，都又一次背叛了民主派。他们背弃革命，谴责群众斗争，给群众斗争设置种种障碍，并且竭力利用沙皇政府的犹豫不决，拿革命来恐吓它，**以**革命**名义**要求进行交易（即成立立宪民主党内阁）。显然，这样的策略对民主派来说是一种**背叛**，对沙皇政府来说是一种软弱无力的、似乎是鼓吹“立宪的”夸夸其谈。显然，沙皇政府一面“**玩弄**”同立宪民主党人谈判的“**把戏**”，一面为解散杜马、实行政变**作准备**，以便赢得时间来积聚力量。无产阶级和一部分农民在 1906 年春已经起来进行新的斗争，他们的过错或者说不幸就在于，他们斗争得不够坚决，他们的人数不够多。自由派在 1906 年春陶醉于玩弄立宪把戏和同特列波夫谈判，同时对那些唯一能够**推翻**特列波夫之流的人横加指责，并阻碍那些人的工作。

资产阶级的伪君子喜欢讲的一句名言是：对死者要么一言不发，要么称道几句（de mortuis aut bene aut nihil）。无产阶级需要了解政治活动家的**真相**，不管他们是活着的还是死去的，因为凡是真正配得上被称做政治活动家的人，即使他们的肉体已经死去，他们在政治上是不会死去的。关于穆罗姆采夫，讲些程式化的谎言，就是危害无产阶级事业和民主事业，就是腐蚀群众的意识。而讲出关于立宪民主党人和那些让立宪民主党人来领导（和欺骗）自己的人的痛苦的真相，就是纪念俄国第一次革命中**伟大的事物**，就是帮助第二次革命获得成功。

载于1910年11月16日（29日）
《社会民主党人报》第18号

译自《列宁全集》俄文第5版
第20卷第4—9页

两个世界

(1910年11月16日〔29日〕)

关于德国社会民主党马格德堡代表大会[13]的文章在各个报纸上已经发表了很多，这次代表大会的一切主要事件和斗争的各种曲折，大家都十分清楚。修正主义者同正统派斗争的表面现象和代表大会的一些戏剧性的插曲，过多地吸引了读者的注意，这对认清这场斗争的原则意义和认清分歧的思想政治根源是不利的。然而马格德堡的争论——主要围绕着巴登人投票赞成预算的问题——提供了极其重要的材料，说明德国社会民主工党**内部**有两个思想世界和两种阶级倾向。投票赞成预算，只不过是这两个思想世界分歧的表现之一。这种分歧非常深刻，今后无疑还会由于更加严重、更加深刻和更加重要的原因而表现出来。现在，当大家都清楚地看到德国伟大的革命风暴**即将来临**的时候，必须把马格德堡的争论看成是一小部分军队**在**作战**前**的一次小检阅（因为关于投票赞成预算的问题只是社会民主党基本策略问题的一小部分）。

关于无产阶级大军各个部分怎样了解自己的任务的这次检阅，表明了什么呢？关于大军各个部分将如何行动的这次检阅，向我们说明了什么呢？——这就是我们想谈的问题。

我们先从一个局部的（初看起来是局部的）冲突说起。修正主义者的领袖弗兰克像一切巴登人一样，竭力强调说，冯·博德曼大臣最初否认社会民主党同其他政党即资产阶级政党“平权”，后来似乎又收回了这种“侮辱”。倍倍尔在他的报告中曾就这个问题说道：

“……现代国家的大臣是现存的国家制度和社会制度的代表，而现代国家这个政治机构的目的，就是防止社会民主党人的一切进攻以保卫和支持现存的国家制度和社会制度，必要时还要通过暴力来保卫。如果这样的一位大臣说他不承认社会民主党有平权，那么从他的角度来看，他这样说是完全对的。”弗兰克打断倍倍尔的话喊道：“没有听说过！”倍倍尔接着回答他说：“我觉得这是十分自然的。”弗兰克又大叫：“没有听说过！”

弗兰克为什么这样激愤呢？因为他对资产阶级“法制”和资产阶级“平权”信服得五体投地，而不懂得这种法制的历史**局限性**，不了解事情一旦涉及保存资产阶级所有制这个基本的和主要的问题时，这全部法制就**一定会**而且必然会化为乌有。弗兰克满脑子小资产阶级的立宪幻想；所以他不懂得，即使在德国这样的国家，实行立宪制度也有历史**条件性**；他相信德国资产阶级的（更确切地说：资产阶级的封建的）宪法的绝对作用和绝对效力，所以当立宪大臣不愿承认他弗兰克这位奉公守法的议员的“平权”时，他从内心感到受了**侮辱**。弗兰克陶醉于这种法制，竟然忘记资产阶级同无产阶级是不可调和的，他不自觉地站到那些认为这种资产阶级法制永世长存、认为社会主义可以装在资产阶级法制框子里的人的立场上去了。

倍倍尔使问题摆脱了资产阶级民主派所固有的这种立宪幻想，把问题放到阶级斗争的实际基础上去。能否因为资产阶级制度的维护者不承认我们这些整个资产阶级制度的反对者有资产阶级权利上的平等，就感到自己是“受了侮辱”呢？如果认为这样就能侮辱我，那就足以说明我的社会主义信念是多么的不坚定了！

倍倍尔还尽量利用明显的例子来使弗兰克理解社会民主党的观点。倍倍尔对弗兰克说，反社会党人非常法[14]并不能“侮辱”我们；我们当时是义愤填膺，满腔仇恨，“如果那时我们有可能，我们就会像我们内心所希望的那样投入战斗，我们就会彻底粉碎我们道路上的一切障碍”（**暴风雨般的赞许声**——在速记记录中此处是这样记的）。“如果我们不这样做，我们就会成为我们事业的叛徒。”（**对！**）“但是我们没有能够做到这一点。”

弗兰克说，立宪大臣不承认社会党人的平权，就是侮辱我。倍倍尔说，这种人否认平权，未必就是侮辱你，因为不久以前他践踏一切“原则”，压迫着你；他维护资产阶级制度，本来就要压迫你，而且今后还会压迫你（倍倍尔并没有这样说，但是他明显地暗示了这一点；倍倍尔为什么这样慎重，只作了暗示，我们下面再谈）。如果我们有可能去压迫无产阶级的这些敌人而不去这样做，那我们就是叛徒。

有两个思想世界：一方面是无产阶级的阶级斗争观点，认为在一定的历史时期阶级斗争可以在资产阶级法制的基础上进行，但是阶级斗争**不可避免地**要导致最后的结局，要导致面对面的搏斗，要面临最后的抉择；或者是“彻底打碎”资产阶级国家，或者是自己被粉碎、被扼杀。另一方面是改良主义者、小资产者的观点，他们只见树木不见森林，只见虚有其表的立宪法制，不见残酷的阶级斗争，待在某个小国的穷乡僻壤，忘记了当代伟大的历史问题。

改良主义者自以为是现实的政治家，是从事有益工作的人，是治国之才。让无产阶级保持这些幼稚的幻想，对资产阶级社会的主宰者是有利的,但是社会民主党人必须无情地粉碎这些幻想。倍倍尔说道,关于平权的言论是“毫无意义的空话”。倍倍尔在党代表大会全场笑声中说道:“谁能让整个社会主义党派上这些空话的当,谁就是治国之才,但是谁让自己去上当,那就根本不是什么治国之才。”这些话对于社会主义运动中的形形色色机会主义者,即让自己去上德国民族自由党人[15]的当、去上俄国立宪民主党人的当的那些人,真是切中要害。倍倍尔说道:“持否定态度的人往往比那些所谓从事有益工作的人所争得的要多得多。尖锐的批评、严正的反对,总会产生好的结果,只要这种批评是公正的,而我们的批评无疑是公正的。”

机会主义者所说的有益工作,在许多情况下指的是**替自由派**工作,一般是替那些掌握政权、左右这个国家、社会和集体的活动的人工作。倍倍尔也直截了当地作出这种结论说:“在我们党内有不少执行民族自由党政策的民族自由党人。”他举出所谓的(倍倍尔用的是**所谓的**)《社会主义月刊》(«Sozialistische Monatshefte»)[16]颇有点名气的主编**布洛赫**作为例子。“在我们党内是不该有民族自由党人的地位的。”——倍倍尔在代表大会全场赞许声中直截了当地这样说。

请看《社会主义月刊》撰稿人的名单。他们**全是**国际机会主义的代表。他们对我们的取消派的行为赞不绝口。德国社会民主党的领袖宣布这个机关刊物的主编是民族自由党人,难道这不是说明有两个思想世界吗?

全世界的机会主义者都想采取同自由派结成联盟的政策,有的直截了当地公开宣布并实行这种政策,有的则鼓吹同自由派缔结的选举协定,支持自由派的口号,等等,并为此一再辩解。倍倍尔一次又一次地彻底揭露了这种政策的欺骗性和虚伪性，可以毫不夸大地说，任何一个社会民主党人都应当了解和记住他的这些话。

“我作为一个社会民主党人，如果去同资产阶级政党建立联盟，那可以打赌：十之八九占便宜的不会是社会民主党人，而将是资产阶级政党，我们则要吃亏。这是**政治规律**，任何时候，只要右派和左派结成联盟，左派总是吃亏，右派总是占便宜……

我如果同**在原则上**和我敌对的政党建立政治联盟，那我就必须根据需要来改变我的策略即我的斗争方法，使它不会导致这个联盟的破裂。这样，我就再也不能展开无情的批评，再也不能进行原则的斗争，因为否则我就会触犯我的盟友；我只好默不作声，把许多事情掩盖起来，对那些无法辩解的事情进行辩解，对那些无法掩饰的事情进行掩饰。”

机会主义之所以是机会主义，就因为它为了一时的利益或从最眼前的、最表面的打算着眼而牺牲运动的**根本**利益。弗兰克在马格德堡代表大会上慷慨激昂地说，巴登的大臣们“想吸收我们社会民主党人一起共事！”

眼睛不应往上看，而应往下看，——在革命时期，我们曾对我们那些一再被立宪民主党许诺的种种前景所诱惑的机会主义者说过这样的话。倍倍尔在马格德堡所作的报告的结束语中针对弗兰克之流说道：“有些社会民主党人投票支持群众最希望彻底推翻的政府，这是群众所不理解的。我常常得到这样一种印象：我们有一部分领袖已经不再了解群众的疾苦了（**暴风雨般的赞许声**），他们毫不关心群众的境况。”而“在德国各地，群众的积怨很深了”。

倍倍尔在他的讲话的另一个地方说道：“我们现在所处的这个时期，特别不能容忍腐败的妥协行为。阶级矛盾不是日趋缓和，而是日益尖锐。我们正在迎接非常非常严重的时期。这一届选举之后将会发生什么事情呢？等着瞧吧。如果形势发展到在1912年爆发欧洲战争，那时你们就能看到，我们将会有什么遭遇，将会处在什么地位。想必不会是目前巴登人所处的地位。”

正当有些人沾沾自喜地满足于在德国已经习以为常的现状的时候，倍倍尔却把自己的全部注意力放在必将发生的变化上，而且建议党也这样做。倍倍尔在结束语中说道：“到目前为止，我们所经历的一切，只是前哨小冲突，小插曲。”主要的斗争还在后头。而从这个主要斗争的角度看，机会主义者的全部策略是最无气节和最近视的。

倍倍尔在谈到未来的斗争时，只是作了暗示。他一次也没有直截了当地说德国就要发生革命，虽然他的意思肯定是这样的。倍倍尔指出，矛盾在尖锐化，普鲁士进行改革有困难，政府和统治阶级走投无路，民怨鼎沸，欧战间不容发，由于生活费用昂贵和资本家联合成托拉斯和卡特尔而造成了更加深重的经济压迫，等等，等等，——他的用意显然总是为了使党和群众了解革命斗争的不可避免。

倍倍尔为什么这样慎重，他为什么只作了一些启示？这是因为日益成熟的德国革命遇到了一种特别的、特殊的政治形势；这种形势不同于其他国家革命前的时代，因而要求无产阶级的领袖完成某种**新的**任务。这种特殊的革命前的形势的主要特点在于，即将发生的革命必然比过去的一切革命深刻得多，严酷得多，它必然会把更加广大的群众卷入更艰巨、更顽强、更持久的斗争中去。此外，这种革命前的形势的特点还在于，**法制**取得了极大的（和以前比较）统治地位，它已经变成了实施这种法制的人的绊脚石。这就是形势的特点，这就是任务的困难和新颖之处。

历史真会捉弄人，德国的统治阶级在19世纪下半叶建立了最强大的国家，加强了最迅速地发展资本主义的条件和建立最牢固的立宪法制的条件，而现在，他们十分明显地正在走向事情的反面：为了保存资产阶级的统治而**不得不**毁掉**他们的**这种法制了。

近半个世纪以来，德国社会民主工党出色地利用了资产阶级的法制，建立了最优秀的无产阶级组织，创办了卓越的刊物，把社会主义无产阶级先锋队的觉悟程度和团结精神提到了最高的水平（在资本主义制度下所能达到的最高水平）。

现在，德国历史上的这半个世纪的时代，由于客观原因很快就**不得不**被另外一个时代所代替。利用资产阶级建立的法制的时代**正在被**伟大的革命战斗的时代**所代替**，并且这些革命战斗将**在实质上**摧毁**全部**资产阶级法制，摧毁**整个**资产阶级制度，**而在形式上**必将是资产阶级为摆脱它所建立的、如今成了它不能忍受的法制而进行垂死挣扎的开始（现在已经开始）。“资产者老爷们，你们先开枪吧！”——1894 年恩格斯用这句话说明了形势的特点和革命的无产阶级策略任务的特点[17]。

社会主义的无产阶级时时刻刻都要记住，它所面临的、必然会面临的是一场群众性的革命斗争，这场斗争将摧毁注定要灭亡的资产阶级社会的全部法制。党过去极好地利用了资产阶级的半个世纪的法制来**反对**资产阶级，现在，当**敌人被**自己的法制**束缚住**，不得不“先开枪”，不得不破坏自己的法制的时候，党没有任何理由放弃斗争中的这种便利条件，放弃搏斗中的这种有利地位。

这就是现时德国革命前的形势的特点。这就是老倍倍尔如此慎重的原因。他把自己的全部注意力都放在行将到来的伟大斗争上，他用自己的巨大天才、自己的经验、自己的威信的全部力量来抨击近视的、无气节的机会主义者。机会主义者不了解这场斗争的意义，他们不适合当这场革命斗争的领袖，看来他们在革命期间将不得不由**领袖**变为**被领导者**，否则就会被抛弃。

在马格德堡，人们曾经同这班领袖进行争论，谴责他们，向他们提出正式的最后通牒，因为他们代表的是伟大革命队伍里的一切不可靠的软弱分子，这些人深受资产阶级法制的熏染，他们由于迷信这种法制，崇拜**一个**奴隶占有制时代即一个资产阶级统治时代的整个局限性而麻木不仁。德国无产阶级谴责了机会主义者，并以开除相警告，从而也就谴责了自己强大组织中的一切停滞不前、丧失信心、萎靡不振以及不能与垂死的资产阶级社会的心理决裂的人。先进阶级谴责了自己队伍中的不好的革命者，在踏上社会革命之路以前，最后一次检阅了自己的力量。

* * *

正当全世界所有革命的社会民主党人都在十分关注德国工人如何准备投入斗争、如何选择斗争时机、如何严密监视敌人并**克服**自己队伍中的机会主义弱点的时候，全世界的机会主义者却在幸灾乐祸，庆幸卢森堡和考茨基对当前时机的估计存在意见分歧，庆幸他们对像俄国革命中的 1 月 9 日那样一个转折点什么时候到来，是现在到来**还是不是现在**，是立即**还是以后**到来这个问题存在意见分歧。机会主义者在幸灾乐祸，他们既在《社会主义月刊》，又在《社会民主党人呼声报》（马尔丁诺夫）、《生活》杂志、《复兴》杂志[18]等取消派的机关刊物上，也在《新时代》杂志[19]（马尔托夫）①上大肆渲染这些并没有什么了不起的意见分歧。马格德堡代表大会表明，全世界机会主义者的这些手法是无济于事的，德国革命的社会民主党人之间的意见分歧并没有发生什么显著的作用。机会主

① 在《新时代》杂志上，马尔托夫曾受到卡尔斯基同志的坚决驳斥。

义者幸灾乐祸得太早了。马格德堡代表大会**通过了罗莎·卢森堡**提出的决议的第一部分，在这一部分直接指出了群众性的罢工是斗争的手段。

载于1910年11月16日(29日)
《社会民主党人报》第18号

译自《列宁全集》俄文第5版
第20卷第10—18页

列·尼·托尔斯泰

（1910年11月16日〔29日〕）

列夫·托尔斯泰逝世了。他作为艺术家的世界意义，他作为思想家和说教者的世界声誉，都各自反映了俄国革命的世界意义。

早在农奴制时代，列·尼·托尔斯泰就作为一位伟大的艺术家出现了。他在自己半个多世纪的文学活动中创造了许多天才的作品，在这些作品中，他主要是描写革命以前的旧俄国，即1861年以后仍然处于半农奴制下的俄国，乡村的俄国，地主和农民的俄国。在描写这一阶段的俄国历史生活时，列·托尔斯泰在自己的作品里能提出这么多的重大问题，能达到这样巨大的艺术力量，从而使他的作品在世界文学中占有第一流的地位。由于托尔斯泰的天才描述，一个受农奴主压迫的国家的革命准备时期，成了全人类艺术发展中向前迈进的一步。

甚至在俄国也只有极少数人知道艺术家托尔斯泰。为了使他的伟大作品真正成为**所有人的**财富，就必须进行斗争，为反对那种使千百万人受折磨、服苦役、陷于愚昧和贫穷境地的社会制度而进行斗争，必须进行社会主义革命。

托尔斯泰不仅创造了群众在推翻地主和资本家的压迫并为自己建立人的生活条件后将永远珍视和阅读的艺术作品，而且能够用非凡的力量表达被现存制度所压迫的广大群众的情绪，描绘他们的境况，表现他们自发的反抗和愤怒的情感。托尔斯泰主要是属于 1861—1904 年这个时代的；他作为艺术家，同时也作为思想家和说教者，在自己的作品里异常突出地体现了整个第一次俄国革命的历史特点，这场革命的力量和弱点。

我国革命的一个主要特点是：它是资本主义在全世界非常高度发展并在俄国比较高度发展的时期的**农民**资产阶级革命。它之所以是资产阶级革命，是因为它的直接任务是推翻沙皇专制制度、沙皇君主制度和摧毁地主土地占有制，而不是推翻资产阶级的统治。特别是农民没有意识到这后一项任务，没有意识到后一项任务同更迫切更直接的斗争任务之间的区别。它之所以是农民资产阶级革命，是因为客观条件把改变农民的根本生活条件的问题，把摧毁旧的中世纪土地占有制的问题，把给资本主义“清扫土地”的问题提到了第一位，是因为客观条件把农民群众推上了多少带点独立性的历史行动的舞台。

在托尔斯泰的作品里，表现出来的正是农民群众运动的力量和弱点、它的威力和局限性。他对国家、对警方官办教会的那种强烈的、激愤的而且常常是尖锐无情的抗议，表达了原始的农民民主运动的情绪，在这种原始的农民民主运动中，积聚了由于几世纪以来农奴制的压迫，官吏的专横和掠夺，以及教会的伪善、欺骗和诡诈而迸发出来的极大的愤怒和仇恨。他对土地私有制的坚决反对，表达了处在这样一个历史时期的农民群众的心理状态，在这个历史时期里，旧的中世纪土地占有制，即地主土地占有制和官家的“份地”占有制，完全变成了不可忍受的、阻挡俄国今后发展的障碍，这种旧的土地占有制不可避免地要遭到

列寧論托爾斯泰（其四）

L·N·托爾斯泰及其時代

列寧論托爾斯泰（其三）

L·N·托爾斯泰與現代工人運動

列寧論托爾斯泰（其二）

L·N·托爾斯泰

1943 年《群众》杂志第 8 期和第 9 期所载
列宁《列·尼·托尔斯泰》、《列·尼·托尔斯泰和现代工人运动》和
《列·尼·托尔斯泰和他的时代》等文的中译文

最剧烈的、无情的破坏。他满怀最深沉的感情和最强烈的愤怒对资本主义进行的不断的揭露，充分表现了宗法制农民的恐惧，因为在他面前出现的是一个看不见的和不可理解的新敌人，这个敌人不知来自什么城市或者什么外国，它破坏了农村生活的一切“基础”，带来了前所未有的破产、贫困、野蛮、卖淫、梅毒以及死于饥饿的惨境这些“原始积累时代”的一切灾难，而这一切灾难又由于库庞先生[20]所创造的最新的掠夺方法被移植到俄国土地上而百倍地加重了。

但是，这位强烈的抗议者、愤怒的揭发者和伟大的批评家，同时也在自己的作品里暴露了他不理解产生俄国所面临的危机的原因和摆脱这个危机的方法，这种不理解只是天真的宗法制农民的特性，而不该是一个受过欧洲式教育的作家的特性。反对农奴制的和警察的国家的斗争，反对君主制度的斗争，在他那里竟变成了对政治的否定，形成了“对邪恶不抵抗”的学说，结果完全避开了1905—1907年的群众革命斗争。一方面反对官办的教会，另一方面却鼓吹净化了的新宗教，即用一种净化了的精制的新毒药来麻醉被压迫群众。否定土地私有制，结果却不去集中全力反对真正的敌人，反对地主土地占有制和它的政权工具即君主制度，而只是发出幻想的、含糊的、无力的叹息。一方面揭露资本主义以及它给群众带来的苦难，另一方面却对国际社会主义无产阶级所领导的全世界解放斗争抱着极其冷漠的态度。

托尔斯泰的观点中的矛盾，不是仅仅他个人思想上的矛盾，而是一些极其复杂的矛盾条件、社会影响和历史传统的反映，这些东西决定了改革**后**和革命**前**这一时期俄国社会各个阶级和各个阶层的心理。

所以，只有从社会民主主义无产阶级的观点出发，才能对托尔斯泰作出正确的评价，因为无产阶级在第一次解决这些矛盾的时候，在革命的时候，已经以自己的政治作用和自己的斗争，证明它适合于担当争取人民自由和争取把群众从剥削制度下解放出来的斗争的领袖，证明它是忘我地忠诚于民主事业的，而且是能够同资产阶级民主派也包括农民民主派的局限性和不彻底性进行斗争的。

请看一看政府的报纸对托尔斯泰的评价。它们流着鳄鱼的眼泪，硬说自己尊崇这位“伟大的作家”，同时又维护“最神圣的”正教院[21]。而最神圣的神父们刚刚干了一桩特别卑鄙龌龊的事情，他们派几个神父到这个濒危的人那里去，目的是欺骗人民，说托尔斯泰“忏悔了”。最神圣的正教院开除了托尔斯泰的教籍。这样倒更好些。当人民将来惩治这些身披袈裟的官吏、信奉基督的宪兵、支持沙皇黑帮匪徒的反犹太大暴行和其他功绩的居心叵测的异端裁判官的时候，对正教院的这一功绩也要加以清算的。

再看一看自由派的报纸对托尔斯泰的评价。它们用一些官方自由主义的、陈腐不堪的教授式的空话来支吾搪塞，说什么“文明人类的呼声”、“世界一致的反响”、“真和善的观念”等等；然而正是因为这些空话，托尔斯泰才痛斥了（而且公正地痛斥了）资产阶级的科学。这些报纸所以**不能**直接而明确地评价托尔斯泰对国家、教会、土地私有制和资本主义的看法，并不是因为书报检查机关妨碍它们这样做，恰恰相反，正是书报检查机关在帮助它们摆脱困境！这是因为托尔斯泰的每一个批评意见，都是给资产阶级自由主义的一记耳光；这是因为托尔斯泰无畏地、公开地、尖锐无情地**提出了**我们这个时代最迫切、最该死的问题，光是这些问题的提出就给了我国自由派(以及自由主义民粹派)政论界千篇一律的空话、陈腐的谬论以及闪烁其词的“文明的”谎言**以当头一棒**。自由派竭力维护托尔斯泰,竭力反对正教院,但同时他们又维护……路标派[22],认为同路标派“可以进行争论”,但“应当”同他们在一个党内和睦相处,“应当”在写作方面和政治方面同他们一起工作。而路标派现在正受到安东尼·沃伦斯基的亲吻。

自由派强调的是:托尔斯泰是“伟大的良心”。这难道不是《新时报》[23]这类报纸重复过千百遍的废话吗?这难道不是回避托尔斯泰所**提出**的那些民主主义和社会主义的**具体**问题吗?这难道不是强调那种表现托尔斯泰的偏见而不表现他的理智的东西吗?不是强调他的属于过去而不属于未来的东西吗?不是强调他对政治的否定和关于道德上的自我修身的说教而忽略他对一切阶级统治的激烈抗议吗?

托尔斯泰逝世了,革命前的俄国也已成为过去,它的软弱和无力已被这位天才艺术家表现在他的哲学里,描绘在他的作品中。但是在他的遗产里,还有着没有成为过去而是属于未来的东西。俄国无产阶级正在接受这份遗产,研究这份遗产。俄国无产阶级要向被剥削劳动群众阐明托尔斯泰对国家、教会、土地私有制的批判的意义,——这样做不是为了让群众局限于自我修身和对圣洁生活的憧憬,而是让他们振奋起来对沙皇君主制和地主土地占有制进行新的打击,这种君主制和土地占有制在1905年只是受了些轻伤,必须把它们消灭干净。俄国无产阶级要向群众阐明托尔斯泰对资本主义的批判,——这样做不是为了让群众局限于诅咒资本和金钱势力,而是让他们学会在自己的生活和斗争中处处依靠资本主义的技术成就和社会成就,学会把自己团结成一支社会主义战士的百万大军，去推翻资本主义，去创造一个人民不再贫困、人不再剥削人的新社会。

载于1910年11月16日(29日)
《社会民主党人报》第18号

译自《列宁全集》俄文第5版
第20卷第19—24页

致全体社会民主党护党派的公开信

（1910 年 11 月 22 日〔12 月 5 日〕以后）

在 1910 年中央一月全会[24]上，我们作为布尔什维克派的代表解散了我们的派别，并把属于我们这个派别的款项和其他财产都交给了国际社会民主党的三个著名活动家。交出财产和解散派别这两个步骤当时都是**有条件的**。我们采取这些步骤的条件，大家从我们在那次全会上的声明中可以看到，这个声明曾由全会通过，并且发表在全会闭幕后出版的中央机关报第 1 号上。

简单地说，这些条件是要求其他派别（首先是**呼声派**，即出版和支持《**社会民主党人呼声报**》的孟什维克）**忠诚地**，即诚心诚意地和彻底地履行自己的义务，这就是：(1)同被全会一致通过的决议中确认为资产阶级对无产阶级影响的表现的取消主义和召回主义[25]作斗争；(2)解散自己的派别。

根据**一年来的**经验，在等待了一年之后，现在我们终于完全确信，**无论哪一个**条件呼声派和前进派[26]都**没有履行**。

由于确信这一点，我们这方面做了两件事，第一是出版了《**工人报**》[27]，第二是现在申请发还款项和财产，这项申请我们几天前即 1910 年 12 月 5 日已交给中央委员会。

这项申请提出以后，在形式上和实质上情况还是这样：我们**有条件地**交出了全部财产并全力支持反取消派和反召回派的工作，以求党的恢复和完全统一。由于呼声派和前进派违背了他们所接受的条件，这就破坏了我们的协定。我们虽然废除了这个已为取消派和召回派所破坏的协定，但是仍将**一如既往地**努力工作，以求党的恢复和完全统一，贯彻反取消派和反召回派的路线，不过我们将**不同那些**曾经被全会允许（由于相信他们的诺言）参加党的中央机关的同盟者一起干这项工作。既然在全会上，在党的其他会议上，在代表会议等等上都公认，而且各民族组织的代表也屡次声称，我们布尔什维克派始终对党内状况**负有最大的责任**，所以我们认为有责任公开说明我们对党内状况和我们所采取的步骤的意义的看法。

1910 年一月全会在我们党的历史上有非常重大的意义。这次全会把 1908 年 12 月的决议[28]**加以发展**，认定取消主义和召回主义都是资产阶级对无产阶级影响的表现，从而最终地确定了党在反革命时期的**策略路线**。其次，全会**联系**党对当前历史时期所规定的思想政治任务，进而**提出了**消除我们党内派别的问题，即必须使社会民主工党达到**真正**统一的问题。

我们确信，1910 年一月全会所做的这两件事是具有**历史**意义的，它们的成果要比肤浅的旁观者所感觉到的重大得多、切实得多和牢靠得多。

然而，这些成果被围绕着它们的一片**空谈**严重地破坏了。没有什么比**空谈**对社会民主党的精神更不相容，更为有害的了，而“调和主义的”**空谈**也同召回派和取消派的空谈同样有害，同样使人思想混乱。这种“调和主义的”空谈模糊了问题的**实质**，用感叹和善良祝愿来代替对党内的实际趋向和实际力量对比的估计，企图**玩弄联合的把戏**，同那些现在不愿意而且不可能联合的人搞联合，从而妨害那些可以而且应当接近的人**接近**。

一月全会闭幕后这一年间，这种空谈已经说尽了，并且显示了它的效果。如果党现在能够从空谈"调和主义"的英雄们的痛苦经验中**体会到**，为什么**不**应该承担起"调和"和消除派别的工作，那么全会后的这一年便不算白过了。

空谈的主要论调是：只要取得消除派别的"诺言"，只要把各种各样的人凑合成中央机关，只要使互相对立的人"保持均势"，那就是向消除派别的目标前进了一大步。

一年的经验已经表明而且也不能不表明，**空谈**家的办法遭到了彻底的失败。依靠"诺言"是根本办不了事情的，依靠那些各不相同和无法联合的人的联合来办事是可笑的。全会的决定和措施中凡是建筑**在空谈上**的东西，第二天就都化为泡影。无论是决定、决议或是勉强凑合起来的机关，**实际上**都已成为一纸空文或者根本不起作用的机关。而全会工作中凡是**切合实际的**东西，则都得到发展和巩固，在工作上显示了效果，**撇开**决议，**在**决议**之外**找到了新的存在形式。

很难想象再有什么别的教训能够比全会后一年中所发生的事件的这种教训更明显、更有教益的了，这是给那些崇尚空谈、一味作空洞的善良祝愿、热衷于玩弄分配机关职位等等把戏的人的教训。

在全会的工作中，究竟哪些是切合实际的呢？指出党的工作的思想政治**内容**同消除派别之间的**联系**是切合实际的。一些派别或思潮的**接近**是切合实际的，因为这些派别或思潮不是在廉价的调和主义空谈上，在诺言和许愿上，在玩弄分配中央机关职位的把戏上相一致，而是**在工作上，在**对当前思想政治任务的**认识上，在实际地**提出这些任务和完成这些任务上相一致。

有些人，他们既不了解产生意见分歧的客观根源，又不了解使某些著作家集团（如波特列索夫先生及其同伙的集团或马赫主义者[29]和召回派的著作家集团）能够**实际上**离开党而独立的**现实**环境，只要这些人还在唱关于消除派别的廉价的高调，那么这种高调就仍然是无聊和无用的空谈。但是，随着两个基本的和主要的派别（它们对革命时期工人运动的**全部**历史甚至对俄国革命的**全部**历史都有过很大的影响）由于客观条件的改变**在工作上**日益接近，在对这些客观条件的**认识**上日益接近，无论那些企图破坏这种接近或者散播对这种接近的怀疑的阴谋家怎样不遗余力，都阻挡不了这个业已开始的进程。

全会后形成的党内实际状况一年来已经十分清楚了。事实就是：呼声派和前进派**签署了**关于同取消派和召回派作斗争的决议，而实际上他们过去和现在所进行的**全部**宣传鼓动，**全部**实际工作一直都是在支持和维护取消派和召回派。

这个事实使每个有眼可看的人都能看到，满足于一纸决议的政策多么站不住脚，脱离实际的空谈多么有害。

其次，另一个事实就是：无论是呼声派或是前进派**一分钟也没有**停止过自己的派别独立活动。这两个派别和以往一样实际上完全离开党而**独立**，有自己的会计处，自己的机关报，自己的代办机构。召回派的派别组织形式是国外的所谓“党校”（实际上这是一个系统地挑选代办人员、有计划地撇开党进行反对党的组织工作的机关）。[30]除“党校”外还有单独的出版社和交通联络。呼声派的派别组织比较**松散**（比较“自由”，形式比较不固定），其中起主要作用的是完全离开党而独立的波特列索夫先生及其同伙的集团，16人集团，米哈伊尔、罗曼和尤里及其同伙的集团。[31]呼声派积极参加这些集团，他们一方面将全部宣传鼓动工作和组织工作都用来反对党，另一方面又不拒绝参加党的中央机关，以便不断地破坏它们的作用，从内部来瓦解它们。

每一个护党派社会民主党人都不会看不到，这种状况会造成什么后果。

在书刊工作方面，这一年的经验表明，中央机关报**实际上**是由布尔什维克**加上**普列汉诺夫派[32]在主办，同盘踞在编辑部的呼声派是**针锋相对**的。现实冲破了调和主义空谈制造的框子。那些许下诺言的“调和派”，担任职务的“调和派”，受取消派中央机关委托的“调和派”都成了不折不扣的**工作上的绊脚石**；而在全会上没有许下任何诺言，也没有担任任何职务的普列汉诺夫及其同志，**实际上**却成了党的路线的**执行者**。

在形式与实质之间，在空谈与行动之间，在所谓的党委员会（中央机关报编辑部）显然名不副实的存在与中央机关报撇开这个委员会所做的实际工作之间，存在着非常突出的矛盾，这种矛盾使党的生活在很大程度上陷于瓦解。为了制止这种瓦解，为了使正式的党的机关不再遭到党的敌人的嘲笑并不使他们高兴，就必须戳穿这种假象，公开说出实际情况，公开承认有**两个**派别在进行党的工作。

在国外组织的联合方面，一年来根本没有做出任何事情。以前各个集团四分五裂的地方，现在仍然是四分五裂。孟什维克取消派集团公开变成支持《**呼声报**》的集团。只有在布尔什维克和普列汉诺夫派之间才有接近的迹象并且**实际上**已经开始接近。负责联合国外社会民主党人工作的中央委员会国外局[33]，变成了前进派和呼声派理所当然的嘲笑对象，他们正在非常得意地看着党的一个中央机关怎样起着挑拨是非和拖拖拉拉处理谁都不需要的公务的委员会的作用。

在最重要的方面，即俄国各地的组织工作方面，一年来根本没有做出任何有利于党的事情。根据对全会许下的“诺言”，中央委员会应当**邀请**米哈伊尔之流、罗曼之流、尤里之流参加工作，它热心地进行了这项会有成效的、不愧为革命者做的工作——邀请那些嘲笑党并且继续危害党的人参加党，但是**一年来**却没有“邀请到”任何人。与此同时，反党派别却**加强了**自己的组织来反对党：前进派的代办机构加强了，派别组织扩大了，波特列索夫先生的集团和其他的取消派组织都加强了，这些取消派组织继续在许多俱乐部和合作社等等中进行反党说教，继续在社会民主党杜马党团中进行反党的阴谋活动。中央委员会在这期间忙于“邀请”取消派，或者忙于**批复**呼声派和前进派制造的“扯皮”事件，这种作用简直有失体面。我们不能允许党的敌人把中央委员会的作用降低到这种地步。

只有那些完全丧失思考能力或者乐于搞小阴谋的人才会**看不到**，党的中央机关的这种状态要是继续下去，**必然**会使取消派和召回派得逞。他们正在非常得意地看着中央委员会不但过去纠缠于调和主义空谈，纠缠于同那些不愿与党和解的人讲调和的**把戏**，而且现在还在继续纠缠下去。

取消派和召回派出色地理解这种调和主义空谈，并且也出色地利用这种空谈来反对党。这样的空谈英雄托洛茨基，十分自然地成了取消派和召回派的英雄和辩护人;他在理论上同取消派和召回派**没有什么**一致的地方,但在实践上却**完全**一致。

于是,取消派和前进派就在这位辩护人的好心帮助下,出色地掌握了一项策略:只管赌咒发誓,说自己是护党派。《**呼声报**》以及“**前进**”集团的纲领都一再这样说,而**实际上**却继续在瓦解党,继续进行各种反党的工作。“调和主义”的形式和词句,已经成为《**呼声报**》的取消派以及前进派手中的工具了。

显然,我们布尔什维克派的代表不能扮演这类被愚弄的角色。我们等待了整整一年,尽了一切力量在中央机关报上说明前进派、呼声派和托洛茨基的反党性质,因此,在那些忙于“邀请”取消派和批复前进派“事件”的机关的所作所为上,我们对党**不能负任何责任**。我们所希望的是工作,不是扯皮。

我们愿意同那些愿意工作而且实际上证明自己能够以护党精神工作的人协力工作,就是说首先同护党派孟什维克和真正非派别的社会民主党人协力工作。我们不愿意对那些不愿与党协力工作却愿与波特列索夫先生和召回派一起工作的人制造的扯皮负责。

俄国局势迫切要求党的国外各组织同心协力,加紧工作。反革命势力的三年黄金时期(1908—1910年)看来就要结束,代替它的是正在开始的革命高涨时期。今年的夏季罢工和追悼托尔斯泰的游行示威都清楚地表明了这一点。国内的党的组织工作已被削弱到极点,而前进派和呼声派却恬不知耻地利用这个弱点,在国内和国外各派别中心的协助下加紧进行自己的反党活动。

在这种情况下,如果继续玩弄同这些派别中心搞调和的把戏,假装看不到它们的独立存在,“邀请”它们的代表来一起同它们自己的政策作斗争，用吸收它们的成员参加中央机关的做法向党掩盖它们的存在，如果这样做，就是使自己陷入无穷无尽扯皮的境地。这样做就是**阻挠**国外中央机关的工作，而它们的工作本来就已受到重重阻挠，以致在俄国一年当中竟没有举行过**一次**中央委员会会议；不仅没有举行过一次代表会议，就连党的地方工作人员的非正式会议也未能举行（而召回派的“党校”和取消派的各种合法机关报却不止一次召开了各种会议、杂志代办员和通讯员会议等等来反对党）。

纠缠于玩弄同呼声派搞调和的把戏的中央机关使工作**完全**陷于停滞，我们对此概不负责，并且立即开始用全副精力主动进行工作，把正统派布尔什维克、护党派孟什维克和非派别的社会民主党人团结起来举行各种会议，举行代表会议，建立区域局，建立党的出版物联系小组等等。我们号召全体护党派社会民主党人都来进行这项工作，因为只有这项工作才能**实际上**使党摆脱困境，使中央机关不再去“讨好”呼声派。

早在全会以前，1909 年春天，我们就以布尔什维克派的名义宣布了同护党派孟什维克**接近**的政策，并且从那时起，这一政策就产生了很好的效果，这与那种相信呼声派的“诺言”并把他们看做护党派的未能奏效的做法是**相违背**的。从那时起，我们为真正加强**党的路线**（而不是加强前进派的说教和呼声派为取消派的辩护），为**两个**主要派别的基本核心的真正接近所做的一切，都与这些要同呼声派搞调和的未能奏效的做法**毫不相干**。所以我们决不对今后的这些做法负责，我们坚信，通过《**工人报**》，通过合法出版物，通过《**工人报**》拥护者集团和普列汉诺夫拥护者集团在国外的活动，我们一定能**在工作上**取得更多的接近。

全会十分明确地提出了关于派别和消除派别的问题，使这个问题第一次同这些派别本身的思想政治路线**联系起来**，也就是说第一次使这个问题有了现实的基础，考虑到**真正的接近要表现在工作上**，而不是表现在空洞的许愿和形式上作出诺言等等空谈上，因此，在全会之后，在全会的成果受到一年来的检验之后，**不能**再继续玩弄那种伪善的捉迷藏的老把戏了。

应当开诚布公，应当有勇气说出实际情况。如果中央委员会愿意直截了当地、开诚布公地向党说出实际情况，那么仅仅这一项声明就将成为中央委员会手中的强大的工具，比任何决议、愿望、谴责、开除等等都有力百倍。

说出实际情况，就是说要承认：消除**所有**派别的尝试不幸已被呼声派和前进派破坏，**但是**基本核心的**接近**，两个主要派别中的真正护党派的接近，他们同民族代表中和非派别的社会民主党人中的护党派的接近，都有了进展。如果托洛茨基以及托洛茨基之流的取消派和召回派的辩护人声称这种接近"在政治上是空洞的"，那么，这些话只能证明托洛茨基毫无原则，证明他的政策**实际上**是同**真正**（而不只是许诺）消除派别的政策完全敌对的。在全会的成果受到一年来的检验之后还只是**许诺**消除派别，这简直是欺骗。但是，如果说消除派别只是空谈，那么两个主要派别中的基本流派的**接近**却是**事实**。在这个事实里，找不到任何"联盟"，找不到任何花言巧语的保证，找不到任何消除意见分歧的诺言，但是却存在着依靠**部分**孟什维克和**部分**布尔什维克的合作来**实际上**建设党的**现实可能**。

如果中央委员会愿意彻底地承认这种情况，全力贯彻这项工作，如果中央委员会愿意把所有中央机关变成促成这种接近的机构，使它们完全不再干那种不体面的有害的“讨好”呼声派或“邀请”呼声派的事情，使大家能够工作，不再扯皮，那么我们一定全心全力地支持这项政策。**实际上**我们从 1909 年春天起就在执行这项政策，就是说我们执行了差不多已经整整两年了。

如果中央委员会不愿意从全会及其成果的教训中作出这个必然的结论，那么它尽可以把党的工作[①]和恢复统一的工作交给呼声派、前进派和托洛茨基的联盟去做。这样更干脆些，更诚实些，不过我们是不会参加这个实际上已被证明为反党的联盟的。

我们当然一点也不会看错，对于我们所采取的步骤，有些人（其中一定会有取消派和召回派的老练的辩护人）是会大叫大嚷“分裂”的。不管这类叫嚷多么荒唐，多么伪善，但是为了告诫那些不明真相的人，还必须谈谈这些可能产生的反对意见。

从形式方面看，我们的步骤（申请发还款项，废除我们根据非常明确的条件签订的协定）是绝对合理的。我们同中央委员会签订的协定的条件曾公开宣布过，在中央机关报上刊登过，并且由中央委员会在全会上**一致**接受。中央委员会既然代表全党接受这些**条件**，把它们刊登在党的中央机关报上，就是十分明确地承认，只有**在**切实**履行**这些条件**的情况下**它才能要求我们采取一定的行动。谁也不能否认，呼声派和前进派违背他们自己签署的决议，没有履行这些条件。因此，我们有**废除**这个协定的合法权利是不容争议的。我们废除这个协定是为了主动进行护党斗争，主动进行建党工作，**撇开那些**一年来实践证明不愿意进行这种工作的人，**联**

① 手稿上接下去被勾掉的一行无法辨认。——俄文版编者注

合那些证明愿意这样做的孟什维克和非派别组织分子一起进行这种工作。既然这个直截了当和明确地以呼声派和前进派转到护党立场为条件的协定已经被**他们**撕毁，那么废除同那些嘲弄党的人签订的协定，寻求一切可行的形式来接近维护党的人，就是我们的充分权利和**我们的责任**。

但是实际情况比问题的形式方面更重要得多。从**这**方面看，那些在全会上、全会后一直在报刊上声明自己是维护党的呼声派和前进派的伪善面目就暴露得特别明显。**这类**人的这类誓言显然是伪善的，他们关于分裂的叫嚷显然纯属捏造，因此，用不着多费口舌来证明这一点了。正是呼声派和前进派在全会之后立即制造（确切些说：他们违背自己在全会上许下的诺言，没有停止制造）实际的分裂，正是他们在整整一年中继续进行这种分裂，加剧这种分裂，支持波特列索夫及其同伙的集团和开办“马赫主义”党校的著作家集团以及诸如此类的集团离开党而**独立**。如果再让这些分裂分子继续盘踞在党的各中央机关里，那就会彻底毁灭党的事业。如果维持原状，也就是让这些分裂分子利用自己盘踞在党的各中央机关的机会来阻挠各项工作，**从内部瓦解党**，以讨好波特列索夫先生或者“马赫主义”党校的领袖们，那就会使党的联合事业受到巨大的和不可弥补的损失。

常言道，不是每一个满口“上帝，上帝”的人都能进天国。而我们有了全会的经验之后也可以跟着说：不是每一个满口护党的廉价空谈的人都是实际上的护党派。呼声派和前进派在全会之后分裂了党，这是事实。托洛茨基在这方面是他们的辩护人，这也是事实。

为了制止分裂，不使分裂扩大，除了加强、巩固那些在全会之后**实际上**进行护党工作的人，即护党派孟什维克和布尔什维克的接近，并从形式上把这种接近固定下来之外，**没有**别的办法。

———

我们把自己对党的状况的看法通知所有护党派孟什维克、非派别的护党派社会民主党人和布尔什维克，以及民族的社会民主党的所有组织，我们号召俄国的布尔什维克组织立即团结在《**工人报**》周围，着手筹备召开各种会议和代表会议，这些会议是恢复党所必需的；这些会议由于目前情况，开始时不可避免地要以非常小型的、非正式的、非正规的形式召开。关于召开这些会议的性质，就不便在报刊上细谈了。

我们号召国外布尔什维克组织这样调整工作：同完全证明自己是反党的前进派断绝一切联系；排除这些召回派卫士制造的障碍，开始进行有步骤的工作来巩固党，接近其他派别的护党派，共同举办俱乐部、讲演会、报告会等等；为把国外一切不跟《**前进**》**文集**和《**呼声报**》跑的人真正联合起来开始作准备。既然凡是有呼声派的地方就一定有两个平行的集团，那么布尔什维克再容忍反党的前进派留在布尔什维克组织里就很不体面了。他们可以在呼声派那里找到栖身之所。

《工人报》编辑部

载于1932年1月21日《真理报》第21号

译自《列宁全集》俄文第5版第20卷第25—37页

列·尼·托尔斯泰和现代工人运动[34]

(1910年11月28日〔12月11日〕)

几乎俄国所有大城市的工人都已经对列·尼·托尔斯泰的逝世作出了反应,他们用各种方式对这位曾经写了许多最卓越的艺术作品从而置身世界大文豪之列的作家,对这位曾经以巨大的力量、信念和真诚提出许多有关现代政治制度和社会制度的基本特点问题的思想家表明了自己的态度。他们的态度大体上由在报上登载的第三届杜马工人代表所发的电报[35]表明了。

列·托尔斯泰是在农奴制还存在的时候开始自己的文学活动的,但那时的农奴制显然已经是末日临头了。托尔斯泰的主要活动,是在俄国历史的两个转折点之间即1861年和1905年之间的那个时期进行的。在这个时期,俄国整个经济生活(特别是农村经济生活)和整个政治生活中处处可见农奴制的痕迹和它的直接残余。同时,这个时期正好是资本主义从下面蓬勃生长和从上面得到培植的时期。

农奴制的残余表现在什么地方呢?最主要和最明显的表现是:在俄国这个以农业为主的国家中,这个时期的农业是由破产的、贫困的农民经营的,他们用陈旧的和原始的方法,耕种1861年为了地主利益而分割的旧时农奴制的份地。另一方面,农业又是由地主经营的，他们在俄国中部用农民的劳动、农民的木犁和农民的马匹来耕种土地，而农民所得的代价是使用一些“割地”、割草场和饮马场等等。实质上，这还是旧的农奴制经济制度。这个时期的俄国政治制度也彻头彻尾体现了农奴制精神。这既可以从1905年开始初步变动以前的国家制度中看出来，也可以从贵族-土地占有者对于国事具有绝对影响中看出来，还可以从那些主要也是由贵族-土地占有者出身的官吏，特别是高级官吏拥有无限权力中看出来。

这个古老的宗法制的俄国，在1861年以后就开始在世界资本主义的影响下迅速崩溃了。农民忍饥挨饿，大批死亡，遭到前所未有的破产，他们抛弃了土地，跑到城市里去。由于破产农民的“廉价劳动”，铁路和工厂在加紧修建。巨大的金融资本、大规模的工商业在俄国得到了发展。

艺术家托尔斯泰的作品，思想家托尔斯泰的观点反映的正是旧俄国的一切旧“基础”的这种迅速、激烈而急剧地被摧毁。

托尔斯泰非常熟悉乡村的俄国，熟悉地主和农民的生活。他在自己的艺术作品里对这种生活作了世界最优秀的文学作品中才有的十分出色的描绘。乡村俄国一切“旧基础”的这种急剧地被摧毁，使他对周围所发生的事情加强了注意，加深了兴趣，从而使他的整个世界观发生了变化。就出身和所受的教育来说，托尔斯泰属于俄国上层地主贵族，但是他抛弃了这个阶层的一切传统观点，他在自己的后期作品里，对现存一切国家制度、教会制度、社会制度和经济制度作了激烈的批判，而这些制度所赖以建立的基础，就是对群众的奴役，就是群众的贫困化，就是农民以至所有小业主的破产，就是从上到下充斥整个现代生活的暴力和伪善。

托尔斯泰的批判并不新。他所说的，没有不是那些支持劳动者的人早就在他之前很久在欧洲文献和俄国文献中说过的。但是托尔斯泰的批判的特点及其历史意义在于，他的批判是用只有天才艺术家所特有的力量表现了这一时期的俄国，即乡村的、农民的俄国最广大人民群众的观点的急剧转变。托尔斯泰对现存制度的批判同现代工人运动的代表们对这些制度的批判的不同之处，正在于托尔斯泰是用天真的宗法制农民的观点进行批判的，他把农民心理表现在自己的批判中、自己的学说中。托尔斯泰的批判所以这样感情强烈，这样热情奔放，这样有说服力，这样清新、真诚、具有力求"追根究底"找出群众苦难的真正原因的大无畏精神，是因为他的批判真正反映了千百万农民的观点的转变，这些农民刚刚摆脱农奴制获得自由，就发现这种自由不过意味着破产、死于饥饿和城市的"希特罗夫人"[36]流离失所的生活等等新灾难罢了。托尔斯泰如此忠实地反映了农民的情绪，甚至把他们的天真，他们对政治的疏远，他们的神秘主义，他们逃避现实世界的愿望，他们的"对邪恶不抵抗"，以及他们对资本主义和"金钱势力"的无力诅咒，都带到自己的学说中去了。千百万农民的抗议和他们的绝望，就这样在托尔斯泰学说中融为一体。

现代工人运动的代表们认为，他们要抗议的东西是有的，但是没有什么可绝望的。绝望是那些行将灭亡的阶级的特性，而在一切资本主义社会，包括俄国在内，雇佣工人阶级必然是在成长、发展和壮大。绝望是那些不了解产生邪恶的根源、看不见出路和没有能力斗争的人的特性。现代工业无产阶级并不是这样的阶级。

载于1910年11月28日《我们的道路报》第7号

译自《列宁全集》俄文第5版第20卷第38—41页

给俄国社会民主工党中央委员会俄国委员会的信

（不晚于1910年12月15日〔28日〕）

俄国社会民主工党国外生活中最近发生的一些事件清楚地表明，党的"统一危机"的结局即将到来。因此我认为我有义务告诉你们（仅仅是为了通报），最近的事件具有什么意义，即将到来的会是什么样的结局（就整个事态发展来看），正统派布尔什维克正在采取什么立场。

马尔托夫在《呼声报》第23号上的一篇《到了什么地步?》的文章中嘲笑中央全会，嘲笑中央委员会俄国委员会[37]一年来一次会也没有开成，没有为贯彻决定做过任何事情。显然他"忘记"补充说，正是波特列索夫先生们的取消派集团把俄国的中央委员会搞垮了，因为米哈伊尔、罗曼、尤里拒绝出席俄国中央委员会的会议，他们声明说中央委员会的存在本身是有害的，这都是众所周知的事实。俄国中央委员会被搞垮了。马尔托夫因此欢天喜地。至于前进派也欢天喜地，那就不用说了（《前进》文集第1集已经令人感到这种欢天喜地的心情了）。马尔托夫在欢天喜地的同时，却过分匆忙地说漏了嘴。他兴高采烈地叫喊道，"合法性把他们〈布尔什维克或"波兰人和布尔什维克的联盟"〉置于死地了"。他这句话是说，**由于**取消派**把**中央委员会**搞垮了**，党摆脱现在处境的合法出路就没有了。对于取消派来说，自然没有比使党处于毫无出路的境地更痛快的事情了。

但是马尔托夫过分匆忙了。布尔什维克手中还掌握着全会专门规定的、中央机关报第 11 号（以全会的名义）曾经报道过的一种完全合法的办法。这个办法就是：我们因呼声派和前进派公然不履行解散派别组织、不履行同取消派和召回派进行斗争等条件可以提出发还款项的申请。正是因为有了这些预先明确规定的**条件**，布尔什维克才把自己的财产交给中央委员会的。

请看，在全会上签订上述条件的布尔什维克，就是在 1910 年 12 月 5 日（公历）提出了发还款项的申请。按规定，只要提出这一申请，**就要召开中央全会**。全会的决定规定，如果在提出申请后 3 个月内"不能"（原文如此！）召开中央全会，就要召开由 5 名中央委员（3 名民族代表、1 名布尔什维克、1 名孟什维克）组成的特别委员会会议。①

这时呼声派一下子就露出了马脚。中央委员会国外局委员呼声派分子伊哥尔对国内取消派的政策心领神会，他声明反对召开全会。他说，他主张召开特别委员会会议。在这一点上，呼声派破坏合法性是很明显的，因为在 3 个月之内是可以把全会召开起来的。在申请提出之后，就不应该再提召开特别委员会的问题了。

取消派分子伊哥尔是叛党分子波特列索夫先生及其同伙的忠实奴仆，他的打算很简单：全会拥有最高权力，因此召开全会就有可能摆脱党的整个危机。特别委员会则没有这种最高权力，它除了审查申请中提出的要求（裁决这种要求的是 3 个德国人），没有

① 参看《苏联共产党代表大会、代表会议和中央全会决议汇编》1964 年人民出版社版第 1 分册第 309—310 页。——编者注

任何权力。这就是说，取消派（以及他们的国外奴仆——呼声派）在搞垮了国内的中央委员会之后，现在又在搞垮一切中央。这第二次的破坏活动能否得逞，我们且等着瞧吧。中央委员会国外局中的波兰人[38]是主张召开全会的。现在，问题取决于还没有作出答复的拉脱维亚人和崩得分子[39]。我们在中央委员会国外局的代表[40]提交并散发了坚决反对伊哥尔的抗议书（伊哥尔的声明和我们的抗议书的副本都随信附上）。

问题已经很清楚。主张召开全会就是维护合法性，就是维护党。呼声派反对召开全会，就是反对党摆脱危机，就是反对合法性。

我们把我们采取的每一个步骤都通知了普列汉诺夫和他的朋友们，他们完全同意我们关于必须召开全会的意见。他们也主张召开全会；现在正在讨论我们在这方面的共同表态的草稿。最近，或者我们同普列汉诺夫派一起发表一个声明，或者在中央机关报上发表一篇有关这个问题的文章。

其次，1910 年 11 月 26 日（公历），托洛茨基在所谓维也纳党的俱乐部（一伙侨居国外的托洛茨基分子，托洛茨基手下的一批走卒）通过了一个决议，这个决议他已印成了单页。现将该单页随信附上。

这个决议向布尔什维克和普列汉诺夫派的机关报《工人报》公开宣战。论据并不新鲜。说什么现在没有同呼声派和前进派进行斗争的“原则基础”——这种说法是极其滑稽极其伪善的。大家知道，呼声派和前进派根本不想解散自己的派别组织，呼声派实际上完全支持波特列索夫及其同伙这些取消派分子，前进派在国外用众所周知的那笔钱办了一所派别党校来讲授马赫主义，宣扬召回派是“一种合理的色彩”(他们纲领中的原话),等等,等等。

托洛茨基发出的要求党同呼声派和前进派“同心协力地”工作的号召,是令人愤慨的伪善和空谈。大家知道,在全会后的整整一年中,呼声派和前进派(在托洛茨基的秘密支持下)是在“同心协力地”反党。在整整一年中,真正同心协力地一起进行党的工作的只有布尔什维克和普列汉诺夫派,无论在中央机关报,也无论在《工人报》,无论在哥本哈根[41],也无论在俄国各合法机关报刊,都是如此。

托洛茨基对布尔什维克和普列汉诺夫派联盟的攻击并不新鲜,新鲜的倒是他的决议的结尾部分:维也纳俱乐部(即托洛茨基)筹集了一笔“用做筹备和召开俄国社会民主工党代表会议的全党基金”。

真是新鲜。这是公开主张分裂。这是公然破坏党内合法性,这是托洛茨基将因此碰得头破血流的冒险行为的开始。很明显,这就是搞分裂。托洛茨基采取的步骤,托洛茨基的“基金”,只得到呼声派和前进派的支持。至于布尔什维克和普列汉诺夫派,则根本不会参与这件事。苏黎世的取消派(呼声派)已经支持托洛茨基了,——这很容易理解。前进派的“众所周知的”那笔“基金”很可能为托洛茨基大开方便之门。你们都明白,这样做,只会使托洛茨基的阴谋具有更大的冒险性。

很清楚,这个阴谋正在破坏党内合法性,因为这里没有一个字提到中央委员会。而能够召开代表会议的只有中央委员会。不仅如此,托洛茨基于1910年8月赶走了驻《真理报》[42]的中央委员会代表之后,把《真理报》从中央委员会代表支持的机关报变成了纯粹派别组织的机关报,他本人也就丧失了一切合法性。

总之,问题已经清楚,情况已经明白。前进派筹集了"众所周知的"那笔"基金"来同党进行斗争,来保护"一种合理的色彩"(召回派)。托洛茨基在最近一号《真理报》上(并在苏黎世的专题报告中)拼命向前进派卖弄风情。国内的取消派已经搞垮了国内的中央委员会。国外的取消派又想搞垮国外的全会,即搞垮一切中央。托洛茨基利用这种"合法性被破坏"的时机,进行组织上的分裂活动,筹集用做召开"自己的"代表会议的"自己的"基金。

他们是分了工的。呼声派把波特列索夫及其同伙当做"一种合理的色彩"加以保护。前进派把召回派当做"一种合理的色彩"加以保护。托洛茨基则想"用双方都能接受的方式"对两者都加以保护,并想召开自己的代表会议(大概是用前进派的钱)。三角联盟(波特列索夫+托洛茨基+马克西莫夫)反对双边联盟(布尔什维克加普列汉诺夫派)。部署就绪。斗争开始。

你们都明白,为什么我把托洛茨基采取的步骤叫做冒险行为。从各方面讲,它都是冒险行为。

这是思想方面的冒险行为。托洛茨基联合波特列索夫和马克西莫夫这些仇视"列宁—普列汉诺夫"(用他们喜爱的说法)联盟的分子,纠集了马克思主义的一切敌人。托洛茨基联合一切酷爱在思想上搞分裂的人;联合一切对捍卫马克思主义毫不关心的人;联合一切不知道为什么进行斗争,不愿意学习、思考并探索产生分歧的思想根源的庸人。在涣散、分裂和动摇的今天,托洛茨基可能很容易成为"一时的英雄",把一切下流货色都纠集在自己的周围。但是这种尝试愈露骨,它就愈将遭到惨败。

这是党内政治方面的冒险行为。现在一切迹象表明,只有真诚地、坚决地摒弃取消派和召回派,才能实现社会民主党的真正的联合。很清楚，波特列索夫（和呼声派）以及前进派既没有摒弃前者，也没有摒弃后者。托洛茨基则把这两者纠集在一起，用欺诈的手段欺骗自己，欺骗党，欺骗无产阶级。实际上，托洛茨基除了加强波特列索夫和马克西莫夫这两个反党集团以外，什么结果也得不到。这种冒险行为遭到失败是不可避免的。

最后，这是组织方面的冒险行为。撇开中央而用托洛茨基的"基金"来召开代表会议，这就是搞分裂。让托洛茨基去倡议召开代表会议吧。让他承担责任吧。

下面三个口号概括了目前党内状况的实质：

（1）巩固并用一切办法支持普列汉诺夫派同布尔什维克的联盟和结合，以捍卫马克思主义，抵制思想上的分裂，反对取消派和召回派。

（2）争取召开全会，以便通过合法途径使党摆脱危机。

（3）同联合波特列索夫和马克西莫夫来反对社会民主党的托洛茨基的无原则的分裂冒险行为进行斗争。

载于1941年《无产阶级革命》杂志第1期

译自《列宁全集》俄文第5版第20卷第42—46页

论党内状况

（不晚于1910年12月15日〔28日〕）

我们党内的危机问题又被国外的社会民主党报刊提到了首要地位，从而使广大党员群众更加议论纷纷、困惑不解和动摇不定。因此，党的中央机关报有必要全面地阐明这一问题。马尔托夫在《呼声报》第23号上发表的文章和托洛茨基的印成单页的、以1910年11月26日“维也纳俱乐部”“决议”的形式发表的言论，向读者提出了这个危机问题，并且完全歪曲了问题的实质。

在马尔托夫的文章和托洛茨基的决议后面，既隐藏着某种实际**活动**，也隐藏着**反党活动**。马尔托夫的文章只是一种文字形式，它掩盖着**呼声派为搞垮**我党**中央而从事的活动**。托洛茨基的决议号召各地方组织撇开中央来筹备反对中央的“全党代表会议”，这个决议所表明的也正是呼声派所要达到的目的：**破坏取消派所仇视的中央机关，同时也破坏作为组织的党**。对呼声派和托洛茨基的这些反党活动，光揭露是不够的，还要与之**斗争**。凡是珍视党、珍视恢复党的工作的同志，都应该最坚决地反对一切纯粹从派别组织、小集团的角度和利益出发而竭力破坏**党**的人。

马尔托夫的《到了什么地步？》一文是掩饰得并不高明的对全会决定的嘲笑和取消派因党遭受挫折而欢天喜地的表现。“**在俄国**，人数不多的中央委员会俄国委员会连**一次会**也没有**开**成”，马尔托夫就是这样写的，黑体也是他用的，好像他抑制不住在向全体取消派宣布这个事实时的得意心情。

遗憾的是，马尔托夫说得对。俄国中央委员会的会议确实没有开成。不过马尔托夫企图回避是**谁**搞垮了俄国中央委员会这样一个问题是毫无道理的。使中央委员会会议没有开成的原因，除了警察的阻挠，还有一种不是警察的而是**政治上的**阻挠。这就是米哈伊尔、罗曼和尤里拒绝出席**即使**只为增补委员而召开的中央委员会会议这个人所共知的事实；这就是这些人发表的"认为中央委员会的存在本身是有害的"声明。

毫无疑问，即使拒绝出席一次增补委员的会议，拒绝那些在警察的重重阻挠下进行工作的人的邀请，都是**搞垮中央**。毫无疑问，这种持有**原则**理由的政治行动，是那些加入《呼声报》"最知名的"俄国撰稿人集团的人（《呼声报》第19—20号合刊上的**16人**的信）、加入波特列索夫先生及其同伙的**合法的**取消派集团的人干出来的。所有这些都是事实。**独立合法派集团即社会民主党的敌人，就是搞垮俄国中央委员会的人**。

阿克雪里罗得硬说（见《呼声报》第23号）取消派分子这个"绰号"现在正被人们"不加区别地"乱用；他甚至大放厥词，说我们会把那些为了一块面包而疲于奔命或者因此被压得喘不过气来的个人叫做取消派分子；而他在讲这种故作天真的荒唐话的时候，却**避而不谈**被党中央机关报**一一点了名**的取消派分子的各个集团，既然如此，这种遁词的毫无诚意也就无须证明了。既然马尔托夫和其他呼声派分子在《呼声报》上似乎同俄国的取消派"进行争论"，说他们的行为是"轻举妄动"（!!），"规劝"他们再等一等（马尔托夫在《呼声报》第23号上谈到列维茨基的时候说的），而**同时**又完全同他们一起**进行工作**，齐心协力地在国外建立单独的**派别组织**，以便反对党，支持党的敌人，即支持波特列索夫之流先生们，既然如此，我们也就只能认为这是许多种政治伪善表现中的一种表现。当米留可夫先生同路标派"进行争论"，说他们"轻举妄动"，同时又在政治上同他们齐心协力地**进行工作**时，任何一个有政治头脑的人都不会说，米留可夫先生是在认真地反对路标派；大家都会认为，米留可夫先生的这种做法只能表明他的伪善，决不能推翻他在政治上同路标派勾搭在一起的事实。当斯托雷平先生同黑帮"进行争论"（在《俄国报》上），责备黑帮"轻举妄动"，同时又同它齐心协力地**进行工作**时，任何一个有政治头脑的人都不会说，斯托雷平先生和他的政府是在认真地反对黑帮；大家都会认为，斯托雷平先生和沙皇政府的这种做法只能表明他们的伪善，决不能推翻他们在政治上同普利什凯维奇之流勾搭在一起的事实。

如果说大家对于《呼声报》政治上的伪善还能看得清楚的话，那么对于马尔托夫所说的"合法性"正在把党的正式代表"置于死地"这种**暗示**，1 000 个读者中有 999 个**搞不清楚**，因为这种暗示是故意放烟幕。

中央机关报的责任就是驱散在党内状况方面放的烟幕，使**所有的人**都了解分歧实质的所在。

马尔托夫说的是，**除了**中央的决定，党没有任何摆脱危机的合法出路。因此，**既然**俄国的取消派已经搞垮了国内的中央委员会（**既然国外的取消派就连在国外召开中央委员会会议也能破坏**），那么，现状就将是没有合法的出路了。于是马尔托夫就预先欢呼起来，说什么中央被彻底搞垮了，合法的出路**没有了**，取消派赢了。

马尔托夫太性急了。他过早地**讲出了**波特列索夫先生和党的其他敌人**所想的**东西。

是的，马尔托夫说得对！只有中央委员会才能找到摆脱党的危机的唯一出路。因此，如果警察的阻挠和上面所说的政治上的阻挠使中央委员会不能在俄国召开会议，那就应当在国外召开。这是摆脱危机的**唯一**办法。在最近一次中央全会上，党内各派别签订了一个超越派别组织共同进行党的工作的协定，布尔什维克也是签订协定的一个派别，他们曾经采取措施来加速找到这条摆脱党的危机的唯一出路。布尔什维克派的代表把自己派别组织的财产交给党支配，**条件**是在撤销布尔什维克派别组织的中央的同时，孟什维克（呼声派）和召回派（"前进派"）等派别组织的中央也要撤销。这个**条件没有履行**。不仅如此，呼声派的指导性机关报《社会民主党人呼声报》还公开包庇和掩护党内那些敌人，而中央全会曾经一致责成我们同这些敌人进行最坚决的斗争，就像同离开社会民主党、仇视社会民主党的资产阶级倾向进行斗争那样。由于党内各派别各集团在全会上签订的协定遭到公然破坏，由于签订协定的一方实行明显的反党政策，所以布尔什维克认为必须要求把他们在一年前有条件地交给党的那笔款项发还他们。关于这一点，他们在 1910 年 12 月 5 日向中央委员会国外局提出了相应的申请。布尔什维克在这一点上做得对不对，这要由全会规定的机构来判断。问题的实质是，**现在**，即从布尔什维克派的代表提出申请的时候起，在国外召开中央全会已经不仅对找到摆脱党内危机的出路来说是必要的，而且对 1910 年 1 月 6 日签订协定的所有派别和集团来说也是**必要的**，因为**这是它们责无旁贷的义务，是**

它们自己一致通过的决议[①]。召开中央全会不仅是**党的**需要，而且成为**法律上的义务了**。我们再次看到，**除了召开中央全会，不可能有摆脱现状的其他合法出路**……

在这里，呼声派的政策一下子就暴露出来了。

根据中央委员会清清楚楚、毫不含糊的决定，既然布尔什维克提出了申请，中央委员会国外局除了召开全会就没有别的办法；只有召开全会的尝试在三个月内不能成功的时候，才能采取中央委员会规定的另一种解决问题的办法。但是呼声派的做法却不是这样。

12月12日，中央委员会国外局委员呼声派分子伊哥列夫提出书面声明说，他**反对召开全会**，他只同意召开特别委员会会议！

这句话的用意是很清楚的：全会拥有最高权力，如果召开全会，就**能**找到摆脱危机、摆脱俄国难堪的现状的**合法**出路。特别委员会则**没有**这种最高权力，它除了审查布尔什维克提出收回那笔款项的要求，没有任何权力，**不可能**找到摆脱危机的**任何合法**出路。

结果正像一句谚语所说的：莫给他人挖陷阱，当心自己掉进去！

马尔托夫还没有来得及殷勤地向党指点那个取消派非常乐意

① 事情是这样的：中央委员会同布尔什维克派的某些代表关于布尔什维克派**有条件地**把自己的财产交给党的协定，是在中央全会上签订的，已被承认为党的**规定**、党内**合法性**的基础。这个协定公布在中央机关报第11号上，同时还公布了全会规定的与该协定有关的全部程序。主要的规定是：如果布尔什维克提出呼声派和前进派**破坏**联合**条件**的声明，就要**召开全会**(在国外)。中央机关报第11号上所登载的全会的决定还说："如果在布尔什维克派的代表提出自己的要求以后的三个月内，由于某种原因不能召开全会，就要召开特别委员会会议。"

看到正式的党掉进去的似乎毫无合法出路的“陷阱”，**呼声派分子伊哥列夫就已经掉进这个陷阱了！**

俄国的取消派搞垮了国内的中央委员会。现在国外的取消派又在破坏在国外召开中央委员会会议了。取消派欢天喜地，预感到极大的愉快（对于斯托雷平和取消派说来）：**一切**中央都不存在了。这对于波特列索夫之流先生们，对于“前进派”的派别组织真是太美满了！

我们在这里不准备谈论呼声派分子伊哥列夫的遁词和中央委员会国外局的一位布尔什维克委员①在反声明中对这些遁词的驳斥。我们只想指出，呼声派分子伊哥列夫考虑得很周到，他竟直接声明他反对召开全会，不仅反对在提出申请的情况下根据专门决定召开的全会，**甚至**反对**根据总的党章**召开的全会（为此需要中央委员会国外局的一致同意）。呼声派分子伊哥列夫认为召开全会是件“麻烦的”事情，如此等等。很明显，在取消派看来，就连我们秘密党的存在本身也是件非常“麻烦的”事情。全会将主要由侨居国外的人组成，这是呼声派分子伊哥列夫的第二个“理由”。但是这并不妨碍呼声派全力支持那个**纯粹侨居国外的人的**计划，即托洛茨基撇开中央召开反对中央的“全党”代表会议的计划……

呼声派已经下定决心**无论如何**要搞垮**一切**中央！

其次，我们应当请党员们注意一个更普遍的问题，即俄国社会民主工党党内状况的问题。我们的党也同一切革命政党一样，只有革命者在进行**共同**工作的时候至少具有起码的相互帮助的**愿望**，才能存在和发展。

---

① 这位同志写信给中央机关报编辑部，请求我们帮助他把呼声派破坏全会的企图告诉党。

如果党章和党的决定(党内的"合法性")不是**促进**这种共同的工作,而是为从党的一些最重要的委员会内部来**阻碍**这种工作**制造困难**,那党的工作就变成毫无价值的滑稽可笑的事情了。在任何别的政党内,如果召开中央委员会会议有困难,马上就会想出几十种躲避警察阻挠的方式和方法,并找到许多新的工作方法。可是我们党**内**的派别分子却有的为波特列索夫之流先生们效劳,有的为公开的召回派和党**外**的半无政府主义者效劳。在呼声派分子伊哥列夫这些人的手里,"合法性"正在变成**从党内**来危害党、阻碍工作、帮助波特列索夫之流先生们破坏党的一种手段。① 这样的情况是不能容忍的。"充满善良愿望的决议"无济于事,那位马尔托夫理所当然地嘲笑了这些决议。要对事情有帮助,首先应当**懂得**它。应当懂得,为什么制定同波特列索夫之流先生们及其同伙进行共同工作的那些充满善良愿望的决议是荒谬的,可笑的,不足取的。一旦党懂得这里是两种互不相容的政策,这里的问题是关于社会民主主义和自由主义的问题,党就会很快找到出路。那时我们就能树立起一种**不会**被取消派**变成**阻挠党前进的绊脚石的"合法性"了。

必须承认,应当**感谢**波特列索夫先生及其朋友们和呼声派分子伊哥列夫及其朋友们,因为他们有效地帮助党**懂得了**这一点。

托洛茨基的言论尽管**表面上**同马尔托夫嘲笑党遭受挫折、同呼声派搞垮中央没有什么联系,实际上却同这两者有密切的联系,

① 马尔托夫在嘲笑党的正式机关时说,"合法性把他们置于死地了"。**仅就**下面一点**而论**,他这样说**是对的**:这些机关的**某些**"合法的"(即根据党章或全会的决定而产生的)形式**使**米哈伊尔、罗曼、尤里和呼声派(通过伊哥列夫)等等**可以阻碍工作**,从而把卓有成效的工作"置于死地了"。

有“利害”关系。党内许多人还不懂得这种联系在什么地方。1910年11月26日维也纳的决议大概会帮助他们懂得问题的实质。

这个决议包括三部分:(1)向《工人报》宣战(号召对该报“**给以坚决的反击**”,因为用托洛茨基的说法,这家报纸是一家“新的派别的小组的企业”);(2)抨击布尔什维克—普列汉诺夫“联盟”的路线;(3)宣布“维也纳俱乐部〈即托洛茨基及其小组〉会议决定:筹集一笔用做筹备和召开俄国社会民主工党代表会议的全党基金”。

对于第一部分我们根本不准备谈。托洛茨基说得完全对:《工人报》是一家“私人企业”,它“**无权代表全党讲话**”。

不过,托洛茨基忘记了他和他的《真理报》**也**无权这样做,却是毫无道理的。他在谈到全会承认《真理报》的工作是有益的时候,避而不谈全会曾经委任了一名驻《真理报》编辑部的**中央代表**这件事实,也是毫无道理的。在提到全会关于《真理报》的决定的时候,避而不谈这一点,这只能说是**对工人进行欺骗**。托洛茨基的这种欺骗行为尤其恶毒的是,他已经在1910年**8月赶走了**驻《真理报》的中央代表。在这个事件之后,在《真理报》**断绝了**同中央的联系之后,托洛茨基的报纸只是一家“私人企业”,再不能履行它所承担的义务了。在下次中央委员会会议还未召开的情况下,**只有**全会委任的中央**代表**才能评判《真理报》对中央的态度,而中央代表**认为托洛茨基的行为是反党的**。

这就是从托洛茨基非常适时地提出的关于谁“有权代表全党讲话”的问题得出的结论。

不仅如此。既然取消派—独立合法派在搞垮国内的中央委员会,既然呼声派在搞垮国外的中央委员会,只要他们还在那样做,那么只有**中央机关报**才是**唯一**有权“代表全党讲话”的机关。

因此，我们**代表全党**声明：托洛茨基在执行反党的政策，他在**破坏**党内**合法性**，他走上了**冒险**和**分裂**的道路，因为他在自己的决议中只字不提中央（好像他同呼声派已经商量好了，中央将被搞垮！），而以**一个国外**集团的名义宣布要"**筹集一笔**用做召开俄国社会民主工党代表会议的**基金**"。如果取消派拼命搞垮中央的活动得逞，那么我们这个唯一有权代表全党讲话的机关就要立即宣布：我们**决**不参与托洛茨基的"基金"和阴谋，我们认为，可以称做**全党**代表会议的只能是**中央机关报**所召开的代表会议，而不是托洛茨基的小组所召开的代表会议。①

但是现在事态尚未最终表明中央已被搞垮，还有希望使党找到完全**合法的**出路。

我们要号召党员为了使党找到合法的出路而进行坚决斗争，同时要弄清分歧的"原则基础"。呼声派和托洛茨基却急于要把这种分歧弄成分裂：呼声派要搞垮中央，托洛茨基则无视中央的存在，并且要"筹集一笔基金"由他的小组来召开"俄国社会民主工党的代表会议"（别当是玩笑！）。

托洛茨基在他的决议中写道："列宁派和普列汉诺夫派"（托洛茨基用**个人**来代替布尔什维克和护党派孟什维克这两个**派别**的称呼，想以此表示自己对这两派的蔑视，可是他只表明了自己的无知）所进行的斗争"现在没有任何原则基础"。

中央机关报号召全俄国的社会民主党人都来弄清这些原则基础时说：当由于召开全会而引起的这个"毫无意义的"斗争还在进行时，让我们正好来研究一下这个颇有意义的问题。

---

① **必须**尽**快地**由党中央召开真正全党代表会议，这一点是毫无疑问的。

现在我们把托洛茨基宣布中央机关报进行的斗争没有任何原则基础时所持的那些理由，全部摘录如下：

"……党内**所有的**〈黑体是托洛茨基用的〉派别都有一种根深蒂固的信念，认为必须恢复秘密组织，必须把合法工作同秘密工作结合起来，必须执行彻底的社会民主党的策略，这些基本方针是最近一次全会**一致**拟定的。

现在，在全会闭幕一年以后，困难不在于宣布这些人所共知的道理，而在于**加以贯彻**。贯彻的方法就是党的各个部分，即'呼声派'、'普列汉诺夫派'、'列宁派'、'前进派'以及非派别组织分子同心协力地进行共同的工作，因为党在精神上已经度过了童年时代，现在全体党员应该认识到自己的使命，应该以**革命的社会民主党人**即忠诚于自己党的党员身份从事活动，不要再有什么派别的名称。这种合作应该在全党的范围内进行，而不应该围绕着各派别组织的机关报进行。"

这是一个典型的例子，它说明如果好话是掩盖弥天大谎，是掩盖对陶醉于说空话的人本身、对全党的极大的欺骗，这种好话就会被糟蹋成空话。

说党内**所有的**派别都有必须恢复秘密组织的根深蒂固的信念，这简直是弥天大**谎**。每一号《呼声报》都表明，呼声派认为波特列索夫先生及其同伙的集团是**党内的一个派别**，他们不仅这样"认为"，而且还**经常**参加这个集团的"工作"。现在，在全会一年以后，当问题在于"**贯彻**"而不在于空谈的时候，还在玩捉迷藏，既欺骗自己，又欺骗工人，用各种遁词来支吾搪塞，这不是可笑而又可耻吗？

是不是这样呢？托洛茨基认为中央机关报点了名的波特列索夫先生及其同伙是"党内的一个派别"呢，或者不是一个派别？这个问题正是"贯彻"全会决定的问题，这个问题，中央机关报提出来**已经一年了**，而且提得明确尖锐，毫不含糊，用任何遁词都无法推托！

托洛茨基一再企图用沉默或空谈敷衍过去，因为他要向读者、向党**隐瞒**这样一个**真相**:波特列索夫先生的集团和16人集团等等是绝对离开党而独立的集团,是完全独立的派别组织,他们不仅不恢复秘密组织,反而破坏恢复秘密组织的工作,他们**根本**不执行社会民主党的策略。托洛茨基要向党隐瞒这样一个真相:呼声派是同样离开党而独立的、实际上为俄国取消派效劳的国外派别组织。

那么"前进派"呢?托洛茨基很清楚,**在**全会**之后**,"前进派"也加强和发展了自己的独立的派别组织,他们有不受党支配的经费,有独立的派别党校;这个党校根本不讲授"彻底的社会民主党的策略",而讲授"召回派是一种合理的色彩",讲授召回派对第三届杜马作用的看法,即"前进派"派别组织的纲领中所表现出来的那些看法。

托洛茨基对这个不容争辩的真相之所以默不作声,是因为这个真相同他的政策的**实际**目的不相容。而这些实际目的愈来愈明显,甚至连那些最没有远见的护党派分子都看清楚了。这些实际目的就是托洛茨基所支持和组织的**波特列索夫之流同前进派结成的反党联盟**。呼声派接受托洛茨基的决议(如"维也纳"决议)。《真理报》向前进派卖弄风情,胡说什么在俄国各地活动的只有前进派和托洛茨基分子,替前进派的派别党校吹嘘,以及托洛茨基公然支持这个党校——所有这一切事实,长期隐瞒下去是办不到的。口袋里藏不住锥子。

托洛茨基政策的内容就是《真理报》同波特列索夫之流先生们和前进派的派别组织"同心协力地进行工作"。这个联盟有明确的分工:波特列索夫之流先生们继续离开党独立地进行他们的合法工作,继续破坏社会民主党;"呼声派"构成这个派别组织的国外分部;而托洛茨基自己担任辩护人的角色,硬要天真的公众相信,"彻底的社会民主党的策略”“在党内**所有的**派别中都是根深蒂固的”。前进派得到的也是这位辩护人，他为他们派别党校的自由进行辩护，用伪善的陈词滥调为他们的政策打掩护。这个联盟当然要支持托洛茨基的“基金”和他要召开的反党的代表会议，因为波特列索夫之流先生们和前进派从这里得到他们所需要的东西：他们的派别组织的活动自由，派别组织的神圣化，对派别组织的活动的掩护，在工人面前为这种活动所作的辩护。

正是从“原则基础”的观点来看，我们不能不认为这个联盟是千真万确的**冒险主义**。托洛茨基**不敢**说他认为波特列索夫和召回派是真正的马克思主义者，是社会民主主义原则性的真正维护者。冒险主义者的立场实质也就在于他不得不经常躲躲闪闪。这是因为任何人都看到也都知道，波特列索夫之流先生们和召回派**都有自己的**路线（反社会民主党的路线），并且在**执行**这条路线，而《呼声报》的外交家和《前进》文集只不过起了打掩护的作用。

不管新联盟在庸人中取得的成绩多么巨大，不管托洛茨基依靠前进派和波特列索夫之流这两个“来源”能筹集多少“基金”，这个新联盟是**注定**要垮台的，其最深刻的原因就在于这个联盟**没有原则**。马克思主义的理论，我们的整个世界观以及我党的全部纲领和策略的“**原则基础**”现在被提到党的整个生活的首要地位，这不是偶然的，而是必然的。在革命遭到挫折之后，社会的**所有**阶级和最广大的人民**群众**对整个世界观（直到宗教问题和哲学问题，直到我们的马克思主义**全部**学说的**原则**）的深刻基础都发生了兴趣，这不是偶然的，而是必然的。被革命卷入由策略问题引起的尖锐斗争中来的群众，在缺乏公开言论的时代，提出了对**一般理论**知识的要求，这也不是偶然的，而是必然的。应当重新对这些群众阐明

马克思主义的基本原理：捍卫马克思主义理论的任务又提到日程上来了。托洛茨基宣称护党派孟什维克同布尔什维克的接近“在政治上是空洞的”和“不稳固的”，这只能表明他自己极其无知，只能说明他自己十分空洞。在布尔什维克同“前进派的”非社会民主主义思想的斗争中，在护党派孟什维克同波特列索夫之流先生们和呼声派的斗争中，获得胜利的正是马克思主义的原则基础。正是在马克思主义的**原则基础**问题上的这种接近，才是全会后整整一年来护党派孟什维克同布尔什维克真正同心协力地工作的**实际基础**。这是事实，不是空话，不是诺言，不是“充满善良愿望的决议”。不管孟什维克同布尔什维克过去和将来有什么分歧（只有冒险主义者才会用分歧不存在了，分歧被某项决议“消除了”等**诺言**来吸引公众），这个历史事实总是抹杀不了的。只有那些主要派别组织**本身的**内部发展，只有**它们自己的**思想演进，才能保证通过它们的相互接近和它们在共同工作中的考验来在实际上消除派别组织。这种情形在全会后已经开始了。至于波特列索夫同前进派和托洛茨基同心协力地工作，我们**还没有**看到，我们所看到的只是小组的外交手腕、文字游戏和串通一气的支吾搪塞。一年来护党派孟什维克同布尔什维克同心协力地工作，党是看到了的。任何一个能够重视**马克思主义**的人，任何一个珍惜社会民主主义的“原则基础”的人都丝毫不会怀疑，这**两个**派别的十分之九的工人将拥护**这种**接近。

正是从“原则基础”的观点来看，托洛茨基同波特列索夫和前进派的联盟是一种冒险行为。从**党内政治**任务的观点来看，这样说也同样是对的。这些任务确实是全会**一致**指出的，但决不能把它们归结为这样一句陈腐的空话：把合法工作同秘密工作统一起来(要知道,连立宪民主党人也是把合法的《言语报》同秘密的"立宪民主党"中央"统一"起来的)。托洛茨基故意挑出这句话来,是为了讨好根本不反对陈腐空话的波特列索夫之流先生们和前进派。

全会的决议说:"社会民主主义运动在资产阶级反革命时代所处的历史环境必然产生资产阶级对无产阶级影响的两种表现:一方面是否认秘密的社会民主党,贬低它的作用和意义,企图削减革命社会民主党在纲领和策略方面的任务和口号等等;另一方面是否认社会民主党在杜马中进行工作和利用合法的机会,不懂得这两种工作的重要性,不善于使革命的社会民主党的策略去适应当前时局的特殊历史条件等等。"

有了这**一年的经验**,再不能回避直接回答关于这些指示的**现实**意义的问题了。不能忘记,在全会上**所有**民族代表(总是向任何时候的**任何**多数靠拢的托洛茨基当时是靠拢他们的)曾经提出书面声明说:"**实质上**是完全可以把决议中所指出的、必须与之斗争的那个思潮叫做取消主义的"。

全会后一年来的经验用事实表明:**体现**资产阶级对无产阶级的这种影响的正是波特列索夫集团,正是前进派这一派别组织。**回避**这个明显的事实就是冒险主义,因为到现在为止,还没有一个人敢公然说:波特列索夫之流及其同伙的路线**不**是取消主义的路线,承认召回派是"一种合理的色彩"的看法是**符合**党的路线的。我们没有虚度全会后的这一年。我们有了更丰富的经验。我们**在实际上**看到了当时指出的那些倾向的表现。我们看到了体现这些倾向的**派别组织**。用这些**反党的**派别以所谓的"党的"精神进行"同心协力的工作"这种**空话**来欺骗比较广泛的工人阶层,现在已经办不到了。

最后,第三,托洛茨基的政策是**组织上的**冒险行为,因为,正如我们已经指出的,它破坏党内合法性,而且以一个国外集团的名义

（或者以呼声派和前进派这**两个**反党的派别组织的联盟的名义）筹备代表会议，直接走上分裂的道路。我们既然有权代表全党讲话，就有责任坚决捍卫党内合法性。但是我们决不希望我们的党员只看到"合法性"的形式而看不到问题的**实质**。相反，我们正是要社会民主党人把**主要的**注意力放到问题的**实质**上来，而问题的实质就是呼声派和前进派的**联盟**保护了波特列索夫之流先生们进行取消派活动的充分自由和召回派破坏党的充分自由。

我们号召全体社会民主党人为党内合法性进行坚决斗争，为捍卫马克思主义的原则基础，为清除社会民主主义中的自由主义和无政府主义而同反党联盟进行斗争。

附言：上面这篇文章印成抽印本发表（这样做是根据编辑部多数——两名布尔什维克派的代表和一名波兰组织的代表——的表决），引起了另外两名编委（呼声派分子）的抗议，他们把自己的抗议书也印成了单页。该抗议书的作者们在这个单页中并没有谈到《**论党内状况**》一文的内容，而是指责编辑部的多数：（1）侵犯了他们这两名编委的合法权利；（2）进行"警察性的告密"。既然争论的不是原则和策略，而是涉及组织纠纷和人身攻击，我们认为最正确的做法就是把这样的争论完全交给中央委员会处理。我们认为，不等到中央委员会对这个问题作出决定，全体**护党派**同志就会对这两位编委——马尔托夫和唐恩的"论战"方法作出应有的评价。

载于1910年12月23日或24日（1911年1月5日或6日）《社会民主党人报》第19号抽印本

译自《列宁全集》俄文第5版第20卷第47—61页

欧洲工人运动中的分歧

（1910 年 12 月 16 日〔29 日〕）

一

欧美现代工人运动中的基本的策略分歧，归结起来就是同背离实际上已经成为这个运动中的主导理论的马克思主义的两大流派作斗争。这两个流派就是修正主义（机会主义、改良主义）和无政府主义（无政府工团主义、无政府社会主义）。在半个多世纪的大规模工人运动的历史上，这两种背离工人运动中起主导作用的马克思主义理论和马克思主义策略的倾向，在一切文明国家里，是以各种不同的形式和各种不同的色彩表现出来的。

单从这个事实就可以看出，这两种倾向不是偶然出现的，也不是由某些个别人或集团的错误造成的，甚至也不是由民族特点或民族传统的影响等等造成的。应该有一些由一切资本主义国家的经济制度和发展性质所决定的、经常产生这两种倾向的根本原因。去年出版的荷兰马克思主义者安东·潘涅库克所著《工人运动中的策略分歧》（Anton Pannekoek. «Die taktischen Differenzen in der Arbeiterbewegung». Hamburg, Erdmann Dubber, 1909）这本小册子，是用科学态度研究这些原因的一次很有意义的尝试。下面我们就要向读者介绍潘涅库克所作出的那些不能不认为是完全正确的结论。

工人运动的发展这个事实本身，是周期性地产生策略分歧的最深刻的原因之一。如果不是根据某种虚幻的理想的标准来衡量工人运动，而是把这一运动看成是一些普通人的实际运动，那就会很清楚，一批批“新兵”被吸收进来，一个个新的劳动群众阶层被卷入运动，就必然会引起理论和策略方面的动摇，重犯旧错误，暂时回复到陈旧观念和陈旧方法上去等等。为了“训练”新兵，每个国家中的工人运动，都要周期性地耗费或多或少的精力、注意力和时间。

其次，资本主义发展的速度，在不同的国家和不同的国民经济部门是不一样的。在大工业最发达的条件下，工人阶级和它的思想家领会马克思主义最容易、最迅速、最完整、最扎实。落后的或发展上落后的经济关系，往往使那些拥护工人运动的人只能领会马克思主义的某些方面，只能领会新世界观的个别部分或个别口号和要求，而不能坚决与资产阶级世界观的特别是资产阶级民主主义世界观的一切传统决裂。

再其次，处在矛盾中的并通过矛盾来实现的社会发展的辩证性质，是经常引起分歧的根源。资本主义是进步的，因为它消灭了旧的生产方式，发展了生产力，而同时，在它发展到一定阶段，又阻碍生产力的提高。资本主义一方面培养和组织工人，加强他们的纪律性，另一方面又压制和压迫工人，使他们走向退化和贫穷等等。资本主义本身造就了自己的掘墓人，本身创造了新制度的因素，而同时，如果没有“飞跃”，这些单个的因素便丝毫不能改变总的局面，不能触动资本的统治。马克思主义即辩证唯物主义理论，

№ 1.

ЗВѢЗДА

еженедѣльная газета.

За ОДИНЪ рубль

Современный Міръ № 12.

ЗНАНІЕ

Наша задача.

„ДЕЯ"

МОЛОДЕЖЬ

Не нашли...

1910 年 12 月 16 日《明星报》第 1 号的第 1 版，

该版载有列宁《欧洲工人运动中的分歧》一文

（按原版缩小）

善于把握住实际生活中的、资本主义和工人运动实际历史中的这些矛盾。但群众当然是从生活中学习而不是从书本上学习的，因此个别人或集团常常把资本主义发展的这种或那种特点、这个或那个“教训”加以夸大，发展成片面的理论和片面的策略体系。

资产阶级的思想家，那些自由派和民主派，不懂得马克思主义，不懂得现代工人运动，所以他们经常从一个荒谬的极端跳到另一个荒谬的极端。他们一会儿说一切都是由于心怀叵测的人“挑唆”一个阶级反对另一个阶级的结果，一会儿又以工人政党是“和平的改良政党”来自我安慰。应当认为无政府工团主义和改良主义都是这种资产阶级世界观及其影响的直接产物，因为无政府工团主义和改良主义都只抓住工人运动中的**某一**方面，把片面观点发展为理论，把工人运动中形成工人阶级在某一时期或某种条件下活动的特点的那些趋向或特征说成是相互排斥的东西。而实际生活和实际历史本身却**包含**这些各不相同的趋向，正好像自然界的生命和发展一样，既包含缓慢的演进，也包含迅速的飞跃即渐进过程的中断。

修正主义者认为，所有关于“飞跃”、关于工人运动同整个旧社会根本对立的议论，都是空话。他们认为改良就是局部实现社会主义。无政府工团主义者拒绝“细小的工作”，特别是拒绝利用议会讲坛。其实，这种策略就是坐等“伟大日子”的到来，而不善于聚集力量，来创造伟大的事变。无论前者还是后者都阻碍了这样一件最重要最迫切的事情：把工人团结成为规模巨大、坚强有力、很好地发挥作用的、能够在**任何**条件下都很好地发挥作用的组织，团结成为坚持阶级斗争精神、明确认识自己的目标、树立真正马克思主义世界观的组织。

为了避免可能发生的误会，我们要稍微离开本题附带说明一下，潘涅库克**仅仅**引用了西欧各国特别是德国和法国历史中的例子来说明自己的分析，而**根本没有**提到俄国。即使有时觉得他是在暗示俄国，那只是因为我们这里也出现某些背离马克思主义策略的基本趋向，虽然俄国在文化、生活方式以及历史和经济各方面都与西欧大不相同。

最后，引起工人运动参加者彼此分歧的一个非常重要的原因，就是统治阶级特别是资产阶级的策略的改变。如果资产阶级的策略始终是一个样子，或者至少始终是一个类型，那工人阶级就能很快学会同样用一个样子或者一个类型的策略去对付它了。其实，世界各国的资产阶级都必然要规定出两种管理方式，两种保护自己利益和捍卫自己统治的斗争方法，并且这两种方法时而交替使用，时而以不同的方式结合在一起。第一种方法就是暴力的方法，拒绝对工人运动作任何让步的方法，维护一切陈旧腐败制度的方法，毫不妥协地反对改良的方法。这就是保守主义政策的实质，这种政策在西欧各国愈来愈不成其为土地占有者阶级的政策，而成为整个资产阶级政策的一个变种了。第二种方法就是"自由主义的"方法，即采取扩大政治权利、实行改良、让步等等措施的方法。

资产阶级从一种方法转而采用另一种方法，并不是由于个别人用心险恶的算计，也不是由于什么偶然的原因，而是由于它本身地位的根本矛盾性。正常的资本主义社会要顺利发展下去，就不能没有稳固的代表制度，就不能不给予在"文化"方面必然有较高要求的人民以一定的政治权利。这种一定程度的文化要求是资本主义生产方式本身连同它的高度技术、复杂性、灵活性、能动性以及全世界竞争的飞速发展等等条件所造成的。因此，资产阶级在策略方面的动摇，从暴力方式向所谓让步方式的转变，是一切欧洲国家最近半个世纪以来历史的特点，而各个不同的国家在一定时期内又总是主要采用某一种方法。例如英国在19世纪60年代和70年代是采用资产阶级“自由主义”政策的典型国家，而德国在70年代和80年代则始终采取暴力方法等等。

当这种方法盛行于德国的时候，对这种资产阶级管理方式的片面反应，就是无政府工团主义的发展，或者按当时的说法是工人运动中的无政府主义的发展（90年代初的“青年派”[43]，80年代初的约翰·莫斯特）。1890年转而采取了“让步”，这种转变照例对工人运动更加危险，因为它引起了一种同样片面的、对资产阶级“改良运动”的反应，即引起了工人运动中的机会主义。潘涅库克说：“资产阶级自由主义政策的积极的实际的目的就是把工人引入歧途，在工人中间制造分裂，把工人的政策变成软弱的、始终是软弱的和昙花一现的所谓改良运动的一种软弱的附属品。”

资产阶级利用“自由主义”政策，往往能在一定时期达到自己的目的，潘涅库克正确地指出，这种政策是一种“更加狡猾的”政策。一部分工人，一部分工人代表，有时被表面上的让步所欺骗。于是修正主义者就宣布阶级斗争学说已经“过时”，或者开始实行实际上抛弃阶级斗争的政策。资产阶级策略的曲折变化，使修正主义在工人运动中猖獗起来，往往把工人运动内部的分歧引向公开的分裂。

所有上述一类原因，在工人运动内部，在无产阶级内部，引起了策略上的分歧。况且，在无产阶级与那些同它关系密切的小资产者阶层（包括农民在内）之间，并没有隔着而且也不可能隔着一道万里长城。个别人、个别集团和阶层从小资产阶级转到无产阶级方面来，自然也就不能不引起无产阶级本身策略方面的动摇。

各国工人运动的经验，帮助我们根据具体实践问题来理解马克思主义策略的实质，帮助比较年轻的国家更清楚地认识背离马克思主义的倾向的真正阶级意义，并比较顺利地去同这些背离倾向作斗争。

载于1910年12月16日《明星报》第1号

译自《列宁全集》俄文第5版第20卷第62—69页

托尔斯泰和无产阶级斗争

（1910年12月18日〔31日〕）

托尔斯泰以巨大的力量和真诚鞭笞了统治阶级，十分鲜明地揭露了现代社会所借以维持的一切制度——教会、法庭、军国主义、“合法”婚姻、资产阶级科学——的内在的虚伪。但是，他的学说同现存制度的掘墓人无产阶级的生活、工作和斗争是完全矛盾的。列夫·托尔斯泰的说教究竟反映了什么人的观点呢？他说的话是代表整个俄罗斯千百万人民群众的，人民群众**已经**憎恨现代生活的主宰者，但是**还**没有达到去同他们进行自觉的、一贯的、坚持到底的、不可调和的斗争的程度。

伟大的俄国革命的历史和结局表明，**介于**觉悟的社会主义无产阶级和旧制度的坚决维护者**之间**的群众，正是这样的。这些群众——主要是农民——在革命中表明，他们对旧制度的仇恨是多么深刻，他们对现存制度带来的一切苦难的感受是多么痛切，他们向往摆脱这些苦难并找到美好生活的自发愿望是多么强烈。

同时，这些群众在革命中也表明，他们的仇恨还不够自觉，他们的斗争还不够彻底，他们对美好生活的追求还只局限在狭小的范围内。

托尔斯泰的学说反映了直到最底层都在掀起汹涌波涛的伟大的人民海洋，既反映了它的一切弱点，也反映了它的一切长处。

俄国工人阶级研究列夫·托尔斯泰的艺术作品，会更清楚地认识自己的敌人；而全体俄国人民分析托尔斯泰的**学说**，一定会明白他们本身的弱点在什么地方，正是这些弱点使他们不能把自己的解放事业进行到底。为了前进，应该明白这一点。

阻碍这一运动前进的，是所有那些把托尔斯泰称为"公众的良心"、"生活的导师"的人。这些说法是自由派故意散布的谎言，他们想利用托尔斯泰学说中与革命相抵触的一面。某些过去的社会民主党人，也跟着自由派重复这种谎言，说托尔斯泰是"生活的导师"。

只有当俄国人民懂得，他们要求得到美好的生活，不应该向托尔斯泰学习，而应该向无产阶级这个托尔斯泰所没有了解其意义的、唯一能摧毁托尔斯泰所憎恨的旧世界的阶级学习，只有这个时候，俄国人民才能求得解放。

载于1910年12月18日(31日)
《工人报》第2号

译自《列宁全集》俄文第5版
第20卷第70—71页

游行示威开始了

(1910年12月18日〔31日〕)

俄国经历了1905—1907年三年革命时期以后，又经历了1908—1910年三年反革命时期。在这三年中，黑帮杜马当政，暴力肆虐，法纪废弛，资本家对工人展开猛烈进攻，工人已经获得的成果被夺走。在1905年仅仅受到挫折而未被消灭的沙皇专制制度，这时又聚集起力量，同第三届杜马中的地主和资本家勾结起来，在俄国重新建立起旧秩序。于是资本家对工人的压迫变本加厉，官吏在城市中尤其在农村中违法乱纪，胡作非为，更加肆无忌惮，争取自由的战士受到更为残暴的迫害，动辄处以死刑。沙皇政府、地主和资本家出于对革命的仇恨而向革命阶级首先向无产阶级进行疯狂的**报复**，他们正急于利用群众斗争的暂时中断来消灭自己的敌人。

但是往往有这样一种敌人，他们可以在几次战役中被击溃，可以暂时受压制，却是消灭**不了**的。革命的彻底胜利是完全可能的，这样的胜利将完全推翻沙皇君主制度，彻底消灭农奴主-地主，把他们的土地不经赎买交给农民，用民主自治和政治自由来代替官吏的管理。这样的改革不仅是可能的，而且是20世纪每一个国家**所必需的**，这样的改革在欧洲**各**国经过比较长期和顽强的斗争已经比较全面地实现了。

但是不论是反动派的**任何**胜利，即使是最彻底的胜利，还是反革命的**任何**成功，都**不能够**消灭沙皇专制制度的敌人，即反对地主和资本家压迫的人，因为这些敌人是愈来愈聚集在城市中、大工厂中和铁路上的数以百万计的工人。这些敌人是破产的农民，他们的艰难生活现在每况愈下，因为地方官[44]和富裕农民勾结起来，**在**一切地主政权和军事当局的**庇护下**，**经**地主杜马的**同意**，对农民**依法**进行掠夺，夺取他们的土地。像工人阶级和贫苦农民这样的敌人是消灭不了的。

现在我们可以看到，最受压迫、最受压制、最受折磨和被各种各样迫害吓坏了的**人民群众**，经过三年反革命极其猖獗的时期以后，重新开始抬起头了，又觉醒过来了，并且开始投入斗争。在这动辄处以死刑、加紧迫害和野蛮镇压的三年中，专制制度的"敌人"被消灭的就有几万人，被监禁和流放的有几十万人，受到恫吓的还有好几十万人。但是千百万人现在已经和革命以前不同了。他们在俄国历史上**从来**没有经受过如此富有教益和鲜明生动的教训，**从来**没有经历过如此公开的阶级斗争。现在，这千百万人又一次暗中开始掀起深刻的骚动，这从今年夏季的罢工和不久以前的游行示威中可以看得出来。

在俄国，无论在革命准备时期，还是在革命进行时期，工人罢工都是无产阶级这个先进阶级，这个现代社会中唯一彻底革命的阶级最普遍采用的斗争手段。经济罢工和政治罢工时而互相更替，时而交织为一个不可分割的整体，这两种罢工使工人群众团结起来去反对资本家阶级和专制政府，引起整个社会的动荡，使农民纷纷起来斗争。

当 1895 年发生了连绵不断的群众罢工的时候，这就是人民革命准备时期的开始。当 1905 年 1 月这个月的罢工人数超过了 40 万人的时候,这就是革命进行时期的开始。在整个这三年革命期间,罢工人数虽然在逐年下降(1905 年将近 300 万人,1906 年是 100 万人,1907 年是 75 万人),但是其人数之多是世界上任何一个国家都从未有过的。

当 1908 年罢工人数急剧下降(176 000 人)和 1909 年进一步急剧下降(64 000 人)的时候,这就是第一次革命的结束,或者确切些说,是革命的第一阶段的结束。

然而从今年夏季以来,高潮又重现了。经济罢工的人数在**增加**,而且在极其猛烈地增加。黑帮反动派实行**全面**统治的时期结束了。新的高潮时期开始了。在 1905—1909 年间实行**退却**(虽然中断时间很长)的无产阶级又在聚集力量,开始转入**进攻**。某些工业部门的复苏,马上导致无产阶级斗争的活跃。

无产阶级首先行动了。其他的阶级,即资产阶级、民主的阶级和居民阶层跟着也行动起来了。与民主派格格不入的温和自由派分子,第一届杜马主席穆罗姆采夫的去世,引起了示威游行的战战兢兢的第一个回合。列夫·托尔斯泰的逝世则引起了长期中断以后的第一次**街头游行示威**,参加这次游行示威的主要是大学生,此外还有一部分工人。在安葬托尔斯泰那一天,许多工厂停了工,这表明示威性罢工的开始,虽然开始的规模不大。

最近一个时期,沙皇狱吏在沃洛格达和泽连图伊残酷折磨我们服苦役的同志(他们由于进行英勇的革命斗争而遭到迫害)的暴行,在大学生中引起了更大的骚动。俄国现在到处都在举行集会和群众大会;警察用武力冲进各个大学,殴打学生,逮捕学生,许多报纸由于对风潮稍微讲了几句实话就受到迫害,而这一切只能使风潮更加扩大。

无产阶级首先行动了，民主青年跟着也行动起来了。俄国人民正在觉醒起来投入新的斗争，迎接新的革命。

斗争的第一个回合再一次向我们表明，在1905年曾经动摇了沙皇政权而在这次行将到来的革命中将要摧毁沙皇政权的那些力量依然存在。斗争的第一个回合再一次向我们表明了**群众**运动的意义。既然**群众**已经起来，既然千百万人已经开始行动起来，那么任何迫害和任何镇压都不能阻挡运动前进。迫害只能激化斗争，使一批又一批的战士卷入斗争。恐怖主义者的任何暗杀活动都不能帮助受压迫的群众，而群众一旦起来，世界上任何力量都阻挡不住他们。

现在群众已经开始行动起来了。这个高潮也许发展得快，也许发展得慢，而且还会有中断，但不管怎样，它是在走向革命。俄国无产阶级在1905年曾经领导大家前进。回顾这个光荣的过去，它现在就应当尽一切努力来恢复、巩固和发展自己的组织，自己的党——俄国社会民主工党。我们的党现在正经历着困难的时期，但它是不可战胜的，正像无产阶级是不可战胜的一样。

同志们，投入工作吧！在一切地方建立组织，成立和巩固工人的社会民主党支部，开展经济和政治鼓动工作。在俄国第一次革命时期，无产阶级教会了人民群众进行争取自由的斗争，在第二次革命时期，它应当引导人民群众走向胜利！

载于1910年12月18日(31日)
《工人报》第2号

译自《列宁全集》俄文第5版
第20卷第72—75页

农村发生了什么事情?

(1910 年 12 月 18 日〔31 日〕)

各报正就前农业大臣叶尔莫洛夫的新著《俄国当前火灾频繁发生》一书展开争论。自由派报刊指出,革命后农村的火灾不是减少了,而是增多了。反动派报纸随声附和叶尔莫洛夫关于“纵火者逍遥法外”、关于“农村恐怖”等等的叫嚣和哀号。农村中的火灾的次数增加得非常快,例如:从 1904 年到 1907 年,坦波夫省增加了**一倍**,奥廖尔省增加了**一倍半**,沃罗涅日省增加了**两倍**。在政府面前奴颜婢膝的《新时报》写道:“稍微富裕一点的农民愿意经营独立农庄,他们打算采用新的耕作方式,但是,好像在敌人的国家里一样,他们遭到野蛮的农村游民的游击式的围攻。对他们又是放火又是折磨,又是折磨又是放火,‘只好抛弃一切纷纷逃跑’。”

沙皇政府的拥护者不得不作出这种不愉快的供认!这些再一次证实了政府谎言和自由派政策软弱无力的新材料,对我们社会民主党人说来并不是没有意义的。

1905 年的革命充分证明,俄国农村的旧制度已经由历史作了最后的判决。世界上任何力量都不能巩固这种制度了。怎样改造这种制度呢?农民群众用自己 1905 年的起义回答了这一点,通过第一届和第二届杜马[45]中自己的代表回答了这一点。应该从地主那里把地主土地无偿地夺过来。当 3 万个地主(以尼古拉·罗曼诺夫为首)占有 **7 000 万**俄亩土地,而 1 000 万农户差不多占有同等数量土地的时候,整个国民经济中除了盘剥、极端的贫困、破产和停滞以外,是不可能有别的结果的。社会民主工党号召农民进行革命斗争。全俄的工人用自己1905年的群众罢工联合和指导了农民的斗争。自由派用“按合理估价赎买”的办法使农民与地主“调和”的计划,是一种空洞的、可怜的和背信弃义的花招。

斯托雷平政府想怎样改造农村的旧制度呢?它想加速农民的彻底破产,保存地主土地,帮助一小撮富裕农民“经营独立农庄”,尽量夺取更多的村社土地。政府认识到全体农民群众是反对它的,于是便力求从富裕农民中找到自己的同盟者。

有一次,斯托雷平亲口说过:为了实现政府的“改革”,需要有“20年的安定”。他所说的“安定”是指农民俯首听命,不对暴力作斗争。然而,如果地方官和其他当局不施加暴力,不到处施加暴力,不对**千百万人**施加暴力,不对他们刚一露头的主动精神立即进行镇压,斯托雷平的“改革”是不能实行的。不要说20年的“安定”,就是连3年的“安定”,斯托雷平都没有造成,而且也不可能造成,——这就是前大臣关于农村火灾一书提醒沙皇奴仆们注意的一个不愉快的真实情况。

农民要想摆脱政府给他们造成的那种极端穷苦、贫困和死于饥饿的状况,除了和无产阶级一起进行群众斗争来推翻沙皇政权以外,没有而且不可能有别的出路。准备无产阶级的力量来进行这种斗争,建立、发展和巩固无产阶级的组织,——这就是俄国社会民主工党的当前任务。

载于1910年12月18日(31日)《工人报》第2号

译自《列宁全集》俄文第5版第20卷第76—78页

伊万·瓦西里耶维奇·巴布什金

（悼　　文）

（1910 年 12 月 18 日〔31 日〕）

我们生活在可诅咒的条件下，所以才发生了这样的事情：一个杰出的党的工作者、党的骄傲，一个把自己的一生忘我地献给了工人事业的同志，忽然下落不明。连妻子和母亲这些最亲近的人，以及最亲密的同志几年来都不知道他的下落：他是在苦役营中受折磨呢，还是已经死在狱中，或者是在同敌人搏斗时英勇牺牲了。被连年坎普夫枪杀的伊万·瓦西里耶维奇的情况就是这样。他的噩耗，我们只是最近才知道的。

伊万·瓦西里耶维奇的名字不只使一个社会民主党人感到亲切和珍贵。所有认识他的人都热爱他和尊敬他，热爱和尊敬他的毅力、不说空话的作风、极其坚定的革命精神和对事业的赤胆忠心。1895 年，当他还是彼得堡的一个工人时，就和其他一些有觉悟的同志一起，在涅瓦关卡外谢米扬尼科夫工厂、亚历山德罗夫工厂、玻璃工厂的工人中间积极地进行工作，组织小组，筹建图书馆，并且自己总是在勤奋学习。

他全神贯注的是如何开展工作。他积极参加编写 1894 年秋天在圣彼得堡出版的**第一份鼓动传单**，即告谢米扬尼科夫工厂工人书，并亲自散发传单。当圣彼得堡成立“工人阶级解放斗争协会”[46]的时候，伊万·瓦西里耶维奇成了协会最积极的成员之一，并且在协会里一直工作到自己被捕。和他一起在彼得堡工作的老同志即《火星报》[47]的创办者，曾经同他讨论过在国外创办一份为统一和巩固社会民主党的事业服务的政治报纸这种设想，他对此给予了最热烈的支持。在伊万·瓦西里耶维奇被捕以前，《火星报》从来没有感觉到纯粹工人通讯稿稿源不足。翻阅一下《火星报》的最初20号，所有那些寄自舒亚、伊万诺沃-沃兹涅先斯克、奥列霍沃-祖耶沃和俄国中部其他地区的通讯，几乎全都经过致力于建立《火星报》同工人之间最密切联系的伊万·瓦西里耶维奇之手。伊万·瓦西里耶维奇是《火星报》最热心的通讯员和最热烈的拥护者。巴布什金从中部地区转移到南方，即转移到叶卡捷琳诺斯拉夫，他在这里被捕并被关在亚历山德罗夫斯克的监狱里。他和另一个同志一起锯断了窗栏，从亚历山德罗夫斯克越狱逃跑。他在不懂得任何一种外语的情况下，辗转到了当时《火星报》编辑部所在地的伦敦。在那里我们在一起交谈了很多事情，共同讨论了许多问题。但是伊万·瓦西里耶维奇没有能够参加党的第二次代表大会…… 监狱和流放迫使他长期离开了队伍。在日益高涨的革命浪潮中涌现了大批新的工作人员、新的党的活动家，但巴布什金这时却与党的生活隔绝，住在遥远的北方，住在上扬斯克。他并没有虚度光阴，他进行学习，准备迎接新的斗争，他教育一同流放的工人难友，努力把他们培养成为有觉悟的社会民主党人和布尔什维克。1905年遇上了大赦，于是巴布什金启程回俄罗斯。但是当时西伯利亚的斗争也如火如荼，那里也需要像巴布什金这样的人。他参加了伊尔库茨克委员会，一心一意地投入了工作。他常常在集会上发表演说，进行社会民主主义的鼓动并组织起义。

当巴布什金和其他5个同志——我们至今还不知道他们的名字——把装在单独一节车厢中的大批武器运往赤塔时,火车遭到连年坎普夫讨伐队的袭击,他们6人全部未经任何审判就立即被枪杀在一个匆忙挖成的大墓坑边上。[48]他们死得非常英勇。目击的士兵和同车的铁路员工追述了这6个人的遇难情况。巴布什金在沙皇爪牙的残暴镇压下牺牲了,但是他临死时知道,他所献身的事业不会泯灭,几十、几十万、几百万人将继承这个事业,其他工人同志将为这个事业而献身,他们将继续斗争,直到取得胜利……

* * *

有人编造并且散布无稽之谈,说俄国社会民主工党是"知识分子的"党,工人同它是隔绝的,俄国工人是没有社会民主党的社会民主党人,说这种情况在革命前特别严重,而在革命期间仍旧相当严重。自由派散布这种流言蜚语是出于他们对俄国社会民主工党所领导的1905年的群众革命斗争的仇恨,而社会党人中有些人由于无知或轻率也跟着散布这种谬论。伊万·瓦西里耶维奇·巴布什金的经历,这个**火星派工人**10年来进行的社会民主党的活动,就是对自由派的谬论最有力的驳斥。伊·瓦·巴布什金是在革命前**10年**就开始创建**工人**社会民主党的先进工人之一。没有**这样的**先进分子在无产阶级群众中进行不倦的、英勇顽强的工作,俄国社会民主工党别说10年,就是10个月也存在不下去。只是因为有**这样的**先进分子的活动,只是因为有他们的支持,俄国社会民主工党到1905年才成长为一个在十月和十二月伟大的日子里同无产阶级**融合为一体**的党,它后来不仅通过第二届而且通过第三届黑帮杜马中的**工人代表**保持了这种联系。

自由派(立宪民主党人)想把不久前去世的第一届杜马主席

谢·安·穆罗姆采夫说成是人民英雄。我们社会民主党人不应当错过这个机会来表示对沙皇政府的鄙视和憎恨,因为它连穆罗姆采夫那样温和的不得罪人的官员也加以迫害。穆罗姆采夫只是一个自由派官员。他甚至不是一个民主主义者。他害怕群众的革命斗争。他指望能给俄国带来自由的不是这种斗争,而是沙皇专制政府的善良意愿,是同俄国人民的这个最残酷无情的敌人达成的**协议**。把这种人看成是俄国革命的人民英雄,那是可笑的。

但这样的人民英雄是有的。这就是像巴布什金那样的人。这种人在革命前不是一两年,而是整整10年把自己完全献给了工人阶级的解放斗争。这种人不搞单枪匹马的无益的恐怖活动,而是坚韧不拔、始终不懈地在无产阶级群众中进行活动,帮助提高**他们的**觉悟,发展**他们的**组织,发扬**他们的**革命主动性。这种人在危机到来的时候,在革命爆发的时候,在千百万人投入运动的时候,就成为反对沙皇专制制度的群众性武装斗争的领导者。从沙皇专制制度那里赢得的一切东西,**完全**是由像巴布什金这样的人所领导的群众斗争夺取来的。

没有这样的人,俄国人民就会永远做奴隶,当奴仆。有了这样的人,俄国人民就能摆脱一切剥削而得到彻底的解放。

1905年十二月起义已经五周年了。在纪念起义五周年的时候,我们怀念那些在对敌斗争中牺牲了的先进工人。我们请工人同志们搜集关于当时的斗争的回忆和关于巴布什金以及其他在1905年起义中牺牲的社会民主党工人的补充材料,并寄给我们。我们准备出版一本记述这些工人生平事迹的小册子。这本小册子对于一切对俄国社会民主工党信心不足和贬低俄国社会民主工党作用的人都将是最好的回答。这本小册子对于青年工人将是最好的读物，他们从这本小册子里可以学习到一个有觉悟的工人应当怎样生活，怎样行动。

载于1910年12月18日(31日)
《工人报》第2号

译自《列宁全集》俄文第5版
第20卷第79—83页

论马克思主义历史发展中的几个特点

(1910年12月23日〔1911年1月5日〕)

恩格斯在谈到他本人和他那位著名的朋友时说过:我们的学说不是教条,而是行动的指南。[①] 这个经典性的论点异常鲜明有力地强调了马克思主义的往往被人忽视的那一方面。而忽视那一方面,就会把马克思主义变成一种片面的、畸形的、僵死的东西,就会抽掉马克思主义的活的灵魂,就会破坏它的根本的理论基础——辩证法即关于包罗万象和充满矛盾的历史发展的学说;就会破坏马克思主义同时代的一定实际任务,即可能随着每一次新的历史转变而改变的一定实际任务之间的联系。

正是现在,在那些关心马克思主义在俄国的命运的人们中间,往往有一些人恰恰忽视了马克思主义的这一方面。然而谁都知道,俄国近年来发生的急剧变化异常迅速、异常剧烈地改变了形势,改变了迫切地、直接地决定着行动条件,因而也决定着行动任务的社会政治形势。当然我所说的并不是总的基本的任务,只要各阶级间的根本的对比关系没有改变,这样的任务是不会随着历史出现转折而改变的。非常明显,俄国经济(不仅是经济)演进的

① 参看《马克思恩格斯文集》第10卷第557、560页。——编者注

总趋势，也像俄国社会各个阶级间的根本的对比关系一样，近几年，比如说近六年来并没有改变。

但是在这一时期，因为具体的社会政治形势改变了，迫切的直接行动的任务也有了极大的改变，**因此**，马克思主义这一活的学说的**各个不同**方面也就**不能不**分别提到首要地位。

为了说明这个意思，我们且看看近六年来具体的社会政治形势发生了什么变化。我们马上就可以很明显地看到这个时期划分为两个三年，前三年大约在 1907 年夏季结束，后三年大约在 1910 年夏季结束。从纯理论的角度来看，前三年的特征是俄国国家制度的基本特点发生了迅速的变化，而且这些变化的进展很不平衡，向两边摆动的幅度很大。“上层建筑”的这些变化的社会经济基础，就是俄国社会的**各个**阶级在**各个不同**舞台上的活动(杜马内外的活动、出版、结社、集会等等)，这些活动的形式之公开，力量之雄厚，规模之巨大，在历史上是罕见的。

反之，后三年的特征(我们再说一遍，这里也是只从纯理论的“社会学的”角度来看)则是演进十分缓慢，几乎等于停滞不动。在国家制度方面没有发生任何比较显著的变化。前一时期**各个阶级**展开各种公开的和多方面的活动的“舞台”，现在大多数都完全没有或者几乎完全没有这种活动了。

这两个时期的相同之处在于：俄国的演进在前后两个时期都仍旧是先前的、资本主义的演进。这种经济演进同现存的许多中世纪的封建制度之间的矛盾并没有消除，这个矛盾还是同从前一样，并没有因为某种局部的资产阶级的内容渗入这些或那些个别制度而缓和，反而更加尖锐了。

这两个时期的不同之处在于：前一时期摆在历史活动的舞台

最前面的问题，是上述那些迅速的、不平衡的变化究竟会引起什么结果。由于俄国的演进具有资本主义的性质，这些变化的内容也就不能不是资产阶级的。但是有各种各样的资产阶级。采取某种温和的自由主义立场的中等资产阶级和大资产阶级，由于自身的阶级地位而害怕剧烈的变化，力求在土地制度和政治的“上层建筑”方面保存大量旧制度的残余。农村小资产阶级是同“自食其力”的农民交织在一起的，因此它不能不力求实现**另一种**资产阶级的改革，给一切中世纪的旧东西保留的余地要少得多。雇佣工人既然自觉地对待自己周围所发生的一切，就不能不对这两种不同趋向的冲突采取明确的态度，因为这两种不同的趋向虽然都仍没有超出资产阶级制度的范围，但是它们所决定的资产阶级制度的形式及其发展速度和进步影响所波及的广度是完全不同的。

可见在过去的三年，通常称做策略问题的那些问题被提到马克思主义的首要地位并不是偶然的，而是必然的。形形色色的路标派分子认为，由这些问题所引起的争论和分歧，似乎是“知识分子的”争论，是“争取对不成熟的无产阶级施加影响的斗争”，是“知识分子适应无产阶级”的表现，没有再比这种意见更错误的了。恰恰相反，正因为无产阶级已经成熟，它才不能对俄国整个资产阶级发展中的两种不同趋向的冲突采取漠不关心的态度，这个阶级的思想家才不能不提出适应（直接地或间接地适应，正面地或反面地反映）这两种不同趋向的理论公式。

在后三年，俄国资产阶级发展中的两种不同趋向的冲突**没有**成为迫切问题，因为这**两种**趋向都被“死硬派”压下去了，被推到了后面，被逼了回去，被暂时湮没了。中世纪的死硬派不仅挤满了舞台的最前面，而且使资产阶级社会的最广大阶层的内心充满了路标派的情绪，充满了沮丧心情和脱离革命的思想。这时呈现出来的不是改革旧制度的两种方式的冲突，而是对任何改革的丧失信心、"顺从"和"悔罪"的心情、对反社会学说的迷恋、神秘主义的风行等等。

这种异常剧烈的变化，既不是偶然的现象，也不单是"外界"压力的结果。前一个时期使那些几辈子、几世纪以来一直不关心政治问题、不过问政治问题的居民阶层受到了极其剧烈的震动，这就自然而然地、不可避免地要产生"重新估计一切价值"，重新研究各种基本问题，重新注意理论，注意基本常识和初步知识的趋向。千百万人骤然从长梦中觉醒过来，一下子碰到许多极其重要的问题，他们不能在这个高度长久地坚持下去，他们不能不停顿一下，不能不回头去研究基本问题，不能不做一番新的准备工作，这有助于"消化"那些极其深刻的教训，使无比广大的群众能够更坚决、更自觉、更自信、更坚定地再向前进。

历史发展的辩证法就是这样：前一时期的迫切任务是在国内生活的各方面实现直接改革，后一时期的迫切任务是总结经验，使更广大的阶层掌握这种经验，使这种经验深入到所谓底层，深入到各阶级的落后群众中去。

正因为马克思主义不是死的教条，不是什么一成不变的学说，而是活的行动指南，所以它就不能不反映社会生活条件的异常剧烈的变化。这种变化的反映就是深刻的瓦解、混乱、各种各样的动摇，总而言之，就是马克思主义运动的极端严重的**内部**危机。坚决地反对这种瓦解，为捍卫马克思主义**基础**而进行坚决顽强的斗争，又成为当前的迫切任务了。在规定自己的任务时不能离开马克思主义的那些阶级的最广大阶层，在前一时期极片面地、极反常地领会了马克思主义，死记硬背了某些“口号”和某些策略问题的答案，而并**不理解**这些答案中的马克思主义的准则。在社会生活各方面“重新估计一切价值”，结果就引起了对马克思主义的最抽象和最一般的哲学基本原理的“修正”。带着各种唯心主义色彩的资产阶级哲学的影响，表现在马克思主义者中间的马赫主义的流行病上。重复那些背得烂熟、但并不理解、也没有经过思考的“口号”，结果就使得空谈盛行，这种空谈实际上完全是非马克思主义的小资产阶级思潮：如露骨的或者羞羞答答的“召回主义”，又如把召回主义认为是马克思主义的“一种合理的色彩”。

另一方面，遍及资产阶级最广大阶层的路标主义精神和脱离革命的思想，也渗透到力图把马克思主义的理论与实践纳入“温和谨慎”的轨道的那个思潮中去了。马克思主义在这里所剩下的已经只是用来掩盖浸透了自由主义精神的关于“等级制度”和“领导权”等等议论的词句了。

本文的目的当然不是研究这些议论。仅仅指出这些议论，就足以说明前面讲到的马克思主义运动经受的危机的深重，以及这种危机同现在整个社会经济形势的联系。对这种危机所引起的问题避而不谈是不行的。企图用空谈来回避这些问题，是最有害的、最无原则的。现在，由于资产阶级的影响遍及马克思主义运动中的各种各样的“同路人”，使马克思主义的理论基础和基本原理受到了来自截然相反的各方面的曲解，因此团结**一切**意识到危机的深重和克服危机的必要性的马克思主义者来共同捍卫马克思主义的理论基础和基本原理，是再重要不过的了。

前三年唤起了广大阶层自觉地投入社会生活，这些阶层往往是现在才第一次开始真正认识马克思主义。针对这种情况，资产阶级的刊物炮制了比过去多得多的荒谬言论，而且散布得也更加广泛。在这种条件下，马克思主义运动中的瓦解是特别危险的。因此，弄明白目前必然发生这种瓦解的原因，并且团结起来同这种瓦解进行彻底的斗争，的的确确是马克思主义者的时代任务。

载于1910年12月23日《明星报》第2号

译自《列宁全集》俄文第5版第20卷第84—89页

“有保留”的英雄们

（1910 年 12 月）

我们刚刚收到的波特列索夫先生及其同伙所编的《我们的曙光》杂志[49]第 10 期，对列夫·托尔斯泰的评价是一个惊人的轻率的典型，确切些说，是惊人的毫无原则的典型，对于这一点，我们必须立刻来谈一谈，哪怕是简单地谈谈也好。

这期刊登了波特列索夫队伍里的新战士弗·巴扎罗夫的一篇文章。编辑部不同意这篇文章的“个别论点”，当然，并没有指出是哪些论点，因为这样来掩饰混乱要方便得多！至于我们，倒很难指出这篇文章中有哪些论点会使一个对马克思主义稍微有一点尊重的人不感到愤怒。弗·巴扎罗夫写道：“我们的知识分子萎靡不振，精神沮丧，已经变成一堆不成形的思想和道德的烂泥，并且已经濒于精神堕落的最后边缘，他们一致认为托尔斯泰——**整个**托尔斯泰——是他们的良心。”这是胡说，这是空话。我们所有的知识分子，尤其是《我们的曙光》杂志的知识分子，看起来很像是一些“精神沮丧”的人，但是，他们在评价托尔斯泰的时候，并没有表现出而且也不可能表现出任何“一致”，他们从来没有正确地评价过而且也不可能正确地评价**整个**托尔斯泰。他们说的那些非常伪善的、十足的《**新时报**》腔调的关于“良心”的空话，正是为了用来掩盖这种不一致。巴扎罗夫不是在同“烂泥”作斗争，而是在鼓励烂泥。

巴扎罗夫"想提醒大家注意对待托尔斯泰的某些不公正〈!!〉态度,这是所有的俄国知识分子的罪过,特别是我们,各种派别的激进分子的罪过"。这里只有一点是对的,那就是巴扎罗夫、波特列索夫及其同伙确实是"各种派别的激进分子",他们是这样依赖着整个的"烂泥",以致在人们对托尔斯泰世界观的根本的不彻底性和弱点采取不可原谅的缄默态度的时候,他们就跟着"所有的人"跑,喊叫说对托尔斯泰"不公正"。他们不想"用我们中间广泛流行的、被托尔斯泰称为'争论得怒火中烧'的麻醉剂"来麻醉自己,——这些话,这种论调,正是庸人们所需要的,庸人们总是抱着万分轻蔑的态度避开由于坚决而彻底地捍卫任何原则而引起的争论。

"托尔斯泰的主要力量在于:他经历过现代有教养的人所特有的分解的一切阶段,而找到了综合……" 这是胡说。托尔斯泰无论在自己世界观的哲学基础方面,还是在自己的社会政治学说方面,都恰恰没有找到,确切些说,不能够找到综合。"托尔斯泰第一个〈!〉把**纯粹人的**〈黑体都是巴扎罗夫自己用的〉宗教客观化了,也就是说,他不仅为自己而且为别人创造了这种宗教,关于这种宗教,孔德、费尔巴哈和其他现代文化的代表者过去只能从主观上〈!〉去幻想"等等,等等。

这样的话,比普通的庸人论调还要坏。这是用虚幻的花朵来装饰"烂泥",这只能用来骗人。半个多世纪以前,费尔巴哈由于不能从他那在许多方面代表德国古典哲学"最新成就"的世界观里"找到综合"而纠缠在"主观的幻想"里,对这些幻想的消极作用,真正进步的"现代文化的代表者"早就作出了评价。现在宣称托尔斯泰"第一个把"这些"主观的幻想""客观化了",这就是加入开倒车的人们的阵营,这就是迎合庸人的论调,这就是附和路标派的主张。

"不言而喻，托尔斯泰所创始的运动〈!?〉，如果真正应当起伟大的世界历史性的作用，就必须经历深刻的变化：对宗法制农民生活方式的理想化，对自然经济的倾心，以及托尔斯泰主义的其他许多空想的特点，这一切在目前都被推到〈!〉第一位，看起来好像是最主要的东西，其实这恰好是同托尔斯泰'宗教'的基础没有必要联系的主观因素。"

总之，托尔斯泰"把"费尔巴哈的"主观的幻想""客观化了"，而托尔斯泰在他的天才的艺术作品里和他的充满矛盾的学说里反映的那些巴扎罗夫所指出的上个世纪俄国的经济特点，都"恰好是"他的学说里的"主观因素"。这真是胡说八道。不过也可以说：对于"萎靡不振"、"精神沮丧"的"知识分子"(如此等等，像上面引证的那样)来说，没有什么比赞扬托尔斯泰所"客观化了的"费尔巴哈的"主观的幻想"，比**不去**使人注意"在目前都被推到第一位"的那些具体的历史经济政治问题，更舒服、更称心、更惬意、更能纵容他们消沉颓废的了！

显而易见，巴扎罗夫特别不喜欢对邪恶不抵抗学说所引起的"来自激进知识分子方面"的"尖锐的批评"。对于巴扎罗夫，"显然，这里谈不到消极思想和寂静主义"。巴扎罗夫为了说明自己的思想，引用"傻子伊万"这个著名的故事[50]，他要读者"想象一下：派兵去打傻子们的不是蟑螂国的国王，而是他们自己的变得聪明起来的统治者伊万。伊万想利用这些正是从傻子中间招募来的、因而在气质方面同他们近似的士兵，去强迫他的臣民执行一些不公正的要求。十分明显，这些几乎手无寸铁、又不懂得作战队列的傻子，休想在体力上战胜伊万的军队。即使傻子们拼命地'用暴力抵抗'，他们也不能靠体力，而只能用精神的影响，即只能用所谓使伊万军队的士兵'士气沮丧'这一点去战胜伊万……" "傻子们用暴力抵抗所造成的结果和不用暴力抵抗所造成的结果是一样的(不过只是更坏,并且会有更大的牺牲)……” “不用暴力抵抗邪恶,或者,更概括地说,使手段与目的和谐〈!!〉,这决不是超社会的道德说教者所特有的思想。这种思想是任何完整的世界观的必要组成部分。”

这就是波特列索夫队伍里的新战士的高论。我们在这里不可能分析他的议论,看来,这回只要把他的议论的主要内容简单地重复一下,再补充说一句这是地道的路标派论调,也就够了。

下面是以耳朵不会高过额头为题材的颂歌的尾声中的一段话:“用不着把我们的软弱说成有力,说成胜过托尔斯泰的‘寂静主义’和‘狭隘的理智’〈胜不胜过议论的不连贯性呢?〉。这种话之所以不该说,不仅因为它违反真理,而且因为它妨碍我们向当代最伟大的人物学习。”

对的。对的。先生们,如果伊兹哥耶夫之流给你们喝彩,给你们捧场,并且跟你们亲吻,你们用不着生气,用不着报以可笑的逞勇和谩骂(像波特列索夫先生在《我们的曙光》杂志第8—9期合刊里那样)。无论波特列索夫队伍里的老战士或新战士,都洗不掉这些亲吻的痕迹。

这个队伍的总参谋部给巴扎罗夫的文章加上了一个“外交式的”保留条款。可是未加任何保留条款发表出来的涅韦多姆斯基先生的社论也好不了多少。这位现代知识分子的雄辩家写道:“吸收了并且完整地体现了俄国奴隶制灭亡的伟大时代的基本渴望和憧憬,列夫·托尔斯泰也就成了全人类的思想原则——**良心的原则**——的最纯粹、最完整的化身。”

咚咚咚…… 吸收了并且完整地体现了自由派资产阶级政论所特有的基本的唱高调作风,米·涅韦多姆斯基也就成了全人类的思想原则——说空话的原则——的最纯粹、最完整的化身。

下面还有最后一段奇谈：

“所有这些欧洲的托尔斯泰崇拜者，所有这些各种名称的阿纳托尔·法朗士，以及不久以前以大多数票反对废除死刑而现在却为这个伟大的、**完整的**人物起立默哀的国会议员们，这整个采取中间立场的、不彻底的、有保留的王国——在他们面前站着这个托尔斯泰，这个唯一的原则的活的化身，他的那个完全、纯粹由金属铸成的身躯是多么庄严，多么雄伟。”

嘿！说得多漂亮——可是，这都是胡说。托尔斯泰的身躯不是完全由，不是纯粹由，也不是由金属铸成的。而且“所有这些”资产阶级崇拜者**恰恰不是**因为“完整”，而是因为不完整才为悼念他“起立默哀”的。

不过涅韦多姆斯基先生无意中漏出了一个好字眼。这个字眼——有保留——很恰当地评价了《我们的曙光》杂志的先生们，就像上面引用的弗·巴扎罗夫对知识分子特征的分析恰当地评价了**他们**一样。在我们面前完完全全是些“有保留”的英雄们。波特列索夫有保留地说，他不同意马赫主义者，虽然他在替他们辩护。编辑部有保留地说，他们不同意巴扎罗夫的“个别论点”，虽然谁都明白这里的问题不在于个别论点。波特列索夫有保留地说，伊兹哥耶夫诽谤了他。马尔托夫有保留地说，他不完全同意波特列索夫和列维茨基，虽然他在政治上正是为他们忠实地服务。他们都一起有保留地说，他们不同意切列万宁，虽然他们对他的深入发挥了自己第一部著作的“精神”的**第二部**取消主义著作更加赞赏。切列万宁有保留地说，他不同意马斯洛夫。马斯洛夫有保留地说，他不同意考茨基。

他们大家都同意的只有一点，就是他们不同意普列汉诺夫，说他诬蔑他们搞取消主义，而且仿佛普列汉诺夫自己也不能解释现在他为什么同他昨天的对手接近起来。

解释有保留的人们所不了解的这种接近，是再简单不过的了。在我们有了机车的时候，引起我们最大的意见分歧的就是：这个机车的强度、储煤量等等，是否适应每小时比如说 25 俄里或者 50 俄里的速度。关于这个问题的争论，也像关于别的令人激动的问题的争论一样，是很热烈的，而且有时争论得怒火中烧。这场争论——包括引起争论的每一个问题在内——是大家都看到的，是公开在大家面前的，要说的话都说出来了，没用什么“有保留”来掩饰。而且我们谁也没有想到要收回什么，或是因为“争论得怒火中烧”而抽泣。但是当机车遭到毁坏，躺在泥潭里的时候，“有保留的”知识分子围在四周，卑鄙地窃笑，他们说：“没有什么可取消的了”，因为机车已经没有了。这时候，共同的事业使我们这些昨天的“怒火中烧的争论者”接近起来了。我们什么也不否认，什么也不忘记，也不作什么许诺说不会再有意见分歧，而是一起来进行共同的事业。我们把全部注意力和全部精力用来扶起机车，把它修复，加固和加强，再把它放到轨道上——至于运行速度以及在这个道岔还是在那个道岔上转弯，我们到了适当的时候再来争论。在我们困难的时期，当前的任务是创造一种东西，它要能够反击那些直接或者间接支持遍地“烂泥”的“有保留的”人们和“精神沮丧的知识分子”。当前的任务是，即使在最困难的条件下，也要挖矿石，炼生铁，铸造马克思主义世界观以及与这一世界观相适应的上层建筑的纯钢。

载于 1910 年 12 月《思想》杂志
第 1 期

译自《列宁全集》俄文第 5 版
第 20 卷第 90—95 页

犹杜什卡·托洛茨基羞红了脸

（1911年1月2日〔15日〕以后）

犹杜什卡·托洛茨基[51]在全会上竭力表白自己是反对取消派和召回派的。他赌咒发誓，说自己是护党的。他得到了资助。

全会闭幕后，中央委员会削弱了，前进派加强了，他们搞到了钱。取消派也巩固了，他们在《我们的曙光》杂志上唾骂秘密党，以取悦于斯托雷平。

犹杜什卡把中央代表赶出了《真理报》，而且在《前进报》[52]上写了一些取消主义的文章。由全会任命的党校委员会[53]作出明确的决定：任何党员讲师都不得到前进派的派别党校去。而犹杜什卡·托洛茨基却违反这个决定，不但到那里去了，而且还同前进派讨论了召开代表会议的计划。现在"前进"集团已经用传单公布了这个计划。

现在这个犹杜什卡又在捶胸大叫，说自己是护党的，要人相信他决没有向前进派和取消派卑躬屈膝。

犹杜什卡·托洛茨基就是这样羞红了脸。

载于1932年1月21日《真理报》第21号

译自《列宁全集》俄文第5版第20卷第96页

俄国恐怖主义者飞黄腾达的一生

(1911 年 1 月 13 日〔26 日〕)

这是社会革命党[54]的代表人物鲁巴诺维奇先生写的关于卡拉乌洛夫之死一文的副标题，该文刊登在法国社会党的报纸《人道报》[55]上。确实是大有教益的飞黄腾达的一生。

1881 年 3 月 1 日以后，卡拉乌洛夫来到了巴黎：他建议“民意党”[56]的首领委托他恢复组织。《民意导报》杂志[57]的编辑，即后来成了叛徒的吉霍米罗夫授予他全权。卡拉乌洛夫同洛帕廷、苏霍姆林等人回到了俄国。1884 年，卡拉乌洛夫在基辅被捕，被判处 4 年苦役，而他的同伙却被判处死刑或终身苦役。

这种“奇怪的宽大处理”——按鲁巴诺维奇先生的说法——原因何在呢？鲁巴诺维奇先生告诉我们：据说军事法庭庭长因卡拉乌洛夫长得和他的惨死的儿子相像而大为惊讶。鲁巴诺维奇先生又补充说：“这种奇怪的宽大处理还有一些其他原因”，但是他没有说明这些其他原因是什么①。

然而，卡拉乌洛夫最近的“飞黄腾达”，并未引起任何怀疑。1905 年，他公开反对革命者，因此在第一届和第二届杜马选举时选民们没有选他。卡拉乌洛夫在一次群众大会上曾经这样说过(据《交易所新闻》[58]报道)：“如果在我面前有两个阵营：一个是政

① 大概是指传说中的猜疑：卡拉乌诺夫提供了“坦白的供词”。

府的军队，另一个是高喊无产阶级专政这个臭名远扬的口号的革命者，那我将毫不犹豫地同前者一起反对后者。”怪不得维特为恢复这样一个人物的权利而奔走。怪不得卡拉乌洛夫在第三届杜马中成了满嘴都是伪善词句的最卑鄙的反革命立宪民主党人中的一员大将。

奇怪的是，居然有一些自认为同情民主派的人，现在在卡拉乌洛夫去世的时候，竟把他当做一位“民主派”，一位“战士”等等来纪念。

奇怪的是，社会革命党的代表人物鲁巴诺维奇先生居然会在法国社会党的机关报上写出这样的话：“这位投奔温和派阵营的过去的社会革命党人，有很多地方是可以原谅的，因为他拨动了最动听的琴弦”（这是指在一次杜马会议上，当右派称卡拉乌洛夫是一个苦役犯的时候，他回答说，这正是他引为骄傲的地方）。

由于一句装腔作势的**空话**而“原谅”叛徒的飞黄腾达的一生，这是合乎社会革命党人的精神的。在各个革命政党和各个国家里，总有叛徒，而在这些叛徒中，总有一些装腔作势的能手。但是，革命者、“革命”政党的代表人物居然公开宣称：这个叛徒“有很多地方是可以原谅的”，因为他喊的一句话很机智，——这倒是少有的事。除非在所谓的“革命”政党内有大量的**拿炸弹的自由派**。除非这些不再拿炸弹的自由派能够安然待在根本不关心坚持革命原则、革命传统、革命荣誉和义务的“革命”政党内。

从“俄国恐怖主义者飞黄腾达的一生”中可以吸取另一个更深刻的教训。这就是阶级斗争的教训，这个实例说明，现在在俄国只有革命的**阶级**才能成为哪怕多少是真正革命的政党的支柱。现在离开民主派和离开革命**向后**倒退的，不是卡拉乌洛夫一个人，而是

大批不久前还是民主派甚至是革命派的资产阶级知识分子。这不是偶然的现象，而是俄国资产阶级的阶级意识发展的必然结果，因为俄国资产阶级**根据经验**已经看出，君主派“阵营”和革命阵营互相交锋的时刻即将到来，——根据经验已经看出，它这个资产阶级这时应当作出**什么样的**抉择。

谁要是想从俄国革命的伟大教训学到东西，谁就应当了解，只有提高无产阶级的阶级意识，只有把**这个**阶级组织起来，只有把无产阶级政党中的小资产阶级“同路人”清洗出去，清除他们特有的无原则性、动摇性和软弱性，才**能**而且一定能重新引导人民去战胜罗曼诺夫王朝。

载于1911年1月13日(26日)《社会民主党人报》第19—20号合刊

译自《列宁全集》俄文第5版第20卷第97—99页

列·尼·托尔斯泰和他的时代

（1911 年 1 月 22 日〔2 月 4 日〕）

列·托尔斯泰所处的时代，他的天才艺术作品和他的学说中非常突出地反映出来的时代，是 1861 年以后到 1905 年以前这个时代。诚然，托尔斯泰文学活动开始得要比这个时期早，其结束则要比这个时期晚，但是列·托尔斯泰作为艺术家和思想家，正是在这个时期完全成熟的。这个时期的过渡性质，产生了托尔斯泰作品和“托尔斯泰主义”的**一切**特点。

在《安娜·卡列尼娜》一书中，托尔斯泰借康·列文之口非常清楚地道出了这半个世纪俄国历史所发生的转变。

“……关于收成、雇用工人等等的谈话，列文知道，这种谈话通常都被认为是很庸俗的……现在在列文看来有些却是重要的话题了。‘也许这在农奴制度下并不重要，或者在英国也不重要。在这两种场合，条件本身是确定了的；可是现在在我们这里，当一切都颠倒过来，而且刚刚开始形成的时候，这些条件将怎样形成的问题，倒是俄国唯一重要的问题了。’——列文想道。”（《托尔斯泰全集》第 10 卷第 137 页）

“现在在我们这里，一切都颠倒过来，而且刚刚开始形成”，——很难想象还有比这更能恰当地说明 1861—1905 年这个时期特征的了。那“颠倒过来”的东西，是每个俄国人都非常了解的，至少也是很熟悉的。这就是农奴制度以及与之相适应的整个“旧秩序”。那“刚刚开始形成”的东西，却是最广大的人民群众完

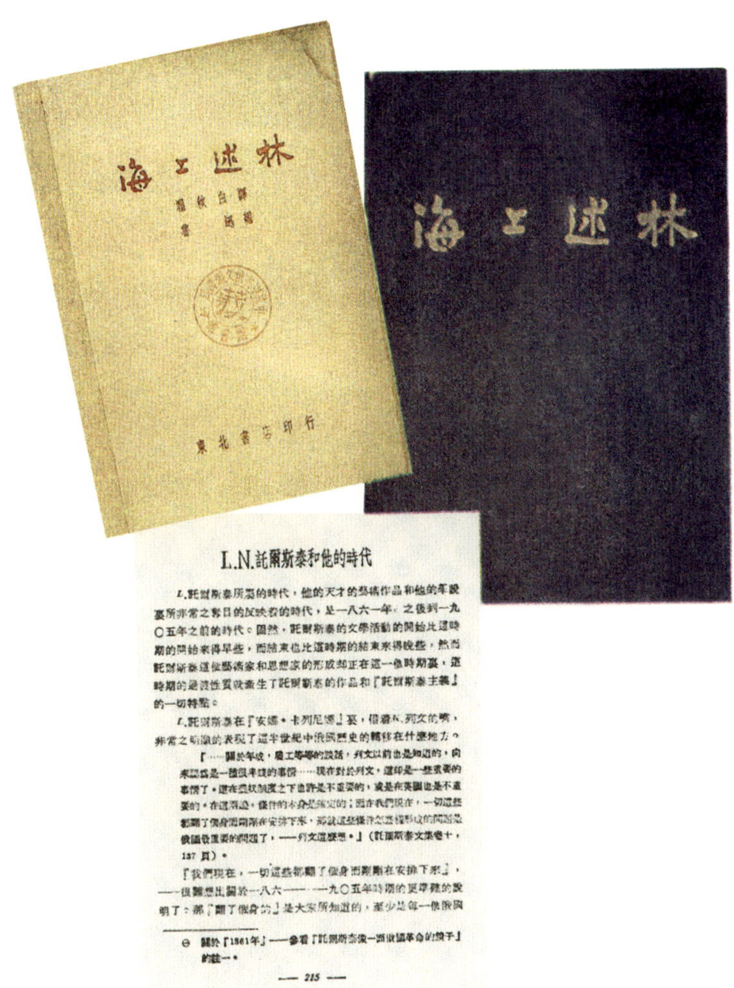

L.N.託爾斯泰和他的時代

L.託爾斯泰所處的時代，他的天才的藝術作品和他的學說裏所非常之突出的反映着的時代，是一八六一年㊀之後到一九〇五年之前的時代。固然，託爾斯泰的文學活動的開始比這時期的開始來得早些，而結束也比這時期的結束來得晚些，然而託爾斯泰這個藝術家和思想家的形成卻正在這一個時期裏，這時期的過渡性質就產生了託爾斯泰的作品和『託爾斯泰主義』的一切特點。

L.託爾斯泰在『安娜·卡列尼娜』裏，借着K.列文的嘴，非常之明顯的表現了這半世紀中俄國歷史的轉變在什麼地方。

> 『……關於年成，雇工等等的談話，列文以前也是知道的，向來認為是一種很卑賤的事情……現在對於列文，這卻是一些重要的事情了。這在農奴制度之下也許是不重要的，或是在英國也是不重要的。在這兩處，條件的本身是確定的；但在我們現在，一切這些都翻了個身而剛剛在安排下來，那就這些條件怎樣形成的問題是俄國最重要的問題了，——列文這麼想。』（託爾斯泰文集卷十，137頁）。

『我們現在，一切這些都翻了個身而剛剛在安排下來』，——很難想出關於一八六一——一九〇五年時期的更準確的說明了。那『翻了個身的』是大家所知道的，至少是每一個俄國

㊀ 關於『1861年』——參看『託爾斯泰像一面俄國革命的鏡子』的註一。

—— 215 ——

1936年瞿秋白译鲁迅编的《海上述林》一书的封面、扉页和该书所载列宁《列·尼·托尔斯泰和他的时代》一文的中译文首页

全不熟悉的,陌生的,不了解的。托尔斯泰模模糊糊地看到的这个"刚刚开始形成的"资产阶级制度是一个像英国那样的吓人的怪物。的确是一个吓人的怪物,因为关于这个"英国"的社会制度的基本特点,这种制度同资本的统治、同金钱的作用、同交换的出现和发展之间的联系,可以说,托尔斯泰是根本不想弄明白的。他像民粹派一样,闭起眼睛,根本不愿意看到,甚至拒绝去想在俄国"开始形成"的东西正是资产阶级制度。

确实,从俄国整个社会政治活动的迫切任务来看,这个在"英"、德、美、法等国采取了极不相同的形式的制度,即资产阶级制度"将怎样形成"的问题,对于 1861 — 1905 年这个时期(甚至现代)来说,即使不是"唯一重要的"问题,那也是极为重要的问题。但是这样明确地、具体地、历史地提出问题,对于托尔斯泰来说,却是一件完全陌生的事情。他总是抽象地发议论,他只承认"永恒的"道德原则和永恒的宗教真理的观点,而没有认识到这种观点仅仅是旧的("颠倒过来的")制度,即农奴制度、东方各民族的生活制度在思想上的反映。

在《卢塞恩》(写于 1857 年)中,列·托尔斯泰宣称:把"文明"认做幸福,是一种"想象出来的知识",它会"消灭人类天性中那种本能的最幸福的原始的对于善的需要"。托尔斯泰感叹地说:"我们有一个,并且只有一个毫无罪过的指导者,那就是深入我们内心的世界精神。"(《托尔斯泰全集》第 2 卷第 125 页)

在《当代的奴隶制》(写于 1900 年)中,托尔斯泰更热心地重复着这种对世界精神的呼吁,称政治经济学是"假科学",因为它把"处在最特殊的状况下的小小的英国"当做了"典型",而没有把"全世界的人们在整个历史时期中的状况"当做典型。这个"全世界"

是什么样子,《进步和教育的定义》一文(写于1862年)给我们作了揭示。托尔斯泰引证“整个的所谓东方”(第4卷第162页)来反驳那种说进步是“人类一般规律”的“历史学家”的观点。托尔斯泰说道:“人类前进的一般规律是没有的,静止不动的东方各民族向我们证明了这一点。”

托尔斯泰主义的现实的历史内容,正是这种东方制度的即亚洲式制度的意识形态。因此也就有禁欲主义,也就有不用暴力抵抗邪恶的思想,也就有深沉的悲观主义调子,也就有“一切都是虚无,一切东西都是物质上的虚无”(《论生活的意义》,第52页)的信念,也就有对“精神”、对“万物本源”的信仰,而人对于这个本源不过是一个“被派来进行拯救自己灵魂的事业的”“工作者”等等。托尔斯泰在《克莱采奏鸣曲》里以及在1862年写的一篇文章里,也是笃信这种意识形态的。他在《克莱采奏鸣曲》里说:“妇女的解放不在学校里,不在议会里,而在卧室里。”他在1862年写的那篇文章里说:大学不过是培养了一些“易怒的病态的自由主义者”,这些人是“人民完全不需要的”,他们“无目的地脱离了以前的环境”,“在生活中找不到自己的位置”,等等(第4卷第136—137页)。

悲观主义、不抵抗主义、向“精神”呼吁,是这样一个时代必然要出现的意识形态,在这个时代,整个旧制度已经“颠倒过来”,而群众是在这个旧制度下教养出来的,他们从吃母亲奶的时候起就接受了这个制度的原则、习惯、传统和信仰,他们看不出也不可能看出“开始形成”的新制度是**什么样子**,是**哪些**社会力量在“形成”这种新制度以及怎样“形成”这种新制度,哪些社会力量**能够**消除“变革”时代所特有的无数特别深重的灾难。

1862—1904年这一时期,俄国正处于这样的变革时代,这时旧的东西无可挽回地在大家眼前崩溃了，新的东西则刚刚开始形成，而且形成这些新东西的社会力量，直到1905年才第一次在辽阔的全国范围内、在各种场合的群众性的公开活动中真正表现出来。继俄国1905年的事变之后，正是在东方，在托尔斯泰于1862年所引证的那个“静止不动的”东方，有许多国家也发生了类似的事变。1905年是“东方的”静止不动状态结束的开端。正因为如此，所以这一年是托尔斯泰主义的历史终点，是那个可能和本该产生托尔斯泰学说的整个时代的终点，而托尔斯泰学说不是什么个人的东西，不是什么反复无常和标新立异的东西，而是由千百万人在相当长的时期内实际所处的一种生活条件产生的意识形态。

托尔斯泰的学说无疑是空想的学说，就其内容来说是反动的（这里是就反动一词的最正确最深刻的含义来说的）。但是决不应该由此得出结论说，这个学说不是社会主义的，这个学说里没有可以为启发先进阶级觉悟提供宝贵材料的批判成分。

有各种各样的社会主义。在一切采用资本主义生产方式的国家里，有一种社会主义，它代表着将代替资产阶级的那个阶级的意识形态，也有另一种社会主义，它是同那些被资产阶级所代替的阶级的意识形态相适应的。例如，封建社会主义就是后一种社会主义，**这种**社会主义的性质，早在60多年以前，马克思在评价其他各种社会主义的时候就评价过了①。

其次，列·托尔斯泰的空想学说正像许多空想学说体系一样，是具有批判成分的。但是不要忘记马克思的深刻的见解：空想社会主义的批判成分的意义“是同历史的发展成反比的”②。正在

① 参看《马克思恩格斯文集》第2卷第54—56页。——编者注

② 同上书，第64页。——编者注

“形成”新俄国和消除现代社会灾难的那些社会力量的活动愈发展，它们的活动愈具有确定的性质，批判的空想社会主义就会愈迅速地“失去任何实践意义和任何理论根据”。

在 25 年以前，**尽管**托尔斯泰主义具有反动的和空想的特点，但是托尔斯泰学说的批判成分有时实际上还能给某些居民阶层带来好处。比如说，在最近 10 年中，就不可能有这种事情了，因为从上世纪 80 年代到上世纪末，历史的发展已经前进了不少。而在我们今天，当上述许多事变已经结束了“东方的”静止不动的状态**以后**，在我们今天，当“路标派”的自觉的反动思想，即在狭隘的阶级意义和自私自利的阶级意义上的反动思想在自由派资产阶级中间得到这样广泛传播的时候，当这些思想甚至传染了一部分所谓马克思主义者并造成了“取消主义”思潮的时候，在我们今天这样的时候，任何想把托尔斯泰的学说理想化，想袒护或冲淡他的“不抵抗主义”、他的向“精神”的呼吁、他的“道德上的自我修身”的号召、他的关于“良心”和博“爱”的教义、他的禁欲主义和寂静主义的说教等等的企图，都会造成最直接和最严重的危害。

载于 1911 年 1 月 22 日《明星报》第 6 号

译自《列宁全集》俄文第 5 版第 20 卷第 100—104 页

致中央委员会

（1911 年 1 月 22 日〔2 月 4 日〕以后）

对我们的申请，流传着（取消派—呼声派也在故意散布）一些谣言。我们认为有责任针对这些谣言简单地谈谈事情的实质和我们的看法。

从形式上看，情况是这样的：在 1910 年一月全会上，布尔什维克派和党签订了**协定**。根据协定，**如果**其他派别解散，我们布尔什维克派也保证解散。但是这个条件没有实现。于是**我们就重新有了**同“调和派”领袖托洛茨基所鼓励的自由派和无政府主义者**进行斗争的自由**。对我们来说，款项的问题倒是**次要的**，虽然，我们肯定不准备把我们这**派**的款项交给取消派＋无政府主义者＋托洛茨基的联盟，也决不放弃自己向国际社会民主党揭露这个联盟，揭露它的财政“基础”（即托洛茨基和呼声派加以保护而不让揭露的臭名远扬的前进派“基金”）**等等**的权利。①

实质上，我们对**促使**党瓦解的行动**概不负责**，因为党的瓦解是“调和主义的”（即纵容呼声派—自由派和前进派-无政府主义者的）政策促成的。**还在**中央机关报**第 12 号出版以前**，我们就正式

① 我们出席全会的 **6 人**受权代表布尔什维克派。6 名代表当中，我们现在有 **4 名**：3 名在巴黎，1 名是梅什科夫斯基的（书面）委托人。如果梅什科夫斯基突然想要收回委托书，那么我们**就要征询在伦敦当选的**其他布尔什维克中央委员和候补委员[59]的意见，也要征询在工作中有威望的布尔什维克的意见。

地和公开地向党发出警告,在《**反党的取消派的〈呼声报〉**》这个单页中指出了反党阴谋[①]。

如果有人觉得这些话言过其实,那么种种事实已经充分地、确凿地证明我们是对的。取消派—自由派**从党外**得到了加强,建立了同社会民主党完全敌对的派别(《我们的曙光》杂志、《复兴》杂志、《生活事业》杂志[60]),这个派别**正准备**破坏党在第四届杜马选举中的工作。呼声派从中央机关内部**破坏和阻挠**工作,从而**帮助了**波特列索夫之流先生们及其同伙来瓦解党。中央委员会国外局这个唯一的常设的实际机构之所以落到**取消派**手里,部分原因是崩得和拉脱维亚人的软弱无能,部分原因是这些民族组织中的取消派分子直接帮助了呼声派。中央委员会国外局不仅没有做过一点事情来联合国外的**护党派**,不仅没有做过一点事情来帮助反对呼声派和前进派的斗争,反而为无政府主义者的反党"基金"和自由派的各种勾当**打掩护**。

前进派由于托洛茨基和《呼声报》的"调和主义的"支持而形成了一个有交通联络、**代办机构**的派别,并且从1910年一月全会以后加强了**好多倍**。

在全会上已经非常明显地露出苗头的东西(例如托洛茨基+呼声派对无政府主义党校的袒护)充分发展起来了。自由派和无政府主义者的联盟在调和派的帮助下,无耻地从外部破坏残存的党,并从内部促使它瓦解。玩弄"邀请"呼声派和托洛茨基分子参加中央机构的把戏,是要彻底削弱本来已经削弱了的护党派。

我们对这种把戏概不负责,我们将**不管它**而执行我们接近普

---

① 见本版全集第19卷第203—211页。——编者注

列汉诺夫派并同上述联盟进行**无情**斗争的**护党**路线。不言而喻，如果中央委员会能在俄国国内召开全会，在俄国国内恢复中央机构，在国外建立一个党的组织基地（来代替取消派操纵的中央委员会国外局），并且**开始**反对自由派和无政府主义者，那么，我们一定会**千方百计**支持中央的**一切**步骤。

最后就“调和派”用以吓唬人的**分裂**问题谈两句。现在**事实上**已经完全分裂了，因为波特列索夫派和前进派**完全**分离出去了，并且**任何人**也不会使他们回到党的**路线**上来。如果中央委员会坚决谴责他们这些自由派和无政府主义者，**法律上**就不会分裂，因为他们不能为**自己的**路线辩护。如果中央机构不再玩弄“邀请”波特列索夫的奴才自由派（呼声派）和前进派的把戏，那么**法律上**就不会分裂，并且工人最终会把前进派和波特列索夫派统统抛弃。**其他**政策只能鼓励波特列索夫派和前进派，而使分裂延续下去。至于我们这些**布尔什维克派的全权代表**（其领导作用受到了1910年一月全会的承认），则完全不能奉行这种“其他”政策。

在全会上同中央委员会签订了协定、
也有全权（并受梅什科夫斯基委托）
废除这个协定的布尔什维克派代表

载于1933年《列宁文集》俄文版
第25卷

译自《列宁全集》俄文第5版
第20卷第105—107页

马克思主义和《我们的曙光》杂志[61]

（1911 年 1 月 22 日〔2 月 4 日〕以后）

《明星报》[62]第 4 号的报刊评论正确地指出：马克思主义者现在很关心取消派以及与之有关的对领导权问题的评价；关于这个重要问题的争论要取得成效，就应当是原则性的争论，“而不应当是《我们的曙光》杂志所进行的那种针对个人的恶意的争论”。

我完全同意这个意见，而对这份杂志发出的似乎只谈**人**，而不谈**事**才是可以理解的那种奇谈怪论（《我们的曙光》杂志第 11—12 期合刊第 47 页）根本不予理睬。我现在直接来谈谈**一年来**的《我们的曙光》杂志（这正好纪念该杂志创刊一周年），力求弄清它谈的是些**什么事**。

《我们的曙光》杂志创刊号是 1910 年 1 月出版的。波特列索夫先生在 2 月的第 2 期上就宣布：无论是马赫主义者同马克思主义者的争论，还是取消派问题，都是“**微不足道的小事**”。波特列索夫先生写道：“因为在 1909 年，当取消派所要取消的东西已经用不着取消，而且作为一个有组织的整体实际上已经不复存在的时候，请问读者，这取消派怎能不是病态的想象中的幻影，而是真正的现实呢？”（第 61 页）

波特列索夫先生这种想回避问题的企图并未得逞，反而极有力地、出人意料地、以赫罗斯特拉特[63]的勇敢精神证实了他要反驳的观点是正确的。正是在1910年1月和2月间，波特列索夫先生不会不知道，他的对手是不会同意他对实际情况的估计的。就是说，企图用所谓“没有”、“真要没有那也只好没有”来支吾搪塞，是不行的。问题并不在于1/10、1/20、1/100或随便一个分数实际上等不等于零。问题在于**有没有一个流派**认为这个分数是不需要的。问题在于，对分数值、分数比以及分数的增大等等的看法有没有原则性的分歧。波特列索夫先生说“没有”、“零”、“零还是零”，等等，实质上回答的**正是这个**问题，这样，他就完全反映了他所否认的取消主义流派。在他的奇谈怪论中有的只是极端的“恶意”(按《明星报》第4号报刊评论的中肯说法)，缺乏的只是坦率和政论家的明确态度。但是正因为问题不是涉及个人，而是涉及流派，莫斯科才来帮助彼得堡。1910年3月30日莫斯科的《复兴》杂志第5期在满怀同情地引用波特列索夫先生的话时写道：“没有什么可取消的，并且我们还要补充一句，幻想恢复这个等级制度的旧的……形式，简直是有害的反动的空想。”(第51页)

问题恰恰不在于旧的**形式**，而在于旧的**实质**，这是非常明显的。“取消”的问题同“恢复”的问题不可分割地联系在一起，这也是非常明显的。《复兴》杂志比波特列索夫先生稍稍前进了一步，稍微明确、坦率、诚实地表达了**同一**思想。这里谈的不是个人，而是流派。个人的特点可以是不坦率，支吾搪塞，而流派却要通过各种场合、形式和方式把自己表现出来。

举个例子来说，巴扎罗夫先生有一个时期曾是布尔什维克，他现在也许还认为自己是布尔什维克——如今，什么样的怪事都有。可是，他在4月那期《我们的曙光》杂志上，却那样成功地、那样幸运地(对波特列索夫来说)反驳了波特列索夫先生，说“臭名远扬的领导权问题”完全是“最大的最微不足道的误会之一”(第87页)。请注意:巴扎罗夫先生说这个问题是“臭名远扬的”,就是说,早在1910年4月,这个问题就已经提出,已经是众所周知的了!我们指出这个事实,是因为这个事实非常重要。巴扎罗夫先生说,在城乡小资产阶级“满怀反对政治特权的激进情绪”等等,“但又充满激烈的民族主义精神”的情况下,“是谈不上领导权问题的”(第88页)。我们要指出,巴扎罗夫先生的这种说法事实上是完全不懂领导权思想,是否认领导权思想。“领导者”的事情正是要反对“民族主义”,正是要从中清除巴扎罗夫所假设的那种“情绪”。这件事的成效不能用今天立即获得的直接成果来衡量。常有这样的情况:反击民族主义、反击泥潭精神、反击取消主义(顺便提一下,取消主义像有时吸引了一部分工人的民族主义一样,也是资产阶级对无产阶级的影响的一种表现)的成果,往往只有经过几年,有时要经过许多年,才能看出来。也常有这样的情况:一点火星阴燃了几年,而小资产阶级却认为、声称、宣布这点火星已不存在,已经熄灭,已经消失,等等,事实上这点火星还在燃烧,还在反击颓丧精神和脱离革命的思想,它经过很长时期以后还会显现出来。机会主义总是只会抓住瞬间,抓住当前,抓住今天,而不善于了解“昨天”和“明天”之间的联系。马克思主义则**要求**明确地认识到这种联系,不是口头上,而是实际上认识到这种联系。因此,马克思主义就同取消主义流派,尤其同否认领导权的思想有着不可调和的矛盾。

继彼得堡之后是莫斯科。继孟什维克波特列索夫先生之后是过去的布尔什维克巴扎罗夫先生。继巴扎罗夫之后是比波特列索夫先生坦率、诚实的对手弗·列维茨基先生。弗·列维茨基先生在7月那期《我们的曙光》杂志上写道："如果说过去的形式〈团结觉悟工人的形式〉是全国争取政治自由斗争中的领导者，那么将来的形式就是参加自己的历史运动的群众的**阶级的**〈黑体是列维茨基先生用的〉政党。"（第103页）

单是这句话，就把列维茨基之流、波特列索夫之流和巴扎罗夫之流先生们以及整个《复兴》杂志、整个《我们的曙光》杂志和整个《生活事业》杂志的全部作品的**精神**活龙活现地反映出来，集中起来，刻画出来了。对上面引证的弗·列维茨基的这句话，可以再引用几百句来加以补充、代替、发挥和阐明。这句话也和伯恩施坦名言"运动就是一切，最终目的算不了什么"[64]，或者和普罗柯波维奇的话（1899年的《信条》）"工人进行经济斗争，自由派进行政治斗争"[65]一样，是句"经典性的"警句。

列维茨基先生**把**领导权同阶级政党**对立起来**，这在理论上是错误的。仅仅这个对立就足以说明，《我们的曙光》杂志**实际上**所信奉的那个政党，不是由马克思主义者，而是由自由主义者组成的。在全世界，只有自由派的理论家（只要回想一下桑巴特和布伦坦诺就行了）像列维茨基"理解"的那样来理解工人的**阶级**政党。从马克思主义观点看来，否认或不了解领导权思想的阶级就不是阶级，或者还不是阶级，而是**行会**，或者是各种行会的总和。

但是，列维茨基先生虽然不忠实于马克思主义，却完全忠实于《我们的曙光》杂志，**即**取消主义流派。关于**这一**流派的实质，他说出了一个神圣的真理。过去（在这一流派的拥护者看来）是有"领导权"的，将来不会有，也不应该有。那么现在呢？现在有一个**不定型的**混合体，它是由《我们的曙光》杂志、《复兴》杂志和《生活事业》杂志的一群作者和读者之友组成的，**现在**，即1911年夏，它恰恰在宣扬从**过去的**领导权**过渡**到**将来的**布伦坦诺式的阶级的政党（也可以说是司徒卢威式的或伊兹哥耶夫式的阶级的政党）[66]的必要性、必然性、有益性和规律性。至于说这种不定型是取消派的一个原则，早在1908年即《我们的曙光》杂志创刊前**一年**，它的对手就公开指出了。既然马耶夫斯基先生在1910年12月就问过什么是取消派，那就请他去看一下恰好在两年以前就已正式作出的答复吧。[67]在这个答复中，他可以看到对《我们的曙光》杂志（它是在这个答复作出一年以后出版的）所作的极其准确、极其全面的评价。为什么会这样呢？因为无论过去还是现在，问题涉及的都不是个人，而是流派。这个流派在1907年开始形成（只要读一下切列万宁先生论1907年春季事件的那本小册子的最后一部分就可以知道[68]），1908年崭露头角，1908年底它的对手就对它作出了评价，1910年它创办了自己的公开的机关报并建立了各种机构。

说过去有领导权，**而**将来应该是"阶级的政党"，这就清楚地表明了取消派和放弃领导权之间的联系，表明了取消派和马克思主义的决裂。马克思主义认为，既然过去有"领导权"，那就可见，从各种职业、行业、行会的总和中已经生长出阶级，因为正是认识到领导权思想，正是通过自己的活动把这种思想体现到实际生活中去，才把各种行会的总和变成阶级。既然发展成为"阶级"，那么不管任何外部条件，任何压力，任何化整数为分数的做法，也不管路标派分子如何欣喜若狂，机会主义者如何无动于衷，都不能扼杀这棵幼苗。即使从表面上"看"不到它（波特列索夫之流先生们没有看到或者装做没有看到，是**因为**他们不愿看到），但它还存在，还活着，它现在还保存着"过去"，并把这"过去"带到将来。既然过去有领导权，因此马克思主义者就与形形色色的脱离革命的人相反，现在和将来都**必须**坚持领导权思想；这种思想任务完全适应目前的物质条件，这些物质条件把行会建立成阶级，并且正在继续建立、扩大和巩固这个阶级，正在加强这个阶级对一切“资产阶级影响的表现”的反击。

《我们的曙光》杂志在整整一年期间，恰恰集中了资产阶级对无产阶级影响的表现。取消主义不仅作为愿意支持资产阶级的人们中间的一个流派而存在。它还是几个阶级共同的滚滚“逆”流中的一个支流。这个逆流是 1908—1910 年整整三年期间所特有的，也许还是今后几年所特有的。在这篇文章中，我只引用了《我们的曙光》杂志第 2—7 期的一些话来评论这个支流。在以后几篇文章中，我打算探讨一下该杂志的第 10、11、12 期，并比较详细地论证一下如下的思想，即取消主义这个支流只是路标主义洪流中的一部分。

载于 1911 年 4 月 22 日《现代生活》杂志(巴库)第 3 期

译自《列宁全集》俄文第 5 版第 20 卷第 108—113 页

《政治经济学原理》课程讲授提纲

（1911 年 1 月 27 日〔2 月 9 日〕以前）

第　四　讲

1. 从同资本主义以前的历史上其他生产方式的对比来看资本主义生产方式的本质。

2. 在存在阶级压迫方面的相同点和在阶级斗争的形式和条件方面的差别。

3. 工人因工作日长而同资本家进行的斗争。出卖“劳动力”这种商品的条件。绝对剩余价值和相对剩余价值的生产。

4. 使用“劳动力”这种商品的“正常”条件取决于工人同资本家的斗争。

5. 在争取缩短工作日斗争史上的罢工斗争、工会和工厂法。

6. 现代史（19—20 世纪）上的半个世纪期间缩短工作日方面的一些总结。考茨基的“综合材料”[69]。“社会进步”的微不足道。

1911 年在巴黎由社会科学讲习班组织委员会用珂罗版印成传单

译自《列宁全集》俄文第 5 版第 20 卷第 413 页

我们的取消派

（关于波特列索夫先生和弗·巴扎罗夫）

（1911年1—2月）

常有这样一些著作，它们的全部意义就在于它们是赫罗斯特拉特性质的。例如，像爱德·伯恩施坦的名著《前提》这样一部最平凡的作品，却具有显著的政治意义，它成了马克思主义内部的一个完全脱离马克思主义的流派的宣言。波特列索夫先生在去年2月那期《我们的曙光》杂志上的那篇论微不足道的小事的文章以及弗·巴扎罗夫在4月那期《我们的曙光》杂志上的答复，按其赫罗斯特拉特的性质来说，无疑也具有这种显著的意义。当然，这些文章涉及的问题，远远没有伯恩施坦提出的（更确切地说，是跟着资产阶级提出的）问题那样深刻，那样广泛，那样具有国际意义，但是，对1908—1909—1910—？年期间的我们俄国人来说，这些问题却具有极其重大的意义。因此，波特列索夫先生和弗·巴扎罗夫的文章并**没有**过时，谈谈这些文章是必要的，责无旁贷的。

一

爱用生造的、奇特的、挖空心思想出来的字眼的波特列索夫先生，在他的文章中阐述了“我国各种社会政治派别的现代悲剧”。实际上，他在论述自由主义、民粹主义和马克思主义在革命后的演进时，并没有指出，也不可能指出任何悲剧性的东西。然而，在波特列索夫先生的议论中喜剧性的东西却不胜枚举。

波特列索夫先生写道：“正是自由主义这个思潮呈现了一幅极端腐败和极端无能的图画。不妨看一看实践的自由主义同理论化的自由主义之间”，即米留可夫《言语报》的“经验主义”同路标派的理论之间的“日益加深的裂痕”。

别再说了，最亲爱的！你们以及类似你们的半自由派在1905—1906—1907年期间就立宪民主党人的问题所谈的和所想的东西，同你们在1909—1910年不得不颠三倒四、自相矛盾地承认下来的东西之间有了日益加深的裂痕。自由派实践家的“经验主义”同司徒卢威之流先生们的理论之间的矛盾，早在1905年以前就十分清楚地显露出来了：请回忆一下，当时的《解放》杂志[70]在每次作“理论化”的尝试时是怎样乱说一气的。如果你们**现在**才开始明白，自由派“原来”似乎“已经分裂”（这又是矫揉造作的话语，空洞的词句，因为路标派恰恰没有同《言语报》分裂，《言语报》也没有同路标派分裂，而是和睦相处，过去这样，现在这样，将来还会这样），“毫无成果”，“悬在空中”，他们只是“资产阶级民主派中最不稳定的部分”（原文如此！）、“不坏的投选票的人”等等，那你们大叫什么自由派的“悲剧”，就只证明是一出你们的幻想遭到了破灭的悲喜剧。自由派“原来”是资产阶级民主派中最不稳定的部分，恰恰不是现在，不是1908—1910年这三年的情况，而正是前三年的情况。“最不稳定的”是给公众饭后送芥末的冒牌社会党人。据波特列索夫先生对问题的分析，前三年的特点是自由派“悬在空中”，

ЦѢНА 30 КОП.

МЫСЛЬ

ЕЖЕМѢСЯЧНЫЙ
ФИЛОСОФСКІЙ и ОБЩЕСТВЕННО-ЭКОНОМИЧЕСКІЙ ЖУРНАЛЪ.

№ 2.
ЯНВАРЬ.
1911.

СОДЕРЖАНІЕ:

Г. ПЛЕХАНОВЪ. Смѣшеніе представленій (*окончаніе*).—Н. Р—КОВЪ. Современная русская аграрная политика и виды на будущее (*окон.*).—В. ИЛЬИНЪ. О статистикѣ стачекъ въ Россіи (гл. II).—Г. Ц—ЧЪ. Къ вопросу объ иностранныхъ капиталахъ въ Россіи.—В. ИЛЬИНЪ. Наши упразднители (о г. *Потресовѣ* и *В. Базаровѣ*). НА ТЕМЫ ДНЯ:—ГР. Законъ о лишеніи отдыха торгово-промышленныхъ служащихъ.—ПОЛЕМИЧЕСКІЯ ЗАМѢТКИ: Р.—1) «Вѣхи» о Толстомъ. 2) Благодушный либералъ. 3) Совѣтъ г. Клейнборту.—ИНОСТРАННОЕ ОБОЗРѢНІЕ: Х. Л. РАППОПОРТЪ. Дѣйствительность и мечты. П ОРЛОВСКІЙ. Литературные наброски.—ОБЩЕСТВЕННО-ЭКОНОМИЧЕСКАЯ ЖИЗНЬ.—БИБЛІОГРАФІЯ.—НЕКРОЛОГЪ: П. Зингеръ.

МОСКВА.

1911 年 1 月《思想》杂志第 2 期封面，
该期载有列宁《我们的取消派》一文的前一部分
（按原版缩小）

成了“毫无成果的”“投选票的人”等等。**在当时**，承认自由派的这种性质是迫切的政治任务，提醒群众注意这一点不仅是社会党人的，而且是彻底的民主派的迫切义务。在1906年3月，而不是在1910年2月，当时重要的就是要提醒大家注意下面的情况：立宪民主党人的自由主义悬在空中，毫无成果，客观条件使“不坏的投选票的人”成为毫无价值的人物、滑稽可笑的小丑；立宪民主党人的胜利像一条不稳定的曲线，在希波夫之流或古契柯夫之流的“真正的”立宪（应读做：所谓立宪）同那些**不是**悬在空中的、**不**只是对选票倾心的分子争取民主的斗争之间摆动。请回忆一下，最亲爱的，是谁在1906年3月就及时说出了自由派的这种真相的呢？[71]

我们现在所说的三年（1908—1910年）的特征和特点，完全不是“悬在空中”等等的自由派“毫无成果”。恰恰相反，自由派的阶级软弱性，它对民主派的畏惧，它在政治上的贫乏，统统没有丝毫的变化，但是一旦有机会显示力量，一旦有条件使自由派哪怕在某一活动场所完全占优势的时候，这种软弱性就达到了顶点。比如说，当立宪民主党人在第一届杜马中占多数的时候，他们可以利用这个多数既为民主派服务，又阻挠民主派的事业，既协助民主派（即使在组织地方土地委员会这样的小事情上），又从背后打击民主派。因此，这个时期的**特征**是，立宪民主党人“悬在空中”，“不坏的投选票的人”成了未来的十月党杜马议事规则的起草人，如此而已。

而在下一个三年中间，立宪民主党人除了保持他们一直具有的特点外，他们“悬在空中”的时候**少**于从前。波特列索夫先生，您倒很像民间故事中那个不合时宜地大声说出自己的愿望和意见的人物。1909年的路标派"悬在空中"的时候**少**于1906年的穆罗姆采夫，因为路标派为俄国国民经济中有很大势力的阶级，即土地占有者和资本家**认真**效劳，给他们带来了**很大的**好处。路标派帮助这些极可尊敬的人物收集大量武器，来同民主主义运动和社会主义运动进行思想政治斗争。这种活动决**不会**因任何解散杜马、因现时社会经济基础上产生任何政治风浪而遭到破坏。只要有土地占有者-地主和资本家阶级，就会有他们的奴仆政论家：伊兹哥耶夫之流、司徒卢威之流、弗兰克之流及其同伙。而穆罗姆采夫之流和第一届杜马的立宪民主党人的"活动"倒会由于解散杜马而遭到"破坏"（因为他们没有进行过什么活动，只是说了一些腐蚀人民，而不是服务于人民的空话）。

第三届杜马中的立宪民主党人同第一届杜马中的一样：还是那个党，那种思想，那个政策，而且成员也大部分还是那些人。正是因为这样，立宪民主党人在第三届杜马中"悬在空中"的时候才大大少于第一届杜马。亲爱的波特列索夫先生，您连这都不明白吗？你还在白费力气地谈论什么"我国各种社会政治派别的现代悲剧"！我甚至可以秘密地告诉您，今后可能在一个相当长的时期内，立宪民主党人的政治活动都不会是"毫无成果"的，这不只是因为路标派会取得反动的"巨大成果"，而且是因为只要民主派中还有政治鲫鱼，自由派的狗鱼就有吃的。只要还有波特列索夫之流的人物十分鲜明地反映出来的社会主义运动中的那种不稳定性、民主主义运动中的那种萎靡不振，自由派的"经验论者"就有足够的本事来捕捉这些鲫鱼。别发愁，立宪民主党人：只要波特列索夫之流还活着，你们就有吃的！

二

波特列索夫先生在谈到民粹派的时候，更加不能自圆其说。他把立宪民主党人叫做“过去的民主派”，甚至叫做“过去的自由派”。他在谈到农民时说道：“投入政治生活的农民〈在波特列索夫先生看来，农民还没有投入这种生活〉会揭开历史的崭新的一章，揭开农民民主派的历史，从而会结束旧的知识分子的民粹派的历史。”

这样说来，立宪民主党人是过去的民主派，而农民是未来的民主派。那么现在的民主派在哪里呢？难道1905—1907年的俄国不曾有过民主派，不曾有过群众性的民主派吗？1908—1910年的俄国也没有吗？现在的东西被波特列索夫用各种回避问题本质的“转弯抹角”的话语掩盖起来了，因为直截了当地承认无可置疑的现在存在的东西，就是给波特列索夫之流先生们的全部取消主义哲学一记耳光。直截了当地承认现在完全无可争辩的历史事实，就是承认立宪民主党人在俄国**从来**不是多少带有群众性的民主派，从来没有实行民主政策，而农民，即波特列索夫先生所说的“千百万农民”，过去是而且现在仍然是这种资产阶级民主派（尽管具有资产阶级民主派的一切局限性）。波特列索夫先生避而不谈这个**根本**问题，正是为了挽救取消主义哲学。你是挽救不了的！

波特列索夫先生竭力回避农民民主派的过去和现在，只是信心十足地谈论未来，因而又陷入了窘境。你又晚了，最亲爱的！你自己谈到“11月9日法令[72]可能产生的后果”，就是说，你自己承认这个法令可能(当然是完全抽象的可能)获得成功。如果获得成功,“历史的**新**篇章”就可能不仅是**农民**民主派历史的篇章,而且是农民**大土地占有者**历史的篇章。

俄国的农民经济的发展,也就是说,农民的土地占有制和农民政策的发展,只能沿着资本主义道路进行。民粹派的土地纲领,例如第一届和第二届杜马的104个代表的著名纲领[73],就其实质来说,不但不与这种资本主义的发展相抵触,反而意味着为资本主义的最广泛最迅速的发展创造条件。而当前的土地纲领恰恰相反,意味着资本主义的发展速度最缓慢、范围最狭窄、承受农奴制残余的负担最沉重。在这两个纲领中,究竟由哪个最终来确定新俄国的资产阶级土地关系的形式,客观的历史经济条件还没有解决这个问题。

这就是被取消派的代表人物弄得颠三倒四的一些简单事实。

波特列索夫先生在谈到知识分子的即民粹主义的民主派的变化时写道:“在一切都在变化的情况下唯独不变的是:具体的农民至今〈!〉没有对内涵是农民思想的知识分子意识形态提出自己的修正。”

这是十足路标派的弥天大谎。1905年,最“具体”、最普通、最广泛的农民就已登上了公开的历史舞台,对民粹派和民粹主义政党的“知识分子意识形态”提出了**一系列的**“修正”。并不是所有这些修正都为民粹派**所理解**,但农民**提出了**这些修正。1906年和1907年,最“具体的”农民创立了劳动团,拟定了104人法案,从而提出了**一系列的修正**,这些修正有一部分甚至是民粹派指出过的。例如,大家都公认,“具体的”农民表露了自己**经营的**要求,同意用个人的和协作社的土地占有制来代替“村社”[74]。

路标派把1905—1907年的运动说成是知识分子运动,断言具体的农民没有对知识分子意识形态提出过自己的修正，这就把自由派从民主派中清除出去，把他们不断地变成财主的奴仆，从而准确地完成了自己的历史使命。取消派的悲喜剧也就在于：他们没有注意到自己的论断简直变成了路标派思想的翻版。

三

在波特列索夫先生谈到马克思主义的时候，这种变化就更加明显。他写道，知识分子“通过自己的党的小组建设……把无产阶级排挤掉了”。你不能否认这样的事实：资产阶级通过《路标》文集和一切自由派刊物广泛地散布这种思想，用它来反对无产阶级。阿克雪里罗得在那篇提出这种思想的小品文中谈到“捉弄人的历史”，说这个历史可能从马克思主义学派中为资产阶级民主派物色领袖。[75]捉弄人的历史利用了阿克雪里罗得热心地要给布尔什维克挖的陷阱，把阿克雪里罗得自己推了进去！

假如你能看看客观历史事实，那么**所有**这些事实，1905—1907年这一整个时期，即使是第二届杜马的选举（如果拿最普通的而不是最重大的事实来做例子），**都无可争辩地证明了**，“党的小组建设”并没有把无产者“排挤掉”，而是**直接变成了**无产阶级**广大群众**的党的和工会的建设。

我们还是来谈谈波特列索夫先生的赫罗斯特拉特式著作的主要之点，谈谈它的“症结”所在。他断言，马克思主义思想“用些微不足道的小事这种大麻素”（同马赫主义以及同取消主义进行的斗争）“来麻醉自己”，“想谈什么就谈什么，但就是不谈马克思主义这个社会政治派别的神经中枢是什么，就是不谈经济问题和政治问题”。波特列索夫先生叫道，这种问题多得很啊！“俄国的经济在怎样发展，这种发展在反动势力掩护下悄悄地使力量对比发生了哪些变化，农村和城市中发生了什么事情，这种发展使俄国工人阶级的社会成分发生了什么样的变化？如此等等。这些问题的答案或初步答案在哪里？俄国马克思主义的经济学派在哪里？”

“等级制度”本身已经提出了答案，至少是初步答案，虽然波特列索夫先生恶意地伪善地否认“等级制度”的存在。俄国国家制度最近三个世纪以来的发展向我们表明，这个制度已经在朝着一个明确的方向改变自己的阶级性质。17 世纪的贵族杜马君主制不同于 18 世纪的官僚贵族君主制。19 世纪上半叶的君主制不是 1861—1904 年的君主制。1908—1910 年又明显地出现了一个新的阶段，这个阶段标志朝着可以说是资产阶级君主制的那个方向**又迈了一步**。第三届杜马和我国当前的土地政策都与这一步有密切联系。这样看来，这个新阶段并不是偶然现象，而是我国资本主义演进中的一个特殊阶段。这个新阶段没有解决老问题，也不可能解决这些问题，因而也**没有消除这些问题**，于是就要求采取新的准备手段，以便用老办法解决老问题。这就是这个不愉快的、乏味的、沉重的但又不可避免的阶段的特殊性。从这个阶段的经济政治特点的这种特殊性中产生了马克思主义内部各种思想派别的特殊性。那些承认新的准备手段，以便用老办法解决老问题的人，就在共同的扎实的基础上，在这个时期的总任务方面接近起来，尽管他们在上一时期的某个时候应该怎样采用老办法或改进老办法的问题上还有分歧。那些否认（或不了解）新的准备手段，或者否认我们面临的是老问题，否认我们准备用老办法来解决这些问题的人，**实际上**离开了马克思主义的基础，**实际上**成了自由派的俘虏（像波特列索夫、列维茨基等人那样）或唯心主义者和工团主义者的俘虏（像弗·巴扎罗夫等人那样）。

无论是波特列索夫，还是巴扎罗夫，以及他们的同道者，成了别人和别的思想的俘虏之后，就必然颠三倒四，陷入滑稽可笑和极端虚伪的境地。波特列索夫先生捶胸大叫："这个**初步**答案**在哪里**，这个**答案**是怎样的？"马尔托夫虽然也很清楚这个答案，却试图硬要公众相信这个答案是承认"资产阶级执政"。利用对方被迫的暂时缄默，这是自由派的惯技！于是就摆出一副受到凌辱的样子质问我们：什么叫取消派？最尊敬的，有人自称是"整体"的一员，却利用整体被削弱的机会，硬要公众相信没有"答案"（其实正是"整体"已经作出了"答案"），这种手法也就是取消派（即使不说是叛徒）的一种手法。

波特列索夫先生写道，取消派是"病态的想象中的幻影"，因为不能取消"已经用不着取消，而且作为一个有组织的整体实际上已经不复存在的东西"。

我不可能把我对这几句话的看法全部告诉读者；为了把这个看法大致讲一下，我要问一问读者：假如有个人，当他的最亲密的伙伴和同事接受了"整体"（正是"整体"）提出的对他们有利的建议，而这个人第二天竟在报刊上声明没有"整体"，——这个人应该叫做什么呢？

这一点就说到这里。

这里就产生了一个原则问题：认为必须采用老办法解决老问题的看法，能不能随着"整体"瓦解的**程度**（甚至可以说随着"整体"的消逝）而改变呢？谁都知道：不能。要是客观条件，要是当前的经济根本特点和政治根本特点要求采用老办法，那么，瓦解得愈厉害，“整体”剩下得愈少，就愈应当关心“整体”，政论家就愈应当热情地宣讲“整体”的必要性。正如我们已经指出的那样，应当承认新的准备手段，但应当由谁来采取新的准备手段呢？显然，是“整体”。显然，在那些了解目前时期的意义，了解这个时期的政治上的基本特点的人看来，政论家的任务是与波特列索夫之流先生们的**整个**路线截然相反的。当然不会有人真的想要否认我上面所作的“答案”（关于当前经济政治问题）同反取消派斗争之间的联系。

我们谈了问题的一般原则提法，现在来谈谈问题的具体历史提法。在1908—1910年期间，马克思主义中那个鼓吹必须采用老办法并执行相应路线的流派完全显现出来了。**在这整整三年中间**一直反对承认“老办法”、反对建立整体的老的基本形式的另一个流派也显现出来了。否认这个事实是可笑的。在这整整三年中间一直不了解新的准备方式，不了解第三届杜马中的活动的意义等等的第三个流派也显现出来了。这种人把承认老办法变成了空话，背得烂熟，但是没有领会，只是习惯于重复，而不是自觉地深思熟虑地使之**适应**于已经改变了的情况（至少杜马工作方面的情况已经改变，当然不只这一方面）。

取消派同普遍的庸俗的“疲惫”情绪的联系是很明显的。“疲惫的人们”（特别是由于没有做什么事情而疲惫的人）不去考虑如何确切地回答关于从经济上政治上估计目前时局的问题。他们都不同意上面提到的正式**公认的**以整体的名义作出的估计，但是，他们却想都不敢想把**自己的**确切的估计，哪怕是把取消派的《我们的曙光》、《生活》等杂志的撰稿人的估计与之对比一下。“疲惫的人们”翻来覆去地说，旧的东西是不存在的，旧的东西是没有生命力的，已经失去知觉，等等，等等，但是他们却不想动脑筋回答，纯粹从政治上、用确切的表述来回答一定要（每个忠实的政论家一定要）回答的问题：究竟应当用什么来代替旧的东西，是否需要恢复“用不着〈好像是〉取消已被取消”的东西（波特列索夫的话）？——他们对这个问题根本不想动动脑筋。三年来，他们在抨击和辱骂旧的东西，特别是在禁止旧东西的维护者登场的舞台上抨击和辱骂旧的东西；他们同伊兹哥耶夫之流亲热拥抱①，大声喊道：关于取消派的议论都是微不足道的小事，都是幻影！

谈到**这种**“疲惫的人”，谈到波特列索夫先生及其同伙的时候，可**不能**重复那首著名的诗：“他们没有背叛，他们被十字架压得疲惫不堪；愤怒和悲伤的心情，半道就离开了他们身畔。”[77]

这些走上政论家的讲坛并在讲坛上为自己对旧的东西感到“疲惫”、不愿致力于旧的东西而辩护的“疲惫的人”，正是那些不仅“疲惫”而且背叛了的人。

四

唯物主义者即马克思主义者同马赫主义者即唯心主义者的哲学斗争，波特列索夫先生也认为是“微不足道的小事”。波特列索夫先生对“这种杂乱无章的〈——“我的朋友，阿尔卡季·尼古拉耶维奇，别说得那么漂亮吧！”[78]〉哲理之谈”非常愤慨，而且从唯物主义者方面点了我和普列汉诺夫的名，把我们称之为“**昨天的政治**

① 见他在1910年《**俄国思想**》杂志[76]上发表的论路标派波特列索夫的文章。波特列索夫先生是**永远**也挣不脱这种拥抱的。

家”。我对这种说法笑了好一阵。这种自吹自擂真是太露骨，太可笑了，真该分给我们的兔子一块熊耳朵[79]。普列汉诺夫等等是“昨天的政治家”！**今天的**政治家显然就是波特列索夫和他那些“好汉们”了。多可爱，多坦率。

只要阿尔卡季·尼古拉耶维奇偶尔例外地说出一句不矫揉造作和不装腔作势的话来，他就狠狠打了自己的耳光。阿尔卡季·尼古拉耶维奇，请你加把劲，不妨**考虑一下**：你否认取消派是一个把**非**孟什维主义同布尔什维主义区别开来，把波特列索夫及其同伙为一方同普列汉诺夫和布尔什维克**合在一起**为另一方区别开来的**政治**派别。你一方面这样否认，一方面又把普列汉诺夫和某人叫做“昨天的政治家”。请你看看，你蠢到了什么地步：要知道，我和普列汉诺夫之所以能够**一起**被称为昨天的政治家，**正是**因为在我们看来，作为昨天的（按其**基础**是昨天的）运动的形式的昨天的组织，今天也是必要的。在**这个**昨天的运动的基础上的**这个**昨天的组织应该在某个时机采取哪些措施的问题上，我和普列汉诺夫有过极大的分歧，现在也还有分歧，但是同那些**今天**正是否认昨天运动的**基础**（我马上就要谈到的领导权问题也包括在内）、正是否认昨天组织的**基础**的人的斗争，却使我们接近起来。

怎么样，阿尔卡季·尼古拉耶维奇，你现在还不懂取消派是怎么回事吗？你现在还认为，是什么马基雅弗利式的计划[80]或者是想用“两条战线的斗争”来**代替**“战胜”取消派这样一种恶毒愿望使我和普列汉诺夫接近起来的吗？

现在，我们再回头来谈谈“杂乱无章的哲理之谈”。

波特列索夫先生写道：“我们知道，恩格斯反对杜林的斗争当时对德国社会民主党人的意识产生了多么深刻的影响，一些似乎是最抽象的论点实际上对德国工人阶级的运动具有多么生动的具体的意义……” 最抽象的论点具有生动的具体的意义！这又是空话，并且仅此而已。假如“你知道”的话，请你不妨解释一下，恩格斯所说的杜林关于时间和空间的哲学论断是错误的这样一个**论点**，具有什么“生动的具体的意义”！你的不幸也就在于，你像小学生一样把“恩格斯和杜林的争论具有伟大意义”这句话**背得烂熟**，而没有**深刻考虑**这句话究竟是什么意思，因此，你背出来的东西也就错误百出、残缺不全。不能说“最抽象的论点〈恩格斯反对杜林的论点〉实际上对德国工人阶级的运动具有多么生动的具体的意义”。恩格斯的最抽象的论点的意义在于它们向工人阶级的思想家说明了为什么离开唯物主义走向实证论和唯心论是错误的。因此，如果你能这样论述，即从哲学上稍微明确地论述恩格斯的观点，而不是说些有“深刻的影响”、“最抽象的论点具有生动的具体的意义”等等响亮然而空洞的词句，那你马上就会看到，援引恩格斯和杜林的争论对你是**不利的**。[81]

波特列索夫先生接着写道：“……我们知道，反对主观社会学的斗争在俄国马克思主义的形成历史中所起的作用……”

难道就不知道拉甫罗夫和米海洛夫斯基的实证论和唯心论学说在主观社会学的错误中所起的作用吗？你瞧，阿尔卡季·尼古拉耶维奇，你的每一枪都打偏了。如果要作历史类比，那就应当分清并且确切指出不同事件的相同点，否则就不是作历史对比，而是信口开河。如果拿你所作的历史类比来说，那就要问：要是别尔托夫**没有**阐明哲学唯物主义的原理以及这些原理对反驳拉甫罗夫和米海洛夫斯基的意义，那么**俄国**马克思主义能不能“形成”呢？[82]对这个问题的答案只能有一个，而这个答案——如果把从历史类比中得出的结论用于同马赫主义者的争论的话——对波特列索夫先生是**不利的**。

"……但正因为我们知道这一切〈当然啰！现在我们已经知道波特列索夫先生写的"我们知道这一切"是什么意思〉，我们也就希望，在我们进行的哲学争论同马克思主义的社会政治流派及其任务和要求之间能终于建立起真正的现实的联系。而现在……"——接着引证了考茨基信中的话，说马赫主义是私事(Privatsache)，关于马赫主义的争论是"海市蜃楼"，等等。

引证考茨基的话，是庸俗论断的一个典型。问题不在于考茨基"没有原则"，像波特列索夫先生挖苦(伊兹哥耶夫式的挖苦)的那样，而在于考茨基**不了解**也不想了解俄国马赫主义的情况。考茨基在自己的信中承认普列汉诺夫精通马克思主义，深信唯心主义同马克思主义是不可调和的，并认为马赫主义不是唯心主义(或者说：不是任何马赫主义都是唯心主义)。考茨基在最后一点上，特别在关于俄国的马赫主义这一点上**是错误的**，这是无疑的。但他的错误完全可以原谅，因为他并**没有研究过**整个马赫主义，他写了一封私人信件，其目的显然是为了提醒人们不要夸大意见分歧。在这种情况下，一个**俄国**马克思主义作家再来引证考茨基的话，就表现出他在思想上的十足庸俗的懒惰和在斗争中的怯懦。考茨基1908年写那封信的时候，**可以指望**马赫主义在一定意义上同**唯物主义**"调和"，但在1909—1910年的俄国，再在这个问题上引证考茨基的话，就是**想把**俄国马赫主义者同唯物主义者调和起来。难道波特列索夫先生或别的什么人真想这样做吗？

考茨基不是没有原则的，而想把马赫主义说成"私事"的波特列索夫及其同伙才是当代俄国马克思主义运动中的**没有原则的典

型。考茨基在1908年没有读过俄国马赫主义者的著作，而建议**他们**同精通马克思主义的唯物主义者普列汉诺夫讲和，他完全是真诚的，一点也不是没有原则的，因为他一直是赞成唯物主义、反对唯心主义的，就在那封信中也是这样。而波特列索夫之流先生们及其同伙在1909—1910年拿考茨基作掩护，就没有**一点**诚意，**一点**也不尊重原则性。

波特列索夫先生，你没有看到哲学争论同马克思主义派别之间的生动的现实的联系吗？那就让我这个昨天的政治家恭恭敬敬地至少向你指出下面几种情况和看法：(1)什么是哲学唯物主义，为什么离开它是错误的、危险的、反动的，对这些问题的争论**总是**同“马克思主义的社会政治流派”有“生动的现实的联系”，否则这个流派就不是马克思主义的，就不是社会政治的，也就不成其为流派了。只有改良主义或无政府主义的那些目光短浅的“现实的政治家”才会否认这种联系的“现实性”。(2)既然马克思主义具有丰富多彩的思想内容，那么在俄国也同在其他国家一样，不同的历史时期时而特别突出马克思主义的这一方面，时而特别突出马克思主义的那一方面，那就不足为奇了。在德国，在1848年以前，特别突出的是马克思主义哲学的形成；在1848年，是马克思主义的政治思想；在50年代和60年代，是马克思的经济学说。在俄国，在革命以前，特别突出的是马克思的经济学说在我国实际中的运用；在革命时期，是马克思主义的政治；在革命以后，是马克思主义的哲学。这并不是说，在任何时候可以忽视马克思主义的某一方面；这只是说，把**注意力主要放在**这一方面或那一方面，并不取决于主观愿望，而取决于总的历史条件。(3)社会政治反动时期，“消化”丰富的革命教训的时期，对于每个**生气蓬勃的**派别说来，是把包括哲学问题在内的基本理论问题放在一个首要地位的时期,这并不是偶然的。(4)在俄国先进的思想流派中,没有像法国那种同18世纪的百科全书派有联系的或者德国那种同从康德到黑格尔、费尔巴哈的古典哲学时期有联系的伟大的哲学传统。因此,正是对俄国的先进阶级来说,这种哲学上的"清理"是必不可少的,至于这种稍晚了些的"清理",是在这个先进阶级完全成熟到在不久前的伟大事件中起了自己独立的历史作用之后才开始进行,那是不足为奇的。(5)世界其他国家早就为进行这种哲学上的"清理"做好了准备,因为例如新物理学提出了许多应由辩证唯物主义"处理"的新问题。在这方面,"我们的"(照波特列索夫的说法)哲学争论就不仅具有一定的即俄国的意义。欧洲为"更新"哲学思想提供了材料,而落后的俄国在1908—1910年这个被迫沉寂的时期,特别"渴望"求助于这种材料。(6)不久前,别洛乌索夫把第三届杜马称为拜神杜马。他正确地抓住了第三届杜马在这方面的阶级特点,公正地痛斥了立宪民主党人的伪善。

我们的一切反动派,特别是自由派的(路标派的,立宪民主党的)反动派,"求助于"宗教并非偶然,而是出于**必然**。单靠棍棒和鞭子是不够的;棍棒毕竟已被折裂。**路标派**帮助先进的资产阶级搞到一种最新式的思想棍棒即精神棍棒。马赫主义这个唯心主义的变种在**客观上**是反动派的工具,反动派的宣传手段。因此,在1908—1910年这个历史时期,既然我们看到"在上面"不仅有十月党人和普利什凯维奇之流的"拜神杜马",而且还有拜神的立宪民主党人、拜神的自由派资产阶级,那么"在下面"进行反对马赫主义的斗争就不是偶然的,而是不可避免的。

波特列索夫先生"附带说明",他"现在没有涉及到""造神说"。

这就是无原则的庸俗的政论家波特列索夫不同于考茨基的地方。考茨基**既不了解**马赫主义者的造神说，**也不了解**拜神的路标派，因此他**可以**说不是任何马赫主义都是唯心主义。而波特列索夫是了解这些的，他“**没有涉及到**”主要的东西（对用**狭隘的**“政论家”的眼光观察问题的人来说是主要的），那就是伪善了。波特列索夫先生及其同伙把同马赫主义的斗争说成是“私事”，那就在“社会政治”方面成了路标派的帮凶。

五

我们在谈了波特列索夫先生转而来谈巴扎罗夫的时候，首先应当指出，我们在关于哲学争论问题上驳斥前者的同时，也就回答了后者。要补充的只有一点，弗·巴扎罗夫对波特列索夫先生采取容忍的态度，竭力想从波特列索夫那里找到“一点真理”，那是完全可以理解的，因为波特列索夫先生（和一切取消派一样）在口头上和形式上同马赫主义划清界限，**实际上**却在最本质的方面向它让步。马赫主义作为一个流派，一个有“纲领”的派别，也无非是决意要求承认它同马克思主义决裂是“私事”！因此，波特列索夫和巴扎罗夫互送秋波，不是偶然的。取消派著作家集团和马赫主义著作家集团在这一点上**确实是一致的**：在目前这个分裂时期，要保卫同马克思主义的拥护者、同马克思主义理论基础的捍卫者“分裂的自由”。而这种一致**不**仅仅限于哲学问题，这一点**甚至**弗·巴扎罗夫自己的文章也表明了。

我之所以说“甚至”，是因为正是巴扎罗夫向来以非常慎重的态度对待严肃的政治问题。之所以必须提到这一点，是为了评价这个人极端动摇的意义，而不只是为了强调这位追求赫罗斯特拉特桂冠的著作家过去进行的极其有益的活动。

例如，巴扎罗夫声称，“我认为，臭名远扬的‘领导权’问题，是当前最大的最微不足道的误会之一”，他的这句话就具有赫罗斯特拉特精神。我们中间的马赫主义者头上好像要降临某种厄运：有些人要保卫“分裂的自由”，说召回派是一种合理的色彩；另一些人了解到召回派是愚蠢的和有害的，干脆在政治上支持取消派。正是取消派无论在《我们的曙光》杂志上，在《生活》杂志上，还是在《社会运动》文集[83]上，都直接间接地反对领导权思想。我们遗憾地认定，巴扎罗夫**投到他们营垒里去了**。

从实质上说他的论据是什么呢？五年以前，领导权是事实。“目前，由于完全可以理解的原因，这种领导权不仅已经消逝，而且完全变成了它的对立面。”证据：“目前，侮辱马克思主义是在社会上的民主分子中间获得声誉的必要条件。”例子：丘科夫斯基。

你读到这里，都会不相信自己的眼睛：曾经想成为马克思主义者的巴扎罗夫，竟变成了同波特列索夫先生之流挽着手的落魄的人。

弗·亚·巴扎罗夫，你就不怕**上帝**。丘科夫斯基之流和其他自由派，以及许多民主派—劳动派，一直在（特别是自 1906 年以来）“侮辱”马克思主义，但是，“领导权”在 1906 年没有成为“事实”吗？请从自由派著作家的贮藏室里探出头来，哪怕看一看第三届杜马的农民代表对工人代表的态度吧。只要把说明他们三年来的政治态度的一些无可争辩的事实对比一下，甚至只要把他们的过渡方案和立宪民主党人的方案对比一下，更不用说把他们在杜马中的政治声明同这段时期的广大居民阶层的生活条件拿来对比,——就可以确凿地证明,领导权现在也是事实。工人阶级的领导权,就是工人阶级(及其代表)对其他居民的政治影响,即把他们的民主主义(在有民主主义的时候)中的非民主主义的杂物清除出去,对任何资产阶级民主主义的局限性和近视性展开批判,同"立宪民主主义"(如果这样来称呼自由派的演说和政策的起腐蚀思想作用的内容的话)进行斗争,等等,等等。巴扎罗夫竟**能**写出如此令人难以置信的东西,而一些也自命为工人的朋友和马克思主义的拥护者的新闻工作者还宽厚地拍着他的肩膀叫好,没有比这更能表现我们这个时代的特征的了!

巴扎罗夫硬要取消派杂志的读者相信:"要预言下一个高潮到来以前的情况,是根本不可能的。如果城乡民主派的精神面貌还是同五年以前相类似,那马克思主义的领导权又将成为事实…… 但是,设想民主派的面貌将会发生本质的变化,那也并不是根本不可能的。我们可以设想,比如,俄国的城乡小资产阶级将会对统治阶级的政治特权怀有相当激进的反对情绪,将会相当团结,相当积极,可是充满了强烈的民族主义精神。由于马克思主义者不会同民族主义或反犹太主义作出丝毫妥协,很明显,在上述情况下,就根本谈不到什么领导权了。"

这不仅是错误的,而且是极端荒谬的。如果某些阶层把反对特权同民族主义结合起来,那么难道说明这种结合会妨碍消除特权不正是领导者的事情吗?难道反对特权的斗争能够**不**同受民族主义之害的小资产者反对受民族主义之惠的小资产者的斗争结合起来吗?任何小资产阶级反对任何特权的任何斗争,**总是**带着小资产阶级的局限性和不彻底性的痕迹,而消除这些痕迹也正是"领导者"的事情。巴扎罗夫是按立宪民主党人的方式、路标派的方式推论的。更确切地说,巴扎罗夫投到了早就这样推论的波特列索夫之流及其同伙的营垒里去了。

表面上没有的东西，是决不存在的。丘科夫斯基之流和波特列索夫之流看不到的东西，是不真实的。这就是巴扎罗夫攻击马克思主义的推论的前提。马克思主义教导我们说，只要资本主义存在，小资产阶级群众就必然受到反民主的特权的迫害(这种特权从理论上讲，在**纯粹的**资本主义条件下“不是必不可少的”，但是资本主义的**净化**则要持续到它灭亡的时候)，受到经济压迫。因此，只要资本主义存在，“领导者”的任务就**永远**是：说明这种特权和这种压迫产生的原因，指出这种现象的阶级根源，作出反对这种现象的斗争范例，揭露自由派斗争方法的虚伪，等等，等等。

马克思主义者是这样认为的。他们对于因生活条件而不能同特权妥协的阵营，即不仅包括无产者而且包括半无产者和小资产者群众的阵营的“领导者”的任务，是这样看的。而丘科夫斯基之流却认为，既然这个阵营被排挤、被压抑、被打入地下，那就是说，“领导权已经消逝”，那就是说，“领导权问题成了最微不足道的误会”。

当我看到发表这些可耻言论的巴扎罗夫同硬要工人阶级相信需要的不是领导权**而是**阶级的政党的波特列索夫之流、列维茨基之流及其同伙挽着手的时候，当我看到普列汉诺夫发现有人由于领导权问题露出严重动摇的蛛丝马迹而“大吵大闹”(堂堂的波特列索夫的轻蔑说法)的时候，我告诉自己，布尔什维克在这种情况下哪怕有一分钟动摇，哪怕有一秒钟怀疑他们的责任即布尔什维主义的一切传统、它的学说和它的政策的全部精神的责任，不向普列汉诺夫伸出手去，对他表示深切的同志式的同情，那布尔什维克就会正像他们的敌人所描绘的那样，成为派别言论的狂热信徒。

对“领导者”在什么时候应该采取什么行动的问题，我们和普列汉诺夫过去和现在一直是有分歧的，但在分裂时期，在反对那些认为领导权问题是“最微不足道的误会”的人的斗争中，我们是同志。而波特列索夫之流、巴扎罗夫之流等等和我们毫无共同之处，如同丘科夫斯基之流和我们毫无共同之处一样。

有些好心人以为同普列汉诺夫接近的政策是“派别性的”、狭隘的政策，他们打算把这个政策“扩大”到同波特列索夫之流、巴扎罗夫之流等等实行调和，而且怎么也不想了解我们为什么把这种“调和”看做是极端的蠢事或是可鄙的阴谋，希望这些好心人能够清楚这一点。

载于1911年1月和2月《思想》杂志第2期和第3期

译自《列宁全集》俄文第5版第20卷第114—133页

立宪民主党人
谈“两个阵营”和“合理妥协”

(1911年2月5日〔18日〕)

《言语报》就第四届杜马选举“口号”和目前政治派别组合的问题对内阁的半官方刊物的答复,是很有意思和意味深长的现象。

《言语报》同意《俄罗斯新闻》的看法,认为“第四届杜马选举只是在进步派和右派两个阵营之间进行”。“不是为党,不是为个别候选人投票,而是为巩固或反对俄国立宪制度投票。〈“巩固”这个词太动听了!〉这个口号的政治意义……就是客观上承认这样一个无可争辩的事实:政府的方针又把比立宪民主党人右或左的所有反对派联合起来了。”立宪民主党人将是“这个具有不同政治色彩的集团的中心”,而且他们在加入这个集团时,“将不会抛弃自己过去的纲领和策略,就像社会民主党人加入十月前联盟时没有抛弃自己的纲领和策略一样”(1月21日的社论)。

“我们可以回答一切半官方刊物和官方刊物说,先生们,不是别人,正是你们自己把我们联合起来了…… 目前在俄国,各种政治流派愈来愈融合起来,成为拥护立宪或反对立宪的两大阵营…… 目前我们的任务像10月17日以前一样,只有一个,仍旧只有一个……”(同上)

在评价这些议论时,应当把第四届杜马选举的条件问题同所讨论的变化("口号"和派别组合)的社会政治意义问题区别开来。一般的选举条件,特别是外省的选举条件,大概会使"反对派"比从前更广泛地运用"进步派"这个含糊不清的非党名称。甚至像立宪民主党这样的党的合法化都遭到拒绝,就必然会造成这样的结果,而内阁半官方刊物竟对此困惑不解,显然纯属伪善。就在这篇社论中,立宪民主党人自己也承认,各大城市将要提出"更左的〈《**俄罗斯新闻**》的说法〉集团"的独立候选人。由此可见,关于**两个**阵营的说法是谈不到的。

其次,关于由目前选举法划分出来的工人选民团的存在问题,《**言语报**》想完全忘掉。最后,在谈到农村(农民的)的选举问题时不能不指出,在这里,就连"进步派"**这个字眼**无疑都要避免使用,而"具有不同政治色彩的"或政治态度不明确的集团的**实际**"中心"想必不会是立宪民主党。

谈论**两个**阵营的用意何在呢?用意在于立宪民主党人在谈目前政治形势时想把自己的视野**只**局限在形成第三届杜马多数的那些分子身上。只有这些分子所代表的那一小撮居民,立宪民主党先生们才乐于承认为政治"阵营"。到目前为止,这个不大的六三角落,**基本上**可以分为右派、十月党人、立宪民主党人。(大家知道,第三届杜马的面貌归根到底是由右派十月党人和十月党人-立宪民主党人两个多数确定的。)现在,**这三种**分子将(根据《**言语报**》赞同的《**俄罗斯新闻**》的预言)分为两个"阵营":右派和进步派。

我们完全承认,自由派的这种预言不仅以自由派的愿望为依据,而且以俄国资产阶级的政治地位和政治情绪的变化这些客观事实为依据。不过有一点不能忘记,就是只有把自己的视野局限在第三届杜马中的多数的范围内,才可以谈**两个**阵营的问题。不能忘记，所有这些议论的**现实**意义，不过是表明十月党和立宪民主党两个"阵营"相互接近、融合和联合为进步派"阵营"的趋势（当然，十月党阵营中有相当一部分人不声不响、配合默契地跑到右派阵营去了）。立宪民主党人说把"我们"联合起来了，"我们的"任务仍旧只有一个，等等，这些"我们"、"我们的"用词**实际上**就是指十月党人和立宪民主党人，仅此而已。

在什么基础上把"他们"联合起来了呢？"他们的"任务是什么呢？"他们"为第四届杜马选举提出的口号是什么呢？《**俄罗斯新闻**》和《**言语报**》回答说："巩固立宪"。这个回答只是看起来明确，实际上什么也没有明确，还是那样十分空洞地指出十月党人和立宪民主党人之间存在那么一个并不明确的"中间物"。这是因为不论是米留可夫，还是古契柯夫，都同意"谢天谢地，我们立宪了"，但他们幻想在"巩固"不是"我们"**已有的**东西，而是我们没有的东西这点上取得一致。如果以为，米留可夫和古契柯夫，即今天的立宪民主党人和十月党人，明天的"进步派"，会在确定所希望的立宪的内容上取得一致，那也是一种幻想，而且是没有多大意义的幻想。无论在体现立宪的法律条文上，还是在确定这个立宪应当满足和维护哪些现实阶级的哪些现实利益上，他们都不会取得一致。所以，这个共同口号的**实际**意义归结起来就是：十月党人和立宪民主党人虽然由于"反对共同敌人这个**消极**任务"（《言语报》在同一篇社论中的说法）而接近起来，但也不可能确定自己的积极任务，不可能从自己的阵营中找到一支能够摆脱僵局的力量。

承认僵局实际已经形成，承认无论是十月党人还是立宪民主党人都必须摆脱这种僵局；承认前者和后者本身都根本无力摆脱这种僵局，——这种承认在《**言语报**》有关"合理妥协"的一个局部性论据的议论中表现得尤为突出。

《**言语报**》1 月 20 日的社论写道:“如果在杜马关于彼得堡下水道的争论期间,争论的不健康的内在原因稍微被掩盖了,如果连中派〈即十月党人〉都可能接受人民自由党党团提出的并由市自治机关接受的合理妥协,那么彼·阿·斯托雷平的干涉就粗暴地扯下了掩盖物〈而你们,立宪民主党人先生们,还想把棘手问题掩盖起来吗?〉,把那个旧的早使大家所厌恶的国家同自治机关的**政治**斗争内幕又揭示出来了。”

自由派资产阶级摆出一副幻想在事务性的非政治性的领域里实行“合理妥协”的十分天真烂漫的姿态,而那些主张“非立宪的”老原则的代表人物则起着扯下掩盖物、揭示阶级基础的政治上的教导者的作用!自由派感叹道,合理妥协也就是使立宪民主党人、十月党人和无党派的资本大亨(彼得堡市自治机关)取得一致的东西得到满足。政府回答说,要我们向你们让步是一点也不合理的,只有你们向我们让步才是合理的。

关于彼得堡的整顿,自治机关同专制政府之间的作用和权利的分配这种小问题,却为说明意义不小的道理提供了论据。究竟什么“比较合理”,是整个资产阶级的愿望、幻想、要求呢,还是比如贵族联合会[84]的权力?

在《**言语报**》和整个立宪民主党看来,妥协的“合理”标准,就是事业家、实业家、大亨、十月党人自己、彼得堡市自治机关的头头自己赞同这种妥协。但是不管怎样用诸如“谢天谢地,我们立宪了”这样的话作掩盖来粉饰现实,现实的**实际情况**还是非常粗暴地破坏了这种妥协,扯下了这种掩盖物。

总结:《**言语报**》对内阁的半官方刊物说,你们把我们联合起来了。“我们”是谁？原来是十月党人和立宪民主党人。联合的基础是什么？是共同的任务：巩固立宪。对立宪和巩固立宪应该怎样理解？应理解为十月党人同立宪民主党人之间的合理妥协。这种妥协的合理的标准是什么？就是诸如彼得堡的杜马代表这样的俄国“科卢帕耶夫的”资本主义[85]的蹩脚的代表人物赞同这种妥协。这种合理妥协的实际结果是什么？就是彼·阿·斯托雷平，或国务会议，或托尔马乔夫等等，等等，“粗暴地破坏”这种妥协…… 啊，真是一些精明的政治家啊！……

……那么，在第四届杜马的选举中会不会有认识到立宪民主党的“合理妥协”政策是不合理的、可笑的、幼稚的第三个阵营呢？关于这一点，《**言语报**》和《**俄罗斯新闻**》的先生们，你们是怎样想的呢？

载于1911年2月5日《明星报》第8号

译自《列宁全集》俄文第5版第20卷第134—138页

农奴制崩溃五十周年

(1911 年 2 月 8 日〔21 日〕)

1911 年 2 月 19 日是俄国农奴制崩溃的五十周年。到处都在筹备庆祝这个纪念日。沙皇政府正在采取一切措施,要教堂、学校、兵营、公开演讲会都宣扬所谓"解放"农民这些十足的黑帮观点。彼得堡急忙向全国发出命令,要求所有机关除了"民族俱乐部"[86]即第三届杜马的最反动政党之一所出版的书和小册子外,不要订购其他任何书和小册子在人民中间散发。有些地方,热心的省长已经在解散未经警察"领导"批准而成立的(例如地方自治机关成立的)庆祝农民"改革"纪念日委员会,理由是这些委员会没有按黑帮政府要求的那样做好进行这项庆祝活动的充分准备。

政府忐忑不安。它看到,任何一个工人或农民,尽管他们备受压抑,总是胆战心惊,尽管他们没有觉悟,愚昧无知,但是只要一想起半个世纪以前农奴制已被宣告废除了,这些受到地主老爷们的杜马压迫的人民,现在遭到地主-农奴主及其警察和官吏较前更为厉害的蹂躏、暴力和压迫的人民,就不能不有所感触,不能不激动万分。

西欧各国农奴制的最后残余,在法国已被 1789 年的革命消灭了,在其余的大多数国家则被 1848 年的革命消灭了。在俄国,给地主当了几百年奴隶的人民,在 1861 年还没有力量为争取自由而开展广泛的、公开的、自觉的斗争。当时的农民起义还是孤立的、分散的。自发的“骚动”，它们被轻而易举地镇压下去了。实现废除农奴制的不是起义的人民，而是政府，因为政府在克里木战争[87]失败以后，看到农奴制度根本不可能再保存下去了。

在俄国，“解放”农民的是地主自己，是专制沙皇的地主政府和它的官吏。这些“解放者”是**这样**安排的：农民被剥夺得一无所有才获得“自由”，他们虽不再当地主的奴隶，却仍然受同样一些地主和地主走狗的盘剥。

高贵的地主老爷们“解放”俄国农民的结果，把**五分之一以上的**农民土地割给了地主。农民为了赎买用血汗灌溉过的农民自己的土地，必须交纳**赎金**，也就是向昨天的奴隶主交纳**贡赋**。农民向农奴主交纳的这笔贡赋达几亿卢布，因而他们日渐破产。地主不仅掠夺了农民的土地，不仅把较坏的土地，有时甚至把根本不能耕种的土地分给了农民，而且步步设下圈套，就是说他们这样划分土地：农民不是没有牧场，就是没有草地，不是没有森林，就是没有饮马场。在俄国内地的**多数**省份，农民在农奴制废除以后，依旧受着地主原先的无止境的盘剥。农民就是在解放以后，也仍然是“卑微的”等级，仍然是纳税的贱民、平民，他们受着地主委派的长官的摆布、横征暴敛、鞭笞、殴打和凌辱。

世界上没有一个国家的农民像俄国的农民这样，在“解放”之后还遭到这样的破产、陷于这样的贫困、受到这样的欺侮和这样的凌辱。

可是，农奴制的崩溃震动了全体人民，把他们从几百年的沉睡中唤醒，教会他们自己去寻找出路，自己去为争取完全的自由而斗争。

在俄国，农奴制崩溃以后，城市的发展、工厂的增加、铁路的修建愈来愈迅速了。农奴制的俄国被资本主义的俄国代替了。定居的、闭塞的、在自己农村生根的、相信神父、害怕"长官"的农奴，被新一代的农民代替了；这新一代农民常常外出做零工，他们在城市里从流浪生活和雇佣劳动的痛苦经历中学会了一些东西。在大城市中，工厂里的工人人数日益增加。工人渐渐联合起来，展开反对资本家和反对政府的共同斗争。俄国工人阶级在进行这种斗争的同时，帮助千百万农民抬起头来，挺起胸膛，丢掉农奴的习气。

1861 年，农民只能进行"骚动"。在 1861 年后的几十年期间，俄国革命者英勇地竭力唤起人民进行斗争，但他们还是孤立的，常常受到专制制度的打击而牺牲。直到 1905 年，经过长期的罢工斗争，经过社会民主党长期的宣传、鼓动和组织工作，俄国工人阶级才成长壮大起来。于是，它就领导全体人民，领导千百万农民**起来进行革命**。

1905 年革命动摇了沙皇专制制度。在俄国，这场革命第一次把一群对农奴制压迫抱有刻骨仇恨的庄稼人，变成了开始认识到自己的权利、开始感觉到自己的力量的人民。1905 年革命第一次向沙皇政府、俄国地主、俄国资产阶级表明，千百万人已经成了**公民**，成了**战士**，不再容许把他们当成贱民、平民任意压制了。而在世界上，不论哪个地方哪个时候，群众要摆脱压迫和专横获得真正解放，无不是这些群众自己进行独立、英勇、自觉斗争的结果。

1905 年革命只是动摇了专制制度，并没有把它消灭。现在，专制制度正向人民进行报复。地主杜马的压迫和压制更加厉害。不满和愤懑的情绪又在到处滋长。既然有第一步，就会有第二步。既然斗争已经开始，就会继续下去。1905 年革命以后，接着是新的第二次革命。庆祝农奴制崩溃纪念日，使人们想到新的第二次革命并召唤人们去进行这一革命。

自由派抱怨说：我们需要“第二个 2 月 19 日”。不对。只有资产阶级的懦夫才这样说。1905 年以后，不可能有第二个“2 月 19 日”。不可能“从上面解放”人民，因为人民已经学会了（并且**正在学习**，正在从地主的第三届杜马的经验中学习）从下面进行斗争。不可能“从上面解放”人民，因为人民已经有了革命无产阶级的领导，哪怕只领导了一次。

黑帮了解这一点，因而害怕纪念 1861 年。沙皇黑帮的忠实警犬缅施科夫在《新时报》上写道：“1861 年**没有能够防止 1905 年**。”

黑帮杜马和沙皇政府迫害自己敌人的猖狂暴行不会防止而只会加速新的革命的到来。1908—1910 年的沉痛经验教育人民如何进行新的斗争。继 1910 年夏季的工人罢工之后，冬季的大学生罢课开始了。新的斗争正在发展，发展的速度可能比我们希望的要慢一些，但是，发展是肯定的，必然的。

革命的社会民主党清洗了背叛革命、背叛工人阶级的秘密党的不坚定分子，正在集合自己的队伍，团结起来迎接即将到来的伟大战斗。

载于 1911 年 2 月 8 日（21 日）
《工人报》第 3 号

译自《列宁全集》俄文第 5 版
第 20 卷第 139—142 页

保尔·辛格尔

1911年1月18日(31日)逝世

(1911年2月8日〔21日〕)

今年2月5日,德国社会民主党安葬了自己最老一辈领袖之一的保尔·辛格尔。柏林全体劳动居民有几十万人响应党的号召,参加了送葬游行,悼念这位把自己的全部力量、自己的整个一生献给了工人阶级解放事业的人。300万人口的柏林,从来没有这样多的人聚集在一起:不下100万人参加或观看了送葬游行。这个世界从来没有一个权势显赫的人物有幸举行过这样的葬礼。为了护送某个国王的灵柩或者某个因残杀国内外敌人而闻名的将军的灵柩,可以命令几万名士兵列队街道两旁,但是,如果在成百万的劳动群众的心里没有热爱**自己的**领袖的感情,没有热爱他们自己反对政府和资产阶级压迫的**革命**斗争事业的感情,是不能把偌大一个城市的居民发动起来的。

保尔·辛格尔本人是资产阶级的一员,他出身于商人家庭,当了相当长时间的富有的厂主。他在从事政治活动的初期参加了资产阶级民主派。但是,辛格尔不同于许多资产阶级民主派和自由派,这些人因工人运动取得胜利就惊恐害怕,很快忘却了自己对自由的热爱,而辛格尔则是一个热情、真诚、彻底和无畏的民主派。资产阶级民主派的动摇、怯懦和背叛没有使他迷惑,反而引起了他的反抗，使他更加坚信：只有革命工人阶级的政党才能把争取自由的伟大斗争进行到底。

在上世纪 60 年代，德国自由派资产阶级怯懦地离开了德国正在发展的革命，同地主政府搞交易，同国王的无限权力搞调和，而这个时候，辛格尔却坚定地转向了社会主义。在 1870 年，整个资产阶级沉醉于对法国的胜利，广大人民群众迷恋于卑鄙的、仇恨人类的、“自由派的”民族主义和沙文主义的说教，而这个时候，辛格尔却在反对强占法国的阿尔萨斯和洛林的抗议书上签了名。在 1878 年，资产阶级帮助反动的地主的（德国人叫做“容克的”）大臣俾斯麦执行反社会党人非常法，解散工会，封闭工人报纸，千百次疯狂地迫害觉悟的无产阶级，而这个时候，辛格尔却最终地加入了社会民主党。

从那时起，辛格尔的生活经历就同德国社会民主工党的历史不可分割地联系在一起了。他全心全意地献身于艰巨的革命建设事业。他把自己的全部力量、全部财产、全部杰出的组织才能、全部从事实际工作和领导工作的才干都献给了党。在出身于资产阶级的人当中，经历过自由派的漫长的历史，经历过资产阶级政客的叛变、怯懦、同政府勾结、阿谀逢迎的历史，没有因此变得软弱、堕落，**而是**从中**得到锻炼**，成为彻底**革命家**的，为数不多，可以说为数甚少，辛格尔就是其中的一个。**这种**出身于资产阶级而参加社会主义运动的人是少有的，而无产阶级如果想锻炼出一个能够推翻现代资产阶级奴役制度的工人政党，应当信赖的就**正是**这些少有的、经过长期斗争考验的人。辛格尔无情地反对德国工人政党队伍中的机会主义，他直到逝世前始终坚定不移地忠于革命的社会民主党的不调和政策。

辛格尔既不是理论家,也不是政论家,也不是出色的演说家。他首先是和主要是实行非常法时期的**秘密**党的**实践家**和组织者,在这项法令废除后,是柏林市议会议员和国会议员。这位实践家把大部分时间都用在处理细小的、日常的、国会技术性的以及各种各样"事务性"工作上,但他的伟大之处,却在于他并没有完全陷入细小事务,没有屈从于极端平常、极端庸俗的倾向,即没有借口这种所谓"事务性"工作或"正常"工作而回避尖锐的原则斗争。相反,毕生献身于这一工作的辛格尔,每当出现关于工人阶级革命政党的根本性质、这个政党的最终目的、同资产阶级建立联盟(联合)、向君主制让步等等问题的时候,他总是站在同机会主义各种表现进行最坚定最坚决斗争的前列。在实行反社会党人非常法期间,辛格尔同恩格斯、李卜克内西和倍倍尔一起,进行了两条战线的斗争:既反对否认议会斗争的半无政府主义者"青年派",又反对温和的"顽固不化的合法派"。后来,辛格尔同修正主义者也进行了同样坚决的斗争。

资产阶级对他的仇恨不共戴天。仇恨辛格尔的资产阶级分子(德国的自由派和我国的立宪民主党人)幸灾乐祸地说,随着他的去世,德国社会民主党的"英雄"时期的,即领导人对革命具有非常强烈的鲜明的直接的信心并坚持原则的革命政策的时期的最后几个代表人物中的一个进入了坟墓。这些自由派说,代替辛格尔的将是一些温和谨慎的领导人——"修正主义者",将是一些要求不高的爱打小算盘的人物。当然,工人政党的发展往往把许多机会主义者吸引到自己队伍中来。当然,在我们这个时代,出身于资产阶级的人带给无产阶级的多半是畏缩不前、思想狭隘或爱说空话,而不是坚定的革命信念。但是,敌人不要高兴得太早!无论是德国还是其他国家的工人**群众**，现在都愈来愈团结成为一支**革命大军**；这支大军在不久的将来就会显示自己的力量，因为无论在德国还是在其他国家，革命都在发展。

老一辈的革命领袖逝世，年轻的革命无产阶级大军在成长壮大。

载于1911年2月8日(21日)
《工人报》第3号

译自《列宁全集》俄文第5版
第20卷第143—146页

评　论

缅施科夫、格罗莫博伊和伊兹哥耶夫

(1911年2月26日〔3月11日〕)

据莫斯科某家报纸计算拥有5亿卢布资本的莫斯科66个工业家,发表了一项声明[88],从而引起各种刊物发表了许多极有价值、极有特色的文章。这些文章除了非常鲜明地阐述了当前的政治形势外,还在有关俄国20世纪整个演进的许多基本的原则的问题上提供了很有意义的材料。

缅施科夫先生在《新时报》上叙述右派政党和政府的观点时写道:

"里亚布申斯基之流、莫罗佐夫之流等所有这些人,怎么不懂得,一旦发生革命,他们都要被绞死,至少也要变成穷人?"据缅施科夫先生说(《新时报》第12549号),"这句有力的话",他"是从一个极其革命的学院的一位大学生的信中"引来的。他自己还补充说,"尽管1905年提出了严厉警告,俄国的上层阶级,包括商人在内,还是十分不了解日益逼近的灾难"。"是的,里亚布申斯基之流、莫罗佐夫之流等先生们! 尽管你们对革命卖弄风情,尽管你们有你们急于得到的自由派的一切证书,但正是你们将首先成为酝酿中的革命的牺牲品。你们将被首批绞死——这不是因为你们犯了什么罪,而是因为你们自认为的美德——只是因为你们拥有你们所夸耀的5亿卢布。”“自由派资产阶级，包括中等贵族、官吏和商人，带着自己的封号、官衔和资本，无忧无虑地走向革命深渊的边缘。”“待到煽动暴动的自由派被拖上绞架的时候，他们就会想到，旧政权对他们多么温和，多么彬彬有礼地倾听了他们的呼声，多么体贴他们，很少宣称要他们空洞的脑袋。让他们到那个倒霉的时刻，把激进制度的善行同旧的宗法制度作番比较吧。”

这就是政府非正式的半官方刊物2月17日发表的议论；同一天，正式的半官方刊物《俄国报》在《莫斯科呼声报》的协助下，竭力证明66个工业家的“狂言”“不能算是莫斯科商界舆论的反映”。《俄国报》写道：“贵族代表大会是一个组织，而66个商人不是一个组织，因为他们自己说他们是以个人身份进行活动的。”

两种半官方刊物同时存在是麻烦的！一个揍另一个。一个证明说，66个商人的“狂言”不能看做哪怕是莫斯科商界舆论的反映。另一个证明说，“狂言”具有更加广泛的意义，它不仅是莫斯科的、不仅是商界的、而且是整个俄国**自由派资产阶级的**舆论的反映。缅施科夫先生代表“旧政权”提醒这个自由派资产阶级说：我们不正是为你们着想吗？

在19世纪的欧洲，大概没有一个国家的“旧政权”以及贵族和反动政论界不是成百次向自由派资产阶级发出这种“不要进行煽动”的号召的…… 可是，这种号召始终没有起到什么作用，尽管“自由派资产阶级”不仅**不想**“进行煽动”，相反，他们也像66个商人谴责罢工一样，积极地认真地反对“煽动者”。整个社会生活条件使得这个或那个阶级感到处境不堪忍受并且谈论这种处境，既然问题涉及这整个社会生活条件，那么，不论是谴责还是号召，都是软弱无力的。缅施科夫先生正确地反映出政府和贵族的利益和观点，用革命来吓唬自由派资产阶级，责备他们轻率从事。66个商人正确地反映出自由派资产阶级的利益和观点，责备政府，谴责"罢工者"。但是，相互指责只是一种标志，它确凿地证明了"机械论的"重大"缺点"，证明了尽管"旧政权"打算竭力满足资产阶级，迎合它，使它在杜马中占有很有权势的位置，尽管资产阶级强烈地真诚地希望安定平稳、和睦相处、互相谅解、彼此协调，但总是"协调"不了！这就是问题的实质，这就是事情的基本轮廓，而相互指责只不过是表面现象。

格罗莫博伊先生在《莫斯科呼声报》上向"政府"提出了必要的警告（2月17日第38号《必要的警告》一文）。他写道："'坚固的'政权的任何表现，任何意志冲动，只要不同旷日持久的改革携手前进，就不会使祖国得到安宁。"（格罗莫博伊先生写得不大通顺，但他的话意思还是十分清楚的。）"而旷日持久的危机所带来的混乱状态，不能说成是不支付期票的'不可抗拒的理由'。"（十月党大商人的政论家先生，这种比拟是不妥当的：第一，这种期票没有签字；第二，即使已经签字，你能起诉的那个商业法庭在哪里？充当法警和其他能够执行追偿的人是谁？格罗莫博伊先生，只要你仔细考虑一下，你就会看到，不仅十月党，就连立宪民主党，在政治上也都是开空头支票的党。）"在这种情况下，混乱状态只会加剧……继学潮以后将会发生许多已经经历过的事情。调转船头，你们就会看到行驶过的路程。""依靠弱者的打算落空了，依靠强者的打算也会落空的。政权什么也拿不出来。不论进行怎样的选举，政权指望安宁的打算，都会变成泡影。"（格罗莫博伊先生指的是第四届杜马的选举。）"如果反对派的商队开始穿过只是萦绕着政权迷雾的峭壁，如果政权摒弃温和分子而陷于孤立，选举就会使它遭到惨败，整个制度就会由于不是合法制度而发生动摇。”

缅施科夫责备资产阶级“煽动”“革命”，资产阶级又责备缅施科夫之流“加剧了混乱状态”。“这是一个旧的但又万古常新的故事。”

叛徒伊兹哥耶夫在立宪民主党的《言语报》上企图就这个问题作出一些社会学的结论，却没有认识到由立宪民主党人，特别由叛徒来谈这个问题是多么不慎重。他在《对比》(2月14日)一文中，把贵族联合会代表大会同66个莫斯科商人的声明作了一番比较。他写道：“贵族联合会降到了普利什凯维奇的水平，莫斯科工业家开始用国家的口吻讲话了。”伊兹哥耶夫先生接着写道，在过去，“贵族在文化上给了人民很大帮助”，但“从事文化工作的只是少数，多数对人民进行了迫害”。“但是一般说来，历史规律就是这样：从事进步活动的只是本阶级的少数。”

“一般说来，历史规律就是这样”，——妙极了。这就是立宪民主党人的《言语报》通过伊兹哥耶夫先生之口发表的言论。可是，如果进一步细细观察，我们就会惊奇地看到，“一般历史规律”超出封建贵族和自由派资产阶级的范围就不发生作用。确实如此。我们不妨回想一下《路标》文集：这位伊兹哥耶夫先生就在它上面写过文章，最著名的立宪民主党人也同它进行过争论，不过谈的只是枝节问题，而没有涉及到基本的主要的本质的东西。一切立宪民主党人表示赞同的、米留可夫之流先生们及其同伙讲过几千次的《路标》文集上的本质的东西，就是除了反动贵族和自由派资产阶级以外，俄国其他阶级在本世纪的头10年中，是通过自己爱“胡闹”崇拜“知识分子出身的”“首领”、不能提高到“国家”观点的少数人的行动来表现自己的。伊兹哥耶夫先生在《路标》文集中写道：

“最后，应该敢于承认，在我们国家杜马中，除了三四十个立宪民主党人和十月党人，大多数代表都没有表露出能够管理和改造俄国的知识。”谁都明白，这是指农民代表、劳动派和工人代表说的。

总之，“一般历史规律”就是：“从事进步活动的只是本阶级的少数”。如果从事活动的是资产阶级的少数，那这就是为“一般历史规律”所证实的进步的少数。伊兹哥耶夫先生教导我们说：“只要少数有机会进行工作，道义上的权威就会普及到整个阶级。”但是，如果从事进步活动的是农民或工人的少数，那就决不符合“历史规律”，决不是“本阶级的进步的少数”，这个少数就决没有“道义上的权威”来代表“整个”阶级说话——绝对没有；这个被“知识分子习气”弄糊涂了的少数，就像《路标》文集上写的那样，是反国家的、反历史的、毫无基础的，等等。

立宪民主党人，特别是路标派分子，他们着手进行总结是冒风险的，因为每当他们着手进行总结的时候，都必然要暴露立宪民主党人的论断同缅施科夫之流的论断之间有着最充分的内在的血缘关系。

《俄国报》和《庶民报》[89]的论断是：66个商人是少数，决不代表阶级，他们既没有表现出“管理和改造俄国”的知识，也没有表现出“管理和改造俄国”的才能，他们甚至根本不是商人，而是被引入歧途的“知识分子”，等等，等等。

伊兹哥耶夫之流和米留可夫之流的论断是：劳动派和工人代表，在我们的，比如在我们的国家杜马中，只是少数，他们决不代表自己的阶级即十分之九的居民，他们被“知识分子习气”弄糊涂了，他们既没有表现出“管理和改造俄国”的知识，也没有表现出“管理和改造俄国”的才能，等等，等等。

为什么《俄国报》和《庶民报》同《言语报》和《俄罗斯新闻》的论断会有这种最充分的内在的血缘关系呢？因为尽管它们所代表的阶级之间存在种种区别，但不论前两种刊物还是后两种刊物，它们所代表的阶级，都**已经**没有从事任何本质的、独立的、创造性的、决定性的**进步**历史活动的才能了。因为不仅前两种刊物，而且后两种刊物，不仅反动派，而且自由派，他们所代表的阶级都**害怕**其他更广泛的阶层、集团和人民群众即其他人数更多的阶级的历史的主动性。

伊兹哥耶夫先生这位“马克思主义者中间的”叛徒，想必会在这里发现一个非常突出的矛盾：一方面，承认俄国资本主义的发展，因而也承认这种发展使资产阶级不论在经济领域还是在政治领域中都占有最充分的、最纯粹的统治地位的内在趋势；另一方面，又说自由派资产阶级**已经**没有从事独立的、创造性的历史活动的才能了！

这种“矛盾”是现实生活中的矛盾，而不是错误论断的矛盾。资产阶级必然居于统治地位，决不等于自由派资产阶级**有**那种表现历史主动性的**才能**，使他们能够摆脱普利什凯维奇的“奴役”。第一，历史决不是沿着那样笔直平坦的大道前进的，历史上任何成熟了的改革并不**因此**就意味着首先得到改革好处的那个阶级十分成熟和有足够的力量来进行这种改革。第二，除了自由派资产阶级以外，还有其他的资产阶级，比如全体农民就其总体来说是民主派资产阶级。第三，欧洲历史告诉我们，有些按社会内容来说是资产阶级的改革，根本不是由资产阶级分子实现的。第四，俄国近半个世纪以来的历史也是这样告诉我们的……

自由派的思想家和领袖们开始发表同路标派、卡拉乌洛夫之流、马克拉柯夫之流和米留可夫之流一样的论断，**这就意味着**：一系列历史条件在整个自由派资产阶级中引起了“竭力倒退”、害怕运动向前推进的心理，他们害怕这种运动将撇开自由派资产阶级、越过他们、不管他们是否担心而向前推进。缅施科夫和格罗莫博伊相互指责[①]“加剧了混乱状态”，这种对骂只是一种征兆，说明所有的人都开始感到了这种历史运动在向前推进……

伊兹哥耶夫先生在同一篇文章中写道：“深深扎根在私有制基础上的现代社会是阶级社会，而且目前也不可能是别的社会。另一个阶级总是竭力占有没落阶级的地位。”

米留可夫先生在自己的《言语报》上读到这段话的时候一定会想到：他多聪明啊！有这样一位立宪民主党人还是值得高兴的，他在25岁时是社会民主党人，而到35岁时“变聪明了”，后悔自己误入迷途。

伊兹哥耶夫先生，你作的这种结论是不慎重的。现代社会是阶级社会，很对。但在阶级社会里，会有超阶级的政党吗？想必你猜得到，这是不会有的。那你为什么要做出这样的蠢事，在这样一个恰恰把宣称自己是超阶级政党看做自己的骄傲和功绩（在那些不仅在口头上，不仅是以小品文的空谈承认现代社会是阶级社会的人看来，**这是**表现了自己的伪善和自己的近视）的政党的刊物上大谈“阶级社会”呢？

当你面向贵族联合会和莫斯科自由派商人的时候，你就大叫什么现代社会是阶级社会。而当你不得不在不愉快的（啊，真是骇人听闻的不愉快！）事件迫使你哪怕在短暂的时间面向农民或工人

① 自由派商人指责贵族，贵族指责自由派商人。

的时候，你就开始大肆攻击狭隘的、无生气的、僵化的、不道德的、唯物论的、无神论的、不科学的阶级斗争“学说”。唉，伊兹哥耶夫先生，你最好还是不要作社会学的总结吧。唉，格利莎，你还是不要去参加晚会吧！[90]

“……另一个阶级总是竭力占有没落阶级的地位……”

伊兹哥耶夫先生，并不总是这样。常常有这样的情形，两个阶级，不管是没落阶级还是“竭力”阶级，都已相当腐朽了，当然一个程度重些，另一个程度轻些，但毕竟两个都已相当腐朽了。常常有这样的情形，感到自己已经腐朽的“竭力”进步的阶级，**害怕**前进一步，即使前进了一步，也必定急忙同时倒退两步。常常有这样的自由派资产阶级（比如在德国，尤其是在普鲁士曾经有过这样的情形），他们害怕“占有”没落阶级的“地位”，而尽**一切**努力去“分享地位”，或者更确切地说，哪怕在奴仆的下房中得到一席之地，但就是不去**占有**“没落”阶级的地位，不去把没落阶级弄到“没落”的地步。伊兹哥耶夫先生，这样的情形是常有的。

在发生上述情形的历史时期，如果自由派真能装成民主派，他们就会给（而且正在给）整个社会发展带来极大的危害，因为这两者之间，即自由派和民主派之间的区别，恰恰在于前者害怕“占有地位”，而后者不怕。两者都在实行历史上成熟了的资产阶级改革，但一个害怕实行这种改革，由于自己害怕而阻止这种改革；另一个对资产阶级改革的后果往往抱有许多幻想，因而把自己的全部力量和整个身心都投到实行这种改革中去。

为了说明这个一般性的社会学论点，我想举一个自由派为例。这个自由派不是竭力“占有”而是害怕“占有”没落阶级的“地位”，因而(不管有意还是无意)恶毒地欺骗人民，自命为"民主派"。这个自由派就是立宪民主党人、第三届杜马代表地主亚·叶·别列佐夫斯基第一。他于1908年辩论土地问题时在杜马中发表了下面的演说，这次演说得到党的首领米留可夫先生的赞扬，说它"很精彩"。我们认为，由于选举即将举行，不妨重提一下这次演说。

1908年10月27日，别列佐夫斯基先生在国家杜马中为土地法案辩护时说道："……我深信，这个法案对土地占有者也非常有利，先生们，我所以这样说，是因为我熟悉农业，我自己一生就是从事农业，并且占有土地……　不应当光是抽出强制转让这一事实，对这一事实感到气愤，说这是暴力，而应当研究一下，这个建议是以什么形式表现出来的，比如第一届国家杜马42位代表的法案提出的是什么建议。这个法案只是认为，必须首先转让占有者自己没有经营的、用农民的农具耕种的以及出租的土地。其次，人民自由党主张在各地成立委员会，这种委员会应该工作一定时期，甚至可能工作若干年后弄清楚哪些土地应当转让，哪些不该转让，农民要有多少土地才能满足。这种委员会的成员应当是一半农民，一半非农民；我认为，在各地这种一般具体情况下，应当弄清楚可以转让多少土地，农民需要多少土地；最后农民自己也会相信，他们的正当要求可以在多大程度上得到满足，他们想要得到很多土地的愿望往往是多么错误，多么没有根据。然后这份材料交回杜马修改，接着这份材料转给国务会议，最后才由陛下批准。程序本来就是这样，可是不知为什么政府害怕这个程序，因而解散了杜马，使我们落到现在这步田地。进行了这种有计划的工作以后，居民的真正需要就一定会得到满足，同时，文明田庄就会安定下来，保存下来，而这种田庄，人民自由党除非迫不得已是决不愿意破坏的。"(速记记录第398页)

既然和别列佐夫斯基先生同属一个党的伊兹哥耶夫先生在《对比》一文中写道："俄国是民主国家，对任何寡头政治，无论是新的还是旧的，都是不能容忍的"，那么，这类话的意义，我们现在就十分清楚了。俄国决不是民主国家，而且在任何时候，任何情况下，只要比较广泛的居民阶层还把立宪民主党这样的党看做是民主政党，就不可能成为民主国家。这是痛苦的真相，人民非常需要知道这种真相，而不需要犹豫不决的、无气节的、无原则的自由派寡头政治的代表人物立宪民主党先生们所说的甜蜜的谎言。像缅施科夫之流同66个商人与格罗莫博伊之间这样的“争论”发生得愈多，就愈需要提起这种痛苦的真相。

载于1911年2月26日《明星报》
第11号

译自《列宁全集》俄文第5版
第20卷第147—156页

致中央委员会俄国委员会

（1911年2月）

鉴于国内可能召开中央委员会会议，我们认为有义务对涉及我们党的负责人员的情况的一些重要问题谈谈自己的看法。

1. 在1910年一月全会上，我们作为布尔什维克派的负责代表同中央委员会签订了协定，这个协定发表在中央机关报第11号上。由于呼声派和前进派**没有遵守**这个协定明确规定的条件，我们的三个负责代表（并受梅什科夫斯基委托）提出了一项申请，正式废除这个协定。显然，由于中央委员会实际上已不存在并在国外开始分裂，我们不得不提出这项申请，如果中央委员会能够召开会议，恢复被上述派别破坏的党的工作和党的路线，我们当然愿意撤回这个声明，或同意重新审查这个协定。

2. 党的这条路线是全会明确规定了的，呼声派、托洛茨基及其同伙企图把它搞得模糊不清是徒劳的。这条路线认为，无论取消主义还是召回主义，都是对无产阶级产生有害影响的**资产阶级**理论。全会后，这两种思潮为了破坏全会的决定，发展和形成了两个反党派别：一方面是波特列索夫派和呼声派，另一方面是前进派。孟什维克中间只有所谓护党派或普列汉诺夫派，即一贯**坚决**反对波特列索夫派和呼声派的人，走上了全会指出的护党道路。

3. 因此，我们作为布尔什维克派的代表，坚决反对**呼声派**对**英诺森**的攻击，他们攻击英诺森，是因为英诺森在1910年夏季拒绝承认那些仍然是呼声派或者没有用行动充分证明自己的护党立场的孟什维克为增补候选人。**英诺森**这位布尔什维克中间的一个与我们不同色彩的主要代表的做法是正确的；我们有**文件**证明，他正是作为特别色彩的代表，用上述办法确定了联合**一切**布尔什维克的护党原则（波兰社会民主党可以作证）。

4. 国外的呼声派企图以国外进行分裂活动的派别的名义提出增补“自己的”候选人进中央委员会，这是极大的嘲弄。如果说，在全会上，有人还真挚地相信孟什维克要同取消派进行斗争的诺言，那么过了一年就非常清楚，在这个问题上是不能相信呼声派的。我们坚决反对把国外取消派的候选资格提付表决，并要求向**无疑**会从孟什维克护党派中提出候选人的**国内**普列汉诺夫派征求意见。

5. 呼声派、前进派和托洛茨基进行的是分裂活动，这一点现在不仅布尔什维克派和波兰人[91]（中央机关报的）完全承认，而且普列汉诺夫派也完全承认（见巴黎普列汉诺夫派的决议）。我们确认，导致分裂的决定性的**第一**步，是托洛茨基1910年11月26日所作的撇开中央委员会召开代表会议和为代表会议筹集“基金”的声明。我们1910年12月5日的申请是对此所作的迫不得已的答复。前进派的党校成了这种分裂活动的一个中心，因为托洛茨基**违反**党校委员会的直接决定加入了这个党校。呼声派**在报刊上**指责我们“瓦解了”这个党校。而我们认为**瓦解**国外反党派别是我们应尽的义务,我们要求委派一个**调查**委员会,调查这个党校的"基金"**和托洛茨基与呼声派支援这个党校的情况**。呼声派大肆宣扬我们在全会上已经完全取消了的剥夺办法,这不仅是进行讹诈,而且是用这种宣扬来**掩饰**自己**在精神上**(不仅是精神上)支持**破坏**全会决议**的人**的行为。

6.普列汉诺夫派奥尔金揭露了这样一个事实:唐恩公开解释说,呼声派之想把中央委员会迁回俄国,是因为中央委员会可能(或一定)瓦解。党的法庭必定要对这个问题发表意见。谁留意了呼声派一年来的政策,谁就不会怀疑,他们**实际上**在不断破坏和阻挠中央的工作。伦敦选出的呼声派候选人不但活着,而且都**在工会和报刊上**进行**反党的政治**活动。他们不出席中央委员会会议,以此证实了自己的取消派立场。因此,我们应当提醒在极端困难的条件下进行工作的国内的中央委员同志(因为他们**全**都是警察熟知的),在党内还有内部敌人在威胁着他们。不能没有那么一个国外基地,否则就要冒风险,只要遭到**一次**破坏,进行分裂活动的波特列索夫分子就会为所欲为。不能让**现在**正在执行**帮助**前进派、呼声派和托洛茨基的政策的中央委员会国外局在国外继续存在下去。不能凭空相信诺言或在决议上的"签字",如果想成为**现实的**政治家和不一味受形式主义的诱惑,就应当看看从工人运动中以及从对工人运动的反革命影响中成长起来的**思想政治流派**。

这些流派从1908年起成长壮大起来了,从而使普列汉诺夫派同布尔什维克接近起来,使拥护和掩盖分裂的呼声派、前进派和托洛茨基结成了联盟。我们党的最近前途(对这一点,闭眼不看是不行的)必然取决于这方面的斗争,引起这场斗争的不是个人和集团的意志，而是全会决议所指出的时代的客观条件。

1910年1月同中央签订协定的布尔什维克派代表（三名代表，并受第四名代表梅什科夫斯基的委托）[1]

载于1931年《列宁文集》俄文版第18卷

译自《列宁全集》俄文第5版第20卷第157—160页

① 接下去是列宁、列·波·加米涅夫和格·叶·季诺维也夫的签名。——俄文版编者注

关于纪念日

（1911年2月）

所谓农民改革的五十周年纪念引起了很多发人深思的问题。我们在这里只能谈谈其中某些经济问题和历史问题，把比较狭义的政论性话题留到另外的场合去谈。

10—15年前，当民粹主义者同马克思主义者之间的争论初次公诸于众的时候，对所谓农民改革的评价方面的意见分歧，就屡次成为这一争论的主要问题之一。民粹主义的理论家们，例如著名的瓦·沃·先生或尼古拉·—逊先生认为，1861年农民改革的原则，是一种在根本上不同于资本主义并在根本上同资本主义相敌对的东西。他们说，2月19日的法令[92]使"生产资料分配给生产者"合法化，批准了**不同于**资本主义生产的"人民生产"。2月19日的法令被看做是俄国**非**资本主义演进的保证。

马克思主义者当时就针对这种理论提出了原则上相对立的另一种观点。2月19日的法令是资产阶级的（资本主义的）生产方式代替农奴制的（或封建制的）生产方式过程中的一个**插曲**。从这个观点来看，法令中**没有**任何别的历史经济因素。"生产资料分配给生产者"只是一句动听的空话，它掩盖了一个简单的事实，即农民作为农业中的小生产者，他们已从以自然经济为主的生产者转变为商品生产者了。至于那个时代俄国各个地区农民经济中的商品生产发达程度如何，这是另一个问题。但是毫无疑问，“被解放了的”农民所进入的正是商品生产，而不是什么别的生产。所以，**代替**[①]农奴劳动的“自由劳动”，只不过是意味着在商品生产条件下，即在资产阶级社会经济关系下的雇佣工人或独立的小生产者的自由劳动。**赎金**更加明显地突出改革的这种性质，因为赎金推动了货币经济，即加剧了农民对市场的依附。

民粹主义者认为农民连带土地的解放，是**非**资本主义的原则，是他们称之为“人民生产”的“开端”。他们认为，农民不带土地的解放是资本主义的原则。民粹主义者（特别是尼古拉·—逊先生）把**马克思的学说**作为这种观点的根据，他们引证了下面这一点，即劳动者脱离生产资料是资本主义生产方式的基本条件。一个奇特的现象是：马克思主义从 80 年代开始（也许还要早些），就已经是西欧先进社会学说中如此无可争辩的实际的主导力量，以致在俄国，那些同马克思主义敌对的理论也不能长期公开反对马克思主义。这些理论进行诡辩，伪造（往往是无意识地）马克思主义，这些理论好像本身是持马克思主义观点的，并且企图“按照马克思”来推翻马克思理论在俄国的应用！尼古拉·—逊先生的民粹主义理论自称为“马克思主义的”理论（1880—1890 年），后来，司徒卢威先生、杜冈-巴拉诺夫斯基先生及其同伙的自由派资产阶级理论，也是从“**几乎**”完全承认马克思开始的。他们在“进一步批判地发展”马克思主义的幌子下来发展自己的观点，来推行自己的自由主义。对于 19 世纪末以来的俄国社会理论发展的这个特征（直到现代机会主义，即抓住马克思主义的**术语**来掩饰反马克思主义的内

① 因为这种**代替事实上**已经在实现，所以我们在下面就可以看到，这种代替进行得远比初看起来复杂得多。

容的取消主义),我们大概不得不再三提到。

目前引起我们注意的是民粹派对“伟大改革”的评价。有一种观点认为,1861 年剥夺农民土地的意图是资本主义的意图,把土地分给农民的意图则是反资本主义的即社会主义的意图(民粹派中的优秀人物把“人民生产”这个术语看成是由于**书报检查的**障碍而被迫采用的社会主义的别名)。这种观点是根本错误的,这种观点是极端违反历史的,这是把马克思的“现成”公式(只能用在高度发达的商品生产上的“公式”)搬到**农奴制的**基地上来。实际上,1861 年农民土地的被剥夺,在多数场合下所造成的不是资本主义生产中的自由工人,而是在同一个“老爷的”即地主的土地上**受盘剥的**(就是说,实际上是半农奴式的,甚至几乎是农奴式的)**佃农**。实际上,1861 年的“份地”,在多数场合下所造成的不是自由的独立农民,而是把受盘剥的佃农**束缚在土地上**,他们由于使用牧场和草地,使用必要的耕地等等,事实上不得不仍然在用自己的农具替地主耕种土地的形式下服徭役。

既然农民是实际上,而不只是名义上从农奴制关系(这种关系的实质是“工役地租”,即拥有份地的农民要为地主干活)中解放出来,那他也就进入资产阶级的社会关系之中了。但是,这种从农奴制关系中的**实际**解放,比民粹派所想象的要复杂得多。拥护剥夺土地的人同拥护“分地”的人之间的斗争,**当时**往往只是表现两个**农奴主**阵营的斗争,他们所争论的问题是:完全没有土地的佃农(或“工役”农民)对地主更有利呢,**还是**“拥有份地”,即被固定在一个地方、被束缚在一小块土地上而又不能借此维生、必须寻找“外水”(=受地主盘剥)的佃农对地主更有利。

但是,从另一方面来看,毫无疑问,农民在解放时获得的土地愈多，他们获得的土地愈便宜，俄国资本主义的发展也就愈迅速、愈广泛、愈自由，农奴制关系和盘剥制关系的残余消失得也就愈迅速，国内市场也就会愈扩大，城市、工业和商业的发展也就愈有保障。

民粹派的错误在于，他们空想地、抽象地、离开具体历史情况来看问题。他们把"份地"说成是独立的小农业的基地：**如果**确是如此，那么"拥有份地的"农民也就变成了商品生产者，而处于资产阶级的条件下了。**事实上**，"份地"往往非常小，担负的税款过重，地界划得不利于农民，而"利于"地主，以致"拥有份地的"农民不可避免地要陷于毫无出路的受盘剥的地位，实际上仍然处在农奴制关系中，从事同样的徭役（采取工役租佃制等等形式）。

因此，民粹主义包含了两重倾向，马克思主义者在谈到自由主义民粹派的观点和自由主义民粹派的评价等等时，也就说明了这两重倾向的特点。民粹派由于粉饰1861年的改革，忘记"分地"在大多数情况下实际上就是使地主经济拥有廉价的和被束缚在一个地方的劳动力，拥有廉价的盘剥性劳动，所以他们就滑到了（往往意识不到这一点）自由主义的观点，滑到了自由派资产者以至自由派地主的观点；——所以他们客观上就成了这样一种类型的资本主义演进的捍卫者，这种资本主义演进受地主传统的牵累最重，同农奴制旧东西的联系最密切，并且在摆脱农奴制旧东西时也最缓慢、最困难。

民粹派没有把1861年的改革理想化，而是热烈真诚地主张农民缴纳最少的税款，不受**任何**限制地分得最大的"份地"，以及农民在文化、法律和其他方面享有最大的独立性，因此民粹派是资产阶级民主主义者。他们唯一的缺点，就是他们的民主主义还远不总是很彻底、很坚决的,而且这种民主主义的资产阶级性质他们始终不理解。顺便说说,在我们这里,甚至直到现在,极"左的"社会民粹派分子把上面词组中的"资产阶级"这个词往往理解成某种类似……"政策"的东西,其实,资产阶级民主这个术语从马克思主义观点来看是唯一精确的科学的说法。

民粹主义的这两重倾向,即自由主义倾向和民主主义倾向,在1861年改革的时代就已经十分清楚地**显示出来了**。我们不能在这里比较详细地分析这些倾向,特别是分析空想社会主义同后一种倾向的关系,而只限于简单地指出思想政治派别的差别,比如卡维林和车尔尼雪夫斯基之间的差别。

如果总的看一看1861年俄国国家整个结构的改变,那就必须承认,这种改变是在由封建君主制向资产阶级君主制转变的道路上迈了一步。这不仅从经济观点来看是正确的,而且从政治观点来看也是正确的。只要回忆一下法院、管理、地方自治等方面的改革的性质,以及1861年农民改革后所发生的各项改革的性质,就会相信这种论断是正确的。对这"一步"的大小和快慢可以展开争论,但是,这**一步的方向**却是这样明确,并且被后来发生的全部事件说明得这样清楚,对它未必能有不同的意见。现在经常可以听到一种不加思索的论断,说什么俄国仿佛是在最近几年才在向资产阶级君主制转变的道路上迈了"几步",因此,对这个**方向**加以着重说明就更有必要了。

上面谈到的民粹主义的两种倾向中的民主主义倾向,它所依据的是非地主的、非官吏的、非资产阶级的自觉性和主动精神,这种民主主义倾向在1861年是非常微弱的。因此,事情的发展只限于在向资产阶级君主制转变的道路上迈了极小的"一步"。但是,这种微弱的倾向在那时已经存在了。后来在改革后的**整个**时期内，无论在社会思想范围内，还是在社会运动范围内，它都时强时弱地表现出来。这种倾向在这个时期的每10年当中都在增长，它是由国内经济演进的每一步所促进的，因而也是由社会、法律、文化等条件的总和所促进的。

1861年只是初露轮廓的两种倾向，在农民改革之后过了44年，就在社会生活各种极其不同的活动场所内，在社会运动的各种变动中，在广大居民群众以及各大政党的活动中，都相当充分地和相当公开地表现出来了。立宪民主党人和劳动派——从最广的意义上来理解这两个术语——是半个世纪前就初露轮廓的两种倾向的直系后裔、继承者和直接的传播者。1861年同过了44年后发生的事件之间的联系，是无可怀疑的，显而易见的。在半个世纪里，这两种倾向的生存、巩固、发展以及成长的情况，无可争辩地证明了它们有力量，证明了它们深深扎根在俄国整个经济结构中。

《新时报》的作家缅施科夫用下面一段独出心裁的话说明了农民改革同不久前发生的事件的这种联系："1861年没有能够防止1905年，——因此，对于遭到如此惨败的改革，还有什么**伟大**可叫唤的呢?"(1月11日《新时报》第12512号。《不必要的纪念日》)

缅施科夫的这段话无意中触及了极其发人深思的历史科学问题，第一是关于改革和整个革命的相互关系，第二是关于1861年同1905—1907年的社会历史思潮、意愿、倾向之间的联系、依存和血缘关系。

改革的概念，无疑是同革命的概念相对立的；忘记这种对立，忘记划分两种概念的界线，就会经常导致在一切历史问题的论述上犯最严重的错误。但是，这种对立不是绝对的，这条界线不是死的，而是活的、可变动的，要善于在每一个具体场合确定这条界线。1861年的改革，由于那些因本身的利益而要求改革的社会成分极其软弱、缺乏觉悟、涣散，结果只是改革而已。

因而在这一改革中，农奴制的特征才这样突出，官僚主义的丑恶现象才这样繁多，农民遭受的灾难才这样深重。我国农民由于资本主义的发展不足而遭受的痛苦，远比遭受资本主义的痛苦大得多。

这一改革虽然由于一定的社会成分软弱而只是改革，但是它不顾重重障碍和阻力为这些社会成分的进一步发展创造了条件，——这些条件扩大了旧的矛盾所赖以爆发的基础，扩大了能够自觉参加这些矛盾"爆发"的居民集团、阶层和阶级的范围。因此，结果是，1861年改革中自觉地敌视自由主义的、具有民主主义倾向的代表人物，当时（并且在以后很长的时期内）好像是些没有基础的单枪匹马的个人，但当那些在1861年几乎还只处于萌芽状态的矛盾成熟了的时候，他们实际上就**具有**非常广大的"基础"了。1861年改革的参加者是从改良主义者的观点来看[①]这次改革的，他们比自由主义的改良主义者更有"基础"。历史将永远铭记：前一种人是时代的先进人物，而后一种人则是不彻底的、无气节的、在旧的衰亡的势力面前软弱无力的人物。

民粹派从1861年起（而他们的前辈则还要早些，即在1861年前），并在后来半个多世纪的时期里，一直在自己的理论中鼓吹俄国发展的**另一条**道路，**即非资本主义的**道路。历史完全驳斥了他们的这种错误。历史充分地证明了，而1905—1907年的事件即

① 此处恐系笔误，按意思似应为"不是……来看"。——俄文版编者注

俄国社会各阶级在这个时期的行动特别鲜明地证实了，俄国正沿着资本主义的道路发展，并且不可能有另一条发展道路。但是，如果一个马克思主义者直到现在还没有从这半个世纪的历史中弄明白，这些在错误的意识形态中表现出来的要祖国走“另一条”道路的半个世纪的夙愿有什么**现实的**意义，那他就是一个蹩脚的马克思主义者。

把 1861 年同 1905—1907 年加以比较，可以非常清楚地看出，民粹派的意识形态的**现实的**历史意义，就在于把**两条资本主义的**发展道路对立起来：一条道路是使新的资本主义的俄国适应于旧的俄国，使前者服从后者，延缓发展的进程，另一条道路是用新的代替旧的，完全排除阻挡新事物的旧障碍，加速发展的进程。立宪民主党人的纲领是自由主义的纲领，劳动派的纲领是民主主义的纲领，这**两个**纲领虽然都是不彻底的，有时是混乱的和不自觉的，但是它们明显地表现出了两条**现实**道路的这种发展，这两条道路都属于资本主义的**范围**，在半个多世纪的时期里都在力求得到实现。

当前的时代，特别迫切地要求我们明确地了解这两条道路发展的条件，要求我们对 1861 年的两种倾向以及对它们后来的发展有明确的概念。我们正经历着俄国国家整个结构的进一步变动，即在向资产阶级君主制转变的道路上**又迈了一步**。这新的一步，仍像过去那样没有把握，动摇不定，不能令人满意，不够扎实，它向我们提出的还是老问题。俄国资本主义发展的两条道路中，哪条道路将最后地确定俄国的资产阶级结构，历史对此还没有作出决定，因为这个决定所依赖的那些客观力量还没有发挥净尽。不能预料，在没有经历社会生活中的全部摩擦、冲突、纷争之前，这个决定将是什么样的。不能预料，从1861年起就有所表现的两种倾向的合力将是怎样的。但是可以而且应当做到对这两种倾向有明确的意识，做到使马克思主义者（他们在瓦解、涣散、缺乏信心、醉心于一时的成就这种混乱状态中作为“领导人”，这也是他们的任务之一）把自己的活动投入这种合力中去，不起消极作用（像取消主义和一瘸一拐地一味追随各种颓废情绪的行径那样），而起积极作用，即维护整个演进的利益，维护整个演进的根本的和最本质的利益。

民主主义倾向的代表人物正朝着自己的目标前进，但他们经常动摇不定和处于对自由主义的依赖状态。反对这种动摇不定，消除这种依赖状态，是马克思主义在俄国的最重要的历史任务之一。

载于1911年2月《思想》杂志第3期

译自《列宁全集》俄文第5版第20卷第161—170页

“农民改革”和无产阶级-农民革命

（1911年3月19日〔4月1日〕）

罗曼诺夫老爷们的王朝对之如此胆战心惊，俄国自由派为之如此动情的纪念日，已经庆祝过了。沙皇政府是这样来庆祝这个纪念日的：加紧“向人民”推销“民族俱乐部”出版的黑帮的纪念小册子，加紧逮捕一切“嫌疑分子”，禁止那些可能发表即使有一点类似民主主义思想的演说的集会，对报馆处以罚款，予以查封，迫害“叛乱的”电影院等。

自由派是这样来庆祝这个纪念日的：一再哭诉必须要有“第二个2月19日”（见《欧洲通报》杂志[93]），表白自己的忠君感情（沙皇肖像登在《言语报》的最显著地位），诉说自己忧国忧民的心情，诉说祖国的“立宪”不稳固、斯托雷平的土地政策“毁灭性地破坏了”“历来的土地原则”，等等。

尼古拉二世在给斯托雷平的诏书里说，斯托雷平的土地政策，即把农民的土地交给一小撮豪绅、富农、富裕农民去任意掠夺，把农村交给农奴主-地主去支配，恰恰就是1861年2月19日的“伟大改革”的完成。

应当承认，血腥的尼古拉这个俄国的头号地主，比我们那些好心肠的自由派要更接近历史的真理。这个头号地主和农奴主头头懂得，更确切些说是从贵族联合会的教导中领会到这样一个阶级斗争的真理，即农奴主实行的"改革"，按其全貌来说，不能不是农奴制的改革，并且不能不是随之施行各种暴力的制度。只有群众的革命运动能够彻底消灭农奴主-地主和他们在俄国的无限权力，我国的立宪民主党人以至我国全体自由派害怕这种运动；这种害怕心理妨碍他们懂得这样一个真理：只要农奴主没有被推翻，任何改革，尤其是土地改革，只能具有农奴制形式，带有农奴制性质和采用农奴制方法。害怕革命，幻想改革，而又抱怨"改革"实际上是由农奴主按照农奴制方式进行的，这就是极端卑鄙极端愚蠢的表现。尼古拉二世的做法正确得多，对俄国人民的教诲有效得多，他用实例"让"人民去选择：或者是农奴制的"改革"，或者是推翻农奴主的人民革命。

1861 年 2 月 19 日的改革是农奴制的改革，我国的自由派所以能够美化这个改革并把它描绘成"和平的"改革，只是因为当时的俄国革命**运动**薄弱到了微不足道的程度，而在被压迫的群众中还根本没有革命的**阶级**。1906 年 11 月 9 日的法令和 1910 年 6 月 14 日的法律也同 1861 年的改革一样，都是同样的资产阶级内容的农奴制改革，但是，自由派**不能**把它看成是"和平的"改革，不能随随便便地去美化它（虽然他们已经开始这样做了，例如在《俄国思想》杂志上），因为人们可以忘记 1861 年的单枪匹马的革命家，却不能忘记 1905 年的革命。1905 年在俄罗斯诞生了一个能够把农民群众也发动起来进行革命运动的革命**阶级**——无产阶级。在任何一个国家里，革命阶级一诞生，它就不可能被任何迫害镇压下去，它只能随着整个国家的消亡而消亡，它只能在取得胜利以后才死亡。

———

我们可以回忆一下1861年农民改革的基本特点。臭名远扬的“解放”，是对农民的无耻掠夺，是对农民施行一系列的暴力和一连串的侮辱。由于“解放”，黑土地带各省农民的土地被割去了$\frac{1}{5}$**以上**。有些省份的农民被割去的、被夺走的土地达到$\frac{1}{3}$，甚至$\frac{2}{5}$。由于“解放”，农民的土地同地主的土地是这样划分的：农民迁到“沙地”上去，而地主的土地却像楔子一样插在农民的土地中，从而使名门贵族们更容易盘剥农民，把土地按重利盘剥的价格租给他们。由于“解放”，农民被迫“赎买”他们自己的土地，而且被勒索走了高于实际地价**一两倍**的金钱。总之，60年代的整个“改革时代”使农民仍旧贫困，受人欺压，愚昧无知，无论在法院还是在管理机关，无论在学校还是在地方自治机关，农民都得听从地主-农奴主的摆布。

“伟大改革”是农奴制的改革，而且不可能是别的改革，因为它是由农奴主实行的。是什么力量迫使他们搞改革的呢？是把俄国拉上资本主义道路的经济发展的力量。地主-农奴主不能阻挠俄国同欧洲商品交换的增长，不能保持住旧的、崩溃的经济形态。克里木战争表明了农奴制俄国的腐败和无能。农民的“骚乱”在解放前每10年都要高涨一次，使得头号地主亚历山大二世不得不承认，与其等待**从下面**来推翻，不如**从上面**来解放。

“农民改革”是由农奴主实行的资产阶级的改革。这是俄国在向资产阶级君主制转变道路上迈出的一步。农民改革的内容是资产阶级的，农民的土地被割去的**愈少**，农民的土地从地主的土地中分出的**愈多**，农民交给农奴主的贡赋（即“赎金”）数目**愈小**，各地农民**摆脱**农奴主的影响和压迫的**程度愈大**，这种资产阶级的内容就暴露得愈明显。农民**在多大程度上**摆脱了农奴主的统治，他就**在**

多大程度上处于金钱势力的支配之下，处于商品生产的条件之下，处于对产生的资本的依附地位。1861年以后，俄国资本主义的发展是这样的迅速，只用数十年就完成了欧洲某些老国家整整几个世纪才完成了的转变。

我国自由派的和自由主义民粹派的历史学家们大肆渲染和美化的臭名远扬的农奴主同自由派之间的斗争，是统治阶级**内部的**斗争，主要是**地主内部的**斗争，**完全**是**让步**程度和**让步**形式引起的斗争。自由派也同农奴主一样，站在承认地主所有制和地主政权的立场上，愤怒地谴责鼓吹**消灭**这种所有制、**彻底推翻**这种政权的一切革命思想。

这些革命思想不能不在农奴制农民的头脑中滋长。虽然几个世纪的奴隶制严重摧残和压制农民群众，以致他们在改革的时候，不能有所作为，只能进行分散的、零星的起义，进行甚至可以说是缺乏任何政治意识的"骚乱"，但就在那时，俄国已经出现了站在农民方面的革命家，他们十分了解臭名远扬的"农民改革"的狭隘贫乏、它的农奴制性质。当时这些为数极少的革命家是以尼·加·车尔尼雪夫斯基为首的。

1861年2月19日标志着从农奴制时代中成长起来的资产阶级的新俄国的开端。19世纪60年代的自由派和车尔尼雪夫斯基是两种历史倾向、两种历史力量的代表，这两种倾向和力量从那时起一直到今天都决定着为建立新俄国而斗争的结局。正因为如此，所以在庆祝2月19日五十周年纪念日的时候，觉悟的无产阶级必须尽量明确地认清这两种倾向的本质和它们的相互关系。

自由派希望"从上面"来"解放"俄国，既不摧毁沙皇的君主制度，也不摧毁地主的土地占有制和政权，只是唤醒他们向时代精神

“让步”。自由派过去是现在仍旧是资产阶级的思想家，而资产阶级是不能容忍农奴制的，可是它又害怕革命，害怕能够推翻君主制和消灭地主政权的群众运动。因此，自由派只限于进行“争取改革的斗争”，“争取权利的斗争”，也就是只限于在农奴主和资产阶级之间瓜分政权。在这种力量对比之下，除了农奴主实行的改革外，**不会有**其他任何“改革”，除了被农奴主的专横所限制的权利外，**不会有**其他任何“权利”。

车尔尼雪夫斯基是空想社会主义者，他幻想通过旧的、半封建的农民村社向社会主义过渡，他没有认识到而且也不可能在上世纪的60年代认识到：只有资本主义和无产阶级的发展，才能为社会主义的实现创造物质条件和社会力量。但是，车尔尼雪夫斯基不仅是空想社会主义者，他同时还是一个革命的民主主义者，他善于用革命的精神去影响他那个时代的全部政治事件，他越过书报检查机关的重重障碍和种种刁难宣传农民革命的思想，宣传推翻一切旧政权的群众斗争的思想。他把自由派起初加以美化、而后甚至加以歌颂的1861年的“农民改革”称之为**丑事**，因为他清楚地认识到农民改革的农奴制性质，清楚地认识到那些自由派解放者老爷们正在把农民搜刮得一干二净。车尔尼雪夫斯基把60年代的自由派叫做“**空谈家，吹牛家和傻瓜**”[94]，因为他清楚地认识到，自由派在革命面前胆战心惊，在当权者面前毫无气节和奴颜婢膝。

这两种历史倾向在2月19日以后的半个世纪中发展起来了，而且愈来愈清楚、愈来愈明确、愈来愈坚决地分道扬镳了。自由主义君主派资产阶级的力量增长起来了，这个阶级鼓吹满足于“文化”工作，逃避革命的地下工作。民主主义和社会主义的力量增长起来了，民主主义和社会主义最初在民意党人和革命民粹派的空想意识形态和知识分子的斗争中是混合在一起的，而从上世纪 90 年代起，随着从恐怖分子和单枪匹马的宣传家的革命斗争向革命阶级本身的斗争的转变，就开始分道扬镳了。

从 1895 年到 1904 年这革命前的 10 年向我们表明，无产阶级群众已经公开行动起来并在不断成长，罢工斗争日益扩大，社会民主主义工人的鼓动工作、组织工作和党的工作日益发展。特别从 1902 年起，革命民主主义的农民也跟着无产阶级的社会主义先锋队开始进行群众性的斗争。

1861 年才在生活中出现并刚刚在出版物上显露出来的两种倾向，在 1905 年革命中发展和壮大起来了，在**群众**运动中，在**各个党派的**种种不同场合的斗争中，在报刊上，在群众集会上，在工会、罢工、起义以及国家杜马中都有所反映。

自由主义君主派资产阶级建立了立宪民主党和十月党，它们起初在一个地方自治自由派运动中和睦相处(1905 年夏季以前)，后来就形成两个单独的党，它们彼此激烈地竞争起来(现在还在竞争)，各自展示了自己的“**面貌**”：一个基本上是自由派的，另一个基本上是君主派的。但是，它们在最根本的问题上却始终是一致的，如责难革命者，侮辱十二月起义，把专制制度的“立宪”遮羞布当做旗帜来顶礼膜拜。这两个党过去和现在都坚持“严格立宪的”观点，也就是说，把自己限制在沙皇和农奴主的黑帮所规定的活动范围之内，而黑帮既不交出自己的政权，也不放弃自己的专制制度，既不牺牲自己“千百年来神圣的”奴隶占有制收入中的一个戈比，也不舍弃自己“理所应得的”权利中的丝毫特权。

民主主义的和社会主义的倾向不同于自由主义的倾向，彼此界线分明。无产阶级已经组织起来，他们团结在自己的社会民主工党周围，与农民分开行动。农民在革命中组织得非常差，他们的行动涣散得多，软弱得多，他们的觉悟更是低得多，而君主制的幻想（以及与此紧密联系着的立宪的幻想），又常常使他们失去力量，使他们去依附自由派，有时去依附黑帮，使他们不去对贵族-土地占有者进行冲击以求彻底消灭这个阶级，而是对“上帝的土地”产生了空想。但是总的说来，农民，作为群众，正是同地主作了斗争的，行动是革命的，并且在各届杜马中，甚至在代表资格极反常地有利于农奴主的第三届杜马中，组成了劳动团，劳动团虽然常常摇摆不定，但是他们代表真正的民主派。1905—1907 年的立宪民主党人和劳动派在群众运动中表现出的、并且在政治上形成的立场和倾向，一方面是自由主义君主派资产阶级的，另一方面是革命民主派资产阶级的。

1861 年产生了 1905 年。第一次“伟大的”资产阶级改革的农奴制性质使发展受到了阻碍，使农民遭到了无限恶劣的和痛苦的折磨，但是它改变不了发展的方向，防止不了 1905 年的资产阶级革命。1861 年的改革打开了一定的阀门，使资本主义获得了某些发展，因而延缓了结局的到来，但是却消除不了必然的结局，这个结局 1905 年时在无比广阔的范围里，通过群众对沙皇和农奴主-地主的专制制度的冲击而出现了。农奴主在被压迫群众极不开展的时期所实行的改革，一旦这些群众中的革命分子觉悟成熟，就引起了革命。

第三届杜马和斯托雷平的土地政策，是农奴主实行的第二次资产阶级改革。如果说，1861 年 2 月 19 日是在由纯粹的农奴制专制制度向资产阶级君主制转变的**道路上**迈出的第一步，那么，1908—1910 年这个时期向我们表明**在同一条道路上**迈出了更为重要的第二步。从颁布1906年11月9日的法令起，几乎已经过去四年半了，从1907年6月3日起，也已经过去三年半多了，现在已经不只是立宪民主党资产阶级，而且在很大的程度上连十月党资产阶级也确信，六三“宪制”和六三土地政策是“失败”了。那位“极右的立宪民主党人”——不久以前，人们这样公正地称呼半十月党人马克拉柯夫先生——有充分权利于2月25日在国家杜马中既代表立宪民主党人又代表十月党人说：“现在，表示不满的是那些最希望长治久安、害怕爆发新的革命浪潮的国家要人。”马克拉柯夫先生接着说，共同的口号只有一个：“大家都说，如果我们继续沿着人们带领我们走的那条道路前进，那么我们就会被导向第二次革命。”

1911年春天立宪民主党—十月党资产阶级提出的这一共同的口号证实了我党在1908年十二月代表会议决议中对形势的估计是正确的。这个决议指出：“经济生活和政治生活中曾经引起了1905年革命的那些基本因素仍在起作用。在这样的经济政治状况下，新的革命危机必然成熟起来。”①

不久以前，黑帮沙皇政府的御用文人缅施科夫在《新时报》上宣称，2月19日的改革已经“遭到惨败”，因为“1861年没有能够防止1905年”。如今，自由派资产阶级的御用辩护士和议员们又宣布1906年11月9日和1907年6月3日的“改革”失败了，因为这两次“改革”**在导向**第二次革命。

这两个声明，如同1861—1905年间自由主义运动和革命运动的全部历史一样，对于阐明改革同革命的关系、改良主义者和革

① 参看《苏联共产党代表大会、代表会议和中央全会决议汇编》1964年人民出版社版第1分册第248页。——编者注

命者在社会斗争中的作用这一极为重要的问题，提供了非常有意义的材料。

革命的敌人，有的咬牙切齿，有的悲伤灰心，但他们都一致承认，1861 年和 1907—1910 年的“改革”是失败了，因为这些改革没有能够防止革命。社会民主党，当代唯一彻底革命的阶级的代表针对这种承认回答说：革命者在社会斗争中和在一切社会危机中，**甚至在**这些危机只是直接导向不彻底的改革的**时候**，都起了极重要的历史作用。革命者是那些进行一切改造的社会力量的领袖，改革是革命斗争的副产品。

1861 年的革命者是一些单枪匹马的人物，而且他们看来都彻底失败了。实际上，正是他们才是那个时代的伟大活动家，我们离开那个时代愈远，就愈清楚地感到他们的伟大，就愈明显地感到当时的自由主义改良派的渺小和平庸。

1905—1907 年的革命阶级即社会主义无产阶级，看来彻底失败了。无论是自由主义君主派，还是也是马克思主义者的取消派，都喋喋不休地叫喊说，无产阶级似乎走得“太远了”，走“过头了”，说它热衷于“自发的阶级斗争”，被“无产阶级的领导权”这一有害思想迷惑住了，等等，等等。实际上，无产阶级的“过错”只在于它走得还不够远，但是，这个“过错”可以用无产阶级当时的力量状况来辩解，并且可以用无产阶级在反动势力最猖獗的时期不断进行的革命的社会民主主义的工作、同一切改良主义和机会主义的表现进行的坚韧不拔的斗争来补偿。实际上，从敌人那里夺来的一切东西，作为战果而保持住的一切东西，能够夺得和保住的程度如何，要看革命斗争在无产阶级进行工作的一切场所表现出的力量和活力而定。实际上，只有无产阶级才始终不渝地坚持彻底的民主主义，彻底揭露自由主义的动摇性，使农民摆脱它的影响，英勇果敢地发动武装起义。

谁也不能预言，俄国在资产阶级革命时代的真正民主的改革可以实现到什么程度，但是，毫无疑问，**只有**无产阶级的革命斗争才能决定改革的程度和成就。软弱无力、无气节、无思想原则的自由派和机会主义改良派，只能在以资产阶级精神实行的农奴制“改革”同无产阶级领导的民主革命之间摇摆不定。

总的回顾一下俄国最近半个世纪以来的历史，回顾一下 1861 年和 1905 年，我们可以更加深信不疑地来重述我党决议中的一句话：“我们斗争的目的仍然是由无产阶级来推翻沙皇制度和夺取政权；无产阶级所依靠的是农民中的革命阶层，并且通过召开全民立宪会议和建立民主共和国来完成资产阶级民主革命。”①

载于 1911 年 3 月 19 日(4 月 1 日)
《社会民主党人报》第 21—22 号合刊

译自《列宁全集》俄文第 5 版
第 20 卷第 171—180 页

① 见俄国社会民主工党第五次全国代表会议《关于目前形势和党的任务的决议》(《苏联共产党代表大会、代表会议和中央全会决议汇编》1964 年人民出版社版第 1 分册第 249 页)。——编者注

党的破坏者扮演着“传说的破坏者”角色

(1911年3月19日〔4月1日〕)

整整一年以前，我们党的中央机关报公布了中央委员会俄国局给中央委员会国外局的下面一封极其重要的信：

“……**我们〈即中央委员会俄国局〉曾经向米哈伊尔、罗曼和尤里同志提出建议，希望他们参加工作，但他们回答说，他们不仅认为全会的决定是有害的，而且认为中央委员会的存在本身也是有害的。根据这个理由，他们甚至拒绝出席一次增补委员的会议。**”①

事情是再清楚不过的了。我们是在同米哈伊尔、罗曼和尤里这伙公开的叛徒打交道，他们认为像《呼声报》那样采取“外交手腕”和支吾搪塞是多余的，并**直言不讳地**声称自己要同我们党决裂。于是两种“策略”发生了冲突：一种是马尔托夫、唐恩及其同伙的策略，另一种是波特列索夫、列维茨基、米哈伊尔、罗曼、尤里及其同伙的策略；前者是从内部瓦解“旧”党，使旧党处于不健康的状态，以便使斯托雷平的“社会民主党人”即取消派巩固起来；后者的出发点是：从内部暗害旧党是得不偿失的，必须**立即**同俄国社会民

① 见本版全集第19卷第209页。——编者注

主工党公开决裂。

米哈伊尔、罗曼和尤里等先生发表的声明大大搅乱了他们《社会民主党人呼声报》中的朋友们和庇护者的把戏。但是没有别的办法:唐恩、马尔托夫及其同伙只得继续消痕灭迹,“一方面”对上面提到的三个叛徒表示支持,“另一方面”又稍稍同他们“划清界限”。马尔托夫甚至有勇气在他的三位朋友声明同党脱离关系(《呼声报》前一号即第23号上)以后**过了10个月**来责备三位先生“轻率”……

但是“历史”(取消派的历史)车轮又转了一圈。许多情况——主要是一些在公开场所进行活动的社会民主党人团体对取消派的反击——迫使波特列索夫之流、列维茨基之流、米哈伊尔之流、罗曼之流先生们及其同伙减慢速度,迫使他们采取近似唐恩和马尔托夫的“英明的”和比较慎重的消痕灭迹的“策略”。这就成了能够出现——**经过一年以后!**——对上面引用的文件进行“反驳”的原因。

不用说,在《呼声报》上出现的“反驳”(用了引人注目的标题:《被破坏了的传说》),**是彻头彻尾虚伪的**。原来,上面提到的三个叛徒只是“由于个人原因”“正式”拒绝加入中央委员会,或者拒绝参加哪怕是一次增补委员的会议。而只是“后来在**私人的**〈当然完全是“私人的”〉谈话中向他〈即中央委员会代表〉[95]说出了迫使我们〈即罗曼、米哈伊尔和尤里〉对向我们提出的建议持否定态度的一些看法〈已经是政治性的看法〉”。

总之,“反驳”的第一点是:中央机关报所引用的声明只是在非正式的“私人谈话”中作出的。这种大大“减轻罪过的情节”正在根本改变事情的本来面目,难道不是这样吗?……

可是**根据**米哈伊尔、罗曼和尤里等先生**自己的说法**，他们在这次“私人谈话”中究竟说了些什么呢？他们并没有说中央委员会的决定是有害的，他们只是不揣冒昧地指出“**全会所指明的道路不是加强而是削弱中央委员会的立场**”，中央委员会向党推荐的那个利用合法机会的办法“**已经和正在破坏合法的工人组织**”，中央委员会在这条道路上迈出的第一步（公布关于党代表会议的决议），就已经是“**掩护政府**”来破坏工人组织。这和中央委员会代表的说法完全不同，据中央委员会代表说，伦敦选出的候选人中的三位取消派“认为，中央委员会对目前合法组织中社会民主党力量的自发组合过程进行干预，就好像硬要把两个月的胎儿从娘肚子里拖出来一样”，难道不是这样吗？这真是“驳倒了”！

其次，他们根本没有说过中央委员会的存在是有害的，决没有说过！他们只是提出意见（当然完全是以“私人的”方式），认为要是以“发起小组”取代中央委员会，那就好得多。“谁也不会向”这个小组“要求出示身份证”（即**党**证），正像过去谁也没有向《火星报》和《曙光》杂志[96]集团要求出示它（即“身份证”）一样①。米哈伊尔、罗曼和尤里对主要责难所作的“反驳”，几乎像他们的同事伊哥列夫不久前在孟什维克护党派同志普列汉诺夫和阿·莫斯科夫斯基责难这位伊哥列夫从事反对中央委员会和党的阴谋活动时所作的“反驳”一样成功……　请看，需要的不是中央委员会，而是像“《火星报》和《曙光》杂志集团”这样的“发起小组”。可是很明显，《火星报》和《曙光》杂志集团是革命的社会民主党的集团，而米哈伊尔、罗曼和尤里这班先生所需要的却是取消派的发起小组。但

① 见《呼声报》第24号附刊第3版。

是现在问题还不在这里。问题在于:马尔托夫和唐恩的三个同盟者——**根据他们自己的说法**——建议以私人的发起小组取代中央委员会,谁也不会向这个小组要求出示可鄙的"身份证",这个小组就可以在"取消活动"方面为所欲为了。真是"驳倒了"!……

罗曼、米哈伊尔和尤里的"反驳"的一个"关键"就是还有这样的话:中央委员会代表在邀请他们出席"即使是一次"委员会的"会议"时,诱惑他们说,他(即中央委员会代表)和其他"国内布尔什维克"深切希望"摆脱列宁小组的领导影响"。《呼声报》编辑部特别欣赏这个由**三个取消派转述的**国内布尔什维克的声明,希望以此为某人和某事辩解。然而,"呼声派"先生们显然是搞糊涂了,他们说的话是自己在**反对**自己。请原谅,尊敬的《呼声报》编辑们。**假定**代表中央委员会到你们朋友那里去的布尔什维克,是反对你们所说的"列宁小组"的,**那对你们就更不妙了**,因为正是这位布尔什维克写信说你们的三位朋友同党脱离了关系,这封信我们已在中央机关报第12号上发表了。要是这位布尔什维克不拥护你们所说的"列宁小组",那他的证词在你们眼里应该更为公正了。**假定**邀请你们的中央委员们是反对"列宁小组"的①,那么从你们的观点看来就更应该是三位取消派的过错了,因为他们甚至在对他们如此有利的情况下都不愿加入中央委员会。"呼声派"先生们怎么啦?他们通常消痕灭迹……是比较巧妙的。先生们,你们这次根

① 呼声派对另一位"国内布尔什维克"中央委员责难说:请看,他"阻碍增补呼声派进中央委员会,他声明说布尔什维克中央委员们……只允许增补那些预先签字同'取消派'脱离关系的候选人"。被呼声派如此横加责难的这位中央委员97,现在**不能**自己回答取消派先生们。因此我们要代他说话:**要是**你们所说的关于他的那些话是事实,那从党的观点来看,他是完全正确的,是完全根据全会的精神办事的。

本不能自圆其说！这次甚至比斯托雷平的“情报局”的“反驳”还要拙劣。

“呼声派”先生们，你们的“反驳”也像你们最近发出的“扯皮的”传单一样不走运。你们想“证明的东西太多了”——想证明似乎社会民主党人都是护党派——因而什么也没有证明。你们可以稍微想一想：你们昨天发出了58人的传单（58人中有多少是伪善者和受愚弄者呢？），在传单上把自己的对手（“列宁小组”）描绘成万恶的魔鬼、“匪帮”等等。而明天你们（《呼声报》编辑部）又会发出载有“改良纲领”的传单，声称要是我们（即呼声派）能在党的一切中央机关里同这些魔鬼，同这些“罪行”累累的人处于平等地位，如此等等，那就一切都好了。先生们，你们究竟什么时候“为党的利益”工作，什么时候使劲为自己工作呢？——是在前一种情况还是在后一种情况？关于《呼声报》这些……芬芳吐香的传单以及它的“一切手段都用上了”的附刊，直到自命为“**布尔什维克**思想小组”的日内瓦召回派，如果它们不是非常清楚地说明了呼声派的全部政策……都是不值一提的。

使劲吧，“传说的破坏者”先生们，再使点劲吧！你们的确在帮助我们破坏一种关于你们同革命的社会民主党似乎还有什么共同之处的传说。

载于1911年3月19日（4月1日）《社会民主党人报》第21—22号合刊

译自《列宁全集》俄文第5版第20卷第181—185页

关于政权的社会结构、关于前景和取消主义

（1911年3月）

标题中所指出的问题，就重要性来说，在一个愿意研究周围实际情况的马克思主义者的整套观点中即使不占首要地位，也占首要地位之一。1908—1910年这个时期，无疑是一个特殊时期。社会的和政权的社会结构的特征就是变化，不弄清这些变化，在社会活动的任何方面都寸步难行。弄清这些变化，就能了解前景的问题；这里所说的前景当然不是指那些谁也不懂的凭空猜测，而是指经济发展和政治发展的基本趋向，——这些趋向的合力决定着国家最近将来的前途，这些趋向决定着每一个自觉的社会活动家的任务、活动方向和性质。但是后面这个问题，即关于任务、活动方向和性质的问题，又同取消主义问题有着最密切的联系。

因此，毫不奇怪，在1908年，当时一经弄清楚或者开始弄清楚我们面临着俄国历史上一个特殊的新时期，马克思主义者就恰恰已经把关于政权的社会结构、关于前景和取消主义的问题提到日程上来了，指出了这些问题的不可分割的联系，并对这些问题进行了系统的讨论。其次，他们不仅仅限于讨论，——如果仅仅限于讨论，这就是糟糕的文人习气，这只可能在认识不到自己的责任和不关心政治的知识分子的辩论小组中发生，——不，他们还对讨论的

结果作出了确切的表述，使它成为不仅这个著作家小组的成员、不仅同某一类知识界有某种联系的人可以遵循的指南，而且任何一个、每一个把马克思主义作为自己意识形态的自觉的阶级代表也可以遵循的指南。到1908年年底，这种必要的工作已经完成。

这种工作的主要结果如何，我已经在我们的杂志[98]第2期上说过了。我现在从中引用几行文字，以便使后面的叙述好懂一些。

“俄国国家制度最近三个世纪以来的发展向我们表明，这个制度已经在朝着一个明确的方向改变自己的阶级性质。17世纪的贵族杜马君主制不同于18世纪的官僚贵族君主制。19世纪上半叶的君主制不是1861—1904年的君主制。1908—1910年又明显地出现了一个新的阶段，这个阶段标志朝着可以说是资产阶级君主制的那个方向又**迈了一步**。第三届杜马和我国当前的土地政策都与这一步有密切联系。这样看来，这个新阶段并不是偶然现象，而是我国资本主义演进中的一个特殊阶段。这个新阶段没有解决老问题，也不可能解决这些问题，因而也**没有消除这些问题**，于是就要求采取新的准备手段，以便用老办法解决老问题。”（第2期第43页）再过几行又说：“那些否认（或不了解）……我们面临的是老问题，否认我们准备用老办法来解决这些问题的人，**实际上**离开了马克思主义的基础，**实际上**成了自由派的俘虏（像波特列索夫先生、列维茨基先生等人那样）。”（第44页）①

不管谁怎样对待上述论点中所表明的一些想法，然而对于这个时期所作的这种估计中各个部分的最密切的联系和相互依赖性，却是未必可以否认的。比如，就拿1906年11月9日的法令

① 见本卷第122—123页。——编者注

(1910 年 6 月 14 日的法律)来说:毫无疑义,这个法令具有鲜明的资产阶级性质,它标志着"上层人士"对村社和份地占有制所早已采取的那个土地政策中发生的原则性的转变。但是直到现在,就连诸如立宪民主党人这样一些最无原则的、随风倒的人也不敢断定:这个原则性的转变是否**已经**解决了问题,是否**已经**建立了资本主义农民经济的新基础,是否**已经**消除了老问题。1910 年 6 月 14 日的法律同第三届杜马选举办法及其社会构成之间的联系是非常明显的,因为除非中央政权同封建(我们现在采用这个不完全确切的、全欧洲通用的说法)地主和工商业资产阶级上层人士结成联盟,否则就不可能实现这个法律,就不可能采用种种办法来施行这个法律。这就是说,我们所面临的,是我国**整个**资本主义演进中的一个特殊阶段。这个阶段是不是排除封建式土地占有者保持"政权和收入"(从社会学的意义上说)呢?不,并不排除。就是在这一方面,也如同在其他各方面一样,已经发生的那些变化并不排除旧制度的**基本**特点,并不排除各种社会力量旧的相互关系的**基本**特点。因此,自觉的社会活动家的根本任务也就清楚了:要估计到这些新的变化,"利用"它们,把握住它们(如果可以这样说的话),同时不要随波逐流,不要抛弃旧有的东西,要保存基本的东西,这不仅在理论方面、在纲领方面、在政治原则方面要这样做,就是在活动形式方面也要这样做。

试问,那些集结在《复兴》杂志、《生活》杂志、《生活事业》杂志、《我们的曙光》杂志等等这类刊物周围的"思想领导者"波特列索夫和马尔托夫、唐恩和阿克雪里罗得、列维茨基和马尔丁诺夫先生,他们对于这种对"该死的问题"作肯定回答,对于这种对一定观点作直接明白的叙述,采取什么态度呢?他们采取的态度,恰恰不像政治家,不像“思想领导者”,不像负责任的政论家。而像著作界,像知识分子小集团,像自由作家团体的自由射手。他们这些善于估计自由派沙龙中形成的时髦风尚和时代精神的人,故作宽容地讥笑这种爱对该死的问题作出肯定回答的陈旧过时的怪癖。既然不论在哪里,无论什么事,不管用什么方式都可以写;既然米留可夫之流先生们和司徒卢威之流先生们作出卓越的榜样表明,只要回避直接回答问题,回避确切地叙述观点和肯定的纲领等等,就可以得到一切利益、方便和好处;既然健忘的伊万[99]之流(尤其是不爱回忆过去肯定过的东西的伊万之流)在最广大的“社会”人士中受到推崇和敬重;还要这样去肯定又是干什么呢?

这样,在整整三年中,我们没有看见这整个著作界稍微尝试对“该死的问题”提出**自己的**肯定的回答。转弯抹角的说法和空洞的假设不可胜数,可是直接的回答一个也没有。这整个著作界的特点就是爱好**不定型**,也就是爱好这样一种特征,这种特征正是**在**对该死的问题作出直接回答的**时候**,被人们最明确、最确切、最肯定地公认为**取消主义**这一概念的组成部分。不定型地随波逐流,欣赏自己的不定型,“否定”与不定型的现状相反的东西,——这也就是取消主义的基本特点之一。机会主义者无论何时何地都是消极地随波逐流,满足于“敷衍了事”的回答,从一个代表大会(禁酒的)跑到另一个代表大会(工厂的)[100],满足于从一个“团体”(虽然是最值得尊敬的和最有益的,如工会,消费合作社,文化团体,戒酒协会等)联合到另一个团体等等。取消主义是一切机会主义所固有的、在俄国历史的一个时期内在我国一个社会政治派别中以一定具体形式表现出来的各种倾向的总和。

在历史上,取消派对上述的“直接回答”(对该死的问题的回答)只有过两个确切的意见。第一个意见是:应当用“财阀的”这个形容词来代替“资产阶级的”这个形容词。可是这种代替是完全不对的。1861—1904年这个时期向我们表明,在生活的各方面,财阀统治制的影响在增大,而且这种影响往往占优势。在1908—1910年这个时期,我们看到**不同于**“财阀统治制”的另一种情形:资产阶级由于意识到自己是一个阶级,考虑到过去三年对它的阶级自觉所给予的教训,正在建立一种原则上既仇视社会主义(不是全欧洲的社会主义,不是一般的社会主义,而正是俄国的社会主义)、又仇视民主主义的意识形态。不仅如此,资产阶级在全国范围内组织起来了,就是说,它成为一个阶级了,它的某一部分在第三届杜马中有经常的代表(并且是很有势力的代表)。最后,在1908—1910年的土地政策中,已有一套实行资产阶级土地制度的一定计划的办法。这个计划至今“没有成功”,这是毫无疑问的。但是,这个失败是**一套**资产阶级办法的失败,同时**财阀统治制**在农村中却取得了无可置疑的“成功”:就是说,农村财阀统治制从1908—1910年的土地政策中肯定得到了好处,但是,资产阶级制度尽管造成了很大牺牲,还是不能“确立”。总之,提出用“财阀的”这个术语的建议,在各方面都是十分不妥当的,以至大概连取消派本身也宁愿忘掉这个建议了。

另一个意见是:上述回答之所以不正确,是因为这个回答等于叫人“钻到……”失败过“一次的地方去”[101]。这个简短有力的意见很值得重视,因为它清楚地概括了取消派的一切著作的内容,从波特列索夫的《社会运动》一书,到列维茨基先生在《我们的曙光》杂志上发表的文章。这个意见的内容完全是否定的;它只是斥责“钻到……地方去”的意图,而对于应当“钻到”**哪里去**,并没有作出任何肯定的指示。它只是说，你们漂吧，怎么漂都行，“大家”怎么漂你们就怎么漂吧；至于漂的结果怎样，应当怎样漂，是不值得去总结的。

但是，不管机会主义者多想安安稳稳地不作任何总结，避开关于对“该死的问题”作直接回答这一“不愉快的”谈话，这毕竟是办不到的。你把本性赶出门外，它会从窗口飞进来[102]。历史的讽刺在于，正是那些爱把自己称做与“保守主义”格格不入的“先进”人物、在1908年对必须作出直接回答问题的指示嗤之以鼻的取消派，**过了差不多一年半以后**，在1910年夏天，却不得不对这些指示加以考虑了。而他们自己阵营中的事件，也迫使他们这样做。取消派过去根本回避直接回答，认为这不知是从什么可鄙的、陈腐的、毫无生机的、无用的、有害的“鬼地方”提出来的要求；可是，过了一年半之后，突然在他们中间产生一种也要求直接回答、并且大胆地作出直接回答的“思潮”！

正如所意料的那样，尤·拉林来扮演“大胆者”的角色了，但是这一次已经不单是他一个人了。大家知道，拉林是机会主义者中的一个不知进退的孩子。在机会主义者看来，拉林有一个很大的缺点，那就是他认真地、真诚地、深思熟虑地去领会他们中间出现的倾向，努力把这些倾向联结成一个整体，追根究底，作出直接的回答，得出实际的结论。读过拉林著的关于广泛的工人党一书（该书在三四年前出版了）的人，大概会记得拉林是怎样用他的热烈的拥抱扼杀了阿克雪里罗得臭名远扬的关于工人代表大会的思想的。

从1910年3月起，拉林开始在《复兴》杂志上发表了许多正是关于政权的社会结构、关于前景和取消主义问题的文章。附和拉林的有皮列茨基先生。这两位作家以一种新信徒的热忱研讨这些问题,他们徒劳地在自己的取消主义阵营中寻找对这些问题的直接答案,草率从事,不加思索。他们说当前的俄国根本谈不到什么农奴制度,政权**已经**变为资产阶级的了。拉林撇开著名的"第三种分子"[103]说道:"第一种分子和第二种分子都可以高枕无忧,因为1905年10月没有提到日程上来。"(《复兴》杂志第9—10期合刊第20页)"如果杜马被取消,它的恢复就会比革命后的奥地利还要快;奥地利曾于1851年废除宪法,而在1860年,即过了9年以后,宪法就重新得到了承认,当时并没有经过任何革命,这样做只是出于统治阶级中那部分最有势力的、已经把自己的经济改造成资本主义的人的利益。将来,在资产阶级关系的社会制度扎根以后,统治阶级各阶层之间的斗争就会迫使这些阶层(在俄国也像其他各国一样)去扩大选举权的范围……"(同上,第26页) "俄国加入资本主义世界的过程……在政治方面也正在完成。这种完成说明,在目前这个阶段,不可能发生1905年那样的**全国**革命运动。"(第27页)

"可见,既然政权〈按照拉林的结论〉根本没有'几乎完全'掌握在土地封建主手里,那么,'农业资本家和工业资本家'为夺取政权而进行的反对封建主的斗争,也就不能变成反对现存政权的全国性斗争……"(第11期第9页) "靠指望即将到来的'全国性高潮'来制定自己的策略路线,就必定要使自己陷于毫无结果的期待中。"(同上,第11页)"脚踏两只船是不行的。如果政权的社会性质没有丝毫变化,那么无论是任务还是活动形式都**应该**照旧不变,那么就只有'同取消派作斗争'。如果谁想继续前进,谁想**建设新事物**来代替、继续和提高那个已瓦解的、已成为不中用的旧事物,

那就请他彻底弄清楚**建设的条件**吧。”(同上,第 14 页)

这个拉林岂不是幼稚吗?他居然要求机会主义者“彻底”,居然要求他们“不脚踏两只船”!

《复兴》杂志编辑部弄得张皇失措。它在第 9—10 期合刊上声明不同意拉林的意见,它写道:“思想”(拉林的思想)“新颖”,**但是**“尤·拉林的文章没有说服我们”。在第 11 期上,弗·米罗夫大概是代表编辑部出来反对拉林的,他承认拉林和皮列茨基“代表一定的**思潮**,这种思潮在理论上还不成熟,可是使用的语言却很明确”(在机会主义者看来,这是最大的缺点了!)。米罗夫先生写道:“拉林顺便地而且是完全出人意料地〈原来如此!这个不安分的拉林总是使用“很明确的语言”搞得他的朋友们不痛快!〉提到了另一个关于取消主义的问题。我们认为,党的建设的形式同俄国政府的性质之间,是没有密切联系的,因此我们保留单独来谈这个问题的权利”。(1910 年 7 月 7 日出版的那一期,第 22 页)

在《生活》杂志第 1 期上(1910 年 8 月 30 日),尔·马尔托夫已经代表这个“我们”“单独地谈过了”,他声明说:“只能同意”(第 4 页)弗·米罗夫和编辑部的意见而不同意拉林的意见。这样看来,取消派中间这整个辩论的结论,已由尔·马尔托夫说出来了。

现在我们就来仔细看看取消派的这个结论吧。

马尔托夫办事,同往常一样,非常机敏,非常……“巧妙”。他一开始就说:“1907 年 6 月 3 日以后,在我们这里,人们就立刻开始细心地寻找掌权的资产阶级或占统治地位的资产阶级。”“六三制度是俄国工商业资产阶级统治的制度。这个公式,无论是上述的那班孟什维克作家(拉林,皮列茨基),还是他们的对立面——正统派布尔什维克,都同样接受了;正统派布尔什维克在 1908 年”写文章谈过“俄国资产阶级君主制的产生”。

请看，这岂不是“巧妙”之至吗？拉林责备马尔托夫，说他脚踏两只船，并且直截了当地、不支吾搪塞、不耍花招地承认，如果不重新改变“正统派”对该死的问题所作的回答，那就应当同取消派作斗争。

而马尔托夫却“巧妙地”在空中翻斤斗，企图使读者相信（这些读者在1910年8月完全没有可能听到另一方面所说的话）：“这个公式”，无论是拉林，还是“正统派”，“**都同样接受了**”！！

这种巧妙手段就是布勒宁式或缅施科夫式的巧妙手段[104]，因为不可能设想还有比这更无耻的……违背真理的行为了。

马尔托夫在同一个地方还写道：“在书刊上的辩论中，人们往往忘记了究竟是谁先‘开始的’。”不错，在**著作家的**辩论中，常有这种情形，因为那里谈不上对该死的问题作出明确肯定的回答。但是，我们现在所遇到的问题**恰恰**不是著作家的也**不仅仅是在书刊上的“辩论”**。这一点，这位把《生活》杂志的读者引入迷途的尔·马尔托夫知道得很清楚、很详细、很确实、很透彻。马尔托夫很清楚，“正统派”所作出的和拥护的肯定回答是什么。马尔托夫很清楚，拉林所反对的恰恰就是这种回答，他把这种回答称为“僵化的公式”，“建造空中楼阁”等等。马尔托夫很清楚，**他自己**和他的一切同道和同事都曾经驳斥“正统派”所作的肯定的回答。马尔托夫很清楚：“究竟是谁先开始的”；谁开始（和最后）作出确切的回答；谁只是讥笑和表示不同意，而没有作出并且现在还没有作**任何的**回答。

不能想象出有比尔·马尔托夫这个诡计更可恶更下流的诡计了！拉林以自己的直率和坦白刺痛了取消派外交家，因为他承认

（虽然过了一年半才承认），没有确切的回答是不行的。真理的光芒是刺眼的。于是尔·马尔托夫企图欺骗读者，把事情说成似乎拉林和正统派接受了“同样的公式”；其实前者的公式和后者的公式**是相互对立的**：从拉林的公式中**得出**袒护取消主义的结论，而从“正统派的”公式中却得出痛斥取消主义的结论。

为了掩盖自己的诡计，马尔托夫从“公式”中抓住**一个**字眼，断章取义（这是布勒宁和缅施科夫的拿手好戏）。马尔托夫硬说：正统派写文章谈过“俄国资产阶级君主制的产生”；而拉林则写道：在俄国根本谈不到什么农奴制度，政权已经是资产阶级的了，“**就是说**”，拉林的公式和正统派的公式是“**同样的**”！！戏法变完了。相信马尔托夫的读者被愚弄了。

实际上，正统派的“公式”，确切些说，正统派的回答却是这样：俄国的旧政权“在向资产阶级君主制**转变的道路上又迈了一步**”，而且捍卫的恰恰是这样一条资本主义发展的道路，这条道路“**要想保持的正是封建式**土地占有者的政权和收入”，——由于这种实际情况，“引起”20世纪初叶第一次危机的“经济生活和政治生活的**基本**因素”，“**正在继续发生作用**”。

拉林说：政权**已经**是资产阶级的了，因此只有赞成“僵化的公式”的人，才说封建主“还保持着政权”，因此过去的高潮的“基本因素”**就不**继续发生作用，因此应该建设一种新事物“来代替‘已成为不中用的旧事物’”。

“正统派”说：政权在向资产阶级君主制（不是一般的政权，而是君主制）转变的**道路上又**迈了一步，而实际的政权却仍旧保持在封建主手里，所以从前的趋势、从前类型的演进的“基本因素”“正在继续发生作用”，因此，那些说什么“已成为不中用的旧事物”的人，就是取消派，他们**事实上**就是自由派的俘虏。

两个公式，两种回答的对立性是明显的。我们面前有两个不同的**完整的**回答，从中可以得出不同的结论。

马尔托夫像布勒宁一样在变戏法，他借口说，**两种**回答都"**说到**"什么"资产阶级君主制的产生"。同样有理由可以借口说，两种回答都承认俄国的资本主义正在继续发展！**在**共同承认（一切马克思主义者和一切愿意成为马克思主义者的人共同承认）资本主义发展的**基础上，正在发生**关于资本主义发展的程度、形式、条件的**争论**。而马尔托夫却搅乱争论的问题，把无可争论的问题作为争论的对象！在**共同**承认（一切马克思主义者和一切愿意成为马克思主义者的人共同承认）旧政权**正沿着向资产阶级君主制转变的道路**发展的基础上，正在发生关于这个转变的程度、形式、条件、进程的争论，而马尔托夫却搅乱争论的问题（过去的因素是不是在继续发生作用？是不是容许放弃旧的形式？等等），把无可争论的问题作为争论的对象！

19 世纪和 20 世纪的俄国的政权，一般地是"沿着向资产阶级君主制转变的道路"发展的，这一点拉林没有否认，**任何一个**有责任能力的、愿意成为马克思主义者的人，至今都没有否认过。建议用"财阀的"这个形容词来代替"资产阶级的"这个形容词，是由于不正确地估计了转变的**程度**，但是**在原则上**却不敢否认：实在的"道路"，现实演进的道路，恰恰**就在于**这种转变。让他去说，1861—1904 年的君主制（也就是说，同当前的君主制相比，它无疑带有较少的资本主义性质），同尼古拉的农奴制时代相比，**不是**"沿着向资产阶级君主制转变的道路"迈了一步！

马尔托夫不但没有打算这样说，而是相反，他"附和"弗·米罗夫的意见，而弗·米罗夫反驳拉林时所援引的，恰恰是认为维特的改革以及60年代的改革，[105]都带有资产阶级性质！

现在让读者来判断米罗夫和马尔托夫的“巧妙手法”吧。起初，他们重复着“正统派”**一年半**以前用来反对马尔托夫和米罗夫的最亲近的朋友、同道和同事的理由来反对拉林；——而后，他们又硬要读者相信，拉林和“正统派”的“公式”是同样的。

这不仅是反对政治的文人习气的典型（因为政治要求肯定的直接的回答，而文人往往只是转弯抹角地说话），而且是把文风降低到布勒宁风格的典型。

马尔托夫引证了上面援引的拉林的话，即“如果……没有丝毫变化……那么就只有同取消派作斗争”，然后回答他说：

> “我们至今认为：我们的任务是由我们在其中活动的那个社会的社会结构所决定的，而我们的活动形式是第一由这些任务，第二由**政治条件**所决定的。因此，政权的社会性质对于决定我们的任务和活动形式，并没有**直接的**〈黑体是马尔托夫用的〉关系。”

这不是回答，而是空洞的遁词。马尔托夫又企图搅乱问题，企图把争论引向不发生争论的地方去。问题不在于政权的社会性质同任务以及活动形式有**直接的**还是**间接的**联系。就算这个联系是**间接的**，——既然承认有密切的不可分割的联系，那么问题就不会因此而有丝毫改变。可是马尔托夫又不敢说**一句话**来否认有密切的和不可分割的联系。他援引“政治条件”是为了蒙蔽读者。把“政权的社会性质”同“政治条件”对立起来，就好比我如果把人造的胶皮套鞋同雨鞋对立起来一样毫无意义！雨鞋，这也就是胶皮套鞋。除了人造的胶皮套鞋以外，就不会有其他的胶皮套鞋。政权的性质，这也就是政治条件。除了社会性质以外，政权就不会有其他性质。

结果我们看出：马尔托夫“说话”转弯抹角，避而不答拉林的问题。他所以避而不答，是因为他没有什么可以回答。拉林认为，对于“政权的社会性质”（说得更确切些，对于政权的经济性质）的见解同对于“任务以及活动形式”的见解有着密切的和不可分割的联系。在这一点上拉林是完全正确的。无论拉林，还是“正统派”，都意识到这种关系，并对此作了阐述。而马尔托夫（及其奴仆）却没有意识到这两种见解间的联系。因此马尔托夫不得不拿“雨鞋”来支吾搪塞、敷衍了事。

请听下去吧：

“这些孟什维克〈马尔托夫援引科甘在1907年《教育》杂志上的文章作**例子**〉多少明显地露出了这样一种思想：工人阶级正逐渐地、可以说是有机地‘长入’那个已得到立宪制度萌芽的‘法治国’①，就是说，资产阶级〈不是“财阀”吗？啊？〉六三特权正逐渐推广到广大的民主派中来。如果当前的带引号的‘取消主义’或当前的‘合法主义’的实际的原则基础果真如此，那么，这就是真正取消我们的传统，就是真正的、奉为原则的合法主义，就是在原则上同我们过去的一切决裂。我们也就应当同这种取消主义作认真的斗争了……难道我们一定会看到**爬入**革新的托尔马乔夫制度的改良主义者吗？”在这个地方马尔托夫又加了注释：“我当然〈！！〉不怀疑拉林有改良主义的倾向。”

我们所以需要作这段长篇摘录，为的是使读者弄清楚马尔托

① 这个从法语借用来的字眼也许不是所有读者都能懂得的，在我看来，这个字眼用得极不妥当。“法治国”——这是法文 pays légal的直译，它是指那些在国会中有自己的代表并享有民众所不能享有的宪法特权的阶级或者集团、居民阶层而言的。顺便说说，这对估计马尔托夫的动摇有特殊意义。他不愿承认1908—1910年的俄国“在向资产阶级君主制转变的道路上又迈了一步”。但是，他承认，“资产阶级”（而不是“财阀”）在1907年6月3日“已得到”“立宪制度萌芽”。谁能摸得着头脑啊！

夫的"手法"。他承认,科甘(经常同马尔托夫共同撰写重要"著作"的孟什维克)"多少明显地露出了"改良主义。他承认,**如果**改良主义真是取消主义的原则基础,那么,这就是"同过去决裂"。他喊出响亮的、引人注意的、娓娓动听的话来反对"爬入……的改良主义者"。末了,他要别人相信(你们猜他要别人相信些什么?):他**当然**"不怀疑"拉林有改良主义的"倾向"!!

要知道,这和爱德华·伯恩施坦的言论,让·饶勒斯的言论,或者拉姆赛·麦克唐纳的言论如出一辙。他们都"承认",有些"极端派""露出"……一种不好的东西,改良主义,自由主义。他们都承认,**如果**自由主义真是**他们的**政治的"原则基础",那么,这就是"同过去决裂"。他们都喊出响亮的、引人注意的、娓娓动听的话来反对"爬入……的自由派"。末了,他们都要别人相信:……他们"不怀疑"拉林之流……(我讲错了,请原谅),"不怀疑"他们的那些更公开的、更"右的"同志、同道、朋友、同事、同仁有自由派资产阶级的倾向。

问题的关键就在这里:拉林在上述论文中,叙述了最确凿、最真实的改良主义的观点"体系"!否认这一点,就等于反对明显的事实,等于抽掉改良主义这一个概念的全部含义。但是,如果你们要"驳斥"拉林,"斥责""原则上的"改良主义,喊出响亮的话来反对"爬入……",同时又几乎要别人相信你们"不怀疑"拉林有改良主义,那么,这样一来,你们就完全自我揭露了。这样一来,你们就完全证明,你们说你们"原则上"仇视"原则上的改良主义",这就像小商人卖货时发誓说:"请相信吧,凭良心说,这是亏本买卖"。

请相信吧,凭良心说:我斥责原则上的改良主义,**但是**,我不"怀疑"拉林有改良主义(这些**可疑的**正统派,真是令人厌恶!),并且在取消主义的实践方面我完全同意拉林。

当代俄国机会主义的“展开的公式”就是如此。

马尔托夫至今还被幼稚的人（或者不懂**新的**重新组合的底蕴的人）认做是一个“毫无疑问的”非取消派，请看他**本人**是怎样应用这个公式的吧：

> 马尔托夫在第9页和第10页上写道：“在所谓的‘取消派’的活动中表现出来的策略，就是这样的‘策略’，它以公开的工人运动作为中心，力求在一切可能的方面扩大这个运动，在这个公开的工人运动**内部**〈黑体是马尔托夫用的〉并且只在那里〈请注意：只在那里！〉寻找恢复党的生活的因素。”

这是尔·马尔托夫说的话。而这也就是**爬入**革新的托尔马乔夫制度的改良主义。“爬入”这两个黑体字，我是向同一个马尔托夫借用来的，因为重要的是：在上面所引的几句话里，他马尔托夫**事实上**鼓吹的**恰恰就是**爬行。不论你在进行这种鼓吹的同时怎样发誓说你反对“原则上的改良主义”，但是，**问题**并不因此而改变。事实上，马尔托夫既然说过：“只在那里”，既然说过：“作为中心”，那么，他执行的恰恰就是改良主义路线（在1908—1910年的俄国的特殊环境下）；至于赌咒，许诺，担保，发誓，那就让政治上的毛孩子去相信吧。

> “……19世纪50年代初期，马克思同维利希—沙佩尔的争论恰恰〈!!〉是围绕着关于秘密团体的意义和是否可能**由这些团体**来领导政治斗争的问题……　布朗基主义者〈在60年代的法国〉‘准备’应付这些事变〈应付波拿巴主义的破产〉，建立秘密团体，把单个工人封闭在这些团体里；而法国的马克思主义者支部……却跑到工人组织中去，建立工人组织，用一切手段‘争取合法性’……”

无论前一个例子还是后一个例子，**恰恰**都文不对题。50年代马克思同维利希的争论，60年代布朗基主义者[106]同马克思主义者的争论，**完全不在于**是否应当“仅仅”在“和平的和可以被容许的”(马尔托夫的文章,《生活》杂志第1期第10页)组织中寻找“恢复党的生活的因素”。这一点马尔托夫很清楚，他企图把读者引入迷途是枉费心机的。**这**两种争论都**不**涉及“恢复”工人政党的问题，因为当时不能争论关于恢复**那时候**还根本没有的东西。这两种争论恰恰是关于是否需要以**工人**运动为基础的**工人**政党，**阶级的**政党。维利希和60年代的布朗基主义者否认的恰恰是这一点，这是马尔托夫很清楚的，他企图谈论现在无可争论的问题，以此来**掩盖现在**正在争论的问题，这是枉费心机的。马克思**不仅**在50年代和60年代**从来**没有主张过**“仅仅”**在和平的和可以被容许的组织中寻找恢复或者产生党的生活的因素；而且**甚至在70年代末**，在资本主义的发展和资产阶级君主制的发展处于更高得多的阶段，马克思和恩格斯也对德国的机会主义者进行了**无情的**斗争，因为这些机会主义者取消了德国的“党的生活”的最近的历史，他们担忧“极端行动”，谈论“更文明的”运动形式(用当前俄国取消派的话来说就是“欧化”)，维护**“仅仅”**应当在“和平的和可以被容许的”组织中去“寻找恢复……因素”的思想。

马尔托夫写道：“我来总结一下。要给仍旧忠于马克思主义的孟什维克现在所做的事情找到理论上的根据和政治上的理由，只要指出下面这个事实就足够了：现时的制度就是专制制度同立宪制度的内部矛盾的结合；俄国的工人阶级已经成熟，它可以像西欧先进国家的工人一样，抓住这个制度中这些矛盾的阿基里斯之踵。”

马尔托夫这些话(“足够”)——**足够**使我们也来作出自己的总结了。马尔托夫认为“足够”的东西，无论立宪民主党人，还是一部分十月党人都是承认的。1911年1月《**言语报**》对问题的提法，就同 1910 年 8 月马尔托夫建议的提法一样:立宪制度同反立宪制度的矛盾的结合;两个阵营——一个拥护立宪,一个反对立宪。对于《言语报》**足够**的东西,对于马尔托夫也"足够了"。这里连**一点点儿**马克思主义也没有。这里马克思主义完全烟消云散,由自由主义代替了。我们有"矛盾的结合"这一点,对于马克思主义者来说**无论如何是不**"够"的。这种说法是不够的,它含有一点点真理和一大堆谬误,它掩盖了矛盾的底蕴,粉饰了现实,否认了摆脱现状的唯一可能的办法,——只有认识和了解这些以后,才算懂得了马克思主义。

旧制度同立宪制度的"矛盾的结合",这不仅在现时的俄国存在,而且在现时的德国,甚至在现时的英国(上院;在对外政策方面国王不受国民代表的约束等等)也存在。试问,如果政治家说,一个俄国人承认对于德国和对于英国都是正确的东西就"足够了",那么,这个政治家**实际上**(就是说不管有多么良好的愿望和善意的言论)是站在什么立场上呢?这个政治家**实际上**就是站在**自由派**即立宪民主党人的立场上。就连我国的稍微彻底的资产阶级民主派也不能而且也没有站在这样的立场上。马尔托夫的**结论**,即他用以概括取消派全部辩论的总结性**公式**,非常确切、异常清楚、详尽无遗地表示出这是打着冒牌马克思主义旗帜偷运私货的**自由派**见解。

如果自由派(不仅是立宪民主党人,而且还有一部分十月党人)说:要给我们的活动进行理论上的论证和政治上的辩解,只要承认旧制度同立宪制度的内部矛盾的结合,就**足够**了;那么,自由派仍旧完全忠于自己的观点。他们的这些说法提出了真正确切的自由派的公式,即 1908—1910 年(即使不是 1906—1910 年)自由派政治的公式。至于马克思主义者，当他阐明这个公式由于抹杀了俄国“矛盾”同英国矛盾、德国矛盾之间的原则性的、根本性的区别而是**不充分的和虚伪的**，只有这个时候，也只有这样，他才表明了自己的马克思主义。自由派说：“承认在我们这里有许多东西是同立宪制度相矛盾的，就足够了。”马克思主义者回答说：“这种承认是完全不够的。必须认识到，**对于**‘立宪制度’**根本**不存在起码的、基本的、重要的、本质的、必要的基础。自由主义的根本错误恰恰在于承认存在这种实际上并不存在的基础，这种错误说明自由主义的软弱无力，而产生这种错误则是由于资产阶级好心肠的软弱无力。”

把政治上的这种自相矛盾译成经济语言，可以表述如下。自由派认为：经济的(资本主义的)发展道路已经提出了，确定了，完成了；问题在于扫除**这条**道路上的障碍和矛盾。马克思主义者认为：**尽管**在经济演进方面有了这些无可怀疑的资产阶级的进步，如1906年11月9日(或1910年6月14日)的法令，如第三届杜马等等，这条已经提出的资本主义发展道路至今还没有使人走出绝境；还有**另外**一条**也**是资本主义发展的道路，这条道路能够把我们引上康庄大道，不管自由主义怎样动摇不定，怎样缺乏信心和怯懦畏缩，我们都要指出这条道路，都要说明、准备、坚持和实现这条道路。

马尔托夫同拉林争论，似乎他比拉林“左”得多。许多幼稚的人也就受了他的欺骗，他们说：当然，波特列索夫、列维茨基、拉林都是取消派，当然，他们都是极右派，像我们的鲁阿内之流一样，可是马尔托夫，马尔托夫嘛，却不是取消派！然而事实上，马尔托夫反对拉林、反对爬行的改良主义者的那些娓娓动听的话，只是为了转移视线,因为马尔托夫在自己的**论断**中,在自己的结论中,在自己的总结中,**恰恰**是支持拉林的。马尔托夫一点也不比拉林“左”,他只是比拉林更圆滑,更无原则,在用冒牌“马克思主义的”五花八门的陈词滥调来掩饰自己方面做得更狡猾。马尔托夫的论断是:承认矛盾的结合就“足够了”。这个结论正是拉林所需要的那种对取消主义(和自由主义)的**确认**。但是,拉林想把这个结论加以证实,加以证明,追根究底,使它成为原则性的结论。于是马尔托夫便对拉林说,正像福尔马尔、奥尔和其他机会主义的“老麻雀”对年轻的机会主义者爱德华·伯恩施坦所说的那样:“亲爱的拉林!……不,亲爱的爱佳(爱德华的小名)!你是头笨驴!可以这样做,但不能这样说。”“亲爱的拉林!我们两个人有取消主义的实际行动就‘足够了’,我们只要以自由主义的态度来承认旧制度同立宪制度之间的矛盾就‘足够了’,但是,请你千万别再前进一步,别‘深入下去’,别去寻找原则上的明确性和完整性,别对‘目前形势’作什么估计,**因为这样就把你我都揭露了**。我们可以做,但不要说。”

马尔托夫在教拉林怎样做机会主义者。

拉林对马尔托夫说:脚踏两只船是不行的;他要求对他们两人都珍视的取消主义作原则上的说明和辩护。

马尔托夫回答说:好了!要是你不会脚踏两只船,那你还成什么机会主义者呢?要是你力求对实际行动作明确的、直接的、清楚的原则性辩护,那你还成什么机会主义者呢?真正的机会主义者正是应该脚踏两只船,正是应该拥护“策略-过程”[107](请回忆一下1901年时期的马尔丁诺夫和克里切夫斯基),正是应该随波逐流,消痕灭迹,绕过任何原则性。现在伯恩施坦(在接受了福尔马尔、奥尔等人的教训以后）已经有做修正主义者的本领了，他**并不建议对正统派的**爱尔福特纲领[108]作任何修改。我和你也应当有做取消派的本领，**不建议**对**正统派**关于目前形势的“该死的问题”的正式回答（1908 年）[109]作任何修改。亲爱的可爱的拉林！要做一个真正的机会主义者，就应当在行动上，在自己的实践中，在自己的工作性质上**爬行**，而在口头上，在群众面前，在发言中，在报刊上，不但不要寻找袒护**爬行**的理论，而且相反，要大声叫喊说反对爬行者，要热烈地赌咒发誓说，我们不是爬行者。

拉林默不作声了。他的心灵深处大概不能不承认马尔托夫是一个更老练的外交家，是一个更精明的机会主义者。

还应当从另一方面来研究马尔托夫的总结性公式：承认旧制度同立宪制度结合的矛盾就“足够了”。请把这个公式同弗·列维茨基的**著名**公式比较一下吧：“**不是**领导权，**而是**阶级的政党”（《我们的曙光》杂志第 7 期）。列维茨基（——《我们的曙光》杂志的拉林）在这个公式中，只是更直接地、更公开地、更有原则地说出了波特列索夫用矫揉造作的话语所搅乱、掩饰和遮盖了的东西，在普列汉诺夫的最后通牒的影响下把自己那篇**反对**领导权的文章加以**整理**和修改。

马尔托夫的公式和列维茨基的公式是同一事物的两个方面。向假装不懂得领导权思想同取消主义问题的联系的马尔托夫解释这一情况，将是下一篇文章的主题。

附言：当我们收到载有尤·拉林《向右——向后转》一文结尾部分的《生活事业》杂志第 2 期时，本文已经付排了。尔·马尔托夫“当然不怀疑”尤·拉林有改良主义，可是拉林却在新的取消派的杂志上照旧明确地阐述改良主义。现在，我们只能把改良主义纲领的**要点**摘引如下：

“当人们简直不知道明天究竟如何，不知道自己的任务是什么的时候，就会处于张皇失措和犹豫不定的状态，——这种状态就是一种犹豫不定的等待情绪，就是模模糊糊地不知是希望革命重演，还是希望‘等着瞧’。当前的任务，不是在海边白白地坐等好天气，而是向广大阶层灌输这样的指导思想：在俄国实际生活已经进入的新的历史时期中，工人阶级应当组织起来，不是‘为了革命’，不是‘等待革命’，而只是为了在生活的一切方面坚决地和有计划地维护自己的特殊利益；为了通过这种多方面的复杂的活动来聚集和训练自己的力量；为了用这个方法来培养和积蓄社会主义意识；特别是为了在封建反动势力在经济上必然自取灭亡以后即将到来的俄国立宪革新时期，在俄国各社会阶级复杂的相互关系中善于确定方向〈辨明方向〉和保卫自己！”（第18页）

这一段话，确切地表达了拉林“纲领”的整个精神和整个含义，也确切地表达了《我们的曙光》杂志、《复兴》杂志、《生活事业》杂志等刊物、包括我们已经分析得“足够了”的尔·马尔托夫的**一切**取消主义著作的整个精神和整个含义。这一段话，就是最纯粹的、最完整的改良主义。我们现在不能来着重研究这一段话；我们在这里不能对这一段话作应有的详细分析。因此，我们只作一个简单的说明。左派立宪民主党人，非党社会主义者，小资产阶级民主派（如“人民社会党人”[110]）和那些愿意做马克思主义者的人们中间的改良主义者，都向工人们鼓吹这样的纲领：聚集自己的力量，培养自己，训练自己，维护自己的利益，这**只是**为着在即将到来的立宪革新时期保卫自己。这样的纲领大大削减、缩小、阉割工人阶级1908—1911年的政治任务，正如“经济派”阉割了1896—1901年的这些任务一样。旧“经济派”自欺欺人，喜欢援引比利时的例子（德·曼和布鲁凯尔的卓越著作不久以前说明了比利时人中间改良主义占优势的情况;关于这些著作,我们以后再谈);新经济派即取消派,喜欢援引奥地利在 1867 年以和平方式实行立宪的例子。无论是旧“经济派”,还是我们的取消派,都从欧洲工人运动和民主运动历史中挑出这样一些由于某些原因而造成工人软弱、不觉悟、依赖于资产阶级的例子、情形、事件,——并且拿这些例子来作俄国的榜样。无论是“经济派”还是取消派,都是对无产阶级传播资产阶级影响的人。

载于 1911 年 3 月《思想》杂志
第 4 期

译自《列宁全集》俄文第 5 版
第 20 卷第 186—207 页

论战性的短评

（1911 年 3 月）

波·波格丹诺夫先生在《我们的曙光》杂志第 2 期上发表的《手工业代表大会的总结》一文中作出了如下的结论：

“力求终止旧的地下工作而进入真正公开的社会政治活动阶段——这是标志着我国工人运动的最新阶段的新特征。”（第 73 页）“在社会生活尖锐化的时候，在莫斯科进行补选和第四届杜马进行普选的前夜，特别强烈地感到缺乏无产阶级政治上有组织的部队的影响。最近几年来，有组织的工人所进行的全部工作，都是沿着恢复这种独立政治力量的道路前进的。不管有意还是无意，这个运动的所有参加者都在日渐成为正在恢复的无产阶级政党的代理人。因此，无产阶级有组织的部队的任务，与其说是加速这个运动，过早地使这个运动形成和固定下来，不如说是按照这个运动的发展方向行动，使这个运动具有尽可能大的规模，吸收尽可能广大的群众参加进来，坚决终止无所事事的地下工作，终止地下工作的令人昏迷的状态。”（第 74—75 页）

直到现在，像“令人昏迷的”状态这类哀号，像“终止”这一状态的这类歇斯底里的叫喊和号召，我们只能在《新时报》这类报纸上看到，也许还能在诸如司徒卢威先生及其同伙这些凶恶的自由主义叛徒的著作中看到。直到现在，凡是稍微正派的、正直的政治报刊，都把下面这一点当做准则：不从一个舞台上攻击在这一舞台上无法保护的东西。一群取消派，其中包括波·波格丹诺夫、列维茨基、波特列索夫等等先生们，一年多来在有效地“克服”这种过时的民主主义的偏见，为自己的“坚决终止……”这类号召不断挑选的正是这种而且仅仅是这种保证取消派在这个问题上处于垄断地位的舞台。而我们只能把这种向“令人昏迷的状态”展开的“有装甲保护的”战争记录下来，并把这些斗士钉上耻辱柱。

波·波格丹诺夫之流、列维茨基之流、波特列索夫之流先生们指出工人力求公开活动，并作出**自己的**关于**工人**力求终止“令人昏迷的状态”的结论，这是在颠倒黑白。他们敢于这样颠倒黑白，是指望我们这些反对取消派的人无法说出波·波格丹诺夫之流这些先生们都知道的、证明工人在各种代表大会上都**义愤填膺地**公开**反对**那些主张“终止”的**知识分子**的事实。工人们在1911年初，正像在1905年初一样，坚决力求——可以说这是他们无上的光荣——进行公开的政治活动，但不论那时或现在，**工人**都没有起来反对“令人昏迷的状态”，他们过去和现在都不愿“终止”这种状态。至于说到力求“坚决终止”，正确的说法只能是说那些变节的知识分子在力求这样做。

的确，还是让读者好好思索一下下面这个事实吧。一伙著作家大谈特谈——特别是从1910年1月起——“**力求终止旧的**”而“**进入真正公开的政治活动阶段**”。这伙人光是在上述时期内就出版了20多期**自己的**杂志(《我们的曙光》、《复兴》、《生活》、《生活事业》)，至于单行本、小册子和在不是专门的取消派报刊上发表的文章，那就不用说了。可是，那些在政论界如此起劲地进行活动、如此坚定地说必须“坚决终止旧的”而“进入真正公开的政治活动阶段”的著作家，他们**自己**、**自己的集团**直到现在还不敢、还没有勇气“坚决终止旧的”而“进入真正公开的政治活动阶段”，那么提出“坚决终止”“令人昏迷的状态”这种纲领、政纲和策略，究竟是怎么回事呢??

这是一出什么样的闹剧？这是什么样的伪善行为？说什么要“恢复政治力量”，而且要铲除“令人昏迷的状态”，要求**终止**旧的，鼓吹“进行真正公开的政治活动”，而同时又不提出**任何**纲领、**任何**政纲、**任何**策略、**任何**组织来代替这种旧的！彼舍霍诺夫之流先生们和《俄国财富》杂志[111]的其他政论家先生们在很早以前（从1905—1906年起）就谈起了令人昏迷的状态和必须“进入真正公开的政治活动阶段”这一问题，而且**说到做到**，真正“坚决终止旧的”，真正提出“公开的”纲领、政纲、策略、组织，而为什么我国这些愿意成为马克思主义者的合法主义者连彼舍霍诺夫之流先生们的这种政治上的诚实都没有呢？

政治上的诚实，是强大有力的结果；政治上的伪善，是软弱无力的结果。彼舍霍诺夫之流先生们及其同伙在民粹派中强大有力，所以他们能真正“公开地”行动。而波·波格丹诺夫之流、列维茨基之流、波特列索夫之流先生们及其同伙在马克思主义者中间软弱无力，处处遭到有觉悟的工人的反击，所以他们伪善，躲躲闪闪，不敢**公开提出**“真正公开的政治活动”的纲领和策略。

彼舍霍诺夫之流先生们及其同伙在民粹派中间强大有力，所以他们能打着自己的旗帜来贩卖自己的货色。而波·波格丹诺夫之流、列维茨基之流、波特列索夫之流、马尔托夫之流先生们在马克思主义者中间软弱无力，所以他们不得不打着别人的旗帜来贩卖自己的货色。他们在知识分子的杂志（《我们的曙光》）上装得很勇敢并且不时喊叫：不要“等级制度”，“坚决终止旧的”，“进入真正公开的政治活动阶段”。而我国的取消派在工人面前的行径却如谚语所说的：“碰见好汉是绵羊”。

我们那些热情地崇拜“公开的政治活动”的英雄们，在工人面前恰恰**不公开**活动，不提出**任何**公开的纲领、策略、组织。由此可见，替手工业代表大会作"总结"的波·波格丹诺夫先生是在要聪明的外交手腕，他建议"不要加速"运动向着真正公开的政治活动发展，不必"过早地使这个运动形成"。看来，波·波格丹诺夫先生打算在工人面前**形成**自己的取消派计划的尝试失败了。变节的知识分子遭到了工人的反击，工人就是犯错误也比较直率，他们要求直接的回答（"终止旧的吗？那就公开而诚实地提出你们的新的来吧！"）。而波·波格丹诺夫先生却像克雷洛夫寓言中的狐狸一样自我安慰说：葡萄是酸的！[112]不必过早地形成——要终止旧的，不过终止时要在工人中间挥动这种旧的旗帜——不要急于建立新的。

你们会说这就是脚踏两只船。但这恰恰是一切机会主义的本质。这恰恰表露了**玩弄**马克思主义的当代资产阶级知识分子的本性。司徒卢威先生在1894—1898年玩弄马克思主义。波·波格丹诺夫之流、列维茨基之流、波特列索夫之流先生们在1908—1911年玩弄马克思主义。当时的"经济派"和现在的取消派，都是对无产阶级传播同样的资产阶级影响的人。

载于1911年3月《思想》杂志第4期　　　　译自《列宁全集》俄文第5版第20卷第208—211页

立宪民主党人和十月党人

(1911年4月2日〔15日〕)

臭名昭著的"内阁危机"和选举国家杜马新主席这件事[113]，一再提供了关于立宪民主党和十月党的社会性质和政治作用问题的材料。俄国的所谓自由派资产阶级已经千百次现了原形。读者从每天的报纸上，从上一号《明星报》上已经知道了他们的原形。但是作些总结不会是多余的，因为我们这里发行最广的立宪民主党报纸情愿"攻击"十月党人，而不愿对自己本身的行动进行**总结**。

让我们回想一下"人民自由"党在选举国家杜马新主席时所采取的行动。《言语报》在3月21日匆匆报道说："人民自由党党团已作出决定，如果米·阿列克先科被提名为国家杜马主席候选人，那就投票赞成。如果罗将柯被提名为候选人，党团就投票反对。"立宪"民主党人"是在为"左派"十月党人效劳。不仅如此。同一天的《言语报》社论还宣布阿列克先科是"受到大家尊敬的人"，并且竭力拥护**整个**国家杜马的如下观点：如果右派支持多数十月党人的候选人(即候选人阿列克先科)，那么，国家杜马也许会像起先接受候选人霍米亚科夫那样，"重新取得一致意见"。"这种一致意见就会表明，**整个**杜马都懂得当前的时机特别重要。"

《言语报》是这样写的。是"整个杜马"，正是如此。在第四届杜马选举时倒是应当常常想起这句话的！

立宪民主党人很清楚，右派在原则上主张杜马无权，民族党人[114]维护斯托雷平和破坏第87条的行为并为之辩护。然而，只是为了投票赞成阿列克先科，立宪民主党人情愿忘记一切，宣称“**整个**杜马”会取得一致意见，尽管他们也很清楚，工人代表**决不会**被第三届杜马“取得一致意见”这种说法所打动，就像他们在选举霍米亚科夫时没有被打动一样。

事情很清楚：在立宪民主党人看来，工人代表和劳动派都算不了什么。不要他们，但是要同右派、同马尔柯夫第二和普利什凯维奇在一起，第三届杜马就是“**整个**杜马”。**《言语报》的结论就是这样**。而它的这种议论倒是正确地划出一条经常被许多人曲解了的界限，这就是封建主和资产阶级（甚至是最“自由派的”即立宪民主党的资产阶级）为一方同农民和工人即民主派为另一方之间的界限。立宪民主党人说：我们不要民主派，但是要同右派在一起，这就是“整个杜马”。这就是说，立宪民主党人自命为民主派，他们在欺骗人民。这就是说，在立宪民主党人看来，封建主和资产阶级就是“我们”，而其他一切都算不了什么。

选举国家杜马新主席这个小问题，一再提醒我们注意一个相当重要的真相：立宪民主党人**并不是**民主派，而是渴望死硬派和十月党人的“整个”议会“取得一致意见”的自由主义温和派资产者。同十月党人**竞争**——这就是立宪民主党人同十月党人进行“斗争”的实质。立宪民主党人在同十月党人作斗争，这是没有疑问的。但是，他们同十月党人进行斗争，不是作为阶级的代表，不是作为比较广泛的居民阶层的代表，不是为了推翻十月党人所巴结的那个旧政权，而是作为十月党人的**竞争者**，想巴结的是**同一个**政权，想效劳的是**同一个**阶级的利益，想防止的是比较广大的居民阶层

(一般民主派,特别是无产阶级民主派)的苛求。不过巴结同一个政权的办法稍有不同——这就是立宪民主党人力求做到的事情,这就是他们的政策即自由派资产者的政策的实质。而同十月党人的这种竞争,为争夺**他们的**席位而进行的斗争,使立宪民主党人的斗争变得特别"尖锐"。这是因为右派和十月党人对立宪民主党人怀着**特别的仇恨**,特种的仇恨:"那些人"(民主派)要消灭他们,"这些人"(立宪民主党人)要把他们从主要地位降到次要地位;第一种前途引起的是势不两立的你死我活的战争;第二种前途引起的是**争夺地位的**斗争,是要阴谋的竞赛,是笼络同一个土地占有者-资本家的多数或者博得同一个旧政权的信任的手段的竞赛。

在选举新主席的时候,第三届杜马的情况清楚地表明了这个区别。

立宪民主党的"议会活动"的大事记录员在3月23日的《言语报》上继续赞扬阿列克先科,说他是一个"完全独立的人"(这就是那位对6月3日津津乐道的十月党人!),"自尊心很强"等等,等等。

请看,这就是立宪民主党人严格遵守的法制标准:不要反对6月3日,要反对3月14日。这使人想起美国的一句谚语:你偷一块面包,就让你蹲监狱,你偷一条铁路,就任命你当议员。

主持《言语报》的"议会活动"栏的利托夫采夫先生,在3月23日写道:对左派十月党人和立宪民主党人来说,"整整半天都在惊慌中度过:也许突然会表示同意"(罗将柯假装他拒绝提名)。

既然"也许罗将柯突然会表示同意"这个问题对**整个**第三届杜马如此密切、如此直接,那么立宪民主党人同他们对手的斗争怎么能不**尖锐**呢!

罗将柯表示同意了。选举的结果使得右派和民族党人笑逐颜开，拍手称快。“左派”十月党人和**立宪民主党人**则一言不发，一直保持沉默。他们在自己选择的舞台上竞赛失败了；他们不可能兴高采烈；他们**不得不**保持沉默。立宪民主党人投票赞成民族党人沃尔康斯基“以示抗议”。民主派，只有民主派，才响亮地、直截了当地、明白无误地声明，他们不参加第三届杜马新主席的选举，他们对“第三届杜马的全部活动”（沃伊洛什尼科夫的话）不负**任何**责任。

在选举的那一天，在杜马第86次会议上，在竞争者的竞赛会上，**讲话**的只有第三届杜马的首领罗将柯、布拉特和沃伊洛什尼科夫。其余的人都默不作声。

沃伊洛什尼科夫代表自己党团的全体同事公正地指出，立宪民主党人“由于自己政治立场的特点，总是把全部希望寄托在杜马内部的联合上”，并且嘲笑立宪民主党人是轻信的自由派。

立宪民主党人的政治立场和它的特点，取决于这个党的阶级本性。这是个反民主的自由派资产阶级政党。所以他们也就“总是把自己的全部希望寄托在杜马内部的联合上”。这从下面两种意义来说是对的：第一，从杜马内同杜马外的对立的意义上，第二，从代表“整个”第三届杜马的那些社会成分、那些阶级的“联合”的意义上。

在标志民族党人取得胜利的选举罗将柯的问题上，只有工人代表和劳动派发表了**不是**指望“杜马内部的”联合的声明，这个声明表明了一般民主派，特别是无产阶级民主派对**整个**第三届杜马、对六三政变、对十月党人和立宪民主党人一伙的态度。这个声明是给罗将柯和所有“他的”多数的一篇很好的就职祝词，是那些向另外某些人“负责的”政党给那个向第三届杜马和六三派“负责的”自由主义“反对派”的一个很好的警告。

载于1911年4月2日《明星报》第16号

译自《列宁全集》俄文第5版第20卷第212—216页

纪念公社

(1911 年 4 月 15 日〔28 日〕)

从巴黎公社宣告成立以来已经过去 40 年了。法国无产阶级按照惯例举行了群众大会和游行示威来纪念 1871 年 3 月 18 日革命的活动家们;而 5 月底,无产阶级又要向被枪杀的公社战士、惊心动魄的"五月流血周"的牺牲者的墓地敬献花圈,在他们的墓前再次宣誓,誓作不懈斗争,直到他们的思想完全胜利,他们的未竟事业彻底完成。

为什么无产阶级,不仅法国的无产阶级,而且全世界的无产阶级,把巴黎公社的活动家推崇为自己的先驱呢?公社的遗产是什么呢?

公社是自发产生的,谁也没有有意识地和有计划地为它作准备。对德战争的失利,被围困时期的痛苦,无产阶级的失业和小资产阶级的破产;群众对上层阶级和对表现出十足无能的长官的愤慨,在对自己处境不满和渴望另一种社会制度的工人阶级中产生的模糊的激愤情绪;国民议会的反动成分(这种反动成分令人为共和国的命运担忧),——所有这一切和其他许多原因交织在一起,推动了巴黎居民举行 3 月 18 日的革命,这场革命出乎意料地把政权转到了国民自卫军手中,转到了工人阶级和追随他们的小资产阶级手中。

紀念巴黎公社

——列寧這篇文章刊登於一九一一年四月二十五號『工人報』第四—五期——

列寧著
徐冰譯

1940 年《群众》杂志第 8 期所载列宁《纪念公社》一文的中译文

这是历史上空前未有的事件。以前，政权通常掌握在地主和资本家手中，即掌握在他们那些组成所谓政府的代理人手中。3月18日革命后，梯也尔先生的政府连同自己的军队、警察和官吏都逃出了巴黎，这时人民就掌握了局势，政权也就转归无产阶级了。但是在当代社会中，经济上受资本奴役的无产阶级如果不砸断使它受资本束缚的锁链，就不能在政治上实行统治。正因为如此，公社的运动必然带上社会主义的色彩，即开始力图推翻资产阶级的统治，推翻资本的统治，摧毁当代社会制度的**基础**本身。

起初，这个运动是一个成分极其混杂的、不定型的运动。参加这个运动的也有那些希望公社恢复对德战争并把它进行到最后胜利的爱国者。支持这个运动的还有那些如果不延期交付期票和房租（政府不愿给他们延期，而公社却给他们延期）就要遭到破产危险的小店主。此外，在初期，在一定程度上同情这个运动的还有那些担心反动的国民议会（"乡下佬"，野蛮的地主）会复辟君主制的资产阶级共和派。但是在这个运动中起主要作用的当然是工人（特别是巴黎的手工业者），因为在第二帝国的最后几年在他们中间进行了积极的社会主义宣传，而且他们中间的许多人甚至参加了国际[115]。

只有工人始终是忠于公社的。资产阶级共和派和小资产者很快就离开了公社：一些人被运动的革命社会主义的、无产阶级的性质吓坏了；另一些人看到运动注定要遭到不可避免的失败就离开了公社。只有法国无产者才无所畏惧地、不知疲倦地支持了**自己的**政府，只有他们才为了这个政府，也就是为了工人阶级的解放事业，为了全体劳动者的美好未来而战斗、而牺牲。

被昨天的同盟者抛弃的、无人支持的公社必不可免地要遭到失败。法国的整个资产阶级、所有的地主、交易所经纪人、工厂主、所有大大小小的盗贼,所有的剥削者都联合起来反对公社。受俾斯麦(他释放了 10 万名被德国俘虏的法国士兵来征服革命的巴黎)支持的这个资产阶级同盟得以唆使愚昧落后的农民和外省的小资产阶级来反对巴黎的无产阶级,铁桶般地围住了半个巴黎(另一半被德军包围了)。在法国的一些大城市中(马赛、里昂、圣艾蒂安、第戎等),工人们也作了夺取政权、宣布成立公社和解救巴黎的尝试,但是这些尝试很快都以失败告终。于是第一个举起无产阶级起义旗帜的巴黎只得依靠本身的力量,结果遭到了必然的失败。

胜利的社会革命至少要具备两个条件:生产力的高度发展和无产阶级的充分准备。但是在 1871 年,这两个条件都不具备。法国的资本主义还不够发达,法国当时主要是一个小资产阶级(手工业者、农民、小店主等)的国家。另一方面,还没有工人政党,工人阶级还没有准备和长期的训练,大多数工人甚至还不完全清楚自己的任务和实现这些任务的方法。既没有无产阶级的严格的政治组织,也没有广泛的工会和合作社……

但是公社最缺少的是观察形势和着手实行自己纲领的时间和自由。公社还没有来得及着手工作,盘踞在凡尔赛的政府就在整个资产阶级的支持下,对巴黎开始了军事行动。于是公社不得不首先考虑到自卫。一直到 5 月 21—28 日的最后时刻,公社始终没有时间来认真考虑别的事情。

尽管条件这样不利,尽管公社存在的时间短促,但是公社还是采取了一些足以说明公社的真正意义和目的的措施。公社用普遍的人民武装代替了常备军这个统治阶级手中的盲从工具;公社宣布教会同国家分离,取消了宗教预算(即国家给神父的薪俸),使国民教育具有纯粹非宗教的性质，这就给了穿袈裟的宪兵以有力的打击。在纯粹社会方面，公社来得及做的事情不多，但这些不多的事情毕竟足以清楚地揭示公社这样一个人民的、工人的政府的性质：禁止面包坊做夜工；废除了罚款这种法律规定的掠夺工人的制度；最后，颁布了一项著名的法令（指令），规定把所有被业主抛弃或停业的工厂和作坊转交给工人协作社以恢复生产。也许公社是为了强调自己真正民主的、无产阶级的政府的性质，决定行政机关和政府全体官员的薪金不得高于正常的工人工资，一年的薪金无论如何不得超过 6 000 法郎（每月不到 200 卢布）。

这一切措施足以清楚地说明，公社对于建立在奴役和剥削之上的旧世界构成了致命的威胁。因此，当巴黎市议会上空飘扬着无产阶级的红旗时，资产阶级社会是不能安然入睡的。当有组织的政府力量终于对组织得不好的革命力量占了上风的时候，被德国人打败而对战败的同胞大耍威风的波拿巴的将军们，这些法国的连年坎普夫之流和美列尔-扎科梅尔斯基之流进行了一次巴黎空前未有的大屠杀。大约 3 万巴黎人被野兽般的兵士杀死，大约 45 000 人被逮捕，其中许多人后来被处死，成千的人被流放服苦役和当移民。巴黎总共大约失去了 10 万个儿女，其中包括各个行业的优秀工人。

资产阶级心满意足了。资产阶级的头头、嗜血成性的侏儒梯也尔在他和他的将军们血洗巴黎无产阶级之后说道：“现在社会主义永远完蛋了！”但是这些资产阶级乌鸦的哇哇叫喊是徒劳的。公社被镇压后过了不过 6 年，当公社的许多战士还在苦役和流放中受折磨时，新的工人运动又在法国兴起了。新的社会主义的一代，用他们前辈的经验丰富了自己，但丝毫没有因为前辈的失败而垂头丧气,他们抓起了从公社战士手中倒下的旗帜,在“社会革命万岁! 公社万岁!”的呼喊声中举起这面旗帜,满怀信心地奋勇前进。又过了两三年,新的工人政党和它在国内掀起的鼓动,迫使统治阶级释放了被俘的、还被政府监禁的公社战士。

不仅法国工人,而且全世界的无产阶级都在纪念公社的战士。这是因为公社不是为某种地方性的或狭隘的民族的任务而斗争,而是为全体劳动人类、全体被损害和被侮辱的人的解放而斗争。作为社会革命的先进战士的公社,在无产阶级遭受痛苦和进行斗争的一切地方都得到同情。公社兴亡的情景,夺取了世界上一个首都并把它控制了两个多月的工人政府的面貌,无产阶级英勇斗争的场面以及它在失败后所遭受的苦难——这一切都振奋了千百万工人的精神,燃起了他们的希望,取得了他们对社会主义的同情。巴黎的隆隆炮声惊醒了无产阶级中还在酣睡的最落后的阶层,到处推动了革命的社会主义宣传的开展。因此,公社的事业并没有消亡;公社的事业至今活在我们每个人的心中。

公社的事业是社会革命的事业,是劳动者谋求政治上和经济上彻底解放的事业,是全世界无产阶级的事业。正是在这个意义上,公社的事业是永垂不朽的。

载于 1911 年 4 月 15 日(28 日)
《工人报》第 4—5 号合刊

译自《列宁全集》俄文第 5 版
第 20 卷第 217—222 页

论危机的意义

（1911年4月16日〔29日〕）

各报一直连篇累牍地谈论的臭名昭著的内阁危机和政治危机，提出了一些比最爱喧嚷的自由派所设想的更为深刻的问题。有人说：危机提出了破坏立宪的问题。实际上危机提出的问题是：十月党人和立宪民主党人对立宪的理解是不正确的，两个党在这个问题上是根本错误的。这种错误散布愈广，就愈要坚持不懈地说明这种错误。立宪民主党人愈是力图以自己对十月主义的责难作掩护来散布十月党人和立宪民主党人所共同持有的危机带有"立宪"性质的不正确想法，那么弄清楚目前已经暴露出来的这种共同性就愈加重要了。

让我们回忆一下《言语报》和《俄罗斯新闻》不久前关于第四届杜马选举口号的议论。立宪民主党的这两家主要机关报都硬要人们相信，将要面临和已经面临的问题是：拥护立宪还是反对立宪。

现在，请看一看十月党人的议论。格罗莫博伊先生在《莫斯科呼声报》（3月30日）上发表的《被掘开的蚂蚁窝》一文是一篇代表作。这位十月党的政论家，说服那些"害怕变成反对派"的、他认为是忠心耿耿地维护斯托雷平先生的人们，证明他们"走错了几步"。格罗莫博伊先生感叹地说："对立宪主义者来说，破坏立宪是弥天大罪。"实际上能说些什么呢？格罗莫博伊先生问道，并回答说：

“又说什么燧发枪、民族主义、意志冲动、国家需要吗？唉，这一切都听过了，后来没有应验的诺言也听过了。”

对于十月党人（以及对于那些对立宪民主主义精神理解最深、表达最清楚的《路标》文集作者们）来说，斯托雷平的政策曾经是诱人的“诺言”。十月党人承认，“诺言”并没有应验。

这是什么意思呢？

实际上，斯托雷平的政策并不是诺言，而是近四年来（甚至五年来）俄国生活中的政治上和经济上的实际措施。1907 年六三政变和 1906 年 11 月 9 日（1910 年 6 月 14 日）法令不是诺言，而是实际措施。在全国范围内有组织的贵族大土地占有者和工商业资本上层的代表，贯彻了和实现了这种实际措施。既然十月党的、莫斯科的（也就是说全俄国的）资本的呼声现在都说“没有应验”，那么，这也就是对政治史的一定阶段的总结，对通过第三届国家杜马、通过斯托雷平的土地政策等等来“应验”时代要求即发展俄国资本主义的要求的一系列企图的总结。十月党的资本家曾经认认真真、不遗余力、不惜生命、甚至不惜金钱来帮助实现这些企图，可是现在不得不承认：没有应验。

这就是说，问题完全不在于违背诺言，不在于“破坏立宪”，——因为把 1911 年 3 月 14 日法令同 1907 年六三政变截然分开是可笑的，——而在于通过十月党人和立宪民主党人所说的“立宪”是不能实现时代的要求的。

时代的这些要求通过“立宪”是不能实现的，尽管“立宪”使立宪民主党人（在第一、二届杜马中）占了多数，使十月党（在第三届杜马中）起了决定作用。既然现在十月党人说“没有应验”，那么，这种承认的意义，迫使作出这种承认的危机的意义，就在于立宪民主党和十月党的立宪幻想再次非常彻底地破灭了。

民主派推动了旧东西向前发展。立宪民主党人责备民主派“过火”,许诺通过和平“立宪”来实现新东西。可是没有应验。于是斯托雷平先生这样来实现新东西了:用改变了的形式来巩固旧东西,用死硬派地主和资本巨头的组织来巩固旧东西,用土地私有制代替村社来造就保卫旧东西的新阶层。“没有受到”暂时被压制的民主派“威胁”的十月党人,多年来都在同斯托雷平先生一起为实现这个任务而操劳。

可是没有应验。

那些说在俄国20世纪初这样迅速发生根本变化的时代里立宪幻想是徒劳而有害的人的话却应验了。

十月党人的第三届杜马、十月党人的“立宪”、十月党人同斯托雷平“和睦亲切相处”的三年并没有白白地过去;国内经济已向前发展,“右的”——各式各样“右的”——政党也发展了,扩大了,各自大显身手(并且已经竭尽全力)。

第三届杜马的土地政策,**确实**在俄国许多农村和穷乡僻壤发挥了作用,激发了长期积压下来的动荡不安情绪,大大揭露了并加剧了现存的矛盾,使富农变得横行霸道,使反对富农的人开了窍。第三届杜马起了作用。前两届杜马也起了作用,它们提出了许多美好的、善良的、天真的、微小的愿望。透过1911年的“立宪”危机的表面现象,可以看出1906—1910年的立宪幻想的破灭比以前要深刻得多。

实际上,立宪民主党人同十月党人臭味相投,因为他们都把自己的政策建立在这种幻想的基础上。这是自由派资产阶级的幻想,中派的幻想——中派“左翼”(立宪民主党人)和中派“右翼”(十月党人)的差别是非本质的,由于客观情况,两者都是注定要破产的。旧东西已被推向前进。不论中派左翼,还是中派右翼都没有实现新东西。至于谁来实现以及如何实现这种不能摆脱的、历史上不可避免的新东西,——这是一个悬而未决的问题。“立宪”危机的意义在于,掌握局势的十月党人承认这个问题**又成了**“悬而未决”,他们承认,甚至连自己的、看来最“稳重的”、商人式稳重的、小贩式清醒的、莫斯科式要求不高的期望也“没有应验”。“立宪”危机的意义在于,十月党人先生们的经验暴露了立宪民主党人提出的口号(谁拥护立宪,谁反对立宪)的极端狭隘、极端贫乏和极端软弱无力。

民主派证明这个口号是不够的。十月党用俄国历史的又一个阶段的经验证实了这一点。立宪民主党人不能使俄国的历史倒退到过去的那种天真的立宪幻想中去。

格罗莫博伊先生写道:“正统的十月党人焦急不安,声明退出常务局,他们不知如何对付自己的拥护立宪的同志。激动是没有用的。他们应当心平气和地认识到,真理在他们这边,这种真理是最基本的,是大家都承认的,维护这种真理不需要哥白尼之流和伽利略之流。他们应当心平气和地做自己的事,——承认非法行为是非法的,一定要不作任何妥协,否决非法的法律。”

格罗莫博伊先生,这是幻想!没有“哥白尼之流和伽利略之流”是不行的。你们的幻想“没有应验”,没有这样的人是不行的。

“……看一看这被掘开的、蠕蠕而动的蚂蚁窝——殷勤的报刊,殷勤的演说家,殷勤的代表〈格罗莫博伊先生,请讲完吧:还有殷勤的、奴颜婢膝的资产阶级〉,只能人道地怜悯他们,温和地提醒他们:为彼·阿·斯托雷平效劳已经不行了,——只能对他曲意逢迎。”

可是,彼·阿·斯托雷平并不是一个个体,而是一个类型,他不是孤立的个人，而是同贵族联合会在一起的“两位一体”。十月党人先生们曾经试图在存在杜马、实行“立宪”、执行托尔马乔夫式的破坏村社的资产阶级政策的条件下，用新的方式同斯托雷平和睦相处。如果说这种试图未能得逞，那完全怪不得斯托雷平。

“……可是要知道，人民代表的全部力量在于他们同人民的联系，如果他们〈右派十月党人〉由于这种支持〈支持斯托雷平和支持斯托雷平破坏立宪的行为〉的事实本身丢掉了自己的‘面子’，那么他们还会有什么价值呢?”

真是活见鬼了！十月党人竟说起“同人民的联系”是“人民代表的力量”来了！这当然是可笑的！但更可笑的是立宪民主党人在第一届和第二届杜马中的发言，他们一面说“同人民的联系”，一面又说什么反对地方土地委员会。立宪民主党人和十月党人说的可笑的话，本身并不可笑，而是意味深长的。这些话同现在说这些话的人的意愿相反，它们一再表明，立宪幻想的破灭是“立宪”危机的有益后果。

载于1911年4月16日《明星报》第18号

译自《列宁全集》俄文第5版第20卷第223—227页

英国社会民主党代表大会

(1911年4月16日〔29日〕)

许多欧洲的社会党都利用复活节(公历4月16日)举行自己的代表大会,如法国社会党、比利时社会党、荷兰社会党(它的机会主义部分)、英国社会民主党、英国"独立工党"[116]。我们想提请读者注意后两个党的代表大会所讨论的几个问题。

英国社会民主党(S.D.P.)第三十一届年会是在考文垂举行的。最值得注意的问题是关于"军备和对外政策"的问题。大家知道,近几年来英国和德国都在大大扩充军备。这两个国家在世界市场上的竞争愈演愈烈。军事冲突愈来愈迫在眉睫。这两个国家的资产阶级沙文主义报刊对人民群众发表了无数煽动性的文章,教唆他们去反对"敌人",号叫必不可免地要遭到"德国侵略"或者"英国进攻"的危险,大叫必须扩充军备。英国、德国以及法国(英国特别想把法国拖入战争,以便有一支大陆上的陆军去对付德国)的社会党人,非常注意战争的危险,全力反对资产阶级沙文主义、反对扩充军备、想方设法向无产阶级的最落后阶层和小资产阶级的最落后阶层说明这种完全为资产阶级利益服务的战争会带来什么样的灾难。

在社会党人中间,英国社会民主党的某些杰出领袖,其中包括海德门,是可悲的例外。海德门被英国资产阶级报刊关于"德国的危险"的喊声吓坏了，竟然主张英国必须扩充军备以防御敌人，声称英国需要强大的海军，认为威廉会发动进攻。

诚然，海德门在社会民主党内部遭到了反击，而且是强烈的反击。各地方小组通过了一系列的决议坚决反对他。

在考文垂举行的代表大会——或者用意义上与俄国说法不相当的英国说法"代表会议"——不得不来解决争论的问题。哈克尼（Hackney，伦敦东北部的一个区）小组的决议代表了坚决反对一切沙文主义的观点。这个决议要求坚决反对任何的扩充军备，反对一切殖民的和金融的侵略政策。社会民主党的中央机关报《正义报》[117]在关于代表大会的报道中只引用了这个（据说是"很长的"）决议的结尾部分。拥护这个决议的泽尔达·卡恩强调指出，近40年来正是英国执行了侵略政策，德国要把英国变成自己的一个省份是无利可得的，这种危险是不存在的。"英国海军的存在是为了保护帝国。社会民主党从来没有犯过像现在这样重大、这样严重的错误，人们现在把党同用战争吓人的沙文主义者同等看待了；卡恩说，由于犯了这种错误，英国的社会民主党人已把自己置于国际运动之外了。"

为海德门辩护的是整个党中央委员会（"执行委员会"），其中也包括——这一点真是不好意思说出来——哈·奎尔奇。他提出的"修正意见"就是这样说的："代表会议现在认为最近的目的就是维持足够的（adequate）海军来进行民族自卫"！……此外，当然也重弹了反对帝国主义政策、向资本主义宣战等等一切"动听的老调"。但是，不言而喻，这一切都被**一勺焦油**[118]毁坏了，即被资产阶级转弯抹角的、同时也是纯粹资产阶级沙文主义的那种承认必须维持"足够的"海军的论调毁坏了。这是发生在1911年，这时，英国的海军预算最清楚不过地表明一种无限增加的趋势;这又是发生在这样一个国家里,这个国家的海军"捍卫和保护着""帝国",就是说其中也包括印度,可是在印度,有近3亿居民受着英国官僚的掠夺和蹂躏,在那里,诸如自由派和"激进派"莫利(Morley)之流的"有教养的"英国国家要人,以政治罪**流放**和**鞭笞**土著居民!

奎尔奇是怎样进行卑劣的诡辩的,只要看看他发言中的下面一段话就可以知道了(根据登在《正义报》上的为海德门辩护的报道)!……"既然我们承认民族自治,我们就应当有民族自卫,——而这种自卫应当是充分的,否则它是无济于事的。我们反对帝国主义,不论是英帝国主义还是德帝国主义我们都反对;普鲁士统治下的各弱小民族憎恨它的专制,而受它威胁的各弱小国家,则把英国海军和德国社会民主党看做是自己唯一的希望……"

请看,走上机会主义斜坡的人往下滑得多快啊!帮助奴役印度(并不是很"小的"民族)的英国海军居然同保卫各族人民自由的德国社会民主党**相提并论**…… 泽·卡恩说得对,英国社会民主党还从来没有这样丢脸出丑过。英国社会民主党的被恩格斯早就指出和指责过的宗派主义性质[119],还从来没有暴露得这样明显,这一次甚至像奎尔奇这样的人也**轻率地转到**沙文主义者方面去了。

投票表决的结果相等:28票赞同"执行委员会",28票反对。为了取得不光彩的胜利,海德门和奎尔奇只得采取按小组表决的办法。表决结果是47票对33票。

社会民主党中有些人发出了最坚决的呼声,抗议自己队伍中的沙文主义;有一个非常强有力的少数派在进行严肃认真的斗争。"独立工党"的情况就要糟一些:这里的机会主义不足为奇。在这里，关于社会党人和工人是否应当拥护扩充军备的问题，人们在党的正式机关报《工人领袖》[120]（1911 年 4 月 21 日第 16 号）上发表的“讨论”文章里，完全是心平气和地在进行讨论。

伦敦的《前进报》的记者公正地指出，登在**彻头彻尾沙文主义的**报纸《每日邮报》[121]上的一篇**赞扬**社会民主党领袖英明的文章，是对社会民主党立场的最好批评。英国沙文主义报纸上的文章开头这样写道：“令人高兴地看到，不管我国社会民主党的某些思想是多么荒谬，不管它的某些理想是怎么也不能实现，但是至少存在着一个具有重大意义的问题，对这个问题，这个党所遵循的是理智，是人的健全的理性。”

在伯明翰举行的“独立工党”代表大会上，真正令人高兴的事情是：从这个党的队伍中发出了强硬的、坚决的呼声，抗议这个党特别是这个党的首领拉姆赛·麦克唐纳所采取的机会主义政策即依附于自由派的政策。当有人指责工人代表在下院很少谈论社会主义时，拉·麦克唐纳以处女般的、机会主义的天真对这种指责作了回答，他说“宣传性的讲话”在议会中是不大合适的。麦克唐纳声称：“下院的伟大作用，在于把我们在国内宣传的社会主义变成法律。”讲话人忘记了资产阶级的社会改良同社会主义之间的区别！他准备等待资产阶级的议会带来社会主义……

伦纳德·霍尔（Hall）在自己的讲话中指出：“1892 年成立独立工党时有一个特殊目的，就是要使只是自由派一翼的‘劳动选举同盟’（“Labour Electoral League”）的政策威信扫地，要同这种政策作斗争并取消它。我们埋葬了尸体（消灭了这个同盟），可是看来，它的阴魂在现代‘工党’中复活了。这个党的领袖在自己的讲话、信件、著作里宣扬的正是这个同盟的政策。”

独立工党的另一个党员，议员乔治·兰斯伯里（Lansbury），对议会的“工人”党团的政策进行了尖锐的批评，指出它对自由派的依赖性，指出它害怕“损害”自由派政府。兰斯伯里说：“我多次对工人代表的行动感到非常难为情，因此时时想辞去代表职务。自由派总想使议院忙于细小问题，而工人代表却不善于争取独立地位。”兰斯伯里又说：“我不知道，无论自由派还是托利党人，有什么时候不提出某个‘重要’问题来挤掉群众的穷苦、贫困问题。我待在下院里，在我眼前呈现出在博乌和布朗利〈伦敦东部的两个贫民居住区〉贫民窟里日复一日地劳动着的男女工人的形象，是他们把我选进议会的。他们进行了工作，选我当代表，因为他们认为我不像自由派和托利党人。他们派我来，是要我再三提出贫困的问题……　我向你们呼吁——讲话人对代表大会说——在下院成立坚强的政党，成立绝对不向自由派和托利党人作任何让步的政党。当自由派行为恶劣的时候，我们对他们应当像对待保守党人（托利党人）一样不加宽恕。从事劳动、受苦受穷的工人既不对自由派抱什么希望，也不对托利党人抱什么希望；他们唯一的希望，他们唯一的救星是他们自己组织起来的力量……　我们必须向伦敦贫民窟的工人表明，我们甚至在议会里也是忠于我们在议会外所讲的话的，这就是，自由派和托利党人是人民的敌人，社会主义是人民唯一的希望。”

兰斯伯里的讲话多次被代表大会的雷鸣般的掌声所打断，讲话结束时全场对讲话人报以真正的欢呼。这种讲话在德国是司空见惯的，在英国却是新鲜事。而当开始发表这种讲话的时候，当“独立（遗憾的是，常常对社会主义独立，对自由派依赖）工党”代表大会上的工人代表鼓掌欢迎这种讲话的时候，我们就有权作出结论说，无产阶级的斗争精神**在英国**也战胜了诸如麦克唐纳这样的机会主义者议员的外交手腕。（附带说说，这个麦克唐纳不久前曾向准备加入资产阶级内阁的意大利改良主义者表示他完全同情他们，并表示自己嫌恶“枯燥的理论”。）

霍尔、兰斯伯里等人的讲话并没有改变“独立工党”的政策。这个党的首领还是麦克唐纳，它的政策照旧是机会主义的。资产阶级对无产阶级的影响是强大的，特别在各民主国家中是如此。可是这些讲话并不是不留任何痕迹的，它们在消除资产阶级和机会主义者的影响。只有英国人创办起日报（**两个**党都在认真地考虑这一点），——这样的而且只有这样的讲话才会赢得工人阶级的同情。现在，包括俄国在内的各国自由派看到机会主义在英国工人运动中占统治地位，都兴高采烈，笑逐颜开。但是——“谁笑在最后，谁笑得最好”。

载于1911年4月16日《明星报》第18号

译自《列宁全集》俄文第5版第20卷第228—233页

合法派同反取消派的对话[122]

(1911 年 4 月 29 日〔5 月 12 日〕)

合法派:我觉得,社会民主党报刊上同取消派的斗争和争论的极端尖锐化,使人们感情过分激动,并且有点模糊了分歧的实质。

反取消派:难道不是相反吗? 斗争的尖锐化不是由深刻的思想分歧引起的吗? 莫非你们也转到企图用空话和冠冕堂皇的庸俗论调来填平鸿沟的"动摇分子"(也可以说是"调和分子")的阵营里去了?

合法派:噢,不,我丝毫不愿意搞"调和"。恰恰相反。我的意思是说,取消派的觉悟不够,因此坚定性也不够。他们还在摸索前进,还在自发地(如果可以这样说的话)成长。他们还不敢拿定自己的主意。因此,造成了他们的不彻底、自相矛盾和动摇不定,而对方则认为这是伪善,是同秘密党进行斗争的欺骗手段,等等。于是,就吵起架来了,广大群众也不了解是怎么回事,尽管这场争论是为他们进行的。假如取消派中少一些老练的外交家,多一些自信心,他们就会更快证明自己是正确的,而把你们彻底击溃。

反取消派:梦是可怕的,但……很想听听你的论证。

合法派:我深信,取消派是正确的。他们应当接受给他们起的合法派的绰号。我们接受这个绰号,并且表明,正是合法派对俄国当代工人运动的该死的问题作了从马克思主义的观点看来是唯一正确的回答。你承认不承认，目前这个时期是俄国经济和政治发展的一个独特阶段？

反取消派：承认。

合法派：你只是口头上承认，就像你们臭名昭著的“十二月”(1908年)决议那样。如果认真考虑一下这样的承认，那么它就意味着，第三届杜马中的社会民主党党团的公开存在不是偶然的，而是“目前形势”的不可分割的组成部分。当前政治条件的全部总和，工人运动的条件的全部总和就是：公开的**合法的**社会民主党杜马党团是可能的、必然的，公开的**合法的**工人社会民主党也是可能的、必然的。

反取消派：这种从社会民主党杜马党团跳到工人社会民主党的飞跃，不有点儿冒险吗？

合法派：一点儿不冒险。全部问题只是在于，社会民主党在第三届杜马中的存在形式是外界提供我们的，我们只好接受，也可以说是走进一个现成的房间，而合法的工人党的存在形式，就要自己去寻找了。这就需要主动精神，需要为创造新的形式而斗争。你们轻蔑地称之为取消派的那些人，已开始了这个斗争，走上了新的道路，但遗憾的是，只用一条腿走。遗憾的是，他们还胆怯，总是回头张望，只采取一些不彻底的办法。在开始走上新的道路的时候，这是不可避免的，随它去好了，既然开始走了，就要继续走下去。头几步的犹豫不决就会消失，错误就会得到纠正。

反取消派：妙极了。是否费心说明一下，这是些什么错误，怎么个纠正法？

合法派：我很愿意说明。不能预料，明天的合法的工人党究竟是个什么样子，但是不能不看到工人运动发展的总趋向。我认为这种总趋向就是这样，我可以大胆地描绘一下合法党的情景，我也知道实际情况不会完全是这样，但**大致会是这样**。为了给你描绘这个情景，我根本没有必要去进行"创作"。我只要仔细看看实际生活的教训，看看在革命后的新的条件下的工作经验。我只要总结一下这个经验，去掉细枝末节，抓住基本线索就够了。杜马中有合法的工人代表。有合法的社会民主党党团。这个党团遭到迫害，受到密探监视，不能集会，它的有经验的人被抓走，它的成员或许明天就被投进监狱和发配流放地，——合法党决不会如你们那些目光短浅的拥护者所想的那样能排除法庭和警察的迫害。然而，尽管遭到迫害，合法党团还是存在。合法的工会、俱乐部、合法的马克思主义杂志和周刊，都还存在，——它们受到的迫害更加厉害，屡遭查封，被罚款压得难以维持，它们的编辑做一个月的编辑工作可能要坐一个半月的牢，工会经常被解散，尽管如此，它们还是存在。请深思一下这个事实吧。没有合法工会、合法的马克思主义报刊、合法的社会民主党代表，是一回事；那是1905年以前的情况。有它们存在，**尽管**不断受到迫害，尽管经常遭到查封，则是另一回事；这是1907年以后的情况。这就是新情况。要善于抓住这个"新情况"，把它扩大，加强，巩固。

反取消派：你一开始就答应要比以前发表议论的那些合法派更勇敢、更彻底，但是，你现在还只不过在重复一切取消派早已讲过的那些话。

合法派：我已经说过，只要仔细观察一下实际生活的经验，自然就会很清楚彻底的、坚定的合法主义的情景。实际上，合法的工人社会民主党的所有各个因素都已经存在。应当大声地、直截了当地说出实际存在的东西。应当无所畏惧地承认，这些分散的因素虽然不会今天明天就集合起来，但一定会集合起来，这样的党一定会出现。应当把它建立起来，它也一定会建立起来。它将遭到迫害，但它一定会存在下去，——没有合法的工人政党的年代过去之后，是合法的工人政党不稳定的存在（由于受到重重迫害而中断存在）的年代就要来到，而后，在俄国，纯欧洲式的合法的社会民主党的年代就会来到。合法的社会民主党存在的年代已经来到了，它已经比你们百分之九十九遭到破坏的地下组织**现实些**。为了把合法派彻底团结起来，使他们的活动更有信心，更有秩序，更加坚定不移，应当敢于说出实际存在的东西，敢于如实地说出这个现实，敢于提出口号，举起旗帜。任凭法庭和警察把它从我们手里夺去，哪怕夺去几十次，也**不能**把它消灭，不能把它长期夺去，因为它概括了实际存在的、正在成长的、不能不成长的东西。

反取消派：别离题，别离题。不然我要提醒你注意一句俗话：唱得倒好听，可是天晓得做不做。你答应直截了当地说话。那么好吧，你就直截了当一点、具体一点地说吧：你们的旗帜上要写些什么？

合法派：我正要说这个。我们正在建立一个合法的工人运动促进协会。这个协会的原则基础是马克思主义。协会的目标是依据马克思主义的原则改造社会生活条件，消灭阶级，消灭生产中的无政府状态，等等。合法党即我们协会的最近目标，是实行国家制度和社会制度的彻底民主化；根据马克思主义观点、沿着民主方向促进土地问题的解决；实现最广泛的工人立法。最后，新协会的活动手段，是采取一切合法的宣传、鼓动和组织手段。

反取消派：你是否设想，我们的政府会准许这种协会登记吗？

合法派：别担心，我决不至于幼稚到去作这样的设想。当然，我们的协会是登记不上的，但也不能认为它是不合法的，我们的任务也就在这里。在每个省，工人将一个接着一个地去草拟这种协会的章程并呈请当局批准。这将是为争取合法地位进行的彻底的、不屈不挠的斗争。不能因为我们现在的所谓的党的纲领中的“可怕”条文而去迫害这种协会的创办人和成员，因为俄国社会民主工党目前只是所谓的党，它纲领中的诸如共和国、无产阶级专政等“可怕”条文（更不用说许多决议中的关于武装起义等等的“可怕”条文）吓不倒任何人，没有任何意义，不起任何作用，如果说起了什么“**作用**”，那就只是起了使一些**实际上**没有做任何违法事情的人去服苦役的“作用”。这就是问题关键之所在，这就是目前党内状况的悲喜剧。僵死的东西抓住活的东西。各种决议和旧党纲中陈旧的、实际上被生活否定的、不再使用的和事实上已经送到档案馆里去的“条文”，只是为我们的敌人服务，只是有助于扼杀我们，而对目前的现实运动、对现在**正在进行的**，即在第三届杜马中，在合法的报刊上，在合法的工会、合法的代表大会等等上进行的**真正的**社会民主党的工作，却根本没有任何好处，绝对没有任何好处。正因为如此，我们合法派认为，问题的**实质**决不在于摆脱最可怕的迫害和惩治（就像你们的——请原谅我这样说——在迫害取消派方面训练有素的拥护者所要断定的那样），而在于第一是公开的工人运动的**原则**意义，第二是利用现存制度的矛盾的**原则**意义。是的，旧教徒先生，马克思主义的原则决不在于背诵词句的多少，不在于必须永远遵守“正统的”公式，而在于促进广泛的工人运动，促进群众的组织和主动性。即使有些话“**没有全说出来**”，但我很清楚，你和你的拥护者们是会专门把社会民主党杜马党团、合法杂志等等没有全说出来的话“全说出来的”，——即使有些话“**没有全**

说出来”，但事业将会向前发展。更广泛的工人阶层将被卷入运动。对于总结公开行动，将会迈出决定性的一步。每个觉悟的工人将会抓住**恰恰是**压迫他们的制度所固有的、当前对它最突出的那个矛盾，即在形式上承认法制和实际上否认法制之间、在“准”社会民主党杜马党团存在和“不准”社会民主党存在的尝试之间、在正式声明中承认工会和在实际生活中迫害工会之间的矛盾。马克思主义的**活的灵魂**就在于抓住压迫无产阶级的这个制度的矛盾，而不在于僵化了的公式。这也就是德国社会民主党取得成功的主要原因之一，我甚至可以说是基本原因之一，即它能够随时为运动而牺牲**公式**。它能够在 1871 年以后建立一个在纲领中只承认“合法”政治活动方式的党。它能够开展世界上最强大的社会民主主义运动，而它的社会民主党纲领比我们的要“**合法**”得多，因为纲领没有提并且从来没有提过共和国。而你们，你们却准备在典型激进的**没有**群众性的社会民主主义组织、没有群众性的社会民主主义运动的情况下，向全世界显示“典型激进的”社会民主党纲领的样板。

反取消派：如果在每个省，每个觉悟工人都把你的合法马克思主义“协会”的草案抄录下来并呈请批准的话，那么，到现在为止，你的计划所产生的，实际上只是处理协会团体事务的机关里的一个收发公文的“群众运动”。既然你自己也说，这个协会不会得到批准，那么任何公开的运动，甚至任何“公开的”协会，除了只能在你们合法派的幻想中出现以外，在任何地方都不会出现。但在详细回答你以前，我想再问一下，你是否设想这个合法的马克思主义“协会”是**代替**旧的即现在的党而存在，还是同它**并存**？

合法派：对，对。你涉及了一个很有意义的问题！这也就是取消派的正式领袖们的一个可悲的错误。他们不敢沿着绝对正确的道路迈出一大步，同时却又向机会主义方面迈出极其冒险的、对事业毫无用处的许多步。我要说：可以做合法派，不要当取消派。应当做合法派，不要当机会主义者。必须承认合法的运动**形式**，不是承认一半，不是只在口头上承认，而是切实地、在行动上承认，就是说，立即建立合法的马克思主义工人政党，但放弃革命是不能容忍的机会主义，而我们许许多多（即使不是大多数）取消派，却都流露出这种放弃革命的情绪。放弃领导权就是机会主义，这是我坚决斥责的。我们不需要放弃什么东西，不需要取消什么东西。新的、合法的党应当**和旧的同时**并存。它们将会互相补充。

你笑什么？这没有什么可笑的。你一定会说，这是“骑墙态度”。我倒要问问你：难道合法报刊和秘密报刊同时并存，不是与我的计划，确切些说，与我从目前经验的一切教训中得出的结论完全类似的现象吗？如果说在1905年以前，侨民不能在合法报刊上发表文章，当时一些刊物由于登载了侨民即使是用笔名发表的文章而被查封，那么现在，大家都很熟悉的侨民**用自己的名字**在秘密报刊和**合法**报刊上发表文章了，这不是很能说明我们这个矛盾的时代吗？这种“骑墙态度”你是容许的啊！这种态度不会产生任何“骚乱”。仅仅由于墨守成规，完全由于墨守成规在妨碍你懂得这种“骑墙态度”是我们时代的一切条件决定的；应当掌握时代的矛盾，应当善于站到发生目前重大事变的这个基础上来，**只有**站到这个基础上来。“秘密工作和合法工作相结合”，你们**口头上**都承认。你们也要在行动上加以承认。说了一，就不要怕说二。既然在策略上和一般组织上承认基本论点，就不要怕在**党的**组织上承认这个论点。最后，你们要坚决地、认真地、真诚地放弃这种荒谬的、反对合法地位的无政府主义偏见。

反取消派:这也正就是你们不幸之所在:你们在玩弄合法地位,你们"在搞合法化",而德国人依据的是真正存在的合法地位。合法报刊和秘密报刊的例证非常鲜明地反驳了你们。秘密的社会民主党人在合法报刊上发表合法报刊允许发表的东西,他不是在玩弄合法地位,而是真正利用在某个狭小范围内确实存在的合法地位。而你们的合法的工人政党,或马克思主义协会(和取消派的"公开的工人政党"一样,你们**实质上**同取消派没有任何区别),只不过是合法的幻想,因为你们自己承认,谁也不会批准这种组织,这种所谓的"合法"协会**实际上**是不可能合法存在的。正像无政府工团主义者都在做"革命体操"一样,你们都在做"合法体操"。如果立宪民主党人那里合法地存在着一个并非合法存在的党,那原因并不在于立宪民主党人掌握了矛盾的形式,而在于他们的工作**内容**没有丝毫革命性,他们没有在群众中进行任何民主组织活动。他们的工作内容是自由主义君主派的,因此专制制度能够批准、能够容忍这种政治活动。而马克思主义者在工人阶级中间的活动,专制制度就不能容忍,企图用改头换面的手法来促进事业是天真的想法。而你们的"合法协会"也和取消派的"公开的工人政党"一样,正是**冒名的**协会,是玩弄化装把戏,因为实际上,你们指靠的是社会民主党人。你们为了确定你们"协会"的目标、纲领和策略而选用的含糊不清、模棱两可的提法,是口头上的掩饰,是纸上的自卫,同样还是那种合法的体操。我们党应当在杜马中发表演说,建立**合法**工会,在合法的代表大会上进行活动,否定这些,就是无政府主义或知识分子的虚无主义,估计到新时代的新条件就要承认**这种**活动。但是,政治活动的**合法地位**还谈不到(知识分子机会主义者除外），因为还没有争得这种合法地位的条件，想“爬入”合法地位的幻想是枉费心机的。在1871年以前，德国人那里的这种合法地位已经完全形成，对国家的资产阶级改造已经全部完成，直接革命运动的条件已经完全消失：正是由于这些**客观**条件，而不是由于德国社会民主党人的手腕高明，**真正**合法的而不是玩弄合法地位的、不是做“合法体操”的社会民主党才**能**建立起来。

从这种合法党的纲领、决议等等**抄录**这些或那些合法条文，把这种“合法地位”搬到俄国来——这是天真的幻想，无聊的游戏，因为你们不能**把**德国业已完成的资产阶级革命、德国彻底实现了的民主主义的历史、德国60年代的“来自上面的革命”[123]、德国**实际上**的合法地位**搬到**俄国来。在有些君主制国家里，共和党是合法存在的；在我们俄国，在完成了资产阶级革命，建成了欧洲那样的资产阶级制度以后，合法地位实际上将是个什么样子，这要在行将到来的战斗结束以后才能看得出来，这要取决于这些战斗的结果。而社会民主党的当前任务是善于在六三制度时期这种特殊条件下，使自己和群众做好迎接革命的准备。

在这种条件下，合法的工人阶级政党，公开的工人政党，是句空话，这种空话的实质是机会主义合法派集团的……**合法化**。“人民社会党”的**这种**合法化是事实。我们合法的、取消派的报刊工作者集团的**这种**合法化是事实。抱有脱离革命、不要领导权思想的机会主义分子倾向于这些集团，不得不倾向于这些集团，这不是偶然的，而是必然的，这不是由于某些取消派的“错误”，而是由于所有知识分子取消派集团的社会成分。把合法派和这些人区别开来，**只是一个善良的愿望**，实际上他们是分不开的。我们这个时代的客观条件就是这样：“人民社会党”的合法化，取消派著作家集团的合法化是可能的，必然的，而工人政党的合法化只是一句空话。

工人阶级的秘密党是存在的，即使现在它遭到严重的、极其严重的削弱，它的大部分组织遭到瓦解，这也没有危及它的存在。一些小组和集团一次又一次地在把革命的地下组织恢复起来。问题在于，什么样的组织力量，什么样的思想传统，什么样的党，能够影响而且将会影响杜马中的工人代表、工会工人、俱乐部工人和各种合法代表大会的工人代表的公开行动：是革命的无产阶级政党——俄国社会民主工党，还是机会主义的取消派著作家集团。这就是“同取消派作斗争”的**现实**内容，这就是在这场冲突中在双方之间形成一条鸿沟的客观基础。任何善良愿望，合法派和取消派之间的任何字面上的区别，都填不平这条鸿沟。

载于 1911 年 4 月 29 日(5 月 12 日)
《争论专页》第 3 号

译自《列宁全集》俄文第 5 版
第 20 卷第 234—244 页

对弗·维·阿多拉茨基的文章《论新自由主义。评帕·诺夫哥罗德采夫〈现代法律意识的危机〉一书》的意见[124]

（不晚于1911年4月）

我认为，文章应按如下方针修改：

（1）要向读者更确切地、更具体地阐明问题在哪里，诺夫哥罗德采夫说了些什么（不要以为这一点大家都清楚了）。

（2）要更认真地、更详尽地评论诺夫哥罗德采夫的现代自由主义——人民主权论（即它在历史上的革命意义；教授们抹杀这个意义；现在否定这个理论是反动的）。

（3）大大压缩关于马克思主义和唯物主义同唯心主义对比的一般理论部分。

（4）作文字上的润色（文章的有些地方简直像草稿、提纲、笔记）。

（5）考虑篇幅。

文章中有些部分极不相称。不像文章，也不像**书**。

在《**思想**》杂志上至多发表两篇各为10—12印刷页的文章。

写成书,就要像阐述历史唯物主义那样详细阐述所有其他的章节。

译自《列宁文集》俄文版第 37 卷
第 15 页

“遗憾”和“羞耻”

(1911年5月7日〔20日〕)

任何危机都揭示现象或过程的本质，扬弃表面的、细微的、外部的东西，暴露所发生的事情的更深刻的基础。例如，就拿经济现象方面最平常、最不复杂的危机——各种罢工来说。这种危机最能暴露各阶级间的实际关系、当代社会的真正性质、最广大的居民群众屈从于**饥饿**的影响，少数有产者为维持自己的统治而诉诸有组织的暴力。再拿工商业的危机来说，这种危机最明显不过地驳斥了“利益协调”的辩护士和传道者的各式各样的言论，最突出不过地彻底暴露了当代的、资本主义制度的机制，即彻底暴露了“生产的无政府状态”，生产者的分散状态以及一人反对大家和大家反对一人的战争。最后，拿战争这种危机来说，一切政治制度和社会制度都要受“火与剑”的检验和考验。每一个民族的制度和秩序的强大和虚弱，可以由战争的结局和后果来判定。在资本主义制度下，国际关系的实质就是公然掠夺弱者，这已经十分清楚地显露出来了。

我国臭名远扬的“议会”危机的意义，也在于它揭示了俄国整个社会制度和政治制度的**深刻**矛盾。遗憾的是，这次危机的多数参加者和当事人——部分是有意识地，部分是由于考虑不周或受因循守旧的习惯和传统的支配——不仅没有打算**解释**这次危机，指出危机的真正原因和意义，反而空话连篇地竭力掩饰这次危机。第三届杜马的"重大日子"，即4月27日同斯托雷平进行辩论的日子，成了"议会"空谈的重大日子。但是，不管斯托雷平本人、他的朋友和对手的空话怎样滔滔不绝，还是没有能够**掩盖**事情的本质。所以，我国的各种日报愈是重复自由主义的空话，登载一些细枝末节，玩弄法律程序，来转移读者的注意力，再一次总的回顾一下4月27日展示出来的危机情景就愈为合适。

斯托雷平的演说的基调，是维护"君权"，不让它有任何的"缩小"。斯托雷平说："第87条的意义就在于它确定了君权，缩小它的意义，就要开创令人不快的先例。"斯托雷平起来反对"损害最高当局在议会解散前发生非常情况时运用第87条的权利"。斯托雷平说："这种权利不容否定，它是以现实条件为依据和以现实条件为基础的。""对这种权利的任何其他解释都是不能容许的，这会损害法律的意义和观念，使君主应用非常法令的权利化为乌有。"

所有这些话都非常清楚，而且都不是空话。问题提得很无耻——"很现实"。君主和缩小……的企图。如果发生该由谁最后解释权利的意义的争论，那么，解决这一争论的是力量。所有这些话都非常清楚，而且都不是空话。

与此相反，马克拉柯夫的"激动的、热烈的、充满激情的、充满自信的"责备，倒是纯粹的空话和卖弄，是法律上的虚构。他说他听到一些人以君主作借口，"感到非常遗憾，非常羞耻"(4月28日《**言语报**》第4版的报道)。马克拉柯夫以整个所谓"立宪中派"的名义(即以立宪民主党人和十月党人的名义)维护通常虚构的立宪君主制。但是立宪民主党的或立宪民主党—十月党的"维护"无非是空谈。既然问题在于力量，那为什么又要感到遗憾和羞耻呢?

希望立宪的资产阶级感到遗憾的是君主不让立宪，并为此而“感到羞耻”。君主“感到羞耻”的是有人竟会强迫他立宪，他认为这是“缩小”他的权利，同时对旨在“缩小”他的权利的任何法律所作的各种各样、形形色色的解释都使他“感到遗憾”。

有两个方面。有两种对权利的解释。两方面都感到遗憾和羞耻。所不同的只是，一方面**光是**感到“遗憾和羞耻”，另一方面既**不说**感到遗憾，也**不说**感到羞耻，而说缩小“是不能容许的”。

实际上对这种形势“感到羞耻”，对自己的软弱无力感到羞耻的正该是马克拉柯夫之流先生们，正该是我国的整个立宪民主党的和十月党的资产阶级，这不是很清楚吗？贵族联合会的代表厚颜无耻地谈论他们厚颜无耻地制造出来的危机，发出挑战，用武力进行恫吓。而自由派资产阶级，却像个被市长吓住了的小商人一样，怯懦地一味后退，而且一面后退，一面喃喃地说：您对我这样瞧不起……我感到遗憾，我感到羞耻！

马克拉柯夫竭力剖白道：“我认为，我是个比大臣会议主席高明的立宪派〈我在想象，斯托雷平听了这些话在自己家里不知要怎样暗自发笑呢：亲爱的，问题不在于自己宣布自己是立宪派，而在于**谁有力量**来决定要不要立宪，要什么样的立宪！〉，但又是个不比他差的君主派。〈斯托雷平笑得更加得意了：这才是先威吓，后求饶！嘿，这个马克拉柯夫真是个好斗士！〉我认为，在没有根基的地方建立君主制是不明智的，但在历史根基巩固的地方摒弃君主制同样是不明智的……”

先威吓，后求饶，现在又开始引用**有利于**斯托雷平的论据。啊，好一个出色的自由派议员！啊，好一个无与伦比的“立宪”（Iucus a non Iucendo[125]：没有宪法的“立宪”）中派即立宪民主党一十月党中派的领袖！

我们的"人民自由"(应读做:我国历史性的人民奴隶制)的代言人大声说道:"大臣会议主席还会继续掌权的,是对他的代理人制造的那种革命所产生的恐惧心理使他掌权的(右边有人喊道:"可耻";吵闹声)……是开创先例的危险使他掌权的"!!

有这么个故事:伊万·伊万诺维奇羞辱了伊万·尼基佛雷奇,而伊万·尼基佛雷奇也羞辱了伊万·伊万诺维奇[126]。伊万·伊万内奇对伊万·尼基佛雷奇说:不遵守立宪制的常规是可耻的。伊万·尼基佛雷奇对伊万·伊万内奇说:用你自己害怕、不相信、不支持的革命来进行威吓是可耻的。

读者们,在你们看来,这两个争论的人当中,究竟哪个更厉害地"羞辱了"对方呢?

格格奇柯利十分正确地说明了:自由派报刊把危机看做"立宪"危机是**不正确的**,立宪民主党人"通过自己的发言人支持了关于立宪中派的罪恶幻想",对于立宪还缺少某种运动(只是格格奇柯利在他发言的末尾提到"无政府状态"是不恰当的,因为这个词不该在这里说)。在格格奇柯利发言后,"立宪中派"的代表李沃夫第一发了言。

就李沃夫第一的发言来看,可以认为甚至某些地主从格格奇柯利的说明中也明白了某种事情。李沃夫第一说:"已发生的事情确实表明,我国没有宪法,没有议会制,但是我国也没有主要的法律,也根本没有任何有组织的制度〈竟是这样!难道地主的存在不是表明有组织的地主制度吗?"立宪中派"的先生们,祸从口出〉,有的只是专横暴虐〈这正是有组织的地主制度的主要的、最本质的标志之一〉和蛊惑宣传。"

“进步派”地主尼古拉·尼古拉耶维奇·李沃夫第一所说的蛊惑宣传是指某种最不愉快的事情。请听下去：

“当权者利用这种蛊惑宣传来扩大自己的影响和权力。其他一些想夺取这种权力的人也会利用这种蛊惑宣传……〈唉呀呀……多么可恶的、多么不道德的意图！俄国自由派资产者可决没有这种意图。只有在腐朽的西欧，不道德的资产阶级才力图夺取权力，甚至制造一种邪说，似乎只有资产阶级的权力才能保障资产阶级的宪法。我们俄国自由派，受过司徒卢威、别尔嘉耶夫及其同伙的唯心主义的道德说教的教育，因此我们认为，权力应该继续由托尔马乔夫之流掌握，而关于真正按照宪法行使这个权力的训令，应该由马克拉柯夫之流签署〉……蛊惑宣传是这些人更加有效的工具。当心这种蛊惑宣传吧，因为它会把一切都葬送掉，无论是你们的尊严，还是你们的财产，或者你们的荣誉以及俄国的文明，都统统葬送掉。”

“进步派”尼古拉·尼古拉耶维奇·李沃夫第一说得真好。关于“财产”，他说得甚至十分清楚：例如，一个地主昨天有1万俄亩土地，今天却只剩下了50俄亩，这就是说，9 950俄亩土地被“蛊惑宣传”“葬送了”。这很清楚。这不是空话。但是关于“尊严”和“荣誉”说得却不那么清楚；我们的进步派是不是想说，只有当地主拥有1万俄亩土地的时候，他才是“有尊严”、“有荣誉”的人，如果他失去了9 950俄亩土地，他一定会成为没有尊严、没有荣誉的人呢？或者李沃夫第一想说，如果没有公平的价格，比如说，每俄亩500卢布上下，那么尊严和荣誉就会被蛊惑宣传葬送了吗？

关于“俄国的文明”，“进步派”李沃夫第一根本不能自圆其说。他说，我国既没有宪法，也没有议会制，也没有主要的法律，如果这话说得对,那就是说我国也没有文明,而没有的东西,是无法葬送的。如果李沃夫第一的话说得对,那就是说我国的文明是为我国的"有组织的〈地主的〉制度"葬送了。我们的"进步派"是不是说漏了嘴?他是不是想说,我国的有组织的地主制度将要为俄国的文明葬送?他是不是想把这种假定的事变称之为蛊惑宣传?当他说"当心这种蛊惑宣传"的时候,他是不是想说,第三届杜马的多数应该当心这种假定的事变?

有这么个故事:伊万·伊万内奇谴责伊万·尼基佛雷奇搞了蛊惑宣传,而伊万·尼基佛雷奇反过来谴责了伊万·伊万内奇。伊万·伊万内奇对伊万·尼基佛雷奇说,你是个蛊惑者,因为你掌权,并利用这一点来扩大自己的影响和权力,而且拿居民的国民利益作为借口这样做。伊万·尼基佛雷奇对伊万·伊万内奇说,不对,你才是个蛊惑者,因为你在公共场所高声喊叫,说什么我国只有专横暴虐,而没有什么宪法,也没有什么主要的法律,同时你还十分粗鲁地暗示要把我们的财产葬送掉。

究竟是谁揭穿了谁进行蛊惑宣传,还不得而知。但是有一点很清楚:两贼相争,好人得利。

载于1911年5月7日《明星报》第21号

译自《列宁全集》俄文第5版第20卷第245—250页

俄国社会民主工党中央委员会议文献[127]

（1911年5—6月）

1

给俄国社会民主工党国外中央委员会议的信

（5月19日和23日〔6月1日和5日〕之间）

伊哥列夫1911年6月1日的通知，再次表明了他在召开中央委员会会议的问题上**玩弄**令人愤慨的**把戏**，即玩弄拖延和破坏召开中央委员会会议的政策，这一政策在几个月来早被我们党的中央机关报揭露了。

伊哥列夫硬说，尤金和科斯特罗夫现在构成临时局[128]或者至少构成临时局的一个部分，这完全是撒谎。**好几个月**以来，马卡尔和林多夫（在英诺森之后）一直**在组建**临时局的组织，他们**挑选了**代办员，就中央组织的工作**组织了**多次巡视，同代办员和增补的候选人（马卡尔同卡察普等；同米柳亭等）举行了会议，同社会民主党杜马工作的全党中心、同选举时（莫斯科）的首都社会民主党小组进行联系，等等，等等。

无论尤金，还是科斯特罗夫都没做过**任何**类似的工作。他们当中无论谁**都根本没有**、绝对没有进行过这种活动。

关于"增补"尤金和科斯特罗夫进临时局去的问题，**任何一个**国外的党的正式机关(无论中央机关报，还是中央委员会国外局)都没有收到过**一个**正式的通知。

在马卡尔和林多夫被捕以后的**两个多月**以来，关于尤金和科斯特罗夫、关于他们在临时局里工作的情况，谁也没有接到过一个通知、一封信，也没有听到过什么消息。不仅没有人承认尤金和科斯特罗夫是临时局的成员(而**全体**一致承认马卡尔和林多夫)，甚至尤金和科斯特罗夫也没有要过一个戈比的钱，甚至没有通知中央委员会国外局(而马卡尔和林多夫却通知了)关于他们组建临时局的事。

我们断言，在这种情况下，伊哥列夫说什么科斯特罗夫和尤金在组建"临时局"，就是对党的**嘲弄**，对党**进行欺骗**。我们要揭穿这一骗局。

其次，我们认为，在英诺、马卡尔等人的尝试后，在奥尔金的揭露[129]等等以后，现在一切想由原来伦敦选出的中央委员在俄国恢复中央委员会的企图，都是直接**为斯托雷平效劳**。我们提醒党防备这样一些人：他们对不熟悉情况的人设下圈套，派中央委员到条件**不好的**地方去完成**实现不了的**任务而直接**落入警察的虎口**。

最后，关于伊哥列夫向中央委员会国外局**没有提出的**、但他在1911年6月1日的通知中谈到的**一个月后**召开全会的"**计划**"，我们提请党注意取消派在召开中央委员会会议方面的新**阴谋**。

一个月后不是召开中央委员会会议，而是只能把那些徒有其名的中央委员"**凑集在一起**"——呼声派这个阴谋的实质就在这里!

在全会召开以后,布尔什维克**在中央工作岗位上**失去了**四个**中央委员(梅什科夫斯基+英诺森+马卡尔+林多夫)。孟什维克则**一个也**没有失去,因为他们一个也没有进行过工作!!

而现在呼声派竟敢提出**一个月的**期限,打算把那些整整一年半(全会召开以后)**连一次**工作也没有做过、甚至**连一次**也没有到过临时局的诸如"彼得"之类的先生们凑集在一起。呼声派知道,在一个月的期间内要把那些被法庭或行政当局流放的布尔什维克"召集起来"**是办不到的**!!

他们把中央委员会移到俄国,"**为的是让它在那里垮台**"!

他们已经如愿以偿,看到**所有**布尔什维克都遭逮捕了。

他们保全了所有没做过工作的**徒有其名的**孟什维克中央委员。

他们想指定一个月的期限,为的是**把**诸如彼得之类的徒有其名的中央委员能够**偷运进来**,同时为的是使做过工作的布尔什维克甚至**不能够**得到通知!

如果以为取消派在召开全会问题上玩弄的这种**把戏**始终不会在党面前被揭露,那是妄想!

载于1933年《列宁文集》俄文版第25卷

译自《列宁全集》俄文第5版第20卷第253—255页

2

三个布尔什维克中央委员向九个中央委员的非正式会议的报告提纲

(5月19日和23日〔6月1日和5日〕之间)

1. 试图在俄国恢复中央委员会的经过。

两个时期：

(a)1910年1月—1910年8月(或9月)。

两个布尔什维克中央委员因试图召开中央委员会会议被捕。他们**多次**确定了召开中央委员会的会议。不论米哈伊尔+尤里+罗曼，**任何一个**孟什维克，都没有露过**一次**面。

(b)1910年底—1911年春天。

由两个布尔什维克中央委员建立起新的临时局。**没有一个**孟什维克参加过他们的**任何工作**(同代办员、同杜马党团联系、同选举时莫斯科的社会民主党人进行联系等等)。

为了"投票"，**一个**孟什维克(科斯特罗夫)到临时局来过一次或者两次！

两个布尔什维克被捕。

总结：**所有**布尔什维克中央委员都**为了**中央的工作，并**在进行这种**工作**时**被捕了。

一部分孟什维克(米哈伊尔+尤里+罗曼)拒绝参加**任何工**

作，有一个人（彼得）在一年半期间没有参加过**一点**工作，另外一个人（科斯特罗夫）在一年半期间到临时局来过两次（在1911年！），也丝毫没有参加过中央的工作。在两个布尔什维克被捕后的两个半月以来，这个孟什维克**一点事**也没有做，甚至也没有写过**一封信**说他在恢复中央委员会。

因此我们认为，伊哥列夫声称这个孟什维克＋崩得分子现在在组建**临时局**（甚至没有正式通知过中央委员会国外局，并且没有得到**任何人**的承认！），这简直是一种嘲弄。

2. 现在是否可能恢复国外全会[130]呢？

在法律上：15人中现在有9人。**形式上**他们可以(a)宣布9人会议为全会。这种做法在形式上是无可非议的，**大概**只要有一票的优势，就是说，在这9票中是5票对4票，就可以做到这一点。**实际上**，这种形式上无可非难的做法的意义是不足道的，因为不容置疑，在这种条件下是**不能**起到中央委员会的**作用**的。

(b)从形式上看，现有的这9个中央委员开始从俄国把有权的候选人都凑集来，这也是可能的。这实际上将意味着什么呢？孟什维克或者可以把自己的取消派（米哈伊尔＋尤里＋罗曼等等）"凑集来"，而在米哈伊尔＋尤里＋罗曼有名的声明以后，没有一个正直的护党派承认这些人是中央委员；孟什维克或者可以把参加过1910年一月全会并从那时起在一年半当中没有做过任何中央工作的两个中央委员"凑集在一起"。至于要多长时间可以把他们凑集在一起，这无法确定。

除现有的三个布尔什维克以外，布尔什维克也可以再凑集两个自己的候选人。要凑集这些候选人，需要进行好几个月的工作去同流放的人联系，组织逃跑，安排家属的生活费等等，等等。进

(планъ)
Конспектъ доклада трехъ членовъ-большевиковъ частному совѣщанію 9 членовъ Ц.К. 1

1. Исторія попытокъ возстан. Ц.К. въ Россіи.

Два періода:

(а) I.10 — VIII (al. IX).10.

Два члена Ц.К. были арестованы при попыткахъ созвать Ц.К. Много разъ настаивали они на созва-нiи Ц.К. Ни разу ни М.+Ю.+Р., ни одинъ лик. вообще не явился.

(б) Кон. 10 — весна 11 г.

Новое бюро создано 2-мя членами Ц.К. бе-ками. Никакого участія въ ихъ работѣ (сно-шенія съ агентур., съ думск. фр., съ моск. с.д. при вы-борахъ и т.п.) ни одинъ лик. не принялъ.

[illegible], одинъ лик. (Конгр.) однажды 2 раза явился въ бюро!

Оба были арестованы.

Итогъ: всѣ б-ки, члены Ц.К., [illegible] за централь-ную работу и на этой работѣ.

Ц. [illegible] части (М.+Ю.+Р.) отказались отъ всяк. участія, одинъ (Петр.) не принялъ за 1½ года ни малѣйшаго участія, одинъ (К.) за 1½ года дважды явился (въ 1911 году!) въ бюро, не принявъ никакого участія въ центральной работѣ. Послѣ провала б-ковъ, за 2½ мѣс. [illegible] ни одного шагу не сдѣлали, ни одного письма даже не написали въ [illegible]

1911年5月列宁《三个布尔什维克中央委员向九个中央委员的非正式会议的报告提纲》手稿第1页

（按原稿缩小）

行这种“工作”究竟需要几个月，很难说。

把实际上现在不能在俄国进行中央工作的“形式上的”候选人凑集来，是一种说不定要花多长时间的工作，这种工作对党的实际意义不仅等于零，甚至还不如零，因为在上面分配席位的**把戏会使**地方党小组**看不到**悲惨的、要求发挥积极的主动精神的现实。

在进行了一年半的毫无成效的恢复中央委员会的工作以后，还一再向党“空许诺言”，说明天“你们”就会有中央委员会——这是对党的嘲弄。我们不打算参与这种嘲弄。

3. 不用说，只有斯托雷平的拥护者才企图现在在俄国召集候选人，在那里恢复中央委员会。警察熟悉**所有的**候选人，并监视着他们，英诺森和马卡尔三番两次被捕就证明了这点。这是第一点，也是主要的一点。而第二点，召集候选人的真正目的——增补国内的人，现在是无法实现的，因为现在候选人都不在（他们都在最近一次同马卡尔一起被捕了），而在增补孟什维克的时候，要取得章程所要求的一致意见也是不可能的，因为没有一个布尔什维克（关于这一点英诺已经向斯韦尔奇科夫讲过）会同意一个取消派（呼声派同样如此）当选。

4. 现在党的**实际**状况是：各地几乎到处都有完全非正式的、极小的、不定期开会的党的工人小组和支部。它们在工会、俱乐部等等中到处同合法取消派进行斗争。它们彼此并无联系。它们难得看到文件。它们在工人中间享有威信。在这些小组中，布尔什维克＋普列汉诺夫派，以及“前进派”中一部分读过“前进派的”著作或听过前进派的演说、但还没有加入在国外建立的独立的前进派派别的人，团结起来了。

在一部分彼得堡工人中间，这个反党派别的影响虽然不大，但无疑是有某些影响的。已经完全证明,它不服从任何中央委员会,并竭力妨碍社会民主党的工作(直到目前,它没有公开号召参加第四届杜马的选举,并在继续同召回派调情)。

独立合法派这一派别(《我们的曙光》杂志+《生活事业》杂志+《社会民主党人呼声报》)是严重得多的反党的和反社会民主主义的力量。已经完全证明,它们不服从任何中央委员会,公开嘲弄中央委员会的决定。他们**不能**执行全会的决议("不贬低"秘密党的意义等等),因为他们不愿意这样做。他们不能不执行**相反的**路线。

任何一个诚实的社会民主党人都不会怀疑,"独立合法派"正在进行第四届杜马选举的准备工作,他们将**撇开党**进行这次**反对**党的选举。

护党派的任务是明确的:要对独立合法派采取**直接**行动,不容许再有丝毫拖延,一天也不能拖延;要公开地、坚决地号召国内的党的工人小组开始准备选举,并且警告工人**在选举中**要反对"独立合法派",同他们进行斗争,**只**选举那些认识到这一派别的危险性的人、**只**选举那些真正的护党派工人。

这就是我们党当前的任务。对生活(和独立合法派)实际地提出的问题采取任何回避态度、作任何支吾搪塞、拖延、以及想重复合法派玩弄"诺言"和"保证"的把戏的企图,对党都是极其危险的。

5. 我们的实际结论是:9 人会议应当建议一定立即向党发出号召,如实地、充分地说明在国内召开中央委员会会议已遭失败,号召各地方小组发挥主动精神并建立省的委员会,然后建立中央**组织委员会**,并坚决地、直接地、不屈不挠地同"独立合法派"进行斗争。

只应当在下面这种情况下才通过中央全会的正式表决来加强这个号召，即不是9个中央委员中的5个人，而是9个中央委员中的绝大多数都同意承认9人会议是全会，并起来同独立合法派集团（派别）进行坚决的斗争。不言而喻，要进行这种斗争，就不能让这些合法派参加中央机关，因为一年半以来他们破坏了中央机关，干扰了它们的工作，使它们软弱无力，“处于不健康的状态”。

载于1933年《列宁文集》俄文版第25卷

译自《列宁全集》俄文第5版第20卷第256—261页

3

关于党内状况的报告[131]

（5月19日和23日〔6月1日和5日〕之间）

1910年中央一月全会以后，布尔什维克曾竭尽全力来补充中央委员会的成员和恢复中央委员会的活动。中央委员马卡尔和英诺森同各地方党组织和护党派——公开的工人运动活动家取得了联系，同他们一起商定了增补候选人进中央委员会等等。可是，这两位布尔什维克中央委员的这些尝试因他俩的被捕而告终。在国内工作中，他们没有得到过呼声派的任何帮助。在伦敦代表大会上当选的孟什维克代表米哈伊尔、尤里、罗曼现在已经转入独立合法派的行列，他们不仅拒绝在中央工作，而且声明说，他们认为中央委员会的存在本身对工人运动是有害的。

间断了几个月之后，在1910年，为了召开中央委员会，从流放地逃出来的马卡尔同志和维亚泽姆斯基同志重新组建临时局①。临时局的委员，崩得分子尤金参加过他们的工作。在6个月内，他们重新同各地方组织进行联系，商定中央委员会候选人，派出代办员，在莫斯科举行的补选中同杜马党团一起参加选举运动的组织工作。

---

① 这个临时局不仅得到各民族组织的承认，而且得到我们党的中央委员会国外局和中央机关报的承认。

在孟什维克代表中,他们得以联系上的只有科斯特罗夫同志一人,而科斯特罗夫也只是当问题涉及到召开中央委员会会议、为了行使自己的表决权才来过一两次。

活动 6 个月后,布尔什维克中央委员同几个增补的中央委员会的候选人、秘书同志以及与临时局的活动有某种关系的其他许多人员一起被捕了。中央委员同志们在被捕后从监狱寄出的信中断定,几个月来宪兵一直不断地监视他们,并且知道了他们的全部行动,就是说,对国内召开中央委员会会议的筹备工作肯定搞了奸细活动。临时局的两个委员(马卡尔和维亚泽姆斯基)被捕以后,未遭逮捕的中央委员尤金和科斯特罗夫在两个半月内没有进行过**任何活动**,甚至既没有给中央委员会国外局,也没有给中央机关报寄过一封信。

在国内恢复中央委员会的工作进行了一年半,其结果是 4 个布尔什维克中央委员(梅什科夫斯基、英诺森、马卡尔、维亚泽姆斯基)有的被流放,有的被投入监狱。从宪兵的侦查和一连串的拘捕中无疑可以看出,当局对在伦敦选出的**所有**中央候补委员和中央委员都了解得极为详细,并且对他们进行了严密的监视。在这种情况下,再要尝试在国内召开中央委员会会议,就意味着毫无成功的希望,必然要失败。

摆脱业已形成的局面的唯一可行出路,就是召开国外全会。在国外,有权参加全会的有 9 人。这就超过了它的全部成员(15 人)的半数。在法律上他们可以,而且实际上也应该宣布 9 人会议为全会。

如果建议在全会其他成员到齐之前推迟确定为全会,就等于要继续拖延几个月。

除了公开声明自己同中央委员会脱离关系并赞同取消党的米哈伊尔、尤里、罗曼以外，孟什维克可以把科斯特罗夫和彼得“凑集在一起”。布尔什维克可以把梅什科夫斯基、英诺森、罗日柯夫和萨美尔凑集在一起。做到这一点究竟需要几个月，很难说。

把形式上的候选人“凑集在一起”，是一种说不定要花多长时间的“工作”。根据以往的经验，这种“工作”对党的实际意义不仅等于零，甚至还不如零，因为在上面分配席位的把戏会使地方组织和小组看不到悲惨的、要求发挥积极的主动精神的现实。在进行了一年半的毫无成效的恢复中央委员会活动的尝试以后，还用新的无止境的拖延来敷衍党，这是对党的嘲弄。我们不打算参与这种嘲弄。

现在党的**实际**状况是：各地几乎到处都有小的、不定期开会的党的工人小组和支部。它们在工人中间到处享有很高的威信。它们在工会、俱乐部等等中到处同合法取消派进行斗争。它们彼此目前并无联系。它们难得看到文件。在这些工人小组中，布尔什维克、孟什维克护党派和“前进派”中一部分没有加入在国外建立的独立的“前进派”派别的人，团结起来了。

“前进”集团把全会以后的所有时间都用来从国外巩固自己的派别，并在组织上使它独立。它的代表退出了《争论专页》[132]编辑部和隶属中央委员会的党校委员会。“前进”集团没有执行上次全会的决定，反而竭力妨碍社会民主党全党的工作。在党的合法的和秘密的书刊中，早已开始为行将到来的选举作准备了。然而，“前进”集团在这次对党非常重要的政治行动中不仅没有帮助党，而且甚至也没有直截了当地说明，它究竟是主张参加第四届杜马的选举呢，还是反对参加选举？甚至“前进”集团的国外领导人最近在报刊上发表的一些言论中，还在继续同召回派调情。

独立合法派这一派别（《我们的曙光》杂志、《生活事业》杂志以及为这些杂志打掩护的呼声派，如唐恩、马尔托夫及其同伙），是严重得多的反党的和反社会民主主义的力量。已经完全证明，它们不服从任何中央委员会，公开嘲弄中央委员会的决定。**他们不能**也不愿意执行上次全会的决议（"不贬低秘密党的意义"等等）。他们不能不执行**相反的**路线。

任何一个社会民主党人都不会怀疑，可以预料"独立合法派"将**撇开**党进行**反对**党的独立的第四届杜马选举运动。

社会民主党护党派的任务是明确的：必须公开地、坚决地号召国内的党的工人小组立即开始选举的准备工作。必须**只**提那些真正的护党派、只提那些认识到取消派的危险性的同志为社会民主党的候选人。对独立合法派采取**直接**行动，一天也不能拖延，必须立即警告工人在选举中社会民主党有受到来自独立合法派方面的威胁的危险。

这就是我们党的当前任务。对生活（和独立合法派）实际地提出的问题，采取任何回避态度、作任何拖延、以及想再搞合法派玩弄"诺言"和"保证"的把戏的尝试，对党都是极其危险的。

我们的实际结论是：9人会议应当一定立即向党发出号召，如实地、充分地说明在国内召开中央委员会会议已遭失败，号召各地方小组发挥主动精神并建立地方的和区域的委员会，建立并支持中央组织委员会，建立并支持社会民主党的机关报（就像在社会民主党杜马党团参加并支持下出版的《明星报》中一样，在这些机关报中不应有取消派分子存在），号召坚决地、不屈不挠地同"独立合法派"进行斗争，使真正的护党派的代表不分派别地在工作中接近起来。如果不仅仅是 9 个中央委员中的 5 个人，而是 9 个中央委员中的绝大多数同意承认 9 人会议是中央全会，那么，在这种情况下，中央委员会这一会议就应该立即增补新成员，成立召开代表会议的组织委员会，并且着手第四届杜马选举的实际准备工作。应该立即吸收孟什维克护党派的代表参加组织委员会和中央委员会。中央委员会的这次会议应该起来同独立合法派进行坚决的斗争。不言而喻，要进行这种斗争，就不能让独立合法派参加党的中央机关，因为一年半以来他们破坏了中央机关，干扰了它们的工作，使它们软弱无力，"处于不健康的状态"。

译自《列宁全集》俄文第 5 版
第 20 卷第 262—266 页

4
在讨论确定会议性质问题时的发言

(5月28日〔6月10日〕)

(1)[133]

既然一年半以来党由于拖延召开全会而遭到损失，那么，各民族组织早就应该选出代表。一位拉脱维亚同志提出的问题与一个崩得分子完全不同。他说，虽然他也不是选出来的，但是由于召开全会的条件，他认为自己应该参加会议，然后向拉脱维亚边疆区中央委员会提出报告；决定只有在拉脱维亚边疆区中央委员会确认以后才能对拉脱维亚边疆区生效。

(2)

这的确是对同志们的愚弄[134]。我们知道，马卡尔和林多夫是做了一些工作的，他们曾同各组织联系，指派代办员，同候选人联系。他们被捕了。从那时起，我们就没有从任何一个未被捕的人那里得到任何消息。他们甚至既不通知中央机关报，也不通知中央委员会国外局。什么工作也没做。继续用俄国局和俄国中央委员会来欺骗党是不行的。在国内召开中央委员会会议，这是一句为斯托雷平效劳的空话。

约诺夫在声明中说，他将把自己接到的邀请书寄给崩得中央委员会。[135]他究竟什么时候转寄呢？从那时起过去多少时间了？为什么没有答复？约诺夫写道，他没有全权证书，不能出席中央委员会议。那为什么李伯尔来了呢？我建议对约诺夫的回答作出一项决议，因为从这一回答中可以清楚看到，这里有阴谋。

(3)

我们来归纳一下对临时局的意见。原来都是对未被捕的临时局的委员的。论工作，他们什么也没做。阿德里安诺夫同志是著名的孟什维克，如果他干过工作的话，孟什维克是必然会知道的。然而连他的亲密伙伴也一无所知。继续玩弄某地有一个临时局的把戏，就是对党的欺骗。由于大逮捕，伯尔未能同崩得中央取得联系。党该怎么办？党不能等待。在这种情况下，必须发挥主动精神。

(4)

伯尔高喊法律，同时又在中央委员会国外局为了取消派的利益坚决反对法律。[136]这种行为使我怀疑他的声明的诚意，并预料他将一再尝试破坏全党机关。

译自《列宁全集》俄文第5版
第20卷第267—268页

5

关于确定会议性质的决议草案

（5月28日〔6月10日〕）

会议指出，所有住在国外的中央委员都被邀请参加这次会议，除1人外，全体出席；会议认为，这次会议是住在国外的中央委员的会议，并根据党的整个状况把恢复中央委员会的问题提到自己的日程上来。

载于1933年《列宁文集》俄文版第25卷

译自《列宁全集》俄文第5版第20卷第269页

6

在讨论关于召开中央全会问题时的发言

(5月30日〔6月12日〕)

(1)[137]

我确认，半年以来，下级机关(中央委员会国外局)违反决定并且拒绝召开最高机关的会议。我不得不确认这一点，为的是提请大家注意：对那个企图阻止党恢复它的中央机关已达半年之久的机关，不能给予任何信任。

(2)

我要指出，早在1910年春天，我们从英诺的来信中就获悉，中央委员们已受到监视。我们曾采取一切办法反对国内的冒险行为[138]。1910年马卡尔恢复了活动，汇款一事立即表明这种尝试是没有希望的。一下子可以看出，在国内召开中央委员会会议，就等于把中央委员投入监狱。从1908年春到1910年全会，在国内，中央委员会会议一次也没有开成。在国内召开中央委员会会议的经过，表明了这个任务是完成不了的。除非要把中央委员投入监狱，否则就不应该把中央委员派到俄国去。

(3)[139]

一年半以来，四个在中央工作的布尔什维克被捕了。孟什维克则一个也没有被捕，因为他们在创建一个斯托雷平党。为了保密，没有给我们写过信，并且停止了通信。孟什维克不仅没有去创建中央委员会，甚至拒绝参加增补(米哈伊尔、罗曼和尤里)，彼得连临时局的门坎都没有迈过，科斯特罗夫则住在附近。只有布尔什维克在工作，这是不容置辩的事实。

(4)

关于柳比奇，我们有英诺的来信，信中指出柳比奇同意工作。至于彼得，我们只知道他连临时局的门坎都没有迈过。中央委员当然理应到中央委员会来工作。马尔丁诺夫同波格丹诺夫和尼基塔一样流亡国外。如果邀请马尔丁诺夫，那么也就应该邀请波格丹诺夫和尼基塔以及维克多。米哈伊尔、尤里和罗曼无论从哪一方面来讲，都同中央无关。这些创建斯托雷平工党的人正在从事受到一月全会坚决斥责的活动。我们无论同斯托雷平工党的创建者，还是同帮助他们的那些人，都毫无共同之处。

译自《列宁全集》俄文第 5 版
第 20 卷第 270—271 页

7

对关于召开党代表会议的决议的建议

（6月1日〔14日〕）

组织委员会[140]应吸收国内各地方组织的代表、有威信的做群众工作的同志参加召开代表会议的工作，使他们尽快地组成俄国委员会。俄国委员会在组织委员会的总的监督下进行有关召开代表会议的一切实际工作，即执行全会决议中和来信中所作的指示。

载于1933年《列宁文集》俄文版第25卷

译自《列宁全集》俄文第5版第20卷第272页

8
声 明

(6月1日〔14日〕)

我们赞成整个决议[141]是为了尽可能使所有护党派无例外地接近起来,我们坚决反对邀请国外的呼声派和前进派,即在国外已经形成为特殊派别的反党集团的代表参加组织委员会,他们在全会后的一年半中证明他们自己所能做的只是**反对**党、只是**干扰**党的工作,只是帮助独立的合法工人政党或召回派。

尼·列宁[①]

载于1933年《列宁文集》俄文版第25卷

译自《列宁全集》俄文第5版第20卷第273页

① 在声明上签字的,除列宁外,还有格·叶·季诺维也夫。——俄文版编者注

谈谈杜马会议的结果

“共同做的事”

(1911 年 5 月 28 日〔6 月 10 日〕)

在 4 月 27 日“具有历史意义的”杜马会议上，捷斯连科先生反驳了斯托雷平先生，下面就是其中的一段：

“大臣会议主席对国家杜马说：是的，先生们，我将在最短时期内来帮助你们。你们大概会这样对待旧教规，即在休会以前不得不否决它，而在休会的时候它将被通过。我甚至从这句话里感觉到了某种放肆口吻，这里好像是对我们说：这是我和你们共同做的事呀。先生们，请原谅，我不由得想起《钦差大臣》一场戏中市长讲的话：‘啊！你们埋怨我吗?！请想想，是我和你们共同做了某某事情的呀。’先生们，我认为，也许从前有谁指望过这种帮助，也许今后有谁还要指望这种帮助，我想，他们一定会感到尴尬，也许他们想过(要是他们想过，那很好)：愿上帝使我们摆脱这些朋友，至于敌人，让我们自己来对付吧。”

正像速记记录中所记载的，捷斯连科先生由于这段冗长的发言博得了“从左面来的掌声”——显然是人民自由党党团的掌声。立宪民主党人认为这是对十月党人的恰到好处的讽刺。但是，这一次也像其他许多次一样，他们鼓了掌，但是没有深思一下他们这位演说家所说的话的深刻含义。他们鼓了掌，以为这些话只是刺痛十月党人，只损坏他们特别憎恨的这个竞争者的名誉。他们不了解，捷斯连科先生这段恰到好处的话(如果认真分析一下这段话的意义)无论对十月党人还是对立宪民主党人都是一个光芒刺眼的真理。应当谈谈这个真理，因为它涉及俄国近五六年（这是怎样的五六年啊）政治历史的一个极其重要的问题。

“这是我和你们共同做的事”，——捷斯连科先生说得真好。但是也许更确切的说法应该是：**重复**立宪民主党人先生们通常非常鄙视的“左派”“群众大会”上多次说过的话，重复得真好。“这是我和你们共同做的事”——这句话决不只是指第三届杜马的一些法案，决不只是指人所尽知的“鸡毛蒜皮”。它指的是1905年底以来，斯托雷平之流先生们同所有俄国自由派资产阶级或者自由主义化的资产阶级“共同做的”**一切事情**。不只是立宪民主党的演说家“感觉到了”斯托雷平先生的“放肆口吻”，因为这种口吻确实是斯托雷平的所有演说、斯托雷平之流对资产阶级（这个资产阶级拥有第三届杜马的多数代表，即十月党人和立宪民主党人代表）的整个政策所特有的。

放肆口吻（在事态发生重大转折时，这种口吻就会变成粗暴的藐视，甚至会变成暴力）是由以下的情况引起的，即不仅仅十月党人，而且立宪民主党人都只是为了哗众取宠，特别是为了博得掌声（这一点斯托雷平之流很清楚）才说出这样一些话来：“愿上帝使我们摆脱这些朋友〈即摆脱斯托雷平之流〉，至于敌人，让我们自己来对付吧〈就是说，既要对付右派反动派，又要对付左派的……怎样才能说得更委婉一些呢？……‘苛求’〉。”

要是这些话不只是空话，俄国会早就彻底地、坚决地摆脱了“这些朋友”。但是问题的关键正在于，立宪民主党人只是在“反对派”大发议论的时候才说出这种话来——而在全国性讲坛上发表反对派言论，又不能不作一些民主主义攻击，哪怕是最轻微的攻击。于是一些民主的声明不攻自破了，把这些声明和同样这些立宪民主党人的**行动**比较一下，是很有益处的。玩弄民主主义（或是用民主主义来威胁右面的敌人）把戏的资产阶级的历史作用也正在于：对于人民下层中的某些人，这种耍嘴皮子的“把戏”有时能起很大作用，能唤起真诚的、出自内心的民主思想。“上面一拉提琴，下面就想跳舞。”有句拉丁谚语说：littera scripta manet——笔写的东西是不会消失的。而口说的东西也并不总是会消失的，哪怕只是为了放空炮，为了装腔作势。

当然，不能由此得出结论说，立宪民主党人伪善的空话可以信以为真，可以称为或认为是民主主义。但是，由此应当得出结论说，立宪民主党人一切主张民主主义的伪善空话都应当加以利用，第一，是为了指出说话人的言行不一；第二，是为了对那些听到塔夫利达宫演说家的花言巧语的“下层”指出民主主义的真正的、切实的直接意义。

上面引证的捷斯连科先生的议论所以是伪善的，并不是因为捷斯连科先生本人伪善：他可能只是醉心于滔滔不绝地发表反对派宏论。这些议论是伪善的，因为立宪民主党代表的**言论**同该党在俄国现代历史上一切重要关头的**行动**不一致。

请回忆一下 1905 年 8 月的事件吧。斯托雷平先生的前任当时干了什么呢？安排了布里根杜马[142]和布里根杜马的选举。捷斯连科先生和他的同伙当时干了什么呢？他们在自己力所能及的范围内根据自己的社会工作的“专业”安排了同一场选举。布里根先生（和斯托雷平先生）有权向捷斯连科先生说：“这是我和你们共同做的事。”而捷斯连科先生之所以“共同做了”，正是因为他当时有点害怕失去自己那些“朋友”，关于这些朋友，他现在这样庄严地、这样骑士般勇敢地说道：“愿上帝使我们摆脱这些朋友……”

请回忆一下关于布里根杜马的法律颁布以后3个月中所发生的事件吧。当时斯托雷平先生的前任干了什么呢？他反对了例如邮电运动[143]和无数类似的零星运动。捷斯连科先生，或者至少是他那个以司徒卢威、卡拉乌洛夫等先生为代表的党，按照自己的方式也反对了同一个运动。维特先生（和斯托雷平先生）有权向捷斯连科之流先生们说："这是我和你们共同做的事。"1906年5月1日在对待工人节的问题上，稍后在对待"地方土地委员会"的问题上，1907年在始终一贯地对待第二届杜马中工农代表的问题以及其他等等问题上，都发生了同样的情况。

著名的立宪民主党作家伊兹哥耶夫先生在《路标》文集上给自己的党许多年来执行的这种政策作了正确的总结，他写道："最后，应当敢于承认，在我们历届国家杜马中，除了三四十个立宪民主党人和十月党人以外，大多数代表都没有表现出能够管理和改造俄国的知识。"

伊兹哥耶夫先生的"敢于承认"之所以勇敢，是因为作者抛开了一切表面做法和种种外交手腕，在这里无意中道出了**真相**。立宪民主党人"在我们历届国家杜马中"所依据的确实是地主的、资产阶级的、自由主义君主派的"知识"，这种知识是不能使"大多数代表"，特别是从左面来的代表满意的。当然用不着说，斯托雷平正是依据"三四十个立宪民主党人和十月党人"的"知识"（更确切些说，是依据他们的利益和观点）来同这些大多数代表进行斗争的。斯托雷平先生有权向整个立宪民主党说，同工人和农民的笨拙无能、没有经验、愚昧无知进行斗争，"这是我和你们共同做的事"。

今年杜马会议的主要总结是，斯托雷平对第三届杜马的多数

(正是杜马的资产阶级的、十月党—立宪民主党的多数)过于“放肆”,甚至使得这个长久忍耐的多数也忍无可忍了。旧政权放肆地藐视资产阶级,而资产阶级对自己在新的、当前的经济条件下的作用十分清楚,渴望得到独立,甚至渴望得到政权。关于第87条的插曲突出地暴露了这种放肆行为,同时非常粗暴地触犯了这个集团中的某些权势显赫的人物,以至连那些最有耐心的人都开始发起牢骚来了。但是,他们除了牢骚以外,就不能前进了。他们的手脚被束缚住了,所以不能前进。他们之所以被束缚住,是由于在最近几年当中,在俄国历史上最重要的关头,他们胆怯地脱离了广大的人民运动,心怀敌意地离开了民主派,即离开了真正的、生气勃勃的、采取了行动的、群众性的民主派,并且像斯托雷平进攻民主派那样,从背后进攻民主派。十月党人和立宪民主党人因此被束缚住了,现在正在受到应得的惩罚;要是斯托雷平放肆地藐视他们,对他们说:如果我是民主派的敌人,那么,亲爱的,你们也害怕民主派,“这是我和你们共同做的事”,这个时候,他们实际上就**没有话**可以反驳了。

载于1911年5月28日《明星报》
第24号

译自《列宁全集》俄文第5版
第20卷第274—278页

关于旧的但又万古常新的真理

（1911年6月11日〔24日〕）

使工人代表不能出席莫斯科举行的工厂医生第二次代表大会的事件[144]，读者已经从报纸上知道了。我们不可能在这里详细叙述这些事件和阐明这些事件的意义。我们只指出《**言语报**》于4月14日，即代表大会开幕那一天刊登在这些事件发生前夕所写的社论中的一些大有教益的论述。

立宪民主党的机关报写道："很遗憾，这种参加〈工人代表的参加〉正受到外界的阻碍。很清楚，一些过分激烈的演说家会遭到什么样的命运。因此工人代表想谈的是：他们很难去关注专门性问题，他们不可能在代表大会上制定公正的选派代表的规定，他们的组织受到了种种阻碍，以及许多与代表大会议程无关的、如果进行讨论就会离开预定题目的、有时还会造成令人不快后果的问题。工人代表对'资产阶级的'演说家、对政府的一切措施和对同其他社会团体的代表进行合作的可能性采取毫不容忍的态度，也是由紧张气氛造成的。"

这整个一大段话，是一种出于无奈的抱怨的典型，这种无奈并不是由这个自由派政党、这个问题的偶然成分或某些特点等等造成的，而是由深刻得多的原因，即20世纪整个俄国自由派资产阶级所处的客观条件造成的。自由派资产阶级所渴望的"秩序"，就是它与之打交道的工人不"发表过分激烈的演说"，对资产阶级、对**同资产阶级进行合作**的思想、"对政府的**一切**措施"采取十分"容忍的态度"。它所渴望的秩序，就是这些恭顺的、同它"合作"的工人能够去“关注”社会政治的“专门性问题”，恭顺地同意补缀资产阶级关心“小兄弟”的特里什卡的外套[145]。总之，俄国自由派所渴望的是近乎现在我们在英国或法国看到的那种**不同于**普鲁士的秩序。在英国和法国，资产阶级掌握着完全的而且几乎是直接的（有一小部分例外）统治权，而在普鲁士，占统治地位的却是封建主、容克、君主制军国主义。在英国和法国，资产阶级特别经常、自由、广泛地采用的方法，就是把出身于无产阶级或背叛无产阶级事业的人（约翰·白恩士、白里安）吸引过去，使他们充当心安理得地“关注专门性问题”和教导工人阶级“容忍”资本的统治的“合作者”。

毫无疑问，英国和法国的秩序比普鲁士的秩序要民主得多，给予工人阶级进行斗争的条件要好得多，在消灭那些使工人阶级看不到自己的主要的真正的敌人的中世纪旧制度方面要彻底得多。因此，毫无疑问，为了俄国工人的利益，应当支持按照英法类型而不是按照普鲁士类型改造我们祖国的一切意愿。但是，决不能像人们常常做的那样，仅仅限于得出这个无可争辩的结论。争论的问题或者各种争论（同各种各样的民主派争论）的问题，在这里只是才开头。

支持这些意愿是必要的，但是要支持一个软弱的、动摇的人，就必须使他有一个比较坚强的依靠，必须消除妨碍看到弱点、妨碍了解产生弱点的原因的幻想。谁助长这种幻想，谁同情软弱无力的、不彻底的、动摇的民主派的那种出于无奈的抱怨，谁就是不支持追求资产阶级民主主义的意愿，而是在削弱这些意愿。英国和法国的资产阶级在当时，即在17世纪中叶或18世纪末，并没有对小兄弟的“不容忍态度”有所抱怨，并没有因为这个小兄弟中有“过分激烈的演说家”而神情懊丧，而是自己提供了**最**激烈的演说家

(不光是演说家)来激起人们对于宣传“容忍”、对于出于无奈的**抱怨**、对于动摇不定和犹豫不决的鄙视情绪。于是在这些激烈的演说家中出现了几百年来成为启蒙者和导师的人物,尽管他们当时所想象的摆脱各种灾难的手段带有很大的历史局限性,常常是天真的。

德国资产阶级像俄国资产阶级一样,也抱怨过“小兄弟”的演说家“过分激烈”,——而在人类历史中,德国资产阶级是卑鄙、下流、奴颜婢膝、饱尝“容克”拳打脚踢的典型。这个或那个资产阶级的区别,当然不在于各个“种族”的“特性”不同,而在于经济和政治的发展程度不同,就是这种发展程度迫使资产阶级害怕“小兄弟”,迫使资产阶级软弱无力地摇摆不定,时而指责封建制度的暴力,时而又指责工人的“不容忍态度”。

所有这一切都是旧的真理。但是,当你读到那些想当马克思主义者的人在出版物中写出下面这些话的时候,这些真理又是万古常新的而且始终是新的。

> “1905—1906 年运动的失败,不是由左派的‘极端行为’造成的,因为这些‘极端行为’本身也是由一系列原因的总和决定的;它也不是由资产阶级的‘叛变行为’造成的,虽然西欧各国的资产阶级曾经在紧要关头‘叛变过’。失败的原因是没有一个已经定型的资产阶级政党,这个政党要能够执掌政权来代替业已过时的官僚政权,它在经济上要强大有力,在民主方面要充分,以取得人民的支持。”过了几行又写道:“……应该成为吸引民主派农民的政治中心的是城市资产阶级民主派,它软弱无能……”(《我们的曙光》杂志第 3 期第 62 页,弗·列维茨基先生的文章)

弗·列维茨基先生自己对“领导权”思想的否定(“**应该成为**吸引……中心的是城市资产阶级民主派”,而不是别的人!)要比波特列索夫先生(他在普列汉诺夫的最后通牒影响下修改了《社会运动》一书中的自己的文章)考虑得更深入,在清楚地表达这一思想方面也更勇敢,更肯定。

弗·列维茨基先生的议论完全像个自由派。不管他用了多少马克思主义的词句,他还是一个不彻底的自由派。他丝毫不了解,**应该成为**“吸引民主派农民的中心”的是完全不同于城市资产阶级民主派的另外的社会范畴。他忘记了,这种“应该”,无论在英国、还是法国或者俄国的重大历史时期都**曾经是**事实,——而在俄国,这些时期意义重大,但时间短暂,而在前两个国家中,大部分民主的、极端民主的、“过分激烈的”平民阶层把各种不同的“下层”分子联合起来了。

弗·列维茨基先生忘记了,这些“下层”即使在那些短暂的时期内,即当他们在历史上起了“吸引民主派农民的中心”作用的时候,当他们从自由派资产阶级手中**夺取了**这种作用的时候,也对国家在以后几十年的所谓平静发展时期的民主化**程度**起了决定性的影响。这些“下层”在**自己掌握**领导权的短短的时期内教育了自己的资产阶级,改造了资产阶级,后来资产阶级虽然竭力后退,但是在这后退运动中**没有能够**退得太远,比如说在法国只是退到参议院,或者退到选举中出现的违背民主的行径,等等,等等。

但是这种为**所有**欧洲国家的历史经验证实了的思想是:在资产阶级改革(或者确切些说是:资产阶级革命)时期,每一个国家的资产阶级民主派是这样还是那样形成的,它具有这种还是那种面貌,养成这种还是那种传统,承认这种还是那种最低程度的民主主义,这要看**领导权**在一国历史中决定性关头在多大程度上**不是**转入资产阶级手中,**而是**转入“下层”,即转入18世纪的“平民阶层”,19世纪和20世纪的无产阶级手中,——这种思想是同弗·列维茨基先生格格不入的。这种领导权思想恰恰是马克思主义的基本原理之一，取消派同这些基本原理决裂（或者即使是对这些基本原理漠不关心），是取消派同反对取消派的人发生一连串不可调和的原则性分歧的最深刻的根源。

每一个资本主义国家都要经历资产阶级革命时代，在这种时代，要形成这种或那种程度的民主主义，这种或那种结构的立宪制度或议会制度，这种或那种程度的"下层"的、特别是无产阶级的独立自主精神、爱好自由精神和首创精神，这种或那种在整个国家生活和社会生活方面的传统。这将是什么程度的民主和什么样的传统，那就要看领导权在**决定性**关头是属于资产阶级还是属于它的反对者，是前者还是后者（还是在这决定性关头）将成为"吸引民主派农民"和所有民主主义中间集团和阶层的"中心"。

弗·列维茨基先生是一个制造出色的公式的能手，他的公式一下子就尖锐而鲜明地揭示了取消派的思想基础。他的有名公式是："**不是**领导权，**而是**阶级的政党"，译成俄语的意思是：不是马克思主义，而是布伦坦诺主义（社会自由主义）。同样，在本文提到的两个公式："**应该成为**吸引民主派农民的中心的是城市资产阶级民主派"，"失败的原因是没有一个已经定型的资产阶级政党"，大概也会闻名于世的。

载于1911年6月11日《明星报》
第25号

译自《列宁全集》俄文第5版
第20卷第279—284页

俄国社会民主工党巴黎第二小组关于党内状况的决议[146]

(1911年6月18日〔7月1日〕)

序　言

下面发表的俄国社会民主工党巴黎第二小组(这个小组的成员大部分是布尔什维克,少数是"前进派"和"调和派")的决议,指出了全体布尔什维克的纲领的基本原则。在党内斗争日益尖锐的时候,对纲领、策略、组织方面的一些根本问题阐述**实质性**的看法,是特别重要的。像托洛茨基这样一些人,一面用夸张的言词谈论俄国社会民主工党,一面奴颜婢膝地对待与俄国社会民主工党毫无共同之处的取消派,这现在成为"流行病"了。他们为了飞黄腾达,廉价地宣扬同所有人,不管是谁,包括波特列索夫先生和召回派"妥协"!然而对于这个奇怪的所谓"妥协"的政治条件,又由于需要而完全保持沉默。实际上,这是些宣扬向取消派,向斯托雷平工党的创立人**投降**的分子。

现在,全体布尔什维克应当更紧密地团结起来,巩固自己的派别,更确切清楚地规定这个派别(与千方百计掩盖自己"面目"的派别不同)的护党路线,把分散的力量聚集起来,为捍卫俄国社会民主工党,清除对无产阶级传播资产阶级影响的人而战斗。

尼·列宁

一

俄国社会民主工党巴黎第二小组会议，讨论了整个俄国社会民主工党党内的状况，以及社会民主党人同企图自封为社会民主党人的分子之间在国外展开激烈斗争的最近表现，认为：

首先必须重提上次中央全会(1910 年 1 月)一致批准的基本原则，这个原则规定了真正社会民主党的工作的性质。这个基本原则说明，"否定秘密的社会民主党，贬低它的作用和意义，企图缩小革命社会民主党的纲领性和策略性任务和口号"，是**资产阶级对无产阶级施加影响的表现**。只有认识到这种倾向的危险性，以及一切"召回主义的"或者为召回主义辩护的思想政治流派的危险性，只有**真正**克服这些倾向的工作，才是**社会民主党的**工作。

其次，会议确认，国外的《社会民主党人呼声报》编辑部及其拥护者呼声派的集团，违背全会一致通过的上述决议，违背《呼声报》代表在全会上许下的同取消派**脱离关系**并同它进行斗争的庄严的诺言，而在全会以后一年半多的时间里，恰恰奉行了这种取消派的**资产阶级**政策，支持、维护并捍卫了这样一些独立于社会民主党和社会主义运动的俄国合法派的刊物，如《我们的曙光》杂志、《复兴》杂志、《生活事业》杂志等刊物。正如党中央机关报代表党一再认定，而且以普列汉诺夫同志为首的护党派孟什维克也多次认定，这些刊物的活动家**同俄国社会民主工党没有丝毫共同之处**。这些刊物的活动家不但贬低秘密的社会民主党的作用和意义，而且公然否定它，用叛徒的口吻诬蔑“地下工作”，否定俄国现代工人运动的活动的革命性质和这个运动的革命任务，散布自由派资产阶级关于日渐成熟的危机是“立宪”性质的主张来欺骗工人，抛弃（不只是压缩）例如承认工人阶级在争取社会主义和民主革命的斗争中的**领导权**这种历来的革命的马克思主义口号。这些人在宣扬和建立他们所谓的合法的或“公开的”工人政党，实质上是在建立**斯托雷平“工”党**，是在对无产阶级传播资产阶级的影响，因为他们宣扬的实际上完全是资产阶级的内容，而在斯托雷平时代，建立“公开的”工人政党，无非是表明那些背弃同沙皇专制制度、同第三届杜马和整个斯托雷平政策进行群众革命斗争的任务的人的公开叛变。

会议确认，作为中央委员会的技术机关的中央委员会国外局，完全处于取消派的影响之下。①

一年半以来，国外局没有完成中央委员会交给它的任何一项任务（如使各国外集团在承认和执行全会决定的基础上联合起来，或者帮助各地方组织，或者争取停办《呼声报》和制止“前进”集团的独立的派别活动），也就直接帮助了社会民主党的敌人——取消派。

中央委员会国外局的多数派为了嘲弄党，从1910年12月起，就不断**破坏**全会的召开（按照党章必须召开）。在布尔什维克第一次要求召开这次全会以后，中央委员会国外局竟花了7个星期来专门“表决”是否召开全会的问题。经过7个星期的表决，中央委

① 呼声派分子伊哥列夫（受到了护党派孟什维克普列汉诺夫的充分揭露和斥责）和公开为波特列索夫先生和斯托雷平工党的其他活动家辩护的崩得分子李伯尔，都是这个中央委员会国外局的领导者。

员会国外局才承认布尔什维克要求召开全会是“合法的”，但实际上它却又**破坏了**全会的召开，正像1911年5月底第二次破坏全会的召开一样。**这样的**中央委员会国外局实际起的作用，是从国外和从党中央机关内部来帮助米哈伊尔、尤里和罗曼这样一些宣布中央委员会存在本身是有害的合法派首领和斯托雷平工党活动家（党中央机关报《**社会民主党人报**》第12号和第21—22号合刊[①]）。会议确认，让取消派担任党的职务，简直是**欺骗**党，因为全会的决定明确地、毫不含糊地指出，只有**那些认真**履行自己许下的同取消主义断绝关系并同它进行斗争的诺言的孟什维克，才能担负这些职务。[②]

因此，会议认为：布尔什维克同中央国外局这个置规定于不顾、置党于不顾的机关彻底决裂是绝对必要的，代表大多数在俄国真正进行工作的护党的社会民主党的组织、团体和小组的中央委员会议（见会议《通告》）认为“中央委员会国外局采取了反党的派别政策，从而破坏了1910年全会的明确的决定”，是完全正确的。

会议决定同中央委员会国外局断绝一切关系，支持中央委员会议的决定，这些决定制定了一些最必要的措施来使取消派阻挠全党工作的活动失去作用，来召开党的代表会议和依靠地方工作人员的力量恢复党的秘密组织和支部。会议号召各地全体护党派同志**立即**（按照会议的决定）进行代表会议的筹备工作和代表的选举工作，为此，必须同组织委员会、同中央机关报和《工人报》建立

① 见本版全集第19卷第209—210页，本卷第182—186页。——编者注

② 至于说到国外取消派在反对俄国社会民主工党方面所采取的政治讹诈、给保安处提供情报这样一些手法，即马尔托夫先生在《呼声报》编辑部帮助下所采取的手法[147]，会议对此十分鄙视，这种手法只要一经指出，就足以引起一切正派人的厌恶。

经常的联系。

二

会议提请社会民主党各派工人注意，“前进”集团的国外的首领们和《真理报》的编辑托洛茨基正采取支持取消派并同他们结成联盟反对党和党的决定的政策。这种政策一定会受到更坚决的反击，因为它大大损害了无产阶级的利益，同那些**俄国**社会民主党的秘密团体的活动完全背道而驰，这些团体虽然同《真理报》或“前进”集团有联系，但对党的决定却绝对忠诚，并且坚决反对取消派，随时随地捍卫具有革命纲领的秘密的俄国社会民主工党。

会议特别提醒社会民主党工人警惕呼声派一贯施展的**骗人手法**，他们把所有的合法运动的活动家都说成是老党的反对者，是新的波特列索夫式的“公开”党的拥护者。例如，在6月25日《呼声报》出版的最近一号单页上(载有合法运动活动家“会议”的消息)，《呼声报》编辑部就**隐瞒了**那次会议**曾经否决了**取消派提出的抵制一家因有反取消派倾向的合法报纸[148]的建议这一事实。又如，《呼声报》编辑部**隐瞒了**那次会议**曾经否决了**《呼声报》拥护者提出的公开合法派的、明显是背叛性的决议这一事实。连参加那次会议的一个崩得分子也不得不承认“波特列索夫分子”提出的建议的反党性质。许多公开运动的活动家都已经走上同斯托雷平“工”党进行坚决斗争的道路。只要所有的护党派同心协力，这样的活动家的人数一定会增多。

三

当社会民主党人同对无产阶级传播资产阶级影响的人的斗争日益尖锐的时候，所有的无原则的人总是竭力用廉价的轰动一时的事件和丑闻来掩盖重大的原则问题，而国外呼声派现在卖力地把这种事件和丑闻提供给酷爱腐朽的精神食粮的取消派会议的听众。

这时，革命的马克思主义者比任何时候都更有责任提醒大家注意被取消派**遗忘的**、作为我们社会民主党工作的基础的**旧**真理。

因此，会议提请俄国社会民主工党全体党员回忆一下我们党的**纲领**。在国际机会主义日益嚣张和它同革命的社会民主党的决斗日益迫近的时期，这个纲领确切地、清楚地、坚定不移地表述了只有通过无产阶级专政才能实现社会主义运动的**最终**革命**目标**，表述了俄国社会民主党的最近革命目标——推翻沙皇制度和建立民主共和国。我们的合法派和我们的呼声派的**全部**宣传表明，他们**实际上**不但不同意、不执行我们的纲领，而且公然维护**改良主义**，——这是护党派孟什维克也承认的(见普列汉诺夫《社会民主党人日志》[149]和《争论专页》第3号)，——公开背弃俄国社会民主工党的最近革命目标。

会议提请俄国社会民主工党全体党员注意，要成为**真正的**护党派，只这样**称呼**自己还不够，只**"按照"**俄国社会民主工党纲领的**"精神"**进行宣传还不够，还必须根据党的**策略**决定来进行**全部**实际工作。在我国反革命时期，在人们(特别是资产阶级知识分子)

纷纷背叛、脱离革命、消沉的时期，只有党的策略决定从革命的马克思主义原则出发，对当前形势作出了估计，对实际行动路线作出了估计。真正的俄国社会民主工党，而不是呼声派借以掩盖取消主义的那个俄国社会民主工党，除了**1908年12月的策略决议**，再也**没有**对社会民主党的当前时期的任务作出过另外的党的决定。

取消派，也包括一部分"前进派"，之所以闭口不谈这些决议，或者只是简略地提几点意见，大喊几声，表示**反对**这些决议，正是因为他们感到，这些决议规定的工作**路线**根本摒弃了机会主义的和半无政府主义的动摇性，不顾形形色色的反革命思潮而举起了革命的旗帜，**说明了**当前这个俄国资产阶级发展中的新时期的，即引向必须完成旧任务的革命的时期的经济特点和政治特点。**真正**执行党的策略路线的人，才是护党派。而党的策略，俄国社会民主工党的策略，就是而且仅仅是既忠诚于革命旗帜又考虑到当前新情况的1908年12月决议所阐述的策略。1908年12月决议谴责了取消派、无条件地要求承认社会民主党在杜马中的活动以及要求利用合法机会，**1910年一月全会**通过的决议反对**对无产阶级传播资产阶级影响的人**，后一个决议是前一个决议的直接结论、必然的继续和终结。在目前这个瓦解和崩溃的时期，往往会有这样一些人，他们借口统一无产阶级大军这一伟大原则，来为同**对无产阶级传播资产阶级影响的人**"联合"或"接近"这种无原则的或者是卑劣外交式的尝试辩护。会议最坚决地谴责了和驳斥了所有这些尝试（不管是什么人的尝试），而且声明说，如果不同对无产阶级传播资产阶级影响的人彻底划清界限、进行无情的斗争，那么，联合和巩固革命的无产阶级的战斗大军这个伟大事业，就不可能实现。

真正帮助**建立**符合社会民主党原则的组织的人，才是护党派。

除了 1908 年 12 月关于组织问题的决议、1910 年一月全会关于同一问题的决议以及中央委员会在全会后立即印发的信[150]以外，党，俄国社会民主工党，再也没有对组织工作的性质和任务作出过另外的、**党的**决定。**只有**全面协助**秘密**组织的重建和巩固，才是**护党的**工作，而且只有秘密的俄国社会民主工党才能而且应当在**自己的**周围建立起合法组织网，**利用**各种各样的合法组织，根据我们的革命原则来**指导**这些组织的全部工作。凡是不真正进行这种工作的人，凡是和反革命特别是自由派一起攻击“地下活动”、攻击秘密工作的人，要说自己是俄国社会民主工党的党员，那就是在**欺骗**工人。

第四届杜马的选举临近了。国外的党的上层的危机愈尖锐，就愈迫切需要社会民主党的地方工作人员发挥主动性，就愈要他们严格坚持并**坚决做到**由工人的每个团体、每个支部、每个小组**真正**按照党的方式来进行选举工作。谁到现在还认为“召回主义”是“我们党内的一种合理的思潮”，谁就徒具俄国社会民主工党党员的虚名。不同这些人最坚决地划清界限，就**无法**进行党的第四届杜马选举工作。谁到现在还说只利用“合法组织”的人力和物力，利用“公开的工人政党”的人力和物力来进行第四届杜马的选举，谁不真正考虑、贯彻俄国社会民主工党在党的决议中所阐述的关于秘密组织、关于策略的决定，谁就徒具俄国社会民主工党党员的虚名。谁在进行选举工作的时候，不遵循俄国社会民主工党的决定，而去依据《我们的曙光》杂志、《社会民主党人呼声报》、《生活事业》杂志上的文章，谁就是建立斯托雷平“工”党的人，而不是建立无产阶级的革命的社会民主党的人。

在即将到来的第四届杜马的选举中，我们党的任务首先是对群众进行社会主义教育，党的利益首先是开展群众性的鼓动，以便依靠无产阶级和革命资产阶级民主派（首先是革命农民）的力量来实现革命的民主主义变革。

为了进行这种宣传鼓动，我们党在选举中必须组织社会民主党的**独立**行动，不仅在工人选民团、而且在各地的城乡选民当中提出我们党的候选人。

党在选举中的全部鼓动应当分两条战线进行，就是说，**既**反对政府和公开支持政府的政党，**也**反对反革命自由派的立宪民主党。

只有真正彻底贯彻俄国社会民主工党的政策、不仅忠于党的纲领和党的策略决议、并且反对新的斯托雷平"工"党的人，才能成为党的候选人。

在订立选举协议问题上，党的伦敦代表大会和 1907 年 7 月的党的代表会议[151]的原则指示应当仍然有效。

第四届杜马选举必须通过党的工人团体进行，必须遵循党的决定的精神和严格遵照这些决定进行。

1911 年 7 月印成单页

译自《列宁全集》俄文第 5 版
第 20 卷第 285—293 页

声　　明

（1911年7月17日〔30日〕）

我们下列署名的与会成员获悉技术委员会[152]不拨给党校[153]经费的决定后发表声明，我们认为这一决定是完全违反规定的，并提请会议成员表决如下建议：**会议成员决定从现款中（或者从保管人那里的款项中）拨给党校所必需的——根据党校委员会的决定（用于路费和1911年9月1日前的生活费）——款子。**

尼·列宁[①]

1911年7月30日

译自《列宁全集》俄文第5版第20卷第294页

① 在声明上签字的，除列宁外，还有格·叶·季诺维也夫。——俄文版编者注

《两个政党》小册子的序言

(1911年7月20日〔8月2日〕)

加米涅夫同志的小册子是对布尔什维主义以及继它之后的整个俄国社会民主工党在反革命时期同取消派进行斗争的材料的系统综合。加米涅夫同志像1908—1911年《无产者报》[154]和党中央机关报《社会民主党人报》的做法一样，用了很大的篇幅来阐述社会民主党同取消派之间的原则分歧，这是非常自然的。

加米涅夫同志充分证明了，取消派集团**实际上**是一个单独的党，而不是俄国社会民主工党。他的这种证明总结了主要是1909—1911年间的经验，这一经验说明了1908年十二月决议是正确的。在这项布尔什维克代表俄国社会民主工党提出并通过的决议中已经声明，取消派**力图**以“不定型的”合法团体来“**代替**”俄国社会民主工党。现在，波特列索夫、拉林、列维茨基及其同伙(国外的马尔托夫先生和呼声派先生也追随他们)的这种不定型的合法团体已经完全原形毕露了。这是一个和俄国社会民主工党毫无共同之处的、执行的不是社会民主党的工人政策，而是自由派的工人政策的著作家集团。这是些**斯托雷平**“工”党的活动家。

从马克思主义转变为自由主义，而且转变得非常迅速、有时非常“突然”，是19世纪末20世纪初的俄国的特征。从“经济派”和《信条》到司徒卢威先生及其同伙，再到取消派先生们，这全是一架梯子上的各个梯级，一个演进过程的各个阶段，一种倾向的各种表现。俄国工人政党是在1905年革命以前不久开始形成的；这个党在反革命时期进行了改组，一部分在更为牢固的基础上重建。资产阶级知识分子由于认识到俄国尚未经历民主主义变革时期而投身革命，他们成批成批地向无产阶级靠拢，而当他们根据经验确信他们接受不了革命的马克思主义，他们真正的位置是**在**社会民主党**之外**的时候，他们又成批成批地离开了无产阶级。我国的取消派也是这样的，其中一部分人已经在十分明确地、公开地、坦率地谈论他们正在建立的**新**党了。

无论是召回派，还是取消派，它们的相同点是两者都是非社会民主主义的、资产阶级的流派，但是它们各自的政治发展的前途根本不同。召回派被布尔什维克及时削弱了，它没有作出建立自己政党的尝试；它现在变成了一个无足轻重的国外小集团，它的活动是帮助取消派搞阴谋和反对俄国社会民主工党。与此相反，取消派在俄国有自己的中央（首先是政治上的，后来是组织上的）；它建立了**单独的**、虽然是不定型的（暂时是不定型的）党——这就是为什么加米涅夫同志要那么详细地谈取消派，而只是顺便提一下召回派的缘故。

在拥护俄国社会民主工党的人们中间，能够真心诚意地维护取消派的是不多的①。但遗憾的是，真心仇视取消派而又**不了解**

① 显然，要说国外呼声派是真心诚意的，那是可笑的。这是一些在马尔托夫之流先生们指导下进行讹诈和诽谤的专家。考茨基、梅林和蔡特金决定把引起争执的款项**不**拨给中央委员会国外局，**而**拨给技术委员会（见组织委员会1911年8月1日小报），就是完全承认亚历山德罗夫同志和所有同亚历山德罗夫**完全**一致的布尔什维克是正确的，就是对马尔托夫、唐恩、马尔丁诺夫和阿克雪里罗得先生们的无耻诽谤的彻底谴责。还要请读者注意登载在《附录》上的维克多同志的来信[155]，这封信说明了马尔托夫先生及其帮凶同政敌作斗争时采取了何等卑鄙的手段。

同它斗争的条件的人却不少。当然，这些人会说，既然取消派是社会民主党内的资产阶级流派，那么为什么不像德国人同伯恩施坦派斗争那样，在统一的党的队伍中同它进行斗争呢？为什么不试一试同取消派“妥协”呢？

我们的“妥协派”不懂得一个很重要而又很简单的道理：取消派不仅是机会主义者（同伯恩施坦及其同伙一样），他们还在建立一个**单独的**政党，他们宣布自己的口号说俄国社会民主工党**不存在了**，他们对俄国社会民主工党的决定**根本**不予理会。这就是和“欧洲”的不同之处，只有没有仔细考虑问题或者不了解俄国情况的人才会引用“欧洲”的例子。在欧洲，任何一个机会主义者，只要他反对自己的党、反对党的决定，即使他们做的只有波特列索夫之流、伊哥列夫之流、伯尔之流、马尔托夫之流、唐恩之流先生们及其同伙过去和现在做的十分之一，那他就连一个月也不会被容许留在党内。在欧洲，党是公开的，一下子就可以看出，某人是不是在组织内，是不是服从组织。

在我国，党是秘密的。不能“看出”，也不能（如果不是保安处的帮凶的话）公开说，某某、某某是不是在组织内。但是，波特列索夫之流先生们及其同伙和呼声派的做法完全一样，他们**不**在组织内，并且对组织的**一切**决定**根本不予理会**，这是事实。既然波特列索夫之流先生们认定党**对于他们是不存在的**，那么怎么能同他们“妥协”呢？怎么能同那些也是这样认定的马尔托夫之流、唐恩先生之流先生们“妥协”呢？除了取消俄国社会民主工党，**有什么**可以同取消派妥协呢？

请“妥协派”试把同取消派妥协的**条件**、监督履行这些条件的**手段**和证明履行这些条件的**事实**指出来吧。无论是第一点，还是第二点，或者第三点，一点也指**不出来**。因此毫无疑问，关于“妥协”的言论是空洞而愚蠢的言论。这种言论只会有助于那些完全证明他们对党的决定根本不予理会、**完全**不限制自己支持取消派的“自由”的国外小组（如前进派、呼声派、托洛茨基派等小组）的阴谋活动。

在俄国，秘密的工人小组同取消派划清了界限，而且日益划清界限，它们正在慢慢地、艰苦地建设着革命的俄国社会民主工党。帮助这些小组，切实贯彻俄国社会民主工党的决定，不同国外那些无聊之徒（呼声派是国外各集团中最有力量的一个，但也是无聊透顶的一个）玩妥协的把戏——这就是**社会民主**工党的拥护者的任务。为捍卫党而斗争，就是党性。说什么同正在建立非社会民主主义政党的取消派“妥协”，就是违背党员义务的犯罪行为。

尼·列宁

1911 年 8 月 2 日

附言：必须补充一点：《附录》上发表的对布尔什维克中央所受到的“谴责”的分析，是我们集体的意见，是根据布尔什维克中央掌握的材料和文件，以及根据亲自做过布尔什维克中央某些工作的同志的报告整理出来的。

尼·列宁

载于 1911 年 8 月《工人报》编辑部在巴黎出版的该小册子

译自《列宁全集》俄文第 5 版第 20 卷第 295—298 页

对《两个政党》小册子的补充

（1911年7月20日〔8月2日〕以后）

在革命的无产阶级政党和合法独立派政党之间**必须作出选择**。俄国社会民主工党各个小组、各个团体应该把这一点告诉工人，并且贯彻执行。

我们知道，有些人一方面承认同取消派的斗争是必要的，一方面又起来反对彻底划清界限，并且还在继续（甚至到现在！）谈论"调和"或"妥协"。属于这种人的不仅仅有托洛茨基（尊重他的人已为数不多了）的"忠实奴仆"。调和派和妥协派正在犯一个极大的错误：一年半的时间**实际上**证明了合法派**没有履行任何**义务。怎么能够同这种不履行任何义务的人去讲妥协呢？？当讲妥协的人**既**不能指出妥协的条件，**又**不能指出保证实现任何条件的手段的时候，讲妥协岂不可笑吗？？

载于1911年8月《工人报》编辑部在巴黎出版的该小册子

译自《列宁全集》俄文第5版第20卷第299页

党内状况

（1911年7月）

我们党无疑到了它发展中的一个危急关头。全体布尔什维克都应当努力彻底阐明自己的原则路线，团结起来，并像以前一样重新把党引上正道。

国外刚刚（1911年6月和7月）发生了一些表明党中央机关的危机的事件。几乎所有派别和流派的许多传单中所谈论和阐述的这些事件，归结起来就是取消派（通过中央委员会国外局）彻底破坏了全会的召开。布尔什维克同这个置规定于不顾的中央委员会国外局断绝了关系，并联合“调和派”和波兰人成立了“技术委员会”和“组织委员会”，以便召开代表会议。

这些事件的原则意义是什么呢？

取消派脱离了俄国社会民主工党，却从中央机关（例如中央委员会国外局）内部干扰党的全部工作。同取消派决裂，就意味着消除这种干扰，就有可能同心协力地着手恢复秘密的和真正革命的社会民主党。这是首要的事情、主要的事情。其次，同破坏党的一切法规的中央委员会国外局决裂（以及接着发生的从1910年2月起就**根本没有**参加过中央机关报工作的马尔托夫和唐恩退出中央机关报编辑部），就意味着纠正全会（1910年1月）的错误，由于这个错误，参加中央机关的不是护党派孟什维克，而是呼声派，即取消派。全会的原则路线(清洗工人政党中的取消派和召回派这些**资产阶级**流派)现在摆脱了隐瞒这条路线的取消派中央机关的束缚。

幸而,对呼声派和托洛茨基捍卫中央委员会国外局的伪善的号叫,已由仲裁人作出了评价。三个德国社会民主党人(梅林、考茨基和蔡特金)当时本来要解决关于布尔什维克**有条件地**交给中央委员会的款项问题,但是他们却决定,在代表会议以前,**预先**把款项交给技术委员会,而不是交给中央委员会国外局。这个决定等于仲裁法庭承认中央委员会国外局是**不对的**。

国外的其他派别抱什么样的态度呢?托洛茨基当然是竭力维护取消派的,前进派**也一样**(这一点他们在报刊上还没有说明,但是从他们同组织委员会的正式谈判中可以看出)。普列汉诺夫抱"观望"态度,同时又鼓吹同中央委员会国外局暂时达成妥协(见普列汉诺夫派的决议)。

中央委员会国外局企图在托洛茨基、"前进"集团及其同伙的帮助下自行召开代表会议。这种"联盟"的结局如何,还不知道。原则上的瓦解是必不可免的。这个联盟甚至连一点类似党的工作也**不可能**做出来。这个由过去的中央委员会国外局组织的"联盟",除了为波特列索夫先生、米哈伊尔、尤里、罗曼及其同伙的反党、反社会民主主义的阴谋活动**打掩护**外,别无其他。

布尔什维克现在的任务就是团结起来,给社会民主党的一切敌人以反击,给一切动摇的人树立榜样,帮助秘密的俄国社会民主工党站稳脚跟。

有人说这是分裂。中央委员会国外局先生们的这些叫喊,甚至连不熟悉俄国事务的德国人也承认是伪善的。马尔托夫那本送交保管人的德文小册子,受到了克拉拉·蔡特金的批评,说它是“低劣的作品”。

在俄国,秘密组织没有分裂,没有并列的社会民主党组织。有的只是护党派和已经分离出去的、独树一帜的取消派。呼声派、托洛茨基、崩得、“前进”集团等国外集团想为取消派的分离行为打掩护,帮助他们藏身在俄国社会民主工党的旗帜之下,帮助他们破坏俄国社会民主工党的恢复。我们的任务是坚决给取消派以回击,并且**不顾他们的反对**而重建俄国社会民主工党。如果把不顾已脱离的合法派的反对而重建和巩固秘密党叫做“分裂”,那就是嘲弄真相,就是(不自觉地或伪善地)支持取消派。有人说,布尔什维克想搞派别。“调和派”现在(在巴黎)就根据这一点分离出去成为单独的**派别**。他们不希望有“派别组织”,却成立了新的派别(在技术委员会和组织委员会里都有单独的代表,这也就是派别的基本标志,“调和派”的内部纪律)。

关于派别组织的问题是怎样的呢? 1910 年 1 月布尔什维克解散了自己的派别,**条件**是一切派别也都要解散。但是大家知道,这个条件并没有实现。无论“呼声派”,还是“前进”集团或者托洛茨基及其同伙都**加强了**自己独立的派别活动。于是我们布尔什维克在 1910 年 12 月 5 日公开声明,条件**被破坏了**,我们关于解散派别的协定**被废除了**,因而我们要求收回自己派别的款项。

不仅反党流派是派别,而且普列汉诺夫派也是派别;他们有自己的机关刊物(《日志》),有**自己的**纲领,有自己派别参加中央机关的候选人,有自己派别的内部纪律。

在这种情况下,反对“派别组织”的叫嚷,而且是来自刚刚成立了自己派别的人的这种叫嚷,是多么无聊。现在应该懂得,反对派别组织的叫嚷，就是要在真正重要的问题，即关于各个派别的工作**内容**是**护党的**还是**反党的**问题上**转移人们的视线**。我们布尔什维克联合“调和派”和波兰人这两个派别组成了技术委员会和组织委员会。波兰人**支持**“调和派”，我们成了少数，我们对技术委员会和组织委员会中的调和派的错误不负责任。“调和派”的全部历史（我们将会在刊物上谈论这一点，如果调和派**迫使**我们这样做的话）**显然证明了**它的错误。布尔什维克应该了解这一点，不再重犯这些错误。

“调和派”**不了解**同取消派划清界限的思想根源，因此给取消派留下许多**可乘之机**，并且往往成了（不自觉地）他们手中的玩物。“调和派”在1910年中央一月全会上通过了（同波兰人一起）决议中的一条愚蠢的条文：“第一次”等等（见《争论专页》第2号上的列宁的文章[156]；普列汉诺夫的《日志》，他承认这一条条文是冗长的、拼凑起来的，也就是说是荒谬的）。调和派信赖呼声派；“呼声派”却以肮脏的接吻**公开地**羞辱了调和派。

调和派信赖那个明显地完全转向取消派的托洛茨基。俄国的调和派（掌握了一年多的中央委员会俄国局，即掌握了**全部**权力和**全部**款项）同取消派搞交易，邀请他们，“等待”他们，**因此什么**也没有做。

现在，调和派进入技术委员会和组织委员会，就走到了十字路口：一方面，同中央委员会国外局决裂**这一事实**就是承认和纠正调和派的错误；另一方面，成立单独的派别反对布尔什维克，同最不稳定的波兰人建立联盟，这就是继续犯老错误。

我们的义务就是提醒全体布尔什维克注意这种危险，号召他们团结一切力量为召开代表会议而**斗争**。为了这一斗争应当动员一切力量。布尔什维克必须取得胜利,以便把党引上正道。

在革命以后,布尔什维克这一派犯过两个错误:(1)召回主义前进派思想和(2)调和主义(倾向于取消派)。该是摆脱这两个错误的时候了。

我们布尔什维克断然决定:**现在无论如何**决不重犯(**也决不允许**重犯)调和主义的错误。这个错误会意味着干扰俄国社会民主工党的恢复,把俄国社会民主工党卷进同呼声派(或者同他们的仆从,如托洛茨基之流)、前进派等等的新纠葛中。时机危急,不能拖延。

全体布尔什维克都应该团结起来,**无论如何**要迅速地举行代表会议,应该在代表会议上取得胜利,或者采取公开的、明确的、有原则的反对派立场。只有不左右摇摆的布尔什维主义才能把党引上正道。

载于1956年《共产党人》杂志第5期

译自《列宁全集》俄文第5版第20卷第300—304页

俄国社会民主主义运动中的改良主义

(1911年9月1日〔14日〕)

近几十年来,资本主义的长足进步和一切文明国家的工人运动的迅速发展,使资产阶级对无产阶级过去的那种态度有了很大的变化。欧美资产阶级以自己的思想家和政治家为代表,不再为了维护私有制的绝对不可侵犯和竞争自由而同社会主义的一切基本原理进行公开的、原则的、直接的斗争,而是日渐主张用所谓社会改良来反对社会革命的思想。不是用自由主义来反对社会主义,而是用改良主义来反对社会主义革命,——这就是现代"先进的"、有教养的资产阶级的公式。一个国家的资本主义愈发展,资产阶级的统治愈纯粹,政治自由愈多,"最新的"资产阶级口号运用得就愈广,这个口号就是:用改良**反对**革命,为了分化和削弱工人阶级、为了保持住资产阶级政权,用对行将灭亡的制度局部修补的办法来**反对**用革命推翻资产阶级政权。

从社会主义运动在全世界的发展来看,上述的变化不能不认为是向前迈进了一大步。起初,社会主义运动是为生存而斗争,而反对社会主义运动的是相信自己的力量、大胆地和一贯地维护自由主义这整套经济政治观点的资产阶级。后来,社会主义运动壮大了,它在整个文明世界已经保住了自己的生存权利,它现在是在**为争取政权**而斗争;而日渐腐朽的、看到自己必然要灭亡的资产阶级，则竭力用不彻底的、伪善的让步来延缓这种灭亡，以求在新的条件下保住自己的政权。

工人运动**内部的**改良主义同革命社会民主主义的斗争的尖锐化，是世界各文明国家的整个经济政治环境中发生的上述变化的完全必然的结果。工人运动的发展，必然把一定数量的小资产阶级分子吸引到工人运动的拥护者的队伍中来，他们受资产阶级思想的奴役，正在艰难地摆脱这种思想，但又经常重新受这种思想的束缚。没有工人运动内部的这种斗争，没有社会主义"山岳派"和社会主义"吉伦特派"[157]**在**这场革命**来临之前**明确地从根本上划清界限，没有小资产阶级机会主义分子同代表新的历史力量的无产阶级的革命分子**在**这个革命**时期**彻底决裂，无产阶级的社会革命是不能设想的。

俄国的情况实际上也是这样，不过由于我们比欧洲落后（甚至比亚洲先进部分落后），我们还处在资产阶级革命时代，所以情况就更加复杂，变得模糊不清，有了种种变化。因此，俄国的改良主义的特点异常顽固，成为一种可以说是更恶性的病症，给无产阶级事业和革命事业带来的危害也就更大。我国的改良主义同时有两个来源。第一，俄国同西欧各国相比，是一个小资产阶级要多得多的国家。因此，我国特别经常出现那些对社会主义采取矛盾的、不坚定的、动摇态度（时而是"炽烈的爱"，时而是卑鄙的背叛）的人、集团和派别，而这种态度是一切小资产阶级的特点。第二，我国的小资产阶级群众每当我国资产阶级革命**某个**阶段受到挫折时就最容易、最迅速地变得灰心丧气，产生叛变情绪；他们最迅速地背弃彻底的民主主义变革的任务，即背弃全部肃清俄国一切中世纪和农奴制残余的任务。

对第一个来源,我们不准备作详细分析。只想提醒一点:世界上大概找不到这么一个国家,那里会发生像我们的司徒卢威之流、伊兹哥耶夫之流和卡拉乌洛夫之流以及诸如此类的先生们这样迅速地由同情社会主义"转到"同情反革命自由主义的事情。不过这些先生决不是例外,决不是绝无仅有,而是代表着传播甚广的流派!心地善良的人在社会民主党党外有很多,而在社会民主党内也不少,他们总喜欢鼓吹反对"过火的"争论和"划清界限的狂热"等等,这就暴露了他们根本不懂得是什么样的历史条件使俄国产生从社会主义跳到自由主义的"过火的""狂热"的。

现在来谈谈俄国改良主义的第二个来源。

我国资产阶级革命还没有完成。专制制度**企图**采取新的办法来完成革命遗留下来的和整个经济发展的客观进程迫切要求完成的任务,**但它完成不了这些任务**。无论是旧的沙皇制度在向革新的资产阶级君主制度转变这条道路上迈的新的一步,还是贵族和资产阶级上层在全国范围内建立的组织(第三届杜马),或者地方官实行的资产阶级土地政策,——所有这些"极端"手段,沙皇制度在仍旧属于它的**最后**活动场所即适应资产阶级发展的活动场所做的所有这些"最后"努力,都是无济于事的。这样做也不会有什么结果!用**这种**办法"革新的"俄国不但不能赶上日本,甚至还会落到中国后面去。由于资产阶级民主的任务还未完成,革命危机还是不可避免的。这个危机又在日渐成熟,我们又在迎着这个危机前进,用新的方式前进,**不像**过去**那样**,不是用过去的速度,不是只采取旧的形式,但是我们无疑是在前进。

这种形势十分明确地、明白无误地确定了无产阶级的任务。无产阶级作为现代社会唯一彻底革命的阶级,应当成为全体人民在争取彻底的民主主义变革的斗争中、**全体**被剥削劳动者在反对压迫者和剥削者的斗争中的领导者。无产阶级只有当它意识到并实现这个领导权思想的时候，才是革命的。意识到这个任务的无产者，就是起来反对奴隶制的奴隶。没有意识到本阶级的领导权思想的或是背弃这个思想的无产者，就是没有认识到自己的奴隶地位的奴隶，至多也不过是为改善自己的奴隶地位**而不是**为推翻奴隶制而斗争的奴隶。

由此可见，我国改良派的一位年轻首领即《我们的曙光》杂志的列维茨基先生声称俄国社会民主党应当“**不是**领导权，**而是**阶级的政党”，他的这个著名公式是彻头彻尾的改良主义的公式。不仅如此，而且是十足背叛行为的公式。说“**不是**领导权，**而是**阶级的政党”，就等于投到资产阶级方面，投到自由派方面去，因为自由派正是向现代的奴隶即雇佣工人说，你可以为改善自己的奴隶地位斗争，但要把推翻奴隶制的想法看做是有害的空想！把伯恩施坦的“运动就是一切，最终目的算不了什么”这个有名公式同列维茨基的公式对照一下，就会看到，这是同一种思想的两种说法。两种说法都是**只**承认改良，而否认革命。伯恩施坦的公式要广一些，因为它指的是社会主义革命（＝社会民主党作为资产阶级社会的政党的最终目的）。列维茨基的公式要窄一些，因为它在脱离革命的同时，特别要脱离自由派在1905—1907年间最仇恨的东西，即无产阶级从自由派手里**夺去的**那个在争取彻底的民主主义变革的斗争中对人民群众（特别是农民）的领导权。

向工人鼓吹他们需要的“**不是**领导权，**而是**阶级的政党”，就是把无产阶级事业出卖给自由派，就是鼓吹用**自由派的**工人政策来代替**社会民主党的**工人政策。

放弃领导权思想是俄国社会民主主义运动中的改良主义的最露骨的表现，因此，并不是所有的取消派都敢用这样明确的方式公开表露自己的思想的。其中有些人（如马尔托夫先生）为了嘲弄真相，甚至企图否认放弃领导权和取消主义之间的联系。

为改良主义观点"找根据"的一个更"精巧"的企图是这样一种论调：俄国资产阶级革命已经完成；1905 年以后第二次资产阶级革命，即第二次争取民主主义变革的全民斗争是不会发生的；因此，俄国行将到来的**不是**革命危机，而是"立宪"危机，工人阶级只要在这个"立宪危机"的基础上，设法捍卫自己的权利和利益就行了。取消派尤·拉林在《生活事业》杂志上（先前还在《复兴》杂志上），就是这样说的。

拉林先生写道："当前不会发生 1905 年十月事件。谁解散杜马，他就要比革命后的奥地利更快地恢复杜马；奥地利曾于 1851 年废除宪法，而到 1860 年，即过了 9 年以后，没有经过任何革命〈请注意这一点！〉，只是为了统治阶级中最有权势的、已经把自己的经济改造成资本主义的那部分人的利益，便重新承认了宪法。""在目前这个阶段上，不可能发生 1905 年那样的全国性革命运动。"

拉林先生的所有这些议论，不过是在冗长地复述唐恩先生在俄国社会民主工党 1908 年十二月代表会议上的讲话。当有人提出一个决议说，"经济生活和政治生活中曾经引起了 1905 年革命的那些**基本**因素**仍然在起作用**"，又在日渐成熟的危机正是**革命**危机，而不是"立宪"危机，那时，取消派的《呼声报》编辑就反对这个决议，大叫大喊说："他们〈即俄国社会民主工党〉竟想钻到已被打垮过一次的地方去。"

又"钻到"革命里去，在形势已经改变的情况下始终不倦地鼓吹革命，使工人阶级的力量为进行革命作好准备，——这在改良主义者看来，竟成了俄国社会民主工党的主要罪行，成了革命无产阶级的**过错**。不要"钻到已被打垮过一次的地方去"，——这就是叛徒和每遭失败以后就灰心丧气的一些人的明智之处。

但是，那些比俄国更老、更"有经验的"国家的革命无产阶级就善于两次、三次以至四次地"钻到已被打垮过一次的地方去"，善于（例如在法国）在1789—1871年间举行**四次**革命，遭受惨败以后一次又一次掀起斗争并建立共和国，在这种共和国中，革命无产阶级同它的**最后一个**敌人——先进资产阶级相对峙；也只有这种共和国才能成为与争取社会主义胜利的最后斗争的条件相适应的国家形式。

这就是社会党人同自由派即维护资产阶级的人的不同之处。社会党人教导说，革命是不可避免的，无产阶级应该利用社会生活中的**一切**矛盾，利用它的敌人或中间阶层的一切弱点来为新的革命斗争作准备，在更广泛的范围内，在人民更加觉悟的条件下，重新举行革命。资产阶级和自由派则教导说，革命是工人所不需要的，是对工人有害的，工人不应当"钻到"革命里去，而应当像好孩子那样乖乖地搞改良。

因此，改良主义者这些资产阶级思想的俘虏为了使俄国工人**离开**社会主义，**总是**拿19世纪60年代的奥地利（以及普鲁士）来作例子。为什么他们喜欢举这些例子呢？尤·拉林道出了其中的秘密：因为这些国家在1848年革命"没有成功"之后，国家的资产阶级改革"**没有经过任何革命**"就完成了。

关键就在这里！这就是他们内心充满了喜悦的原因。你看，资产阶级改革**没有经过**革命也可以实现！！既然这样，那我们俄国人为什么自找麻烦要想搞什么革命呢？为什么我们不让地主和厂主也对俄国进行这种“没有经过任何革命”的资产阶级改革呢!?

由于普鲁士和奥地利的无产阶级的软弱,因此它没有能够阻止地主和资产阶级**不顾**工人利益、以**最不利于**工人的形式、在保存君主制度和贵族特权、保存农村的无权状况和其他许多中世纪残余的条件下实现改革。

我国无产阶级在1905年已经显示出西方任何一次资产阶级革命中空前未有的力量以后,俄国的改良主义者竟然还拿其他国家的工人阶级四五十年以前力量薄弱的例子来为**自己的**背叛行为辩护,为**自己的**背叛的说教“找根据”!

我们的改良主义者喜欢拿60年代的普鲁士和奥地利作例子,就最好地证明了他们的议论在理论上站不住脚,他们在政治实践上已经转到资产阶级方面去了。

事实上,既然奥地利恢复了1848年革命失败之后废除的宪法,既然普鲁士在60年代进入了“危机时代”,那么这证明了什么呢?首先证明,这些国家的资产阶级改革并未完成。一方面说俄国政权**已经**变成了资产阶级政权(像拉林说的那样),目前我国政权已经谈不上什么农奴制性质(见同一个拉林说的话),同时,又拿普鲁士和奥地利来作例子,这就是自己打自己的耳光!一般说来,否认俄国的资产阶级改革并未完成,是可笑的:就连立宪民主党和十月党这些资产阶级政党的政策,都再明显不过地证明了这一点,拉林本人(我们下面就可以看到)也放弃了自己的立场。毫无疑问,君主制度在适应资产阶级发展的道路上又迈了一步,这是我们已经说过,并由党的决议(1908年12月)承认了的,但更无疑问的是:**就连**这种适应,**就连**资产阶级的反动,无论是第三届杜马,还是1906年11月9日(以及1910年6月14日)的土地法,都**不能**完成俄国资产阶级改革的任务。

我们接着往下谈。为什么奥地利和普鲁士60年代的"危机"**是**"立宪"危机,而不是革命危机呢?因为当时许多特殊情况缓解了君主制度的困境(德国"来自上面的革命",用"铁血"手段实现德国的统一),因为这两个国家的无产阶级当时还非常软弱,极不开展,而自由派资产阶级也像俄国立宪民主党人一样,卑鄙怯懦,背叛变节。

为了让我们看一看亲身经历过这个时期的德国社会民主党人自己是怎样评述这种形势的,我们现在摘引倍倍尔去年发表的《回忆录》的第一部分的某些评论。后来得知,俾斯麦在讲到普鲁士发生"立宪"危机的1862年时说过,当时国王心情非常忧郁,向他俾斯麦诉苦,说他们两人有上断头台的危险。俾斯麦耻笑了这个懦夫,说服他不要害怕斗争。

关于这点,倍倍尔说道:"这些事变表明,自由派如果善于利用当时的形势,可以得到什么样的结果。但他们已经害怕站在他们后面的工人。俾斯麦说:'如果把我逼得走投无路,我就掀起阿刻戎河'〈也就是把下层群众发动起来投入人民运动〉。——这句话可把自由派吓破了胆。"

德国社会民主党人的领袖,在那次"没有经过任何革命"就把他的国家改造成为资产阶级容克君主国的"立宪"危机过去半个世纪以后,指出了自由派由于害怕工人而没有利用当时那个**革命**形势。俄国改良派的领袖们却向俄国工人说:既然德国资产阶级当时那样卑鄙,在胆怯了的国王面前表现胆怯,那我们为什么不能**也来**仿照德国资产阶级的这种漂亮策略试一下呢?倍倍尔斥责资产阶级,斥责它的害怕人民运动的剥削者心理,因为它没有"利用""立宪"危机来实现革命。拉林及其同伙则斥责俄国工人企求领导权(即违反自由派的意志,吸引群众参加革命),并劝他们“**不是**为了革命”,**而是**“为了在即将到来的俄国立宪革新时期维护自己的利益”而组织起来。取消派居然把腐朽的德国自由派的腐朽观点当做“社会民主党的”观点献给俄国工人!试问,怎能不把这样的社会民主党人叫做斯托雷平的社会民主党人呢?

倍倍尔在估计普鲁士60年代的“立宪”危机时,不仅指出资产阶级由于害怕工人而不敢同君主制进行斗争,而且还指出了当时工人中间发生的情况。他说:“工人愈来愈清楚地感到政治形势不堪忍受,这自然也反映到工人的情绪上。大家要求改革。但由于没有充分觉悟的、明确认识到所要达到的目的并能获得信任的领导人,由于没有能把力量团结起来的坚强组织,这种情绪也就毫无结果地消失了(verpuffte)。从来没有一个实质上非常出色的(in Kern vortreffliche)运动这样毫无成果地结束。每次会议都挤满了人,谁说得最激烈,谁就是当时的英雄。这种情绪特别在莱比锡工人自修会中十分普遍。”1866年5月8日,莱比锡5 000人大会一致通过了李卜克内西和倍倍尔提出的决议,决议要求用普遍、直接、平等和无记名投票的办法召集得到普遍的人民武装所支持的国会,并“希望德国人民只选反对任何世袭的中央政权的人当代表”。可见,李卜克内西和倍倍尔提出的决议具有十分明确的共和的、革命的性质。

总之,**德国社会民主党人的领袖**在“立宪”危机时期在群众大会上提出了具有共和的、革命的性质的决议。经过半个世纪以后,当他回忆自己的青年时代并向新一代叙述早已过去的那个时期的事情的时候,还特别强调使他感到遗憾的是,当时没有充分觉悟的、认识到革命任务的领导人(**也就是没有一个认识到领导权任务**

的革命的社会民主党)，没有一个强大的组织，革命情绪“毫无结果地消失了”。而俄国改良主义者的领袖们却像伊万努什卡[158]那样深思熟虑地援引60年代奥地利和普鲁士的例子来证明可以“没有经过任何革命”！这些中了反革命的毒、思想上受自由主义奴役的庸人，竟敢败坏俄国社会民主工党的名声！

当然，在同社会主义决裂的改良主义者中间，也有人在工人运动的最重要的原则问题上用转弯抹角的外交手腕来代替拉林的真诚的机会主义。这种人混淆问题的实质，搅乱思想上的争论，败坏这些争论，例如马尔托夫先生曾设法在合法报刊上断言(即在受斯托雷平庇护而不会遭到俄国社会民主工党党员公开反驳的情况下)，似乎拉林和“正统派布尔什维克在1908年的决议中”提出的“公式”**相同**。这完全是歪曲真相，只有下流作品的作者才干得出来。同一位马尔托夫又装做同拉林争论的样子，在报刊上声明说，“他当然不怀疑拉林有改良主义的倾向”。马尔托夫竟**不怀疑**发表**十足**改良主义观点的拉林有改良主义观点！！——真是一个玩弄改良主义外交家手腕的典范。① 有些傻瓜把马尔托夫看做比拉林“左”些、可靠些的革命家，而就是这位马尔托夫把他同拉林的“分歧”总结如下：

“我来总结一下。要给仍旧忠于马克思主义的孟什维克现在所做的事情找到理论上的根据和政治上的理由，只要指出下面这个事实就足够了：现时的制度就是专制制度同立宪制度的内部矛盾的结合；俄国的工人阶级已经成熟，它可以像西欧先进国家的工人一样，抓住这个制度中这些矛盾的阿基里斯之踵。”

---

① 参看护党派孟什维克德涅夫尼茨基在《争论专页》(我们党的中央机关报的附刊)第3号上发表的关于对拉林的改良主义和马尔托夫的遁词的正确评论。

不管马尔托夫怎样支吾搪塞，但他刚刚企图总结，他所有的支吾搪塞的手法就都失灵了。我们引的这段话表明，他完全背弃了社会主义，偷偷用自由主义来代替它，马尔托夫所说的“足够了”，**只是**对自由派，**只是**对资产阶级来说是够了。一个无产者，如果以为承认专制制度和立宪制度的结合是矛盾的就“足够了”，那他就是站在**自由派工人**政策的立场上。他就**不是**社会党人，他就是**不**了解本**阶级**的任务是：为了反对各种形式的专制制度，要发动人民群众，发动被剥削劳动群众去**独立**干预国家的历史命运，而不管资产阶级的动摇或反抗。摆脱资产阶级领导权的群众所进行的独立的历史性活动，会把“立宪”危机变成一场**革命**。资产阶级（特别是1905年以后）害怕革命和仇视革命，无产阶级却教导人民群众忠于革命思想，阐明革命任务，使群众作好进行接二连三的革命战斗的准备。革命会不会发生，什么时候发生，在什么情形下发生，这不以某个阶级的意志为转移，但在群众中进行革命工作永远不会是徒劳的。只有这样的工作才是使群众作好迎接社会主义胜利的准备的活动。这些社会主义的起码道理，拉林之流和马尔托夫之流的先生们都忘记了。

拉林反映了与俄国社会民主工党彻底决裂的俄国取消派的观点，他公然把自己的改良主义思想和盘托出。下面就是他在《生活事业》杂志（1911 年第 2 期）上发表的一段话，这段话，每个珍重社会民主党原则的人都应该牢记不忘。

“当人们简直不知道明天究竟如何，不知道自己的任务是什么的时候，就会处于张皇失措和犹豫不定的状态，——这种状态就是一种犹豫不定的等待情绪，就是模模糊糊地不知是希望革命重演，还是希望‘等着瞧’。当前的任务，不是在海边白白地坐等好天气，而是向广大阶层灌输这样的指导思想：在俄国实际生活已经进入的新的历史时期中，工人阶级应当组织起来，不是‘为了革命'，不是'等待革命'，而只是〈请注意这"**只是**……"〉为了在生活的一切方面坚决地和有计划地维护自己的特殊利益；为了通过这种多方面的复杂的活动来聚集和训练自己的力量；为了用这个方法来培养和积蓄社会主义意识；特别是为了在封建反动势力在经济上必然自取灭亡以后即将到来的俄国立宪革新时期，在俄国各社会阶级复杂的相互关系中善于确定方向〈辨明方向〉和保卫自己！"

这真是一个彻头彻尾的、坦率的、自命不凡的、地道的改良主义者。向革命思想宣战，向革命"希望"宣战(改良主义者觉得这种"希望"是**模模糊糊的**，因为他不懂得当代经济矛盾和政治矛盾的深刻性)，向为革命组织力量和进行思想准备的任何活动宣战，在受斯托雷平庇护而不会遭到革命的社会民主党人公开反驳的合法报刊上宣战，代表已经同俄国社会民主工党彻底决裂的合法派宣战，——这就是波特列索夫、列维茨基、拉林及其同伙先生们建立的斯托雷平工党的纲领和策略。上面这段话确切地反映了这些人的真正纲领和真正策略，这不同于他们伪善的官场声明，他们说他们"**也是**社会民主党人"，他们"也"属于"不调和的国际"。这些声明是装饰门面的空话。这个完全用自由派的工人政策来代替社会主义的纲领，是他们的行动，是他们的实际的社会本质。

请看改良主义者纠缠不清的可笑矛盾吧！既然俄国的资产阶级革命已经完成了(像拉林说的那样)，那么社会主义革命就提到日程上来了。这是不言而喻的，这对每个不是为了用流行的称号来欺骗工人而自称社会党人的人来说是很清楚的。**那么**，我们应当组织起来，**正是**"为了革命"(社会主义革命)，正是"等待"革命，正是为了"希望"(不是模模糊糊的希望，而是以准确的、日益增加的科学资料为依据的希望，**有信心的**"希望")进行**社会主义**革命。

但是关键在于改良主义者妄谈资产阶级革命已经完成(像马

尔托夫妄谈阿基里斯之踵[159]等等一样),只是为了用空话来掩盖**脱离任何革命的行为**。他背弃资产阶级民主革命的借口是说这个革命已经完成,——或者借口说承认专制制度和立宪制度之间的矛盾就"足够了",——而他脱离社会主义革命的借口是说我们"此刻"应当组织起来"只是"为了参加"即将到来的俄国立宪革新"!

但是,既然你这位可敬的、用社会主义者的羽毛打扮着的立宪民主党人承认俄国"即将到来的立宪革新"是不可避免的,那你就是承认我国资产阶级民主革命还**没有完成**,你就是打自己的耳光。你说"封建反动势力**自取灭亡**"是必然的,同时又唾弃无产阶级关于通过**人民**革命运动不仅要**消灭**封建**反动势力**,而且要**消灭一切**封建残余这一思想,你就一再暴露了你的资产阶级本性。

不管我们的斯托雷平工党的英雄们怎样进行自由派的说教,俄国无产阶级都要始终不渝地本着忠于民主革命和社会主义革命的精神,来进行反革命时代注定要它进行的**全部**困难的、艰苦的、日常的、细小的、看不见的工作;它要组织起来,积蓄力量去进行革命,它要给变节者和叛徒以无情的回击;它要依据的是相信革命还会重新爆发这种有科学根据的信心,而不是"模模糊糊的希望"。

载于 1911 年 9 月 14 日(1 日)
《社会民主党人报》第 23 号

译自《列宁全集》俄文第 5 版
第 20 卷第 305—318 页

来自斯托雷平“工”党阵营的议论

（献给我们的“调和派”和“妥协派”）

（1911年9月1日〔14日〕）

K.同志的通讯[160]应当引起一切爱护我们党的人的极大关注。再没有比这篇通讯对“呼声派的”政策（和呼声派的外交手腕）的揭露更彻底、对我们的“调和派和妥协派”的观点和希望的驳斥更有力的了。

K.同志描述的事件是绝无仅有的吗？不，这是斯托雷平工党活动家的**典型**事件，因为我们很清楚，《我们的曙光》杂志、《生活事业》杂志等刊物的**许多**著作家系统地散布**这种**取消主义思想**已经不是第一年了**。这些取消派同工人党员的接触并不经常，有关他们的无耻谰言，党很少得到这样准确的报道（我们应当为得到这种报道感谢K.同志），但是独立合法派**集团随时随地**宣传的正是这种取消主义思想。只要有《我们的曙光》杂志和《生活事业》杂志这类刊物，就不能怀疑这个事实。闭口不谈这个事实，只会对那些特别胆小、特别卑鄙的取消派辩护人有利。

请把叫喊“妥协”、叫喊仇视取消主义的托洛茨基这类人所惯用的手法同这个事实对比一下。这些手法已经被大家识透了：一方面大叫我们“既不是布尔什维克，也不是孟什维克，而是革命的社会民主党人”，虔诚地赌咒发誓说，我们反对取消主义，竭力拥护秘密的俄国社会民主工党，另一方面又**大骂那些揭露取消派波特列索夫先生及其同伙的人**，说反取消派把问题"夸大了"，**一句话也没有谈到**反对明显的取消派波特列索夫、马尔托夫、列维茨基、唐恩、拉林等等先生们。

这种手法的实际用意是很清楚的。用**空话**来掩护**真正的**取消派，千方百计地**阻挠**反取消派的工作。在俄国社会民主工党的历史上以自己的无原则性著称的《工人事业》杂志[161]推行的全是这种政策：它赌咒发誓说，我们根本不是"经济派"，我们完全赞成政治斗争，实际上，它在**掩护**《工人思想报》[162]和"经济派"，把整个斗争指向揭露和驳斥"经济派"的人。

由此可以清楚地看出，托洛茨基以及类似他的"托洛茨基分子和妥协派"比任何取消派都更有害，因为死心塌地的取消派直截了当地说明自己的观点，工人很容易看出他们的错误，而托洛茨基之流先生们却在**欺骗**工人，**掩盖**邪恶，使邪恶不能被揭露和根除。谁支持托洛茨基小集团，谁就是支持造谣和欺骗工人的政策，支持掩护取消派的政策。在国内，使波特列索夫先生及其同伙有完全的行动自由，在国外，用"革命的"空谈来掩饰他们的活动——这就是"托洛茨基主义"政策的实质。

由此还可以清楚地看出，回避关于国内取消派的中心这个问题，即《我们的曙光》杂志和《生活事业》杂志的活动家的问题，而同呼声派作任何"妥协"，无非是那种欺骗工人和掩盖邪恶的行为的继续。1910 年一月全会以来，呼声派完全证明了，他们可以在任何决议上"签字"，而他们的取消主义活动的"自由"却丝毫"不受"任何决议的"约束"。在国外，签署决议，承认任何贬低秘密党的意义的行为都是资产阶级对无产阶级影响的表现，但在国内，却帮助那些不仅不参加秘密工作、而且嘲笑这种工作和破坏秘密党的波特列索夫之流、拉林之流和列维茨基之流先生。

现在，托洛茨基同李伯尔先生（极端取消派，在演讲中曾公开维护波特列索夫先生，现在为了掩盖这个事实，正在制造纠纷和争吵）这类崩得分子一起，同施瓦尔茨这类拉脱维亚人等等一起策划的正是这种同呼声派的“妥协”。但愿任何人也别上这个当，因为他们的妥协是掩护取消派的妥协。

附言：报刊上发表了呼声派同托洛茨基、崩得分子和拉脱维亚取消派“妥协”的消息的时候，本文已经付排了。我们的话完全被证实了：这是**掩护**国内取消派的妥协，是波特列索夫先生及其同伙的仆从们的妥协。

载于1911年9月14日（1日）
《社会民主党人报》第23号

译自《列宁全集》俄文第5版
第20卷第319—321页

《社会民主党人报》编辑部对俄国社会民主工党中央全会召集委员会的声明加的附注[163]

(1911 年 9 月 1 日〔14 日〕)

中央机关报编辑部早在 1910 年 12 月就已提醒党说,呼声派**正在破坏**全会①。现在,事实俱在:呼声派首先破坏了国内的全会,随后又破坏了国外的全会。

国内全会是米哈伊尔、尤里和罗曼等先生破坏的。他们的"天才的反驳"只是证实了这样一个事实:邀请他们出席哪怕只是为了增补成员的中央委员会会议的,不是邪恶的、"派别的"、"列宁派的"布尔什维克,而是**调和派**,尽管如此,这些先生还是拒绝出席。他们拒绝出席,也就搞垮了国内的中央委员会,因为**所有**回国出席全会的布尔什维克中央委员(回国的**全是**做实际工作的人),在这三人团拒绝之后,还没有来得及把所有成员召集齐就"被捕了"。

现在,不管呼声派怎么说,怎么保证,怎么发誓,不管他们怎么企图用谩骂、吵闹和讹诈来掩盖和混淆问题,事实毕竟是事实。作为合法派的**主要**首领的"三人团"即米哈伊尔+尤里+罗曼这些波特列索夫之流先生们和斯托雷平工党其他英雄们的最亲密的同

---

① 见本卷第 48—62 页。——编者注

事，**搞垮了**国内的中央委员会。

现在，呼声派又搞垮了国外的中央委员会。布尔什维克曾经要求在1910年12月召开国外的中央委员会会议，取消派的中央委员会国外局竟借口有中央委员会俄国局而**加以拒绝**(借口是捏造的，因为国外全会并**不**排斥国内全会)。

这次失败后，布尔什维克再次要求在**1911年4—5月**召开国外全会。**中央委员会国外局**借口"俄国局"的一半人**平安无事**而再次**拒绝了**。

从那时起过了4—5个月，中央委员会国外局的骗人的借口**被彻底揭穿了：4个月以来，**"俄国局"这"一半人"没有来过一封信，他们没有采取一次行动，没有闪现出一点生命之光!! 李伯尔之流、伊哥列夫之流和施瓦尔茨之流欺骗了党：他们以**不存在的**俄国局为借口，**拒绝**召开国外中央委员会会议。而中央委员六月会议证明，有**9名**中央委员**在**国外。

谁没有被叫喊、谩骂、吵闹和讹诈弄糊涂而还有思考能力，他就不能不看到，中央委员会被呼声派彻底搞垮了。

呼声派尽了一切所能来消灭党。党也要尽一切所能来消灭呼声派。

载于1911年9月14日(1日)
《社会民主党人报》第23号

译自《列宁全集》俄文第5版
第20卷第322—323页

斯托雷平与革命

(1911年10月18日〔31日〕)

头号刽子手斯托雷平的遇刺,正是在许多迹象表明俄国反革命历史上第一阶段已告终结的时候发生的。因此,本身意义很小的9月1日事件,又把我国反革命的内容和意义这个头等重要的问题提了出来。反动派在肉麻地吹捧斯托雷平或者探究左右俄国的黑帮匪徒的倾轧史,自由派则对"野蛮和愚蠢的"枪杀(《生活事业》杂志中使用这里加了引号的陈词滥调的前社会民主党人,当然也要算做自由派)不以为然,在这一片大合唱声中,可以听到一些真正有重要原则内容的调子。人们试图把俄国历史上的"斯托雷平时期"当做一种完整的事物来考察。

斯托雷平是1906—1911年将近五年的反革命政府的首脑。这是一个真正独特的、发人深省的事件层出不穷的时期。从表面上看,可以把它称为酝酿和实行1907年六三政变的时期。这次政变,正是在1906年夏季,斯托雷平以内务大臣身份对第一届杜马发表演说时开始酝酿的。现在,这次政变已经在我国社会生活的各个方面显示出它的一切后果来了。试问,发动这次政变的人物究竟是依靠了哪些社会力量,或者说,究竟是哪些力量推动了这些人物?"六三"时期的社会经济内容是什么?——对这个问题,斯托雷平本人的"飞黄腾达",提供了大有教益的材料和有趣的例证。

1902 年,在普列韦当权时代,一个地主兼贵族代表因残酷迫害和折磨农民(在萨拉托夫省)而博得沙皇及其黑帮奸党的“青睐”,当上了省长;1905 年,组织了黑帮匪徒和大暴行(巴拉绍夫大暴行);1906 年,当了内务大臣,并从解散第一届国家杜马起成了大臣会议主席。简略地说,斯托雷平的政治经历就是如此。反革命政府首脑的这个经历,也就是在我国从事反革命活动的那个阶级的经历,斯托雷平只不过是这个阶级的代表或奴仆。这个阶级就是以第一号贵族、最大的地主尼古拉·罗曼诺夫为首的俄国的名门贵族。这个阶级就是 3 万个农奴主-土地占有者,他们拥有俄国欧洲部分 7 000 万俄亩土地,即等于 1 000 万农户拥有的土地。这个阶级拥有的大地产,就是在俄罗斯人历来居住的俄国中部盛行的各种形式、各种名目的农奴制剥削(工役制、盘剥制等)的基础。俄国农民“土地少”(用自由派和民粹派惯用的讲法来说),无非是反过来说这个阶级**土地多**。作为我国 1905 年革命的中心的土地问题,就是让地主土地占有制保存下去,还是让大多数居民能够争得多少像人过的生活条件、多少像欧洲那样的自由生活条件的问题。如果是前者,就**必然**使农民这些大多数居民的贫穷、困苦、饥饿、闭塞、被压迫的处境还要保持许多年;如果是后者,那么,不采取革命手段消灭地主土地占有制以及同它有密切联系的地主君主制,这样的生活条件就**实现不了**。

斯托雷平的政治经历,是沙皇君主制的生活条件的确切反映和表现。在君主制面对革命时,斯托雷平不能不那样做。当情况十分清楚地表明,并根据 1905 年杜马**以前**以及 1906 年杜马**存在时期**的经验十分清楚地表明,绝大多数居民已经认识到自己的利益同地主阶级的存在是不可调和的、并力求消灭这个阶级的时候,君主制也**不能不**那样做。立宪民主党著作家硬说攻击君主制是我国“知识分子”革命主义的表现，再没有比这种说法更肤浅更虚假的了。恰恰相反，客观情况正是：农民反对地主土地占有制的斗争必然提出了我国地主君主制的存亡问题。沙皇制度**不得不**进行殊死的斗争，**不得不**在虚弱不堪的官僚制度以及由于军事失败和内部分崩离析而削弱了的军队之外另找自卫手段。在这种情况下，沙皇君主制所能采取的唯一办法，就是组织居民中的黑帮分子，策划大暴行。我国自由派说到大暴行时满口仁义道德，表示义愤，特别是他们一面满口仁义道德地谴责大暴行，一面又总想同大暴行制造者进行谈判和妥协，这就不能不给每个革命者留下一种极卑劣极胆怯的印象。君主制不能不镇压革命，而半亚洲式的、农奴制的、**俄罗斯的**罗曼诺夫君主制又不能不用最龌龊、最可恶、最下流、最残酷的手段来镇压，因此，每个社会党人，每个民主主义者反对大暴行的唯一适当的、唯一合理的手段，就不是满口仁义道德地进行谴责，而是从各方面忘我地促进革命，组织革命来**推翻**这个君主制。

大暴行制造者斯托雷平所以能够爬上大臣职位，正是用了只有沙皇的省长们所能采取的手段：残酷折磨农民，策划大暴行，巧妙地用“欧洲式”的仪态和辞令、风度和举止来为这种亚洲式的“行径”打掩护。

我国那些满口仁义道德地谴责大暴行的自由派资产阶级的领袖，同大暴行制造者进行了谈判，不但承认他们有权存在，而且承认他们有权领导建立新俄国和管理新俄国！斯托雷平的遇刺引出了许多有关这个问题的很有意思的揭露材料和供词。例如，请看维特和古契柯夫关于维特在 1905 年 10 月 17 日以后同“社会活动家”(应读做:温和的自由主义君主派资产阶级的领袖)谈判组阁问题的来往书信。参加同维特谈判的有希波夫、特鲁别茨科伊、乌鲁索夫、米·斯塔霍维奇,也就是**既有**立宪民主党未来的活动家,**也有**“和平革新”党未来的活动家,**还有**十月党未来的活动家。这次谈判看来持续了很久,因为古契柯夫在信里说到“谈判旷日持久,令人疲惫不堪”。谈判破裂,原来是由于杜尔诺沃的问题引起的:“自由派”不同意杜尔诺沃当内务大臣,而维特却非要他当不可。同时,第一届杜马中立宪民主党头子乌鲁索夫,“热烈地主张提名杜尔诺沃”。当奥博连斯基公爵提名斯托雷平时,“有的赞成,有的说不了解”。古契柯夫写道:“我记得很清楚,**谁也没有**像维特伯爵信中写的那样提出过反对意见。”

现在,立宪民主党的报刊想强调自己的“民主精神”(不要开玩笑!),也许特别是因为立宪民主党人在彼得堡第一选民团[164]选举时同十月党人有过斗争,企图借当时的谈判来攻击一下古契柯夫。9月28日的《言语报》写道:“古契柯夫率领的十月党人先生们,往往为了讨好当局而和杜尔诺沃先生一伙同流合污!他们往往眼睛盯着当局,不顾社会舆论!”同一天的《俄罗斯新闻》的社论,也用各种不同的调子重复立宪民主党人对十月党人的这种指责。

然而请问,立宪民主党人先生们,既然**你们**那些甚至支持过杜尔诺沃的人都参加了这次谈判,**你们**还有什么权利指责十月党人呢?难道当时,即1905年11月,不光是乌鲁索夫,**全体**立宪民主党人不也都是处于“眼睛盯着当局”和“不顾社会舆论”那种人的境地吗?夫妻吵嘴,只当开心;不是什么原则斗争,而是一些同样无原则的政党之间的竞争,——这就是对立宪民主党人现在借1905年年底的“谈判”来责难十月党人**必须**说的话。这种吵嘴,只会模糊历史上无可争论的真正重要的事实：从我国革命真正具有人民性，即按积极参加革命的人的成分来说已成为民主革命的时候起，自由派资产阶级的**一切**派别，从十月党人到立宪民主党人，一直都是**“眼睛盯着当局”**，**“不顾”民主运动的**。俄国反革命的斯托雷平时期的特点，也就在于自由派资产阶级背离了民主运动，因此，斯托雷平**能够**时而**向**这个资产阶级的这个代表人物，时而**向**那个代表人物请求援助，请求同情和征求意见。否则，斯托雷平就不可能在这个具有反革命情绪的资产阶级的协助、同情、积极或消极的支持下，实现贵族联合会对这个资产阶级的领导了。

事情的这一方面是值得特别注意的，因为我国自由派的报刊，以及像《生活事业》杂志这种主张实行自由派工人政策的机关刊物，正是忽略了或者故意忽视了这一方面。斯托雷平——不仅是农奴主-地主专政的代表人物；仅仅这样估计，就是根本不了解“斯托雷平时期”的特点和意义。斯托雷平是这样一个时代的大臣，在这个时代，**整个**自由派资产阶级，包括立宪民主党人在内，反革命情绪都十分强烈；农奴主**可以**依靠并且已经依靠了这种情绪，**可以**向这个资产阶级的领袖们“求婚”，并且已经“求了婚”，甚至**可以**把其中最“左的”领袖也当做“陛下的反对派”[165]，**可以**指望并且已经指望了自由派的思想领袖转向他们，转向反动派，转向反对民主派和唾弃民主派。斯托雷平是这样一个时代的大臣，在这个时代，农奴主-地主竭尽全力、以最快速度在农民农业生活方面推行**资产阶级的**政策，抛弃了指靠农民“宗法观念”的一切浪漫主义幻想和期望，而从俄国的新资产阶级分子，特别从乡村的俄国的新资产阶级分子中间去**寻找**同盟者。斯托雷平企图旧皮囊里装新酒，把旧的专制制度改造为资产阶级君主制，因此，斯托雷平政策的破产，也就是沙皇制度在最后这条路上，在沙皇制度**最后可能走的**这条路上的破产。亚历山大三世的地主君主制企图依靠“宗法式的”农村和俄国生活中的“宗法观念”；**这个**政策被革命彻底粉碎了。革命后，尼古拉二世的地主君主制企图依靠资产阶级的反革命情绪和地主自己实行的资产阶级土地政策；现在甚至连立宪民主党人，连十月党人也深信不疑这些企图已经破产，这些企图的破产，是沙皇制度**最后能够采取的**政策的破产。

斯托雷平时期农奴主-地主专政的对象，并不是包括整个“第三等级”即全体资产阶级在内的全体人民。不，实行这个专政时条件对它十分有利：十月党的资产阶级真心实意地为它效劳；地主和资产阶级拥有保证他们的联盟占多数的代表机构，他们能够正式同君主进行谈判和协商；司徒卢威之流先生们和其他路标派分子狂热地向革命泼脏水，并创立了博得安东尼·沃伦斯基欢心的意识形态；米留可夫先生宣布立宪民主党反对派是“陛下的〈农奴主余孽陛下的〉反对派”。尽管有这些对罗曼诺夫王朝比较有利的条件，尽管这些条件从 20 世纪资本主义俄国的社会力量对比的观点看来，真是绝无仅有的、最有利的条件，尽管如此，斯托雷平的政策还是遭到了破产；斯托雷平是在沙皇专制制度的新的掘墓人（确切些说，是积蓄了新的力量的掘墓人）叩门时遇刺的。

* * *

斯托雷平对资产阶级领袖的态度以及后者对斯托雷平的态度，在第一届杜马时期表现得特别明显。《言语报》写道：“1906 年 5—7 月的时期，是对斯托雷平的飞黄腾达有决定意义的时期。”这一时期的重心是什么呢？

立宪民主党的正式机关报声称："那个时期的重心，当然不是杜马中的发言。"

真是难能可贵的自供！当时，我们为了能否把"杜马中的发言"作为那个时期的"重心"的问题，同立宪民主党人不知有过多少争论！在1906年春夏，社会民主党人曾说过那个时期的重心**不**是杜马中的发言，当时，立宪民主党的报刊怒气冲冲地谩骂社会民主党人，高傲地学究般教训他们不知多少回！当时，俄国"社会"幻想"国民公会"[166]而对立宪民主党人在第一届杜马的"议会"舞台上获得的胜利没有表示十分高兴，《言语报》和《杜马报》[167]因此不知对整个俄国"社会"进行了多少责难！过了5年，到了必须对第一届杜马时期作个总的估计的时候，立宪民主党人却像换付手套那样轻松地宣称："那个时期的重心，当然不是杜马中的发言。"

先生们，当然不是啊！那么重心究竟在哪里呢？

《言语报》写道："……两派代表在幕后进行了尖锐的斗争。一派谋求同人民代表机关取得妥协，即使成立'立宪民主党内阁'也不怕。另一派则要求采取强硬步骤，解散国家杜马，修改选举法。拥有强大势力作后盾的贵族联合会实行了这个纲领……　斯托雷平一度动摇过。有消息说，他曾两次通过克雷让诺夫斯基向穆罗姆采夫建议，讨论成立由斯托雷平任内务大臣的立宪民主党内阁的可能性问题。但与此同时，斯托雷平分明是同贵族联合会有来往的。"

富有教养、学识渊博、见多识广的自由派领袖先生们就是这样编写历史的！原来，"重心"**不是**发言，**而是**黑帮沙皇奸党内部的两派斗争！毫不迟延、立刻实行"攻击"政策的是贵族联合会，——就是说，不是个别人，不是尼古拉·罗曼诺夫，不是"**上层**"中的"一派"，而是**一定的阶级**。**从右边来的**对手，立宪民主党人是看得很清楚的。但是**从左边来的**东西，立宪民主党人却没有看到。历史是由“上层”即贵族联合会和立宪民主党创造的，而庶民百姓**当然**没有参加创造！当时，同一定阶级（贵族）对立的是**超**阶级的“人民自由”党，而上层（即慈父沙皇）则动摇不定。

但是，能否设想，还有比这更加自私自利的阶级失明症吗？还有比这更严重地歪曲历史和忘记历史科学的起码常识的吗？还有比这更明显地混淆阶级、政党和个人、比这更可怜的糊涂观念吗？

不愿看见民主运动及其力量的人，比瞎子还要瞎。

第一届杜马时期的重心，**当然**不是杜马中的发言。重心是杜马外的阶级斗争，即地主-农奴主及**其**君主制同人民群众即工人农民之间的斗争。群众革命运动正是在这个时期重新高涨起来：1906年春夏，一般罢工、政治罢工、农民骚动以及军队暴动风起云涌。立宪民主党的历史学家先生们，**这就是**“上层”动摇不定的**原因**：沙皇匪徒内部各派的争执在于，能否在目前的革命形势下**立刻**举行政变，或者要再**等待一下**，再把资产阶级愚弄一下。

第一届杜马已使地主们（罗曼诺夫、斯托雷平及其同伙）完全确信，他们同农民群众和工人们和平相处是办不到的。而他们这种看法是符合客观现实的。当时，还有一个次要问题需要解决：在什么时候和怎么样修改选举法，是一下子修改还是逐步修改。资产阶级动摇不定，但它的所作所为，甚至立宪民主党资产阶级的所作所为都表明，它害怕革命比害怕反动派要超过百倍。所以地主也就愿意拉拢资产阶级的领袖（穆罗姆采夫、葛伊甸、古契柯夫及其同伙）来磋商可否**共同**组阁的问题。而**整个**资产阶级，包括立宪民主党人在内，都去同沙皇、同大暴行制造者、同黑帮首领们商讨对付革命的手段问题。然而，资产阶级从1905年底起，从来没有派过它的一个政党去同革命的领袖们商量**如何**推翻专制制度和君主制度的问题。

这就是俄国历史上“斯托雷平”时期的基本教训。当革命还强大的时候，沙皇政府就拉拢资产阶级来磋商问题；当革命不再从下面施加压力的时候，沙皇政府就用士兵的靴尖把资产阶级**所有的**领袖相继踢开：先踢穆罗姆采夫和米留可夫，再踢葛伊甸和李沃夫，最后踢古契柯夫。米留可夫之流、李沃夫之流和古契柯夫之流的区别完全是非本质的，不过是先后次序问题——这些资产阶级领袖都把自己的脸颊凑近罗曼诺夫—普利什凯维奇—斯托雷平去求得……“一吻”并博得了这样……“一吻”。

斯托雷平恰巧是在黑帮君主制度已经把整个俄国资产阶级的反革命情绪中一切有利于它的东西尽量利用完了的时候下台的。现在，这个资产阶级已被抛开，已被唾弃，已因脱离民主派、脱离群众斗争、脱离革命而弄得身败名裂，它一看见革命新高潮起来的征候，就张皇失措，困惑不解。斯托雷平给俄国人民上了很好的一课：或者在无产阶级的领导下，推翻沙皇君主制度而获得自由，或者在米留可夫之流和古契柯夫之流的思想和政治领导下，去受普利什凯维奇之流、马尔柯夫之流和托尔马乔夫之流奴役。

载于1911年10月18日(31日)
《社会民主党人报》第24号

译自《列宁全集》俄文第5版
第20卷第324—333页

论调和分子或道德高尚的人的新派别

(1911年10月18日〔31日〕)

国外技术委员会的《情报公报》[168](1911年8月11日第1期)和几乎同时也是在巴黎出版的署名为"一群布尔什维克护党派"的传单《告社会民主工党全体党员书》,内容都是攻击"正式的布尔什维克派"的言论,或者换种说法都是攻击"布尔什维克列宁派"的言论。这些言论非常激愤(其中激愤的惊叫和夸张的言语多于实际内容),然而还是应当加以论述,因为这些言论涉及到我们党的最重要问题。我要评论这个新派别是十分自然的,因为第一,在**整整一年半**以前我恰恰就是写了这些问题,而且恰恰是代表**全体**布尔什维克写的(见《争论专页》第2号①);第二,我完全意识到自己对"正式的布尔什维克派"所负的责任。至于说到"列宁派"这个用语,它不过是枉费心机的挖苦讽刺——似乎这里只指**某一个**人的追随者而言!——其实大家都很清楚,问题决不是说有人赞成我个人对布尔什维克派某些方面的观点。

传单的作者署名为"布尔什维克护党派",还自称是"非派别的布尔什维克",他们附带说:"这里"(即在巴黎)称他们调和派"是很不妥当的"。其实,这个称号早在一年零三个多月以前,不但在巴黎,不但在国外,而且在国内就已经出现了,它是唯一正确地表达

① 见本版全集第19卷第249—302页。——编者注

了新派别的政治实质的称号，读者从下面的叙述中可以确信这一点。

调和主义就是同俄国社会民主工党在1908—1911年反革命时期所面临的历史任务的**本质**有**密切**关系的各种情绪、意图、观点的总和。因此，在这个时期，许多社会民主党人从各种非常不同的前提出发，“陷入了”调和主义。托洛茨基所表现出来的调和主义比任何人都彻底，几乎唯独他企图给这个派别建立理论基础。这个理论基础就是：派别和派别活动是知识分子“为了影响未成熟的无产阶级”而作的斗争。无产阶级日渐成熟，派别活动也就逐渐自行消亡。作为派别合并过程的基础的，不是各阶级间关系的变更，也不是两个主要派别根本观念的演进，问题在于是否遵守**一切**“知识分子”派别间的协议。托洛茨基早已一个劲地鼓吹在**一切**和各种各样的派别之间订立这种协议(或妥协)，同时他却一会儿动摇到布尔什维克方面来，一会儿又动摇到孟什维克方面去。

与此相反的观点(见《争论专页》第2号和第3号①)是：各个派别都是由俄国革命中各阶级间的关系产生的。布尔什维克和孟什维克只不过对1905—1907年客观现实向无产阶级提出的问题作出了答复。因此，只有**这**两个“强大”派别(它们所以强大，在于它们有深刻的根源，在于它们的思想同客观现实的某些方面相符合)内部的演进，只有这两个派别的纯粹内部的演进，才能保证派别间的**实际的**合并，就是说，才能保证在俄国建立真正完全统一的、无产阶级的、马克思主义的、社会主义的政党。由此得出实际的结论是：只有使这两个强大派别在工作中接近起来，而且只有它

① 见本版全集第19卷第255—256、366—367页。——编者注

们清除取消派和召回派这些非社会民主党的派别，才是真正的护党的政策，真正实现统一的政策，——虽然这样做是不容易的、不顺利的、远不是转瞬之间可以完成的，但却是现实的、同许多所谓“一切”派别能够容易地、顺利地、转瞬之间实行合并的骗人诺言是不同的。

这两种观点早在全会以前就出现了，当时我在谈话中提出一个口号：“两个强大派别接近起来，而不是哀求解散派别”。关于这个口号，《社会民主党人呼声报》在全会以后立刻向公众作了报道。这两种观点，我**在 1910 年 5 月**，即一年半以前作了直率的、明确的和系统的阐述，而且是在“全党的”论坛《争论专页》(第 2 号)上阐述的。从 1909 年 11 月以来，我们就同“调和派”争论过这些问题；既然“调和派”至今**一次**也没有打算答复这篇文章，**一次**也没有试图稍微系统地来分析这个问题，稍微公开地完整地来阐明自己的观点，那么这只能全怪他们了。他们把自己在传单上以特别集团名义发表的派别言论叫做“公开的回答”：一年多来一直**默不作声的**人们的这个公开的回答，**并不是**对这个在两个根本不同的派别中早已提出过、早已讨论过、早已解决了的问题的回答，而是荒唐至极的糊涂话，是把两种不可调和的回答混淆起来荒诞不经的说法。传单的作者提出的论点，没有一个不是立刻打了自己的耳光的。冒牌布尔什维克(实际上是**不**彻底的托洛茨基分子)提出的论点，没有一个不是在重复托洛茨基的错误的。

真的，请看一看传单的基本意思吧。

传单的作者是些什么人呢？他们说，他们是“不同意正式的布尔什维克派的组织观点的”布尔什维克。似乎**仅仅是**组织问题上的“反对派”，对不对呢？请读一读下面这句话吧：“……现在和一年半以前一样，正是组织问题、党的建设和恢复问题被提到了首位。”这根本不对，这正是一年半前我所揭露的托洛茨基的原则错误。在全会上，组织问题**能够**使人觉得是首要问题，只是因为而且仅仅因为，无论呼声派还是前进派，为了“安慰”党而“签署了”**反**取消派和反召回派的决议，**各**派**放弃**取消主义才**被看成**是实在的事情。托洛茨基的错误就在于：《我们的曙光》杂志从1910年2月起最终举起取消派的旗帜，而前进派**在**其臭名远扬的某党校最终举起拥护召回派的旗帜，**在此之后**，他还把上面这种**假象**看做实在的事情。在全会上，把假象看做实在的事情，**可能**是自我欺骗的结果。在全会以后，从1910年春天起，托洛茨基还非常无原则地、非常无耻地**欺骗**工人，硬说对统一的障碍，主要是（即使不是唯一的话）组织上的。1911年，巴黎调和派继续进行这种欺骗，因为现在说组织问题居于首位，就是对真相的嘲弄。实际上，现在居于首位的决不是组织问题，而是关于党的整个纲领、整个策略、整个性质的问题，更确切地说，是关于**两个**党即**社会民主**工党同波特列索夫之流、斯米尔诺夫之流、拉林之流、列维茨基之流先生们的**斯托雷平**工党的问题。巴黎调和派在全会以后足足睡了一年半，在此期间，**无论**我们**还是**护党派孟什维克同取消派的**全部**斗争已从组织问题转到了**社会民主**（而不是自由派）工党**能否存在**的问题。如果现在同《我们的曙光》杂志的先生们去争论组织问题，争论合法组织和秘密组织的关系问题，那就是装模作样，因为这些先生完全能够承认为取消派效劳的《呼声报》**这种**“秘密”组织！我们早就说过，我国立宪民主党人承认并运用的，就是这种为君主主义自由派效劳的秘密组织。调和派自称布尔什维克，是为了要在一年半以后重犯那些被布尔什维克揭露了的（而且特别声明，这是以**整个**布尔什维克派的名义做的!)托洛茨基的错误。难道这不是滥用已有确定含义的党内称呼吗?既然如此,难道我们不应该向大家声明,调和派决不是布尔什维克,他们同布尔什维克毫无共同之点,他们不过是不彻底的托洛茨基分子吗?

再稍往下读:"可以不同意正式的布尔什维克派和中央机关报编辑部的多数对于反取消派斗争这一任务的理解……" 难道可以真的断定"反取消派斗争这一任务"就是组织任务吗?调和派自己说,他们同布尔什维克的分歧,**不仅仅**在组织问题上!那么究竟还在什么地方呢?他们闭口不谈。他们的"公开的回答",仍旧是默不作声的……或者是漠不关心的(?)……人们的回答。在一年半的时间里,他们**一次都没有**准备来修正"正式的布尔什维克派",或者阐述**自己**对于反取消派斗争这一任务的理解!而这个斗争,正式的布尔什维克派从1908年8月以来已经进行了整整三年。拿这些大家都知道的日子来对照,我们不由得要去寻找调和派的离奇的"默不作声"的原因,而这一寻找使人不由得想起托洛茨基和约诺夫来了,因为他们曾经硬要人们相信,他们**也**反对取消派,不过对于反取消派斗争这一任务的理解**不同**。同志们,在斗争开始了三年以后,才说你们对于这个斗争的理解不同,这岂不可笑。**这种**不同的理解,跟完全不理解是一模一样的!

再往下谈。现在党内危机的关键,无疑在于我们俄国社会民主工党是同取消派(也包括呼声派)完全分离,还是继续实行同他们妥协的政策的问题。凡是稍微熟悉一些情况的社会民主党员,恐怕没有一个人会否认,现在整个党内状况的**实质**就在这个问题上。但是调和派怎样回答这个问题的呢?

他们在传单上写道:"有人对我们说,这样一来〈拥护会议〉,我们就破坏了党的形式，就是闹分裂。我们不认为是这样〈原来如此！〉。但是，如果事情真是这样，我们也不会害怕这一点。"(接着就指出中央委员会国外局破坏全会，指出"人们拿中央作赌注"，指出"党的形式中已开始充斥派别内容"，等等。)

这个回答，实在可以称得上是思想上和政治上无能的"典型"范例！真了不得，有人竟提出了分裂的罪名。于是，新派别妄想给党指出道路，在报刊上公然宣称："我们不认为是这样"(就是说，你们不认为现在有分裂而且将来会有分裂吗?)，"但是"……但是，"我们也不会害怕这一点"。

可以保证，在各个政党的历史上找不出**这样**糊涂的例子来。如果你们"不认为"现在有分裂而且将来会有分裂，那就请你们说清楚这一点！请你们说清楚**为什么**可以同取消派共同工作！请你们直截了当地说**可以**(也就是说应当)同他们共同工作。

我们的调和派不仅没有说这一点，而是说了相反的话。《公报》第1期的编辑部文章(注释直言不讳地提到有一个拥护布尔什维主义纲领——巴黎第二小组决议的布尔什维克曾反对这篇文章)写道：

"……在国内，同取消派共同工作是不可能的，这是事实。"而在稍前的地方又承认：在呼声派和取消派之间，"哪怕划分最细微的界限都愈来愈困难了"。

谁能搞得懂啊！一方面，用技术委员会(其中调和派加上现在拥护他们的波兰人已形成反对我们布尔什维克的多数)的名义，非常正式地声明说，**共同工作是不可能的**。照俄文意思，这就是宣告分裂。分裂这个字眼，根本没有别的意思。另一方面，同一个《公报》第1期又说，设立技术委员会"不是为了分裂，而是为了防止分裂”;而且同是这些调和派又写道,他们“不认为是这样”(不认为现在有分裂而且将来会有分裂)。

还有比这更糊涂的话吗?

如果共同工作**是不可能的**,那么,这对社会民主党人来说是可以解释清楚的,这在社会民主党人看来也是有正当理由的:**或者**因为一些人的某个集团令人不能容忍地违反党的决定和不履行党的义务(这样,同**这个**集团的分裂就是不可避免的),**或者**因为根本的原则分歧使某个流派的**全部**工作**脱离了**社会民主主义运动(这样,同整个流派的分裂就是不可避免的)。大家知道,我们这儿这两种情况都存在:1910 年全会宣布同取消主义的**流派**共同工作是不可能的,现在则同不履行一切义务而最终倒向取消派的呼声派**集团**分裂了。

谁自觉地说“共同工作是不可能的”,谁稍微思考过这个声明并懂得了它的原则基础,他必定会全神贯注、全力以赴地来向最广大的群众解释这些基础,使群众尽量迅速地彻底地放弃继续要同那些**不可能**与之共同工作的人发生**不管什么样的**关系的徒劳无益的、有害的尝试。如果谁发表这个声明,同时又说:“我们不认为”将来会有分裂,“但是,我们也不会害怕这一点”,那么他这种颠三倒四、吞吞吐吐的语言就暴露出他**害怕他自己**,害怕他所采取的步骤,害怕既成的局面!调和派的传单不能不造成这种印象。调和派想替什么作辩护,想在什么人面前充“好人”,在向什么人使眼色…… 我们马上会看见,他们同《前进》文集和《真理报》彼此使眼色有什么意思。现在,我们应当先结束一下关于调和派如何理解“全会以后这个时期的总结”,即中央委员会议所作的总结这一问题的讨论。

的确必须**懂得**这个总结，懂得为什么它已经成为不可避免的，——不然，我们参加事变将是自发的、无奈的、偶然的。请看调和派是怎样**理解**的吧。他们对为什么全会的工作、全会的决定（主要是关于统一的决定）会导致中央委员会国外局（即取消派）同反取消派之间的分裂这个问题是怎样回答的呢？我们的不彻底的托洛茨基分子对这个问题的回答完全是抄袭托洛茨基和约诺夫的，所以现在我不得不再重复去年5月我在反驳这些彻头彻尾的调和派时所说的话①。

调和派的回答是：过错在于派别活动，在于孟什维克、前进派、《真理报》（我们按传单上的次序列举派别集团）以及“布尔什维克派的正式代表”的派别活动，后者的“派别活动的意向大概超过了前面所有的集团”。传单作者直率而肯定地唯独把他们自己即巴黎调和派称做**非派别的**。大家都是不道德的人，我们是道德高尚的人。对于造成上述现象的任何思想上的原因，调和派没有指出来。对于造成这种现象的各集团的任何组织上的特性或者不论什么样的其他特性，他们也没有指出来。没有，根本没有作任何**解释**，仅仅说派别活动是不道德的，非派别活动是道德高尚的。巴黎调和派同托洛茨基的差别，仅仅在于前者认为托洛茨基搞派别活动，自己不搞，而托洛茨基的说法恰恰相反。

我不能不承认，这样提问题，即**仅仅**拿一些人的不道德和另一些人的道德高尚来解释政治现象，总使我联想到那些金玉其外的人，一见到他们就不由得产生一种想法：“大概这是骗子。”

请想一想下面的对比：我国调和派是非派别的，是道德高尚的

① 见本版全集第19卷第249—302页。——编者注

人。我们布尔什维克的派别活动的意向超过了所有的集团，就是说，我们是最不道德的人。**因此**，道德高尚的人的派别曾经支持了最不道德的布尔什维克派去同中央委员会国外局斗争！！同志们，你们不能自圆其说了！你们所作的声明愈来愈糊涂了。

你们同托洛茨基像把球扔来扔去那样，互相指责对方搞派别活动，因此使自己变得滑稽可笑。你们连想都不愿意**想一下**，什么叫做派别？你们来下个定义试试看，而我们可以预先告诉你们，你们会搞得更糊涂，因为你们自己就是一个派别，一个动摇的、无原则的、不懂得全会上和全会后发生过什么事情的派别。

派别就是党内的组织，它不是由工作地点、语言或其他客观条件联合起来的，而是由反映了对党内问题的观点的特殊纲领联合起来的。传单的作者们就是一个派别，因为这份传单就是他们的纲领（很蹩脚的纲领，不过纲领不对头的派别有的是）。他们就是一个派别，因为他们也同任何组织一样，是受内部纪律约束的：他们派到技术委员会和组织委员会去的代表，是由他们集团根据多数票指派的，他们的集团还起草和印发纲领性的传单，**等等**。这就是遣责那些空喊反对派别活动的**伪善行为**的客观事实。无论托洛茨基，还是"不彻底的托洛茨基分子"，都硬说他们没有派别，**因为**……团结（团结成为派别）的"唯一"目的，就是要消灭派别，鼓吹派别合并等等，但是所有这些说法都不过是自吹自擂，怯懦地玩捉迷藏的把戏，原因很简单：不管派别抱有怎么样的（即使是最道德高尚的）**目的**，都与派别存在这一**事实**不相干。**任何**派别都确信，**它的**纲领和政策就是消灭派别的**最好**途径，因为谁也不认为派别的存在是一种理想。所不同的只是，拥有鲜明、彻底、完整的纲领的派别**公开**维护**自己的**纲领，而那些无原则的派别，则用自己道德高尚、自己不搞非派别活动这类廉价的吆喝来**掩饰**自己。

俄国社会民主工党内各个派别存在的原因在哪里？在于这些派别是1903—1905年分裂的继续。这些派别是各地方组织软弱的产物，这些组织**无力**阻止那些反映形形色色新思潮的著作家集团变为新“派别”，即变为把它们的内部纪律放在第一位的组织。消灭派别的保证在哪里？**仅仅**在于彻底消除革命时期的分裂（要做到这点，**只有**两个主要派别肃清取消派和召回派），在于建立那种强有力的、能够迫使少数服从多数的无产阶级组织。在这种组织还没有建立起来的时候，**只有**一切派别妥协**才能够**加速派别消灭的过程。由此可见，全会无论在思想上的功绩还是它的**调和主义的错误**都是很清楚的：功绩就是消除取消派和召回派的思想；错误就是同那些个人和集团妥协时没有加以分析，没有拿他们的行动去对照他们的诺言（“他们签署了决议”）。以反对取消派和召回派为基础的思想上的接近，尽管存在着种种障碍和重重困难，仍然获得进展。全会的调和主义的错误①，使它的调和主义的决定必然破产，也就是使同呼声派的**联盟**必然破产。布尔什维克（以及后来的中央委员会议）同中央委员会国外局的决裂，就是对全会的调和主义错误的**纠正**：现在**反对**取消派和召回派的各个派别的接近，将**不经过**全会的形式，因为这些形式已经同内容不相适应了。整个调和主义以及全会的调和主义都已破产，因为工作的内容使取消派同社会民主党人**分裂了**，而且无论什么形式，无论调和派要什么外交手腕和把戏，都**没有能够**阻止这种分裂的进程。

从我在1910年5月发挥的这个观点来看，而且只有从这个观

① 参看《争论专页》第2号。（本版全集第19卷第249—302页。——编者注）

点来看，全会以后发生的**一切**事件，都是可以理解的，不可避免的，它们的产生不取决于一些人的“不道德”和另一些人的“道德高尚”，而取决于事变的客观进程，这种进程使取消主义**流派**独立出去，使大大小小的中间集团一扫而光。

调和派为了掩饰调和主义完全**破产**这个不容置疑的政治事实，不能不走到公然歪曲事实的地步。请听：“布尔什维克列宁派的派别政策带来的危害所以更大，是因为他们在党的最主要的机关中占多数，因此，他们的派别政策就使其他各派有正当理由各自进行组织上的独立活动，唆使这些派别去反对党的正式的机关。”

这段话不过是胆怯地和为时过晚地为取消派找“**正当理由**”……因为正是这个流派的代表始终以布尔什维克搞“派别活动”作借口。找这种理由为时过晚了，因为每个真正的护党派(不同于利用护党口号作幌子的人)的**责任**，是**在**这个“派别活动”开始出现的**时候**就出来发表意见，而不是在一年半以后才出来讲话！调和派——取消派的维护者**不能**而且也没有早些出来讲话，因为他们**没有事实**。他们利用目前这个“混乱时期”来发表取消派的毫无根据的空论。可是事实却清楚明确地告诉我们：全会刚开过，即1910年2月，波特列索夫先生就立即扯起了取消派的旗帜。在2月或3月，米哈伊尔、罗曼和尤里三位先生立即背叛了党。呼声派立即起来为《呼声报》作宣传(见普列汉诺夫的《日志》，它在全会后的**第二天**就谈到了这一点)，并恢复了《呼声报》。前进派立即开始建立**自己的**“党校”。与此相反，布尔什维克采取的**第一个**派别步骤是在1910年**9月**，即**在**托洛茨基同中央代表破裂**以后**才创办《工人报》。

调和派为什么要歪曲人所共知的事实呢？为的是要向取消派使眼色，为的是向他们献殷勤。一方面说，“同取消派共同工作是不可能的”。另一方面又说，是布尔什维克的派别活动在为取消派提供“**正当理由**”!! 我们要问任何一个没有沾染上国外的外交手腕习气的社会民主党人：纠缠这些矛盾的人们该得到哪种政治上的信任呢？他们得到了《呼声报》当众赏给他们的接吻，如此而已。

调和派把我们论战时的**无情态度**（由于这种态度，他们在巴黎全体大会上口头斥责了我们千百遍），把我们**揭露**取消派时的无情态度（他们**反对**揭露米哈伊尔、尤里和罗曼）说成是我们的“派别活动”。调和派向来都是维护和掩护取消派的，但是，无论在《争论专页》上，还是在任何一个印发的公开宣言上，他们一次都**不敢**公开表示自己维护谁。而现在，他们却拿自己的软弱、自己的怯懦来干扰已经开始同取消派坚决划清界限的党。取消派说：并不存在取消主义，是布尔什维克把它“夸大了”（见高加索取消派的决议[169]和托洛茨基的演说）。调和派说：和取消派共同工作是不可能的，**但是**……**但是**布尔什维克的派别活动使取消派有了“正当理由”。主观判断上的这种可笑的矛盾的真正用意有一个，而且仅仅有一个：怯懦地维护取消派，又力图暗算布尔什维克并支持取消派，这难道不清楚吗？

但是，这远不是事情的全部。对事实最糟糕最恶劣的歪曲，莫过于断言我们“**在党的最主要的机关中**”占“多数”。撒这种弥天大谎的目的只有一个：掩饰调和派的**政治上的**破产。这是因为实际上在全会以后，**无论在哪一个**“党的最主要的机关”中，布尔什维克**都没有占**多数，占多数的恰恰是调和派。下列事实有谁能反驳呢？**在**全会**以后**，“党的最主要的机关”只有三个：（1）中央委员会俄国局——主要由**调和派**[①]组成：(2)中央委员会国外局——从1910年1月到1910年11月，其中代表布尔什维克的是**一个调和派**；因为无论崩得分子还是拉脱维亚人都**正式**采取了调和主义立场，所以在全会后11个月当中，占多数的是**调和派**；(3)中央机关报编辑部——这里是两个"布尔什维克派别分子"对两个呼声派；没有波兰人，也就**没有**多数。

调和派为什么要撒弥天大谎呢？原来是为了把脑袋藏在翅膀底下，逃避现实；为了掩饰调和派**政治上的**破产。调和派在全会上占了优势，它在全会以后，在党的所有最主要的做实际工作的中央机关中占了**多数**，而在一年半的时间里，它遭到了**彻底破产**：它谁也"调和"不了，它什么也建立不起来，它无可奈何地从一边动摇到另一边，因此完全应该得到呼声派的亲吻。

尤其是**在国内**，调和派彻底破产了，——巴黎调和派愈是热衷于蛊惑人心地提到国内，那么强调指出这一点就愈加重要。同国外相反，国内是调和派的——这是调和派的基调。把这些**空话**同**事实**对照一下就可以明白，这是最空洞的最不值钱的蛊惑。事实说明，在全会以后**一年多**的时间里，在中央委员会俄国局中**只有**调和派，只有他们作了关于全会情况的正式报告，正式同合法派协商，只有他们指派代办员到各个机关去，只有他们支配由中央委员会国外局源源不断汇去的一切经费，只有他们同那些在糊涂思想方面（即在调和主义方面）大有发展前途的"俄国"著作家谈判，等等。

结果怎样呢？

---

① 当然，调和派与调和派不同。何况决不是中央委员会俄国局所有以前的委员都能够（和愿意）替巴黎调和派（只不过是托洛茨基的应声虫）干的一切蠢事负责的。

结果等于零。没有一张传单,没有一次行动,没有一份机关报,没有一次“调和”。而布尔什维克“派别分子”则有国外的《工人报》,这份报纸出版两号以后就站稳了脚跟(这里且不说只有帮助保安处的马尔托夫先生才会公开说出的那些东西)。调和主义等于零,等于空谈,等于空洞的愿望(以及根据这些“调和的”愿望而对布尔什维克进行的暗算);“正式的”布尔什维克派以实际行动证明了它恰恰在国内占有绝对的优势。

这是怎么一回事——是偶然的吗?是逮捕的结果吗?但是,逮捕能够“宽恕”在党内**不做工作的**取消派,而对于布尔什维克和调和派,是同样要斩尽杀绝的。

不,这不是偶然的事情,也不是**个人**的侥幸或成功的结果。这是出发点就错了的政治**派别**破产的结果。调和派的**基础**即想在联合**一切**派别,包括反社会民主党的、非无产阶级的派别的基础上建立无产阶级政党的统一的努力是错的;调和派的无原则的、什么也办不成的空洞的“统一”计划是错的;反对“派别”(**事实上**是在成立新派别)的话也是错的,——这些话无助于解散反党派别,却削弱了在反对取消派和召回派的斗争中占十分之九比重的布尔什维克派。

托洛茨基给我们提供了许多无原则的空洞的“统一”计划的例子。你们只要回忆一下(我举一个最新的例子)他是如何称赞巴黎调和派和呼声派共同领导的巴黎《工人生活报》[170]的就行了。托洛茨基写道:“既不是布尔什维克,也不是孟什维克,而是革命的社会民主党人”,——这种说法多妙啊!可怜的空谈英雄却没有注意一件小事:只有那种懂得这一国家这一时期反革命的假社会民主主义的**危害**的,即懂得俄国1908—1911年的取消派和召回派的危害的社会民主党人,只有那种**善于**同这类**非**社会民主主义的思潮作斗争的社会民主党人才是革命的。托洛茨基同《工人生活报》(该报对俄国**不**革命的社会民主党人不作任何斗争)接吻,只是**暴露了**他所忠心耿耿地为之效劳的取消派的计划,因为在中央机关报内实行**平等**,就意味着停止同取消派**斗争**;取消派实际上有同党斗争的充分自由,而**让**中央机关报内(和中央委员会内)呼声派和护党派实行"平等",就是要以此来**束缚**党的手脚。这时,取消派的胜利也就完全有了保证,因此只有取消派的走狗才会实行或维护这样的计划。

无原则的空洞的"统一"计划许诺不经过同取消派作长期的、不屈的、殊死的斗争就能得到和平与幸福,这种计划的例子,我们在全会上从约诺夫、英诺森和其他调和派那里看见过。这种例子,我们在那些拿布尔什维克的"派别活动"来为取消派作辩护的调和派的传单中也看见过。还有一个例子:他们说布尔什维克"**同其他站在秘密的社会民主党立场上的思潮**〈《**前进**》**文集**,《**真理报**》〉隔绝而孤立了"。

这段精彩的话中的黑体是我们用的。这段话就像一滴水珠反映出整个太阳一样,彻底反映了调和派的无原则性——它在政治上软弱无力的基础。

第一,《真理报》和《前进》文集是否代表**社会民主主义的思潮呢**?不,不代表,因为《前进》文集代表非**社会民主主义思潮**(召回主义和马赫主义),而《真理报》则代表一个对于革命和反革命的**任何**重要原则问题都**没有提出过**独立完整的回答的小集团。所谓**思潮**,只是指这样一种政治思想的总和,这些政治思想**无论**在革命(因为我们离革命很近,而且我们在各方面都是以革命为转移的)**还是**反革命的**一切**最重要问题上都是观点明确的,此外,这些政治思想由于在工人阶级广大阶层中得到传播而证明自己有权作为一种思潮而存在。无论孟什维主义，还是布尔什维主义，都是社会民主主义的思潮，这已经由革命的经验，即由 8 年工人运动的历史证明了。至于不代表任何**思潮**的小集团，在这个时期如同以前一样，比比皆是。把思潮同小集团混为一谈，就是注定要在党的政策上搞**阴谋活动**。这是因为无原则的小集团的出现、它们昙花一现般的存在、它们拼命发表“自己的意见”、它们像独立的国家一样互相“往来”，这就是国外**阴谋活动**的基础；要排除这种阴谋活动，除了坚持严格的、坚定的、经工人运动长期历史经验检验过的原则性以外，没有而且也不能有其他办法。

第二，——就在这里我们也立即可以看到，调和派的无原则性实际上变成了阴谋活动，——巴黎人的传单公然撒谎，宣称“在我们党内，召回主义已经找不到公开的支持者和维护者了”。大家都知道，这是谎话。《前进》文集第 3 集（**1911 年 5 月**）**公开**说，召回主义是“我们党内**一种完全合理的思潮**”（第 78 页），这就证据确凿地驳斥了这种谎言。或许我们绝顶聪明的调和派要断定这种说法**不是维护**召回主义的吧？

你看，当人们不能从原则上来为自己同某个小集团的接近辩护时，他们就只能采用这样的政策：散布小小的谎言、献小小的殷勤、点头示意、挤眉弄眼，就是说，上述活动加起来构成阴谋活动这一概念。《前进》文集称赞调和派，——调和派称赞《前进》文集，又假惺惺地安慰党不必防范召回主义。结果却是同召回主义的**维护者**，同**破坏**全会**一切**决定的**人**大做大小席位的交易。暗中帮助取消派，暗中帮助召回派，——这就是调和派的命运，这就是软弱的卑劣的阴谋活动。

第三，“在俄国，同取消派共同工作是不可能的”。连调和派也不得不承认这个真理。试问,《**前进**》文集和《**真理报**》这两个小集团是否承认这个真理呢？不仅不承认,而且公然说出**相反的话**,公开要求同取消派“共同工作”,公然进行了**共同工作**(只需看看前进派第二党校的报告)。试问,宣布同那些对于**基本**问题(因为全会一致通过的明确的决议,认为取消派问题是基本问题之一)作**公然相反的**回答的小集团接近的政策,是否有哪怕一点儿的原则性**和诚实态度**呢？显然没有,显然在我们面前有一条思想上的鸿沟,如果企图用言语和外交手腕架起一座横跨鸿沟的桥梁,那么不管伊万·伊万内奇或伊万·尼基佛罗维奇抱有多么善良的意向,这种企图必然使他们注定要搞阴谋活动。

只要人们还没有根据可靠的材料和对最重要问题的探讨来向我们指出并证明,《**前进**》文集和《**真理报**》是代表**社会民主主义的思潮**(在全会后一年半当中,这一点谁也没有打算证明,而且也证明不了),我们就要不懈地向工人解释,调和派所宣传的同《前进》文集和《真理报》接近的这种无原则的阴谋诡计,是完全有害的。同这些帮助取消派的**非**社会民主主义的和无原则的小集团隔绝而**孤立**,是革命的社会民主党人的**首要义务**。越过《前进》文集和《真理报》,反对《前进》文集和《真理报》,而向同它们有联系的俄国工人提出要求,——这就是布尔什维克过去、现在和将来越过重重障碍贯彻执行的政策。

我已经说过,调和派在党的各中央机关中**占优势**的一年半时间里,已经在政治上遭到了彻底破产。通常对这一点的回答是:对的,但这是因为你们这些派别分子妨碍我们啊(见《真理报》第20号上发表的调和派——**而不是**布尔什维克——格尔曼和阿尔卡季的信)。

是啊，一种思潮和一个小集团的**政治上的**破产就在于**一切**都“妨碍”它，**一切**都反对它，——因为它把这个“一切”估计错了，因为它把空话、感慨、惋惜、诉苦作为自己的基础。

可是，先生们，**一切的一切**都帮助了我们，我们胜利的保证也就在这里。波特列索夫之流、拉林之流、列维茨基之流先生们帮助了我们，因为他们不证实**我们**对取消派的见解就**无法**开口。马尔托夫之流和唐恩之流先生们帮助了我们，因为他们**迫使**大家同意我们的下列见解：呼声派和取消派是一丘之貉。普列汉诺夫帮助了我们，**正因为**他揭露了取消派，指出了全会决议中留下的（由**调和派**留下的）“取消派的可乘之机”，讥笑了这些决议中（**调和派为了反对我们而塞进去的**）“累赘的”和“堆砌的”地方。国内的调和派帮助了我们，他们“曾邀请”米哈伊尔、尤里和罗曼，并对列宁破口大骂（见《呼声报》），从而就证实了取消派的拒绝同“派别分子”的阴险**无**关。亲爱的调和派！不管你们多么道德高尚，大家都妨碍了你们，不管我们搞派别活动多么不道德，大家都帮助了我们，这是什么原因呢？

这是因为你们小集团的政策仅仅是靠空谈，这种空谈虽然往往是十分好心善意的，但毕竟是空谈。而真正促进统一，**只有由两个强大**派别的接近：这两个派别之所以强大，是因为它们有完整的思想，有对**群众**的影响，有经过检验的革命经验。

你们反派别活动的叫喊直到现在仍是空话，因为**你们自己就是一个派别**，而且是最坏的、最不可靠的、无原则的派别之一。你们大声疾呼、大吹大擂的声明（在《情报公报》上）——“不给派别一分钱”——尽是空话。如果你们认真地谈这一点，你们还能花“**好几分钱**”去出版传单——新的小集团的纲领吗？如果你们认真地谈这一点，你们在看到**派别的**机关报——《工人报》和《社会民主党人日志》时，你们还能默不作声吗？——你们还能不公开要求停办这些机关报吗？[①] 如果你们要求这一点，煞有介事地提出这样的条件，你们就会遭到人们的嘲笑。如果你们明显地感到这一点而只好无精打采地唉声叹气，难道这不是一再证明你们的调和主义是悬在半空中吗？

解除各派别的武装，只能在共同执行的基础上进行，否则它就是反动的、对无产阶级事业有莫大危害的蛊惑人心的口号，因为这个口号只**便于**取消派进行不调和的反党斗争。**在**全会采用这个口号失败**以后**，**在**呼声派和前进派破坏(各派别)合并**以后**，现在谁提出这个口号，甚至不想也不敢再提出共同执行这个条件，不想也不敢明确地提出这个条件，规定监督**切实**执行这个条件的方法，他简直就是自我陶醉在甜言蜜语之中。

布尔什维克，团结起来，你们是同取消派和召回派进行彻底而坚决的斗争的唯一堡垒。

实行真正经过考验并由经验证实了的同**反**取消派的孟什维克接近的政策，——这就是我们的口号。这就是这样一种政策：它并不许诺在崩溃和瓦解时代能有实现不了的“普遍和平”的人间天堂，然而它却能真正推动各个代表**无产阶级**运动中**一切**强大的、健康的、生气勃勃的因素的**流派**在工作中接近起来。

调和派在反革命时代的作用可用这样的图画来描绘。布尔什维克费了好大力气把我们党的车子沿着陡峭的山坡往上推。取消

① 说句公道话，现在印发自己传单的巴黎调和派，曾经**反对**创办《工人报》，**而且退出了**该报编辑部邀请他们参加的**第一次会议**。可惜他们没有用公开反对《工人报》的行动来帮助我们(帮助我们揭露调和派的无聊)。

派—呼声派却拼命把车子往下拉。一个调和派坐**在车子上**。他的神态非常温顺，面容非常亲切，简直同耶稣基督一样。全身好似高尚道德的化身。这位调和派一面持重地低眉垂目，一面双手高举，祷告说："上帝啊！蒙你恩佑，我不像**这些**——指着布尔什维克和孟什维克——阻挠任何前进步伐的险恶的派别分子。"可是车子在渐渐地前进，调和派还是坐在车上。当布尔什维克派别分子**粉碎了**取消派的中央委员会国外局，从而清理出一块地基来建造新屋，来建立**护党的**各派别的联盟（或者至少是暂时的联合）的时候，调和派就走进这座新屋（一面骂着布尔什维克派别分子），给新居洒上……非派别活动的甜言蜜语的圣水！

如果旧《火星报》不发动彻底的、不调和的、有原则的运动去反对"经济主义"和"司徒卢威主义"，而去同**一切**大大小小的集团（当时这些集团在国外不比现在少）搞什么联盟、联合或"合并"，那么旧《火星报》历史上值得纪念的事业还有什么呢？

而我们这个时代和旧《火星报》时代是不同的，因此，无原则的和空谈的调和主义的危害也就严重好多倍。

第一个不同点是：在俄国，资本主义和资产阶级大大发展了，阶级斗争也明显得多了。对于波特列索夫之流、列维茨基之流、拉林之流先生们主张的**自由派**工人政策，现在已经**有了**（这在俄国是**首次**）一定的客观基础。立宪民主党人的斯托雷平式的自由主义和斯托雷平工党已经日渐形成。所以调和主义的空谈以及同国外那些支持取消派的小集团搞阴谋活动，实际上危害更大。

第二个不同点是：无产阶级的发展、无产阶级的觉悟和阶级的团结都达到空前的高度。所以调和派**人为地**对社会民主党内没有形成和不能形成任何**思潮**的昙花一现的国外小集团(《前进》文集，《真理报》**等等**)的支持也危害更大。

第三个不同点是：在《火星报》时代，俄国曾经有过“经济派”的秘密组织，当时必须打垮和粉碎这些组织，以便把反对经济派的革命的社会民主党人联合起来。现在**没有**同时并存的秘密组织，问题只是同已经独立出去的**合法**集团作斗争。而这种独立的过程(甚至调和派也不得不承认这种过程)受到了调和派同国外那些**不愿意**和不能够按这种划清界限的路线进行工作的派别一起玩弄政治**把戏**的**阻碍**。

布尔什维主义“克服了”召回主义的毛病、革命的空谈、“左的”把戏、离开社会民主主义而向左的动摇。召回派是在**已经**不能“召回”杜马中的社会民主党团的时候作为派别出现的。

布尔什维主义定将克服“调和主义的”毛病和向取消主义方面的动摇(因为**实际上**调和派始终是取消派手中的玩具)。调和派也是毫无希望地落在后头了，他们是在调和主义在全会以后**占了**一年半的**优势**而已经失去了势头并且谁也调和不了的时候作为派别出现的。

附言：本文是在一个多月以前写成的。它是批评调和派的“理论”的。至于在充斥于调和派和波兰人的《公报》第2期上的没完没了的、荒谬的、无聊的、可耻的争吵中表现出来的调和派的“实践”，那是不值得浪费笔墨的。

载于1911年10月18日(31日)
《社会民主党人报》第24号

译自《列宁全集》俄文第5版
第20卷第334—354页

关于选举运动和选举纲领

(1911 年 10 月 18 日〔31 日〕)

明年即将举行第四届国家杜马的选举。社会民主党应当**立即**开展选举运动。由于即将举行选举，**各**党派内部已经呈现了“活跃景象”。反革命时期的第一阶段显然结束了：去年的游行示威、学生运动、农村饥荒以及罢工浪潮(次序虽列最后，但并非最不重要!)，——这一切都明确地指出了转折的开始，反革命时期的新阶段的开始。加强宣传、鼓动和组织工作已经提到日程上来了，在这些工作中，即将到来的选举是一个自然而又必然的、引人关注的“环节”。(我们顺便提一下，有些人，像社会民主党中的“前进”小集团，在对这些被生活、经验和党完全证实了的浅显易懂的真理的认识上，直到如今还是动摇不定；像那些认为“召回主义”是“一种合理的色彩”(**1911 年 5 月**《前进》文集第 3 集**第 78 页**)的人，——这些人已经干脆把自己从社会民主党内比较严肃的派别或流派中勾销了。)

首先，就组织、安排和进行选举运动谈几点意见。为了**立即**开展选举运动，社会民主工党的秘密**支部**必须在全国各地、在一切合法的和半合法的组织里、在一切大工厂、在人民的各阶层和各集团中间立即**主动地**进行活动。必须正视丑恶的现实。在许多地方，还根本没有完全定型的党组织。现在只有一支忠实于社会民主党的工人先锋队。只有个别的人,只有一些规模不大的小组。因此,主动地建立支部(这个词很好地表达了这样一种思想:规模不大的、很灵活的团体、小组和组织是由外部条件决定的)应当成为**全体**社会民主党人的首要任务,哪怕两三个人,只要能够"挂上钩",就应该建立某种联系,开始经常的哪怕是最平凡的工作。

在我们党的目前情况下,再没有什么比"等待"形成一个有影响的国内中心的时机这样的策略更危险的了。全体社会民主党人都知道,成立国内中心的工作**正在进行**,对这个工作首先负有责任的人已经做了**一切可能做的事情**,但是全体社会民主党人也应当知道,警察制造的困难非常之多(决不能在遭到一次、两次、三次失败之后就灰心丧气!);大家应当知道,当这样的中心一成立,它必须用很长时间来建立同各个地方的牢固的联系网,它在相当长的时间内只能进行**一般的**政治领导。俄国社会民主工党各地的发起**支部**,应该是有严格党性的秘密支部,它要能立即开始进行选举的筹备工作,立即采取各种各样的措施来开展宣传和鼓动工作(秘密印刷所、传单、合法机关报、"合法的"社会民主党人护党派小组、交通联络,**等等,等等**)——如果推迟成立这样的支部,那就是损害工作。

对于把选举当做对人民进行政治教育的事业而予以非常重视的社会民主党来说,基本问题当然是有关选举的全部宣传鼓动的思想政治内容问题。这也就是选举纲领问题。对一切多少名副其实的政党来说,纲领在选举以前很久就已经有了,它不是故意"为了选举"而臆想出来的,而是由党的一切**事务**、党的工作的全盘安排、党在当前历史时期的整个方针所必然产生的。而对于俄国社会民主工党来说,纲领早已提出,纲领早已存在,它是由党的原则,由党**已经**规定、**已经**实行并且正在人民政治生活的整个时期实行的策略自然而又必然地决定的，而选举始终是对这样的时期的某些方面所作的“总结”。俄国社会民主工党的纲领，是对革命的马克思主义和忠于革命的马克思主义的先进工人阶层在1908—1911年时期、在反革命猖獗时期、在“斯托雷平”“六三”制度时期所进行的工作的**总结**。

这个总结包括三个主要组成部分：(1)党的纲领；(2)党的策略；(3)党对这个时期占优势的、或者说散布最广的、或者说对民主对社会主义最有害的思想政治流派的估计。一个政党如果没有纲领，就不可能成为政治上比较完整的、能够在事态发生任何转折时始终坚持自己路线的有机体。一个理论家小组可以没有以对当前政治形势的估计为基础的、能够确切回答当前的“该死的问题”的策略路线，但是一个正在行动的政治团体就不能没有这样的策略路线。如果不对那些“积极的”、轰动一时的或“时髦的”思想政治流派作出估计，纲领和策略就会变成死的“条文”，就不可能根据对问题本质的了解、对问题的“来龙去脉”的了解去贯彻和运用这些“条文”以解决成千上万细致而具体的、非常具体的实践问题。

至于说到1908—1911年时期一些有代表性的、并且对于了解社会民主党的任务特别重要的思想政治流派，那么在这方面占首位的是“路标主义”和**取消主义**。“路标主义”是**反革命的自由派**资产阶级的意识形态（不管立宪民主党的外交家们怎么说，这种意识形态都是同立宪民主党的政策完全一致的）；取消主义则是同样的腐朽的资产阶级影响在同工人运动有接触的人们中间的表现。离开民主派向后倒退，远离群众运动，远离革命，这就是在“社会”上占统治地位的政治思想派别的主导思想。远离秘密的党，放弃无产阶级领导解放斗争的任务，放弃捍卫革命的任务，这就是混迹于马克思主义者之中、在《我们的曙光》杂志和《生活事业》杂志这两份机关刊物上筑了巢穴的“路标派”的主导思想。不管狭隘的实际主义者或者那些在我们艰难的时代里已经感到厌倦、不愿为革命的马克思主义进行艰苦斗争的人怎么说，如果不透彻了解上面指出的斯托雷平时期的“思想派别”的实质和意义，那就不可能就**任何一个**“实践”问题、就社会民主党任何工作部门中的**任何一个**秘密工作和合法工作问题对宣传员和鼓动员作出确切而圆满的回答。

提出体现社会民主党选举纲领的简明的共同口号即选举口号常常是有益的，而且有时是必要的，因为这种口号提出了当前政治实践中最根本的问题，为全面开展社会主义宣传提供最方便、最迫切的理由和材料。我们时代的这种选举口号、这种共同口号只能是以下三点：(1)建立共和国，(2)没收地主全部土地，(3)实行八小时工作制。

第一点的基本精神是要求政治自由。如果在这类问题或者在其他一些与“民主化”等等相类似的问题上，也只限于用政治自由这个术语来表述我们党的立场，那就是错误的，因为在宣传和鼓动工作中我们应当考虑到革命的经验。解散两届杜马，组织大暴行，支持黑帮和赦免黑帮英雄，“利亚霍夫”在波斯建树的丰功伟绩[171]，六三政变，以及以后在这一基础上发生的许多“小政变”(第87条等等)——这就是还远没有完全列举出来的我国罗曼诺夫—普利什凯维奇—斯托雷平及其同伙的王朝的业绩。君主制同诸如普选权这些重大的民主改革同时并存的历史条件过去出现过，现在也可能出现。君主制根本不是形式单一和一成不变的制度，而是非常灵活的和能够适应各阶级的统治关系的制度。然而根据这些无可争辩的抽象理由就对20世纪的具体的俄国君主制作出结论,那就意味着对历史批判的要求的嘲弄和对民主事业的背叛。

我国的情况和我国政权的历史(特别是最近10年这段时间)向我们清楚地表明,正是沙皇君主制成了那群黑帮地主(他们的头子就是罗曼诺夫)的中心,他们把俄国变成了一个不仅使欧洲,而且现在使亚洲也感到害怕的怪物,他们横行霸道,大肆掠夺,贪污受贿,对"百姓"一贯施加暴力,对政治犯残酷折磨、严刑拷打,等等,如今达到了空前未有的程度。在**我国**君主制的这种**具体**情况下,即在具体的经济基础和政治特征的情况下,如果把例如普选权的要求作为争取政治自由的斗争的中心,那与其说是机会主义,不如说是荒谬无聊。既然现在讲的是选择中心的要求来作为选举运动的共同口号,那就必须把各种不同的民主要求按比较现实的前景和恰当的位置加以安排;如果要求普利什凯维奇承认对妇女应当有礼貌,不应使用"淫秽的"语言,要求伊利奥多尔有耐性,要求古尔柯和雷因博特正直无私,要求托尔马乔夫和杜姆巴泽遵守法律和法制,要求尼古拉·罗曼诺夫实行民主改革,那实际上就不能不使识字的人哈哈大笑,不能不使文盲莫名其妙。

请从所谓一般历史的角度来提出问题。毫无疑问(对所有的人来说都是毫无疑问的,拉林和一小撮取消派除外),俄国的资产阶级革命并没有完成。俄国正在走向**革命**危机。我们应当来证明革命的必要性,宣传革命的合理性和"好处"。既然如此,就应当这样来进行争取政治自由的鼓动:要把问题提得尽量广泛,要为胜利的而不是半途而废的(如1905年)运动指出目标,提出一个能够激发群众热情的口号,因为他们为俄国的现实生活而苦恼,为做一个俄国人受到的耻辱而痛心，他们渴望有一个真正自由的、真正更新的俄国。请从宣传工作和实际工作的角度来提出问题。那就不能不向甚至是最愚昧的庄稼人说明，国家应当由全体人民更自由地（比第一届杜马更自由地）选出的"杜马"来管理。究竟怎么办才能使"杜马"不被解散呢？不推翻沙皇君主制就办不到这一点。

可能会有人反对说：把建立共和国的口号当做整个选举运动的口号提出来，就意味着排除合法地进行选举运动的可能性，意味着不是真正承认合法工作的重要性和必要性。这种反对意见可以说是名副其实的取消派的诡辩。虽然不能合法地谈论建立共和国（在杜马讲台上是例外，在那里可以而且应当**完全**在合法的基础上进行关于建立共和国的宣传），但是为了捍卫民主主义，要**这样**来写文章和发表言论：对民主主义同君主制调和这种思想决不姑息，对自由主义的和民粹主义的君主派进行反驳和嘲笑，让读者和听众弄清楚君主制（正因为是君主制）同俄国存在的无权和专横之间的关系。啊，俄国人经历了许多世纪的奴隶制的磨炼，他们会懂得字里行间的意思，会忖度讲演人的言外之意。对于那些会推说"没有可能"把建立共和国的要求当做我们宣传和鼓动的中心任务的社会民主党的合法活动家们，应该这样回答他们："不要说'我不能'，而要说'我不想'。"

至于没收地主全部土地的要求的重要性，恐怕就不需要特别发挥了。现在在俄国农村中，由于实行斯托雷平的"改革"而怨声载道，"新地主"、乡警同居民群众之间的最残酷斗争正在进行，前所未有的愤怒情绪正在增长（最保守的和敌视革命的人都可以作证），在这种时候，没收地主全部土地的要求就应当成为整个民主的选举纲领的**中心任务**。我们只是指出，正是上述要求把彻底的无产阶级民主主义不仅同立宪民主党人的地主自由主义明确地区别开来，而且同知识分子官僚所说的关于“份额”、“消费土地份额”、“生产土地份额”、“平均分配”等等谬论明确地区别开来。这些谬论是民粹派喜欢讲的，也是一切明白道理的农民加以讥笑的。我们没有必要说，“庄稼汉需要多少土地”，因为俄国人民要没收地主的**全部**土地，使自己在国家**整个**经济和政治生活中摆脱农奴制压迫的枷锁。做不到这一步，俄国永远不会自由，俄国农民永远不会稍微吃饱肚子和成为有文化的人。

对于第三点即八小时工作制，就更不需要说明了。反革命疯狂地夺取工人们1905年的成果，因此工人群众为争取改善劳动条件和生活条件的斗争正变得愈来愈猛烈；而劳动条件和生活条件的改善，首先要实行八小时工作制。

总之，我们可以用几句话来表明社会民主党选举纲领的实质和真髓，这就是：**干革命！** 列夫·托尔斯泰在逝世前不久曾经说过，而且是以一种表现出“托尔斯泰主义”最糟糕的特色的遗憾口吻说过，俄国人民快得出奇地“学会了搞革命”。我们遗憾的只是，俄国人民还没有把这门学问**学到手**，没有这门学问，他们还会世世代代当普利什凯维奇之流的奴隶。然而，俄国无产阶级由于渴望对社会实行彻底的社会主义改造，已确实把这门学问中必不可少的**功课**教给了全体俄国人民，特别是俄国的农民。不管斯托雷平用什么样的绞架，不管“路标派”怎样费尽心机，都不能强迫他们忘掉这些功课。功课已经教了，功课正在学，功课还要复习。

俄国社会民主工党的纲领，我们革命的社会民主党的旧纲领，是我们的选举纲领的基础。我们的纲领确切地表述了我们的社会主义的任务、社会主义的最终目标，而且这种表述都特别强调反对机会主义和改良主义。目前,在许多国家,包括我国在内,改良主义正在抬头;另一方面,又有愈来愈多的迹象表明,在一些最先进的国家,所谓“和平的议会活动”时期即将结束,群众的革命骚动时期已经开始,——在这样的时代里,我们的旧纲领就具有了更大的(如果是可以比较的话)意义。就俄国来说,俄国社会民主工党的纲领向党提出了最近目标:“推翻沙皇专制制度,代之以民主共和国”。纲领有专门的章节谈到国家管理问题、财政、工人立法和土地问题,这为每一个宣传员和鼓动员展开**全部的**多方面的工作,为对某些听众就某一原因、某一题目具体阐述我们的选举纲领,提供了明确肯定的、具有指导意义的材料。

俄国社会民主工党1908—1911年时期的策略是由**1908年十二月决议**规定的。这些决议得到了1910年一月全会的确认、经过了整个“斯托雷平”时期的**经验**的验证,对形势和根据形势产生的任务作了准确的估计。旧的专制制度仍然是主要敌人,革命危机像过去一样必然重现,俄国正重新走向革命危机。但是,情况已经不是老样子了,专制制度“在向资产阶级君主制转变的道路上迈了一步”,它企图通过资产阶级的新土地政策来巩固农奴主的领地占有制;它正在黑色的和黄色的杜马中建立农奴主和资产阶级的联盟;它正在利用自由派资产阶级中的广泛的反革命的(=“路标派的”)情绪。资本主义向前迈了几步,阶级矛盾尖锐化了,民主派分子同立宪民主党“路标”自由派的分裂已变得更加明显,社会民主党的活动发展到新的领域(杜马和利用“合法机会”),这就使它有可能(与反革命的意愿相反)甚至在秘密组织遭到严重“破坏”的情况下扩大宣传鼓动的活动范围。革命的旧任务,经受过考验的群众革命斗争的旧方法——这就是我们党在瓦解和崩溃时期所坚持的东西，这时我们往往不得不“从头开始”，在已经改变了的环境中，不仅要按旧的方式，而且要按新的方式，采取新的手段来进行准备工作，积蓄力量，迎接新的战斗时期。

载于1911年10月18日（31日）
《社会民主党人报》第24号

译自《列宁全集》俄文第5版
第20卷第355—363页

来自斯托雷平"工"党阵营的议论

(1911年10月18日〔31日〕)

《我们的曙光》杂志第6、7、8期主要是谈选举运动和选举纲领的。在议论这个题目的一些文章里,取消派观点的实质被大量华而不实、牵强附会和卖弄辞藻的空话掩盖起来了:说什么"无产阶级的战斗动员"、"广泛的公开的动员群众"、"独立行动的工人的群众性政治组织"、"自治的集体"、"自觉的工人"等等,等等。尤里·查茨基甚至说出什么对纲领不仅应当"深入思考",而且应当"深入感受"…… 这些大概会使男女中学生欣喜若狂的空话,旨在迷惑读者,"施放烟幕",从而也就不难偷运私货。

例如,尤里·查茨基先生对纲领的意义和统一的纲领的重要性是这样颂扬的。他写道:"我们认为,社会民主党杜马党团的认可〈纲领〉具有重大的意义,但同时一定要有一个条件,就是社会民主党杜马党团不能采取阻力最小的路线,去认可国外小组强加于它的纲领。"

这些话居然这样刊登出来了。而这些话不是刊登在唆使人们迫害"犹太佬"和侨民的黑帮机关报上,而是刊登在"社会民主党的"机关报上!这些先生们竟然堕落到了这种地步,他们不是说明**他们的**纲领同"国外小组"的纲领之间的原则分歧,而是叫喊反对国外!

而且尤里·查茨基竟然如此笨拙,他泄露了他是代表哪一个小组来推行自己取消派的路线的。他写道:"实行可能的集中化的因素,是同公开的工人运动有密切联系的〈通过《我们的曙光》杂志,是吗?〉并且日益具有稳定性的……〈和日益具有自由主义面貌的〉社会民主党〈??〉工作人员集团……我们特别是指彼得堡……"

先生们,应当直截了当地说出来!躲躲闪闪是不体面的和不明智的:你们认为(这是很自然的)"集中化的因素",干脆说中心(取消派的)是彼得堡《我们的曙光》杂志的工作人员集团。口袋里藏不住锥子。

尔·马尔托夫企图把锥子藏起来,一再说社会民主党纲领中关于合法性的条文是选举纲领的基础。他在这一点上话说得很漂亮:无论什么都不要"放弃",无论什么都不要"阉割"。这些话刊登在第7—8期合刊第48页上。而在第54页文章结尾的一段上却写道:

"我们〈?显然是指《我们的曙光》杂志和《生活事业》杂志〉应当在无产阶级为争取自己的政治自决的自由、争取拥有本阶级的政党和自由开展自己的活动的权利、争取作为独立的组织力量参加政治生活而斗争的旗帜下〈原文如此!〉进行整个选举运动。无论选举的鼓动内容,还是选举的策略方法和竞选的组织工作方法,都应当服从这个原则。"

这真是对**自由派**工人的纲领的绝妙说明!工人社会民主党人"是在"争取**全体人民的**自由和争取民主共和国的"旗帜下进行运动的"。工人自由派是"为争取拥有本阶级的〈从布伦坦诺的社会自由主义的意义上理解的〉政党的权利"而斗争的。服从这个原则,这就等于背叛民主派事业。无论自由派资产者,还是政府中的狡猾市侩,都只希望工人为"自己的政治自决"的自由而斗争,而不希望他们为全国的自由而斗争，——马尔托夫重复了列维茨基的公式："**不是**领导权，**而是**阶级的政党"！马尔托夫提出了一个纯粹"新经济主义"的口号。"经济派"说：工人进行经济斗争，自由派进行政治斗争。"新经济派"即取消派说：选举鼓动的全部内容，要服从工人为争取拥有本阶级的政党的权利而斗争这个原则。

马尔托夫是否意识到自己这些话的意思呢？他是否意识到这些话就等于让无产阶级脱离革命呢？他说："自由派先生们，在1905年，我们反对你们，发动了群众特别是农民起来革命，我们为人民的自由而斗争，不管自由派如何拼命想使革命事业在得到半自由之后就停止下来。可是今后我们不再'迷恋'这些，我们要为本阶级的政党的自由而斗争。""路标主义的"、反革命的自由派要求于工人的正是这一点(请特别同伊兹哥耶夫写的东西比较一下)。自由派并不否认工人拥有本阶级的政党的权利。他们否认的是无产阶级这个唯一彻底革命的阶级有违背自由派的意愿、甚至与自由派针锋相对地发动**下层**进行斗争的"权利"。

马尔托夫许愿说不"放弃"、不"阉割"，可是他就这样**阉割了**社会民主党的纲领，以使这个纲领完全满足了拉林、波特列索夫和伊兹哥耶夫的要求。

请看一看，马尔托夫是怎样批评党的策略决议(1908年12月)的。他在谈到"在向资产阶级君主制转变的道路上迈了一步"的时候说，"这是一个不妥当的公式"，因为"在这个公式中，见不到向专制制度的代表同土地贵族之间瓜分政权**倒退**一步这一现实"，"在这个公式中，各阶级发生激烈的冲突的因素不存在了"——这里说的各阶级的冲突显然是指自由派资产者同农奴主的冲突！马尔托夫忘记了(像谴责工人"过火行为"的自由派一样忘记了)，自由派资产者在1905—1907年**害怕**同封建主发生"激烈的冲突"，而宁愿同工人和农民发生"激烈的冲突"。马尔托夫看到了专制制度向农奴主"倒退一步"(党的决议**准确地**指出了这倒退的一步："保持农奴主的政权和他们的收入")。但是，马尔托夫没有**看到**自由派资产者**从**民主向"秩序"、向君主制、向接近地主"倒退一步"。马尔托夫没有看到在向资产阶级君主制的"道路上迈了一步"**同**自由派资产阶级的反革命性、同自由派资产阶级的路标主义的**联系**。他所以没有看到这一点，是因为他本人就是"混迹于马克思主义者之中的路标派分子"。**尽管**自由派动摇不定，尽管他们甚至转向秩序党，马尔托夫还是像自由派那样幻想自由派资产者同农奴主发生"激烈的冲突"，而抛弃工人和农民同农奴主发生**革命**冲突的历史现实。

在这里也只能得出同样的结论：马尔托夫是从**自由派**工人政策的观点来反对党的决议的，遗憾的是，他并没有提出**自己的**任何策略决议(虽然马尔托夫不得不承认策略必须以对"六三时期的历史意义的"估计为基础！)。

因此，可以完全弄清楚马尔托夫为什么要写如下一段话了，他说："……工人政党应当竭力……促使有产阶级采取某种步骤，逐步实现立法的民主化和扩大宪法的保障……" 一切自由派都认为工人竭力"促使**有产阶级**"采取某种步骤是完全理所当然的，但是自由派有一个条件：就是工人不得促使**无产者**采取自由派**所不喜欢的**"步骤"。严重腐蚀了英国工人的英国自由派的全部政策，就是让工人去"促使有产阶级"，而**不让工人**夺取全民运动中的领导权。

同样可以完全弄清楚查茨基、马尔托夫、唐恩为什么这样痛恨

"左派联盟的"策略。他们对"左派联盟的"策略的理解不是指选举中的"左派联盟",而是指伦敦代表大会所规定的共同策略:**使**农民(和全体小资产者)**摆脱**立宪民主党人的影响;**迫使**民粹派集团在立宪民主党和社会民主党之间**作出选择**。拒绝这个策略就是**同民主派脱离关系:现在**,在"斯托雷平时期"以后,在"立宪民主党的斯托雷平自由派"建立了功勋以后(米留可夫在伦敦提出了一个口号:"陛下的反对派"!),**在《路标》文集**出版**以后**,只有斯托雷平的社会民主党人才看不到这一点。

不要给自己制造幻想:我们有**两个**选举纲领,——这是事实。这个事实用空话、牢骚和愿望是搪塞不了的。一个是上面提到的那个以党的决定为基础的选举纲领。另一个是被列维茨基、尤里·查茨基及其同伙所发展和补充了的和被马尔托夫润色过的波特列索夫—拉林的选举纲领。这后一个**所谓社会民主党的**纲领,实际上是**自由派工人政策的纲领**。

谁不懂得这**两个**工人政策的纲领的差别,不可调和的差别,他就不能**自觉地**进行选举运动,谁就经常要感到失望,"产生误会",犯喜剧性的或悲剧性的错误。

载于1911年10月18日(31日)
《社会民主党人报》第24号

译自《列宁全集》俄文第5版
第20卷第364—368页

总　　结

(1911年10月23日〔11月5日〕)

《言语报》和《俄罗斯新闻》为了进行选举鼓动,都全力投入维特同古契柯夫的论战中去了。论战的性质,从《言语报》下面一段话中看得很清楚:

"古契柯夫率领的十月党人先生们,往往为了讨好当局而和杜尔诺沃先生一伙同流合污!他们往往眼睛盯着当局,不顾社会舆论!"

这段话是针对下面情况说的:1905年10—11月,维特同乌鲁索夫、特鲁别茨科伊、古契柯夫和米·斯塔霍维奇磋商组阁问题,后三人坚决不同意提名杜尔诺沃当内务大臣的候选人。

然而,立宪民主党先生们责备十月党人的时候,也暴露出他们对自己的过去非常健忘。"十月党人和杜尔诺沃一伙同流合污"。这话说得很对。这无疑证明了,说十月党人是民主派是可笑的。不过十月党人并不自以为是民主派。而立宪民主党人则自称是"立宪民主主义者"。但是,难道在同维特磋商时赞成提名杜尔诺沃当候选人的乌鲁索夫这样的"民主派",不是"和杜尔诺沃一伙同流合污"吗?难道在头两届杜马中,立宪民主党人作为一个政党,不是"眼睛盯着当局,不顾社会舆论"吗?

决不可以忘记或者歪曲众所周知的事实。请回忆一下第一届杜马中地方土地委员会的历史。立宪民主党人当时所以反对,正

是“为了讨好当局”。立宪民主党人在这个问题上(第一届杜马时期最重要的政治问题之一),无疑是“眼睛盯着当局”和“不顾社会舆论”的。这是因为代表俄国十分之九的居民的劳动派和工人代表,当时都**赞成**地方土地委员会。在其他一些问题上,无论在第一届还是在第二届杜马中,也曾数十次表现出了各个政党的这种相互关系。

很难想象,立宪民主党人能怎样反驳这些事实。难道可以说,他们在头两届杜马中没有同劳动派和工人代表发生分歧,同时也没有同葛伊甸之流、十月党人和当局携手合作吗?难道由于选举制度的原故,劳动派和工人代表就不代表居民的大多数了吗?或者说,我们的“民主派”要把“有教养的〈从官方颁发的证书来看〉人士”的意见,而不把多数居民的意见叫做社会舆论吗?

如果对斯托雷平担任首席大臣的时期,即 1906—1911 年的五年作个历史的评价,那就不能否认,无论是十月党人还是立宪民主党人**都不是**民主派。只因为立宪民主党人追求这个称号,他们的自我欺骗和欺骗“社会舆论”,即欺骗群众舆论,在这里就显得特别突出,特别有害。

当然我们并不想说,十月党人和立宪民主党人是“一个反动帮派”,十月党人的自由主义同立宪民主党人不相上下。我们只想对他们说,自由派是一回事,民主派又是另一回事。自由派自然是把资产阶级的意见,而不是把工人和农民的意见当做“社会舆论”的。民主派是不会这样看的,不管他们有时对群众的利益和愿望抱什么幻想,他们却**相信**群众,相信群众的**行动**,相信群众的情绪是合理的,群众斗争的方法是适当的。

民主派这个字眼愈是被滥用,就愈要坚持不懈地提醒人们注意自由派同民主派的这个区别。在一切资产阶级国家里，选举对各资产阶级政党来说都是为宣传目的服务的。对于工人阶级来说，选举和竞选应该为进行政治教育、说明各政党的**真正**性质这种目的服务。判断政党，决不能根据它们的名称、声明和纲领，而要根据它们的**行动**。

但是，维特同古契柯夫的涉及斯托雷平怎样开始当大臣的问题的论战（顺便提一下，古契柯夫证明，**1905年秋，没有一个**“社会活动家”反对提名斯托雷平当大臣候选人），还提出了其他一些更重要、更有意思的问题。

第一次提名（1905年秋）斯托雷平为内务大臣候选人，是在维特同自由派资产阶级的代表的会议上。甚至在第一届杜马时期，身为内务大臣的斯托雷平就“曾两次通过克雷让诺夫斯基建议穆罗姆采夫讨论立宪民主党组阁的可能性问题”，——9月6日《言语报》的编辑部文章就是这样写的，而且还谨慎地、转弯抹角地加上一句：“有消息说”，斯托雷平是这样做的。只要回忆一下立宪民主党人起初是对这类“消息”表示沉默或进行谩骂的情形就够了。现在，他们自己引用这些消息，显然也就证明这些消息是真实的。

我们接着往下谈。第一届杜马垮台后，斯托雷平当了首席大臣，曾经直接建议葛伊甸、李沃夫、米·斯塔霍维奇加入内阁。这种“勾结”失败后，即“杜马第一次休会期间，斯托雷平同古契柯夫开始有了密切的政治关系”，而大家知道，这种关系一直继续到1911年。

结果怎样呢？提名斯托雷平当大臣的问题，是同资产阶级的代表在一起讨论的；斯托雷平在他当大臣的整个任期内，即从1906年到1911年，接二连三地向资产阶级的代表提出“建议”，他始而同立宪民主党人、后来又同和平革新党人[172]、最后同十月党人建立或试图建立政治关系。最初，人们“建议”“社会活动家”即资产阶级的领袖提名斯托雷平当大臣，后来斯托雷平当了大臣，**在他整个任期内**，不断向穆罗姆采夫之流、葛伊甸之流、古契柯夫之流提出“建议”。一旦**再也物色不到**可以向之提“建议”的资产阶级各政党和各派别的各种人士，斯托雷平的官运也就告终(大家知道，斯托雷平辞职是早就定了的)。

由这些事实得出的结论是很清楚的。如果说，立宪民主党人同十月党人现在的争论，是关于在组阁谈判或同大臣们谈判时他们中间谁更卑躬屈膝，是乌鲁索夫还是古契柯夫，是穆罗姆采夫还是葛伊甸，是米留可夫还是斯塔霍维奇，等等，等等；那么这种争论是不足道的，它只会分散群众的注意力，使他们不去关心重大的政治问题。而这个重大的问题显然就是要了解俄国国家制度史上的这个特殊时代的条件和意义，在这个特殊时代，大臣们不得不向资产阶级领袖们提出一系列的“建议”，大臣们**能够**找到同这些领袖进行谈判和恢复谈判的共同的基础，哪怕是某一点共同的基础。重要的不是当时谁的态度最坏，是卡尔普还是西多尔[173]；重要的是，第一，旧地主阶级不向资产阶级领袖提出“建议”就已经不能发号施令了，第二，野蛮的地主同资产者有谈判的**共同基础**，这个基础就是**反革命性**。

斯托雷平不仅仅是经历过1905年的地主们的大臣；不，他还是资产阶级具有反革命情绪时代的大臣。由于共同敌视“1905年”，地主应当而且可以向这个资产阶级提出建议。资产阶级(即使现在只就立宪民主党这个最左的“自由派”政党来说)的这种情绪，无论在《路标》文集向民主派和群众运动泼脏水的宣传中，或者在米留可夫的“伦敦”口号中，在卡拉乌洛夫的许多祈祷式的演说中，在别列佐夫斯基第一关于土地问题的演说中等等，都已表现出来了。

我国的一切自由派，一切自由派报刊，包括自由派工人政客在内，总想忘掉问题的这一方面。然而，正是问题的这一方面最为重要，因为它向我们说明 19 世纪或 20 世纪初和 **1905 年以后**，地主当了省长和当了大臣的那些条件的历史特点。立宪民主党的《言语报》(9 月 30 日《言语报》)在同古契柯夫争论时写道:“俄国社会清楚地记得十月党的经历。”

噢，是的！自由派是清楚地记得“自己人”乌鲁索夫之流和米留可夫之流同葛伊甸之流、李沃夫之流和古契柯夫之流的小小的对骂的。但是，俄国民主派，特别是工人民主派，是**清楚地记得整个**自由派资产阶级(包括立宪民主党人)的“经历”的；他们清楚地记得，1905 年的大变动使得地主和地主官僚们不得不寻求资产阶级的支持，而这个资产阶级也非常充分地利用了自己的地位。这个资产阶级完全同意地主的看法，认为地方土地委员会是不需要的和有害的，但是这个资产阶级同地主在杜尔诺沃**还是**斯托雷平这个非常重要的、真正原则性的问题上是有分歧的！

载于 1911 年 10 月 23 日《明星报》
第 26 号

译自《列宁全集》俄文第 5 版
第 20 卷第 369—373 页

两个中派

(1911年11月5日〔18日〕)

第三届杜马最近一次会议刚一开始，就马上提出了对这个机构的工作的总结问题。我们可以用《言语报》下面一段话来表明极其重要的总结之一。

不久以前《言语报》的社论写道："有几次投票，实际上再现了'中派左翼'在杜马中的优势…… 杜马所从事的同生活的迫切需要和要求有关的实际活动，从会议一开始就肯定不变地按照中派左翼(当然，它是不存在的)的一贯方针进行。"

该报好像捉住了首席大臣"本人"似的，兴高采烈地大声说："科科夫佐夫先生曾经三次毫无拘束地〈在他的第一次发言里〉声明，他完全支持斯捷潘诺夫〈立宪民主党人〉的论点。"

"中派左翼"的存在，是无须争论的事实。问题只是在于，这个事实的存在是说明"生活"呢，还是说明停滞不前？

第三届杜马从一开始就出现了两个多数。早在1907年年底即在这届杜马的"工作"开始以前，马克思主义者就提出，承认"两个多数"和说明两者的性质是自己估计形势和评价第三届杜马的关键。

第一个多数是黑帮-右派十月党人多数，第二个多数是十月党人—立宪民主党人多数。第三届杜马的选举法就是为了要搞出这么两个多数来。我们的自由派假装看不见这一点是枉费心机的。

促使政府必然走上这条道路的，并不是什么偶然原因或个别人的某种阴谋诡计，而是 1905—1907 年阶级斗争的整个进程。事变表明，“指望”居民群众是不行的。先前，在“事变”以前，官家的“人民政策”这种幻想还能够存在；事变粉碎了这种幻想。现在不得不公开地、赤裸裸地、恬不知耻地指望一个统治阶级即普利什凯维奇之流和马尔柯夫之流的阶级，并指望资产阶级的同情或恐惧。一类资产阶级偏重于主张给予经常的支持（如十月党人），另一类资产阶级偏重于同情或者惧怕所谓的秩序（如立宪民主党人），——这种差别没有什么重大意义。

俄国的**整个**政治体系所发生的上述变化，早从 1905 年年底起，在维特、特列波夫、斯托雷平同乌鲁索夫、特鲁别茨科伊、古契柯夫、穆罗姆采夫、米留可夫的会谈中就已初露端倪。这种变化在具有两个多数的第三届杜马中终于确定下来了，并形成了国家立宪的形式。

当前的政治制度为什么需要第一个多数，是无须说明的。但是，人们往往忘记了第二个即十月党人—立宪民主党人多数也是这种制度所需要的，因为没有“资产阶级原告”，政府也就不能成为现在的政府；不同资产阶级勾结，政府也就不能存在下去；不试图让普利什凯维奇之流和马尔柯夫之流容忍俄国的资产阶级的制度和资产阶级的发展，无论财政部还是所有各部，都不能维持下去。

现在，“中派左翼”尽管很谦逊，但也表示不满，当然这就证明，**整个**资产阶级愈来愈坚信它是白白地为普利什凯维奇之流作了牺牲。

但是，“生活的迫切需要和要求”能够得到满足，并不是通过“中派左翼”的叹息和诉苦，而只是由于整个民主派认识到了中派的软弱无能和可怜处境的原因。这是因为整个中派，包括中派左翼在内，都站在反革命的立场上：他们抱怨普利什凯维奇之流，但是，他们**不想不要而且也不能不要**普利什凯维奇之流。这就是为什么他们的命运多舛，为什么这个中派左翼连一次胜利、甚至连少许的胜利也得不到的原因。

《言语报》所说的"中派左翼"是死，而不是生，因为这整个中派在俄国历史上的紧要关头害怕民主派并背离了民主派。而在俄国，民主派的事业是有生气的事业，是最有生气的事业。

生活的迫切需要和要求，正在备受立宪民主党人关注的"中派左翼"所不在意的那些领域里逐步实现。细心的读者在读到例如杜马关于"治安"问题讨论的报道的时候，当然不会不注意到，波克罗夫斯基第二、特别是格格奇柯利在发言中对问题的提法，同罗季切夫及其同伙对问题的提法相比，真有天壤之别，生死之差。

载于1911年11月5日《明星报》第28号

译自《列宁全集》俄文第5版第20卷第374—376页

旧的和新的

（一个报纸读者的短评）

（1911年11月5日〔18日〕）

只要一拿起报纸，就马上沉浸在“旧的”俄国的氛围中。阿尔马维尔地区大暴行事件。这种当局事先知情并认可的屠杀，是官长设下的圈套，是“某些人怂恿主使的”（居民原告人的话）“屠杀俄国知识分子（广义上的）”的事件。俄国生活中这一旧的但又万古常新的现实，是对“立宪”幻想的一个辛辣的嘲笑。

这是一个辛辣的但是有益的嘲笑！很清楚，俄国年轻的一代也愈来愈清楚，任何谴责、任何决议都无济于事。在这一点上，问题关系到整个政治制度，在这一点上，历史的真理穿过骗人的幻想烟幕（好像可以旧皮囊里装新酒）正在得到证明。

饥饿……　出卖牲畜，出卖少女，乞丐成群，伤寒流行，死于饥饿。一个记者写道：“居民只有一个特权，无声无息地死去。”

“老实说，地方自治人士担惊受怕的是，他们连同他们的田庄将处在忍饥挨饿的、心怀仇恨的、对任何希望都丧失信心的人们的包围之中。”（引自喀山省的通讯）

看来，不管目前的地方自治机关多么可靠，可是地方自治机关同政府为了贷款的数目正在展开一场争论。申请600万卢布（喀山省），国库拨给100万。申请了60万（萨马拉省），国库只拨给了

25 000 卢布。

一切照旧！

在普斯科夫省霍尔姆县的地方自治会议上，甚至地方官也反对地方自治机关的农艺措施（单为独立农庄主服务的！）了。在库班召开了哥萨克村镇阿塔曼代表大会，全体一致反对第三届杜马通过的加强份地私有制的计划。

察里津县会审法庭决定，不把拷打一个妇女（“为了搜捕罪犯”）的头领交付法院审判。省会议撤销了这个决定。

在彼得堡近郊，工人把工厂经理雅柯夫列夫先生装进麻袋，拖向涅瓦河。乡警驱散了工人。18 名工人被捕。

难怪连《**言语报**》面对这种生活图景也不得不认为存在着“严重的社会不平现象”。而康杜鲁什金先生在从萨马拉寄来的一些谈到饥荒的信件中发牢骚说[①]，“我觉得，它，这个俄国社会柔和得像块橡皮，像个面团。可以用言语和行动揉搓它，挤压它。但是一放手，一切又恢复原样。”

> “他们，这些富裕而又贫困的俄国庸人和知识分子，生活得非常安逸。当别人饿得要‘浮肿’的时候，他们却兴高采烈，高兴得流泪。他们去援助别人的时候一定要流着眼泪，怀着‘崇高的’感情。这时，他们将得到一个抚慰自己灵魂的绝好机会。如果没有感情，没有眼泪，那么工作就不成其为工作，援助也不成其为援助了。如果流不出眼泪，他们就不会认为问题重大，就不会尽点力。因而，你首先要感动他们，使他们哭起来，用洁白的手帕擤鼻涕。至于严肃地估计和健全冷静地认识**国家需要**——这太枯燥了，这里没有丝毫柔和的性情。”

对，对，在“面团”和“橡皮”的世界里，宣传“严肃性”并不是无益的。只是我国的自由派没有发觉，他们是从**什么角度**进行这种

① 满怀“对全俄国的不平的忧虑”。

宣传的，说什么“健全冷静地认识国家需要”，康杜鲁什金先生，这莫非是你从缅施科夫那里抄袭来的？要知道，正是在“面团”和“橡皮”的基础上，正是在柔和与好哭的性情的基础上，才可能发表关于国家制度之类的言论。正因为有面团般的人，“健全冷静的国家制度”的代言人才会那样自信。

康杜鲁什金先生照旧说：“俄国社会柔和得像块橡皮。”社会是有各种各样的。曾经有一个时期，“社会”一词包罗万象，囊括一切，它是指居民中各种觉醒过来的人士或者只是指所谓“有教养的”人。

但正是在这一方面，俄国的情况已经不再照旧了。在只可以谈论社会的时候，这个社会的优秀人物宣扬的是严肃的斗争，而不是“健全冷静地认识国家需要”。

而目前不能一般地谈论“社会”了。在旧的俄国，各种新的力量的差异已经表现出来了。饥荒等旧的灾难还是照旧威胁着俄国，使旧的问题更加尖锐，这就要估计一下20世纪头10年这些新的力量是怎样表现自己的。

“社会”所以柔和与好哭，是因为这个“社会”所倾向的并占社会十分之九的那个阶级软弱无力和优柔寡断。宣扬“严肃地估计和冷静健全地认识国家需要”，只不过是替“官长”对这个萎靡不振的社会的统治进行辩护。

而过去的10年表明，居民中的一些人士并不属于这个“社会”，也没有柔和与好哭的特性……

在俄国，在上层，一切“照旧”，但是在下层，却有某种新东西。谁在“对全俄国的不平的忧虑”的帮助下看到、感觉到和找到这个坚强的、不好哭的、不是面团一样的新东西，他就会找到摆脱旧东西的道路。

谁要是把对这种忧虑的牢骚同关于“健全冷静地认识国家需要”的言论掺和在一起，那么他恐怕就会永远是可以“揉搓和挤压”的“面团”的一个组成部分。正是为了“健全冷静的”国家制度，这种人才被“揉搓和挤压”的——这也是自作自受。

如果这个“社会”中有一百个人受到这种待遇，其中有一个人竟能变硬一点，那就会得到有益的效果。不划清界限，是不会有什么好处的。

载于 1911 年 11 月 5 日《明星报》
第 28 号

译自《列宁全集》俄文第 5 版
第 20 卷第 377—380 页

关于第二届杜马的社会民主党党团[174]

对整个案件的介绍

（1911 年 11 月 6 日〔19 日〕以后）

自从第二届杜马的社会民主党党团全体代表——我国政府卑鄙阴谋的牺牲品——被送交法庭，并作为重大罪犯被流放服苦役以来，已经过去四年了。俄国无产阶级很清楚，自己的代表受到的控告全是捏造。可是，当时反动势力非常猖獗，审判又是秘密进行，因此没有沙皇政府所犯罪行的足够证据。只是最近保安处的暗探布罗茨基供认了的一些确凿事实，才使我国当局的卑鄙龌龊的阴谋大白于天下。

下面就是这整个案件的经过：

尽管选举权受到种种限制，俄国无产阶级还是派了 55 名社会民主党人参加第二届杜马。

这个社会民主党党团，不但人数很多，而且思想水平极高。这个党团在革命中诞生，打上了革命的烙印，而且它的发言——从中还可听到席卷全国的伟大斗争的反响——不仅对提交杜马审核的法案，而且对整个沙皇的和资本主义的统治制度作了深刻而有充分根据的批判。

这个社会民主党党团是以当代社会主义这个不可战胜的武器武装起来的，它是一切左派党团中最革命、最彻底、阶级意识最强的。它带动了一切左派党团，给杜马打上了自己的革命烙印。我国的当局认为，社会民主党党团是革命的最后发源地，是革命的最后象征，是社会民主党对无产者群众发生巨大影响的活生生的证据，因此，它对反动派是一种经常的威胁，是反动派胜利行进中的最后障碍。所以政府认为，不仅必须摆脱极其革命的杜马，而且必须把无产阶级和具有民主情绪的农民的选举权减少到最低限度，以阻止将来再选出这样的杜马来。实行这种政变的最有效的办法，就是摆脱社会党党团，使它在全国人的心目中名誉扫地，因为砍掉脑袋，就可毁灭全身。

可是，要这样做，就要有个借口，比如说，找个机会控告社会民主党党团在政治上犯了什么大罪。警察和保安处诡计多端，他们很快就设法找到了这种借口。他们控告社会党议会党团同社会民主党的战斗组织和社会民主党的军事组织有密切联系，决意以此败坏它的声誉。为了这个目的，保安处处长格拉西莫夫将军(所有这些材料都引自布尔采夫主编的在巴黎圣雅克林荫道 50 号出版的《未来报》(«L'Avenir»)[175]第 1 号)派遣自己的暗探布罗茨基打入上述组织。布罗茨基钻进这些组织以后，起初是一个普通成员，后来成为书记。军事组织的某些成员想派遣一个士兵代表团去会见社会党议会党团。保安处决定利用这个机会来达到自己的目的。于是，已经取得了军事组织信任的布罗茨基就来负责执行这个计划。选上了几名士兵，草拟了申述士兵要求的委托书，而且事先甚至不通知社会党党团，就确定了代表团要在党团办公室会见党团的日期。由于士兵穿了军装是进不去的，于是就要他们换装，而且这是在保安处的一个暗探家里干的，在那里，这些士兵穿上了保安处为他们购置的服装。按格拉西莫夫的卑鄙计划，布罗茨基要和士兵同时进入社会党党团的办公室,并且带上革命文件,从而更进一步败坏我们代表的声誉。约定好下一步就是把布罗茨基同其他人一起逮捕,然后保安处就给他提供假逃跑的机会,从而使他得到自由。可是,布罗茨基到得太晚了,当他正想带着败坏声誉的文件混进党团办公室的时候,门口已经开始搜查,不允许他进去了。

这就是保安处精心策划的一出好戏,它使反动派不仅有可能判处无产阶级的代表服苦役,而且有可能解散第二届杜马,实现自己的1907年6月3日(16日)政变。政府果然在这一天发表了自己的宣言(这个宣言和沙皇的其他宣言一样,其可耻的伪善达到了惊人的程度),说它解散杜马是出于不得已,因为杜马不但不支持和帮助政府设法恢复国内安宁,反而反对政府的一切建议和意图,而且不肯批准镇压国内革命分子的措施。此外(我引用原话):"干出了编年史上闻所未闻的事情。国家杜马的一伙人反对国家和沙皇政权的阴谋已被司法当局揭露了。我国政府要求在判决前暂时撤销被控犯有这一罪行的55个杜马代表的资格,并把其中罪行最大的人监禁起来,可是,国家杜马并没有立即执行当局的这个刻不容缓的合理要求。"

顺便提一下,沙皇罪行的证据,不仅仅政府及其密友们知道。我们那些始终不懈地空谈什么法制、公正、真理等等,等等,并用"人民自由党"这个冠冕堂皇的称号来粉饰自己党的可爱的立宪民主党人,四年来对这个龌龊勾当讳莫如深的一切卑鄙细节也都很清楚。可是在漫长的四年中,对我们代表被非法判刑、在苦役监狱里受折磨、有些人死去和神经失常等等,他们却冷眼旁观,而且……谨慎地保持沉默。其实他们完全有可能发表意见,因为他们在杜马里有代表，并且掌握了许多日报。他们夹在反动派和革命派之间，但是他们更害怕革命派。因此，他们向政府献媚，在漫长的四年中一直用沉默来包庇政府，从而成了政府罪行的同谋。只是最近（1911 年 10 月 17 日的杜马会议上），在讨论有关保安处的质询的过程中，他们的一个代表捷斯连科终于泄露了这个严加保守的秘密。下面是他的部分发言（根据正式速记记录的原文）：“当谈到对第二届国家杜马 53 个代表[176]提出起诉时，杜马成立了一个委员会。这个委员会得到了要证明 53 个国家杜马代表密谋通过武装起义在俄国建立共和国的一切文件。第二届国家杜马所属的这个委员会（我当时是该委员会的报告人）确信，而且一致确信，问题不是社会民主党人所策划的叛国阴谋，而是彼得堡保安处所策划的反对第二届国家杜马的阴谋。当委员会根据这些文件准备好报告时，在所有这些材料正要在这个讲坛上陈述的前一天，国家杜马被解散了，因而已经揭露的事情也就无法在这个讲坛上谈了。开始审讯的时候，这 53 个被控告的国家杜马代表曾要求公开审判，让舆论界知道，罪犯不是他们，而是彼得堡保安处；可是，审判是秘密进行的，社会上从来不知道这种情况。”

事实就是这样。四年来，我们的代表一直在受折磨，被戴上了镣铐，关在俄国暗无天日的监狱里，这些监狱的残暴冷酷的情景，你们当然都是知道的。许多人在那里已经死去。其中一个代表已经神经失常，其他许多人被无法忍受的生活条件毁坏了健康，生命危在旦夕。俄国无产阶级再也不能心平气和地坐视自己的代表仅仅因为他们能够坚决维护本阶级的利益这个唯一的罪名而死在沙皇的监牢里。尤其当布罗茨基的自供使真相大白，从而在法律上有充分理由要求重新审理的时候，他们更不能心平气和地看待这一情况。因而，在俄国已经展开了要求释放我们代表的运动。

彼得堡出版的工人报纸《明星报》，在1911年10月29日这一号上用很大的篇幅论述了这个问题。这家报纸向报刊、自由派代表和左派代表、社会团体、而且主要是向无产阶级，发出了呼吁。它大声疾呼："任何地方，只要每个人时时刻刻都听到那些仅仅因为敢于在全国面前履行自己作为一个人和一个公民的义务而被监禁、失去自由、失掉一切公民权利和政治权利的人的镣铐银铛声，那里就没有也不可能有安宁和心绪平静。在令人发指的真相被揭穿以后，社会的良心不能而且不应当处之泰然。尽管困难重重，我们必须加以克服，并且要求重新审理对第二届国家杜马的社会民主党代表的诉讼程序！……但是无产阶级首先应当说出自己铿锵有力的话，因为他们的代表被加上莫须有的罪名，目前正在苦役监狱中受折磨。"

俄国无产阶级在开始进行这个斗争的时候，请求各国社会党人支援他们，同他们一起向全世界高声宣布自己对目前统治我国的、戴着卑鄙伪善的假面具、而其野蛮和不文明程度甚至超过亚洲各国政府的专制政府的残酷和无耻行为表示愤慨。

在法国，沙尔·迪马同志已在《未来报》发表的文章中发起运动，要求在这艰难的时刻大力支援俄国无产阶级。希望各国社会党人以此为榜样；希望他们在议会中、在自己的报刊上和自己的人民集会上，在一切场合，表示自己的愤慨，要求重新审理第二届杜马的社会民主党党团案件。

载于1911年12月《社会党国际局定期公报》第8期

译自《列宁全集》俄文第5版第20卷第381—386页

代表俄国社会民主工党在保尔·拉法格和劳拉·拉法格的葬礼上发表的演说

（1911年11月20日〔12月3日〕）

同志们！

现在我代表俄国社会民主工党对保尔·拉法格和劳拉·拉法格的逝世表示深切的哀悼。早在俄国革命的准备时期，俄国的觉悟工人和全体社会民主党人就懂得十分敬重拉法格，因为他是马克思主义思想的最有才能的、最渊博的传播者之一，而马克思主义思想通过俄国革命和反革命的阶级斗争得到了出色的验证。在这一思想的旗帜下，俄国工人的先进队伍团结起来了，用自己的有组织的群众斗争打击了专制制度，不顾自由派资产阶级的背叛和动摇，过去和现在都在捍卫社会主义事业、革命事业和民主事业。

俄国社会民主党工人认为，拉法格体现了两个时代的结合：一个是法国革命青年同法国工人为了共和制的理想向皇朝发动进攻的时代；一个是法国无产阶级在马克思主义者领导下进行反对整个资产阶级制度的坚定的阶级斗争、为争取社会主义、为同资产阶级进行最后斗争作准备的时代。

我们俄国社会民主党人受到一贯使用亚洲式野蛮手段的专制政府的种种压迫，有幸从拉法格和他的朋友们的著作中直接汲取欧洲工人的革命经验和革命思想;现在我们特别清楚地看到,拉法格毕生捍卫的那个事业的胜利时刻很快就要到来。俄国革命揭开了全亚洲的民主革命的时代,现在有 8 亿人参加了整个文明世界的民主运动。而在欧洲,愈来愈多的迹象表明,所谓和平的资产阶级议会活动统治的时代即将结束,受到马克思主义思想教育的有组织的无产阶级进行革命战斗的时代就要到来。无产阶级一定能推翻资产阶级的统治,建立起共产主义制度。

载于 1911 年 12 月 8 日(21 日)
《社会民主党人报》第 25 号

译自《列宁全集》俄文第 5 版
第 20 卷第 387—388 页

海德门谈马克思

（1911年11月26日〔12月9日〕）

英国的“社会民主党”的创始人和领导者之一亨利·迈尔斯·海德门的一本篇幅很大的回忆录最近出版了。这本书将近500页，书名叫做《冒险生活记事》[①]，是一本生动地描述作者的政治活动和他所认识的“著名”人士的回忆录。海德门的这本书，为评述英国的社会主义运动和评价整个国际工人运动的某些最重要的问题，提供了许多有益的材料。

因此，我们认为，写几篇短文来评论一下海德门的这本书是适时的，特别是由于自由派季奥涅奥在右派立宪民主党人的《俄罗斯新闻》（10月14日）上“发表了”一篇文章，对这些问题作了异常典型的自由主义阐述，或者确切些说作了异常典型的掩饰。

我们先谈谈海德门对马克思的回忆。亨·海德门在1880年才认识马克思，当时，他显然对马克思的学说和整个社会主义运动了解得很少。海德门生于1842年，在1880年以前，他一直是一个同保守党（托利党）有联系并对它抱同情的、色彩不明的“民主主义者”，——这带有英国的特点。海德门在1874年和1880年之间曾多次去美国，在一次旅途中读了《资本论》（法文译本）以后，他就转到社会主义方面来了。

① 海德门《冒险生活记事》，1911年伦敦麦克米伦公司出版。

海德门在卡尔·希尔施的陪同下拜访了马克思，他当时在脑海中把马克思同……马志尼相比！

从下面的情况可以看出海德门是从什么角度来作这番比较的：海德门认为，马志尼对他周围的人的影响是“个性的和个人伦理上的”影响，而马克思的影响，“差不多完全是理性的和科学的”影响。海德门去拜访马克思，是去拜访一个“伟大的分析天才”，渴望向他请教；而马志尼吸引海德门的，是他的性格，“思想和行为的崇高形象”。马克思是“有更高智慧的人，这是不容争辩的”。而海德门在1880年对资产阶级民主主义者和社会主义者之间的区别了解很差（就是现在也不完全懂得——关于这一点，下面再谈），这也是不容争辩的。

海德门写道：“当我见到马克思时，我的第一个印象是：这个刚劲有力、头发蓬松、倔强不驯的老人，随时准备（且不说是渴望）与人冲突，而且总是有点疑心他似乎会马上受人攻击。但他亲切地同我打招呼，他开头讲的几句话也很亲切。我告诉他，我能同《资本论》的作者握手，感到非常高兴和荣幸。他回答说，他很高兴地读了我的谈印度的文章①，并在他为报纸写的通讯中称赞过这些文章。”

“当马克思非常愤慨地谈到自由党的政策，尤其是自由党对爱尔兰的政策的时候，这位老战士的一双深邃的小眼睛炯炯发光，浓眉紧锁，宽大的鼻子和脸颊也颤动起来，口若悬河地进行了严厉激烈的斥责。这使我感到他是个激情满怀容易冲动的人，也看出他精通英语。他由于愤怒而十分激动时的讲话姿态，同他叙述他对某一时期的经济事件的看法时的面部表情，形成十分鲜明的对照。他从先知者和大雄辩家毫不费力地一变而为冷静的哲学家，所以我马上感到，要经过很多年以后，我才不会在这些经济问题上感到自己在他面前像一个小学生在老师面前那样。

① 海德门在他最近转向沙文主义以前，曾经坚决反对过英帝国主义，从1878年起，他搞了一个高尚的揭露运动，揭露各个党派的英国人（包括“有教养的”和“激进的”作家约翰·莫利（Morley）在内）在印度所干的那些早已使他们声名狼藉的可耻的迫害、暴行、掠夺和欺骗行径（直到鞭笞政治“犯”）。

当我读《**资本论**》，特别是读他的论巴黎公社和《路易·波拿巴雾月十八日》这种小部头著作的时候，我很惊奇，他是那么善于把对经济原因和社会后果的最精确最冷静的研究，同对某些阶级以至个人如拿破仑第三或梯也尔的最强烈的憎恨结合在一起。按照他自己的理论，拿破仑第三或梯也尔不过是资本主义发展的札格纳特车轮[177]上的苍蝇罢了。不要忘记，马克思是个犹太人，我觉得，在他的身上，在他的性格中，外貌上——宽大的前额，下垂的浓眉，充满热情的、炯炯发光的双眼，敏感的大鼻子，灵巧的嘴巴，连鬓的胡子，蓬松的头发——既有犹太种族的伟大先知者的义愤，又有斯宾诺莎和犹太学者的冷静的分析才智。这是我还没有见到过的各种才能在一个人身上非凡的结合。

我和希尔施告别马克思出来时，这位伟大人物的性格给我留下了深刻的印象。希尔施问我对马克思的看法怎样，我回答说：'我认为，马克思是19世纪的亚里士多德。'可是，话一出口，我立刻觉得这个评语并不能充分说明整个'对象'。首先，不能设想，马克思会一方面充当马其顿的亚历山大大帝的廷臣，另一方面又写出对后人有极大影响的深湛的科学著作。其次，马克思从来没有为了像古代最伟大的哲学家那样以冷静无情的眼光观察事实及其环境，而同人类的直接利益完全脱节(尽管有人一再说他脱节了)。毫无疑问，马克思对他周围的剥削制度和雇佣奴隶制的憎恨，不仅是理智上的和哲学上的憎恨，而且是他个人感情上的憎恨。

记得有一次我对马克思说，当我上了年岁，我想我会变得比较能够容忍。当时马克思说：'比较能够容忍？**比较**能够容忍吗？'很明显，他是不会变得比较能够容忍的。我认为，正是马克思对现存制度的深恶痛绝和对敌人的致命的批判，妨碍富裕阶级中许多有教养的人正确估计他的伟大著作的全部意义，而仅仅因为柏姆-巴维克之流曲解了马克思并企图'驳倒'马克思，就把这些学识浅薄、玩弄辞藻的三等货看做英雄。我们现在总是习惯于在剑锋上装上大软球来交战，在英国尤其是如此。马克思手持出鞘的剑，向敌人猛攻，在我们那些具有绅士派头的伪善的学术斗士看来，是不成体统的，所以他们不能相信，这位无情的辩论家和资本及资本家的死对头，就是当代真正最渊博的思想家。”

在1880年，英国公众差不多都不知道马克思。当时他的身体已经明显衰弱了，紧张的工作(每昼夜16小时以上的脑力劳动！)损坏了他的身体，医生禁止他在夜间工作。海德门说，从1880年底到 1881 年初，他是利用马克思的空闲时间进行交谈的。

“我们谈话的方式是很别致的。马克思有一种习惯，当他争论得兴奋起来的时候，他就在房间里快步来回踱着，好像在海船甲板上散步一样。我自己在长途旅行中（到美国、澳大利亚等等）也养成了这种习惯，当我的脑子特别集中思考某个问题的时候，也是来回踱着。当时可以看到这样的情景：师生两人在房间里绕着桌子来回踱上两三个钟头，讨论当代的问题和过去的事情。”

马克思在同海德门讨论的各种问题上采取什么立场，海德门**在任何一个问题上**没有作过稍微详细的叙述。从上面援引的话可以看出，海德门的大部分注意力，几乎是全部注意力，都集中在**猎奇**方面；他这本书的所有其他内容，也是如此。海德门的自传，是一个英国资产阶级庸人的传记；他虽然是本阶级的最优秀的分子，最终走向社会主义，但是从来没有完全抛弃资产阶级的传统，资产阶级的观点和成见。

海德门重复那些庸人对马克思和恩格斯的责难，说他们似乎是“貌似民主的”国际这个组织中的“专制君主”，说他们不懂得实践，不了解人等等，然而海德门从来没有打算在精确地、具体地叙述相应时期的形势的基础上评价一下其中任何一个责难。

我们看到的是猎奇，而不是马克思主义者的历史分析。马克思和恩格斯曾反对过德国社会民主党的统一（同拉萨尔派[178]的统一）工作，而统一是必要的！海德门所说的仅此而已。至于马克思和恩格斯反对拉萨尔和拉萨尔派在原则上是万分正确的这一点，海德门却只字未提。海德门甚至没有提出这个问题。在国际展开活动的时代提出“民主”（组织上的），是不是资产阶级宗派瓦解无产阶级的社会民主党的建设的挡箭牌，这个问题海德门甚至对自己都没有提出过。

因此，海德门在叙述他同马克思决裂的经过时，除了诽谤（季奥涅奥之流先生们式的诽谤）就根本没有什么别的了。瞧，恩格斯原来是一个“吹毛求疵、疑虑重重、嫉贤妒能的”人；仿佛马克思夫人曾对海德门夫人说过，恩格斯是马克思的“魔星”（！！）；恩格斯（海德门甚至从来没有见过他，而季奥涅奥先生在《**俄罗斯新闻**》上却说见过）愿意“同他帮助过（用金钱；恩格斯很富，而马克思很穷）的那些人交往，是要利用他的金钱取得充分的交换价值”；似乎是恩格斯使马克思同海德门闹翻的，因为恩格斯害怕当时有钱的海德门会取代恩格斯做马克思的有钱的朋友！！

当然，自由派先生们很乐意抄袭这些庸俗不堪的下流东西。哪怕读一下海德门自己提到的（马克思和恩格斯）写给左尔格的那些信[179]，**搞清一下**须要搞清的事情，自由派的下流作家对此显然完全不感兴趣！他们是不管这些的！但是，只要参考一下这些书信，把这些书信同海德门的“回忆录”对照一下，问题就会立刻解决。

1881年，海德门出版了《大家的英国》这本小册子；在这本小册子里，他虽然正在转向社会主义，但依旧是个糊涂之极的资产阶级民主主义者。这本小册子是为当时出现的“民主联盟”[180]（不是社会主义联盟）写的，“民主联盟”中有许多反社会主义的分子。海德门在自己的小册子中有两章是复述和转抄《资本论》的，但**却不提马克思的名字**，只在序言中很含糊地提到他非常感谢某个“伟大的思想家和有创见的作家”，等等。海德门说，由于这个缘故，恩格斯就使我同马克思“闹翻”了，同时他引证马克思1880年12月8日写给他的一封信①。据海德门说，马克思在这封信里写道，他，

① 参看《马克思恩格斯全集》第1版第34卷第456—457页。——编者注

海德门，“不同意我〈马克思的〉党对英国的观点”。

分歧在哪里是很清楚的，但海德门却不懂得，不觉察，不认识分歧就在海德门当时（如马克思1881年12月15日写给左尔格的信中直截了当地说的）是个“温情的小资产阶级作家”，是个“半资产者，半无产者”。显然，如果一个人认识了马克思，和他接近，自称是他的学生，后来竟又组织了一个“民主”联盟，并为这个联盟写了一本歪曲马克思主义又不提马克思名字的小册子，那么马克思就不能不对这一点提出“强烈”抗议。显然他抗议过，因为马克思在给左尔格的那封信中援引了海德门致歉信中为自己辩护的话：“英国人不喜欢向外国人学习”，“马克思的名字非常令人憎恨”（!!），等等。（海德门自己说，他把马克思写给他所有的信，差不多都销毁了，所以从这方面来揭露事情的真相是毫无希望的。）

这真是绝妙的道歉！当时海德门同马克思发生意见分歧的问题现在已经完全弄清楚了，甚至海德门现在的这本书也证明他的观点中有许多庸俗的资产阶级的东西（例如请看海德门是用一些什么理由来替刑事犯的死刑作辩护的!），证明有人在用那位40年来同马克思一起坚持共同的原则路线的恩格斯的“阴谋”来解释自己同马克思的决裂。即使海德门这本书的其余部分是满满一桶蜜，那么只要弄上这一勺焦油也就够了……

从海德门转述马克思对亨利·乔治的评价中，可以非常清楚地看出马克思当时同海德门的意见分歧。这个评价我们是从马克思1881年6月20日写给左尔格的信中看到的。海德门在马克思面前为亨利·乔治辩护，他的理由是：“乔治灌输错误所给人的教训，比别人充分阐明真理所给人的教训还要多。”

海德门写道：“对于这种理由的可信性，马克思连听都不愿听。

他的意见是，传播错误对人民决不会有什么好处。'不把错误驳倒，就等于鼓励理性上的不诚实。这样，有 10 个人走得比乔治还远，也许就会有 100 人坚持乔治的观点，而这个危险太大了，不能去冒这个险。'"马克思就是这样说的!!

然而，海德门告诉我们说，他一方面至今坚持他以前对乔治的看法，而另一方面又说乔治像个小孩子，手里拿着一支小小的蜡烛，同一个掌着探照灯的人在一起逗乐。

绝妙的比喻，不过……不过海德门既作了这个绝妙的比喻，又对恩格斯进行了卑鄙的诽谤，未免有点冒险。

载于 1911 年 11 月 26 日《明星报》第 31 号

译自《列宁全集》俄文第 5 版第 20 卷第 389—395 页

自由派工党的宣言[181]

(1911年12月3日〔16日〕)

一

给《我们的曙光》杂志第9—10期合刊上尼·罗—柯夫的文章加上这样一个标题是合适的。

无论马克思主义者由于失去像尼·罗—柯夫这样一个在革命高潮时期曾经忠心耿耿、精力充沛地为工人政党服务过的人而感到多么难受,但是事业的利益应当高于任何私人关系或者派别关系,高于任何“美好的”回忆。事业的利益使我们不得不承认,这位新取消派的宣言直率地、明确地、全面地说出了他的观点,这是很有好处的。尼·罗—柯夫使我们可能并且不得不纯粹从思想的角度提出关于“两个政党”这个极其重要的根本问题,而**不去管**任何“冲突的”材料,甚至在很大程度上也不必去划分布尔什维克和孟什维克。在罗—柯夫这篇文章发表后,再不能**只像过去那样**谈论取消主义了,因为他已经把问题完全提到了更高的基础上。在罗—柯夫这篇文章发表后,不能**只谈**取消主义了,因为摆在我们面前的是一个只能想象的最完整的直接的实际行动计划。

尼·罗—柯夫首先阐述“俄国基本的客观任务”,然后对革命作出估计，接着就分析当前形势，明确地谈到每一个阶级，最后非常清楚地描绘出新的“公开的工人政治协会”的整个面貌，据他说，这种协会必须立即创立并“发挥实际作用”。总之，罗—柯夫自始至终一直像一个多少意识到对自己的言行应负重大政治责任的人那样在行动。应当为罗—柯夫说句公道话，他自始至终都在最彻底地用自由主义来偷换马克思主义。

就看看他的议论的出发点吧。他认为“完全不容怀疑和不容争论的”是：“目前俄国基本的客观任务是彻底完成以文明的资本主义来代替野蛮掠夺的、半农奴制的经营方式。”他认为，引起争论的是：俄国是否已经达到这样一种状态，在这种状态下“虽然没有排除发生社会风暴的可能性，但是在最近的将来这种风暴却不是必要的和不可避免的”。

我们认为完全不容怀疑和不容争论的是：这纯粹是自由派对问题的提法。自由派只提出，“文明的资本主义”会不会出现，“风暴”会不会发生。马克思主义者不允许只提出这一点，而要求分析**什么阶级，或者说什么阶级的阶层**在争取解放的资产阶级社会中执行着某种具体明确的路线，来实现这种解放，来建立比如说所谓“文明的资本主义”的某种政治形式。无论在“风暴”时期或分明没有风暴的时期，马克思主义者都执行着原则上不同于自由派的路线，来建立真正民主的而不是一般“文明的”生活形式。自由派硬装成超阶级的党派，说我们大家都追求“文明的资本主义”。而马克思主义者对工人和所有民主派说，我们不应当像自由派所说的那样来理解“文明”。

罗—柯夫在批评那些“认为我国革命没有成功”的“肤浅的观察家”的时候，在我们面前对马克思主义作了一次更加突出的、典

Россійская Соц.-Дем. Рабочая Партія

(Кружокъ Рабочей Газеты)

Въ понедѣльникъ 27-го ноября с. г.

SALLE de l'ALCAZAR, 190, avenue de Choisy

СОСТОИТСЯ РЕФЕРАТЪ

Н. ЛЕНИНА

„МАНИФЕСТЪ ЛИБЕРАЛЬНОЙ РАБОЧЕЙ ПАРТІИ"

1. Почему статья Н. Р-кова въ № 9-10 «Нашей Зари» заслуживаетъ такого названія и самаго внимательнаго разбора? Возможность разобрать вопросъ о двухъ линіяхъ рабочаго движенія и «двухъ партіяхъ» внѣ *всякаго* «конфликтнаго» матеріала, внѣ «склоки».

2. Типъ «соціалъдемократа дней свободы». Буржуазные демократы въ марксистскомъ нарядѣ. Р-ковъ какъ образецъ; въ его статьѣ *сплошная* подмѣна марксизма либерализмомъ.

3. Роль крѣпостниковъ въ современной Россіи съ точки зрѣнія либераловъ (Р-ковъ) и марксистовъ. «Декабрьскія резолюціи» (1908 г.) Р. С.-Д. Р. П.

4. Отношеніе демократіи къ рѣшенію (Столыпинскому) аграрной проблемы «путемъ компромисса между разными группами буржуазіи».

5. Предстоитъ-ли Россіи «торжество весьма умѣреннаго буржуазнаго прогрессизма»?

6. Сравненіе современной Россіи и III-ей Думы съ Франціей 60-хъ годовъ XIX вѣка съ Законод. Корпусомъ и съ Пруссіей 60 годовъ.

7. Превратились-ли «старые лозунги» въ «мертвыя слова»?

8. Почему основываемое Р-ковымъ «Общество защиты интересовъ рабочаго класса» есть общество *либеральной* защиты *по либеральному* понимаемыхъ интересовъ рабочаго класса?

9. Пропорція: Ю. Ларинъ относится къ рабочему съѣзду, какъ Н. Р-ковъ относится къ легальной ликвидаторской партіи.

НАЧАЛО РОВНО ВЪ 9 ЧАС. ВЕЧЕРА.

БИЛЕТЫ 3, 1 ФР. И 50 САНТ.

1911 年 11 月 14 日(27 日)

列宁在巴黎作《自由派工党的宣言》报告的公告

(按原版缩小)

型“教授式的”歪曲。罗—柯夫写道:“神经衰弱的知识分子时时处处抱怨诉苦,然后就精神消沉,背叛变节,沉湎于神秘主义。”“而深思熟虑的观察家”知道,“反动派的狂暴行为常常反映出最深刻的社会变化”,“在反动时期新的社会集团和新的社会力量正在形成和成熟起来”。

罗—柯夫就是这样议论的。他居然会如此从庸人的角度(虽然用的是学者的口吻)提出“背叛变节”的问题,以致俄国的反革命情绪同**一定**阶级的地位和利益的联系完全不见了。没有一个路标派分子即最激烈的反革命自由派会否认在反动时期新的力量正在成熟起来;没有一个参加撰写五大卷遭到孟什维克中的优秀人物摒弃的取消主义著作的人会拒绝同意这一点。在我们这位历史学家的著作中,我国反革命的具体面目和阶级性质都消失了,剩下的只是陈腐的和空洞透顶的词句,说什么一些知识分子神经衰弱,另一些知识分子有深思熟虑的观察力。至于对我国革命是怎样表现出各个阶级的不同的行动方法和不同的意图的,为什么这引起了其他的资产阶级对争取“文明”的斗争采取了“背叛变节的”态度这样一个马克思主义者认为是最重要的问题,罗—柯夫却没有提到。

现在我们来谈谈主要的东西即谈谈罗—柯夫根据对各个阶级的地位的估计所作出的对时局的估计。作者首先从“我国大土地占有制的代表”谈起,他说:“不久前,他们中大部分曾经是〈曾经是!〉真正的农奴主,典型的贵族地主。现在这种人还剩下少数,是最后的莫希干人[182]。他们一小撮人还聚集在普利什凯维奇先生和马尔柯夫第二先生的周围,软弱无力地〈!〉满嘴飞溅绝望的毒沫……杜马中民族党人和右派十月党人所代表的我国大多数大土地占有者(贵族和非贵族)正在逐步地坚定地转变为农业资产阶级。"

罗—柯夫就是这样"估计时局"的。不用说,这种估计是对现实的嘲笑。事实上,"聚集在普利什凯维奇先生和马尔柯夫第二先生周围的一小撮人"并不软弱无力,而是势力极大的。正是这一小撮人的政权和收入在得到俄国目前的社会机构和政治机构的保证,正是他们的意志在起最后的决定作用,正是他们才构成决定所谓自下而上的官僚机构的整个活动方针和全部性质的因素。所有这一切大家都是非常清楚的,正是这一小撮人在俄国占有统治地位的事实非常明显和寻常,所以需要有自由派那种真正没完没了的自我安慰才会忘掉这些事实。罗—柯夫的错误就在于,他可笑地过高估计了农奴制经济向资产阶级经济的"转变",这是一。第二,他忘记了一个"细节"(正是这个"细节"把马克思主义者同自由派区别开了),那就是:他忘记了政治上层建筑适应经济转变的过程的复杂性和飞跃性。只要举出普鲁士的例子,就足以说明罗—柯夫的这两个错误。在普鲁士,尽管整个资本主义的发展,特别是旧地主经济向资产阶级经济的转变已经达到非常高的阶段,但是直到现在,奥登堡家族和海德布兰德家族仍然势力极大,他们掌握着国家政权,并且使自己的所谓社会成分充斥整个普鲁士君主国和整个普鲁士官僚机构!在普鲁士,尽管资本主义得到了无比迅速的发展,但是直到现在,从 1848 年过去了 63 年以后,邦议会的选举制度仍然是保障普鲁士的普利什凯维奇之流的极大势力的选举制度。可是在 1905 年过去了 6 年以后,罗—柯夫就把俄国描绘成普利什凯维奇之流已经"软弱无力"的一幅阿尔卡迪亚的田园生活美景[183]!

但是问题正在于，对阿尔卡迪亚的田园生活美景，即对普利什凯维奇式的转变的“坚定性”和“十分温和的资产阶级进步主义的胜利”的描绘，是罗—柯夫**全部**议论的主旨。就拿他关于现代土地政策的议论来说吧。罗—柯夫说，“没有”比这个政策“更明显、更广泛的材料可以证明”转变（农奴制经济向资产阶级经济的转变）了。土地零散插花现象正日渐消除，而“消除20个黑土地带农业省的少地现象也不会有多大困难，并且这是当前最迫切的任务之一，看来，这个任务将通过资产阶级各个集团之间的妥协来完成”。

“这种在土地问题上预先呈现出来的不可避免的妥协，现在已经有许多先例……”

你们看，这就是罗—柯夫政治推论方法的完整标本。他先从消除极端现象说起，而且不用任何资料，仅仅根据自己的自由派的好心肠！他接着又说，资产阶级各个集团之间的妥协是不困难的、也是可能的。最后他说，这一类的妥协“是不可避免的”。用这样的方法也许可以证明，无论在1788年的法国还是在1910年的中国，发生“风暴”是不可能的和不必要的。当然，资产阶级各个集团之间的妥协是不困难的，**如果承认**马尔柯夫第二并不是单单在罗—柯夫的好心肠的幻想中被消除掉的。但是承认这一点，就等于转到自由派的观点上去了，而自由派担心没有马尔柯夫第二之流也能对付下去，而且认为大家永远都会担心这一点。

当然，妥协“是不可避免的”，如果（第一个“如果”）没有马尔柯夫之流；如果（第二个“如果”）工人和破产的农民在政治上还是沉睡不醒。但是，还是要作出这样的假定：承认第二个“如果”，这是否等于把愿望（自由派的）当做了现实？

二

我们不赞同把自由派的愿望或者自由派的假定当做现实，我们作出了另一个结论：目前的土地政策具有资产阶级性质，这是毫无疑问的。但是，正因为普利什凯维奇之流仍旧是生活的主宰，他们在掌握这个资产阶级政策，正因为这样，结果就使矛盾大大尖锐起来，因此应当承认，至少在最近期间，妥协的可能性简直是不存在的。

罗—柯夫继续往下分析：另一个重要的社会过程是大工商业资产阶级集中的过程。作者正确地指出了立宪民主党人和十月党人"互相让步"的情况，同时却作出结论说："不要抱什么幻想，十分温和的资产阶级'进步主义'的胜利即将来到。"

在哪里胜利？对谁的胜利？是罗—柯夫刚才说的选举第四届杜马的胜利吗？如果指的是这一点，那么这种"胜利"将是1907年的六三选举法所规定的那些狭小的框框里的胜利。因此二者必居其一：或者这种"胜利"不会引起任何浪潮，丝毫不会改变普利什凯维奇之流实际上的统治；或者这种"胜利"将间接反映出民主主义运动的高潮，而这个高潮不能不同上述"狭小的框框"和普利什凯维奇之流的统治发生剧烈的冲突。

在这两种情况下，温和主义从在温和的框框里进行的选举中得到的胜利，决不会使实际生活中的温和主义获得丝毫的胜利。问题正在于罗—柯夫已经成了"议会迷"[184]，这使他混淆了六三选举和实际生活！为了向读者证明确有这种难以置信的事实，必须全文援引罗—柯夫如下一段话：

"这种胜利之所以非常可能，是因为一大批看到'破木盆'[185]幻想不能实现而像庸人那样垂头丧气的城市小资产阶级都无可奈何地向往温和的进步主义。而农民在选举中又太软弱，这是由我国选举制的特点造成的，因为这种选举制使省复选人委员会中占优势的土地占有者有可能选'右派'当农民代表。如果暂且把工人阶级搁在一边不谈，那么这就是目前俄国正在发生的社会变化的情景。俄国决没有停滞不前或者向后倒退。新的资产阶级的俄国无疑日益巩固并在向前迈进。从政治上批准温和进步的工商业资产阶级和保守的农业资产阶级的即将到来的统治〈只有英国才是这样！〉的，是根据1907年6月3日制定的选举规则成立的国家杜马〈我们先不同法国和普鲁士作比较，关于这一点下面再谈〉。可见，把刚才所说的一切综合起来，就不得不承认，俄国已经具备了资产阶级的社会制度和国家制度缓慢的、使群众极为痛苦的、但无疑是向前发展的一切前提。当然，发生风暴和动荡的可能性并没有被排除，但是这种可能性不会像革命前那样变成必要的和不可避免的了。"

真是了不起的哲学。如果由于农民"在选举中太软弱"而把他们搁在一边不谈，又把工人阶级干脆"暂且搁在一边不谈"，那么，发生风暴的可能性当然就完全被排除了！而这就是说，如果用自由派的眼光来看俄国，那就除了自由派的"进步主义"以外什么也看不到。摘下你的自由主义的眼镜，你就会看到另一种情况。因为农民在实际生活中所起的完全不是在六三选举制中的那种作用，所以，"在选举中的软弱"就使所有农民同整个制度之间的矛盾更加尖锐，而根本没有为"温和的进步主义"敞开大门。因为无论在一般资本主义国家，还是在俄国，特别是在经历了20世纪头10年的俄国，**决不能**把工人阶级"搁在一边不谈"，所以，罗—柯夫的议论毫不中用。因为统治我国的（无论在第三届杜马之内，或者在第三届杜马之上）是普利什凯维奇派，他们受到古契柯夫之流和米留可夫之流的怨言的制约，所以，关于温和进步的资产阶级的"即将到来的统治"的空谈，纯粹是自由派的催眠曲。因为古契柯夫之流和米留可夫之流由于他们的阶级地位，除了用怨言就不能用别的什么来对抗普利什凯维奇之流的统治，所以，新的资产阶级俄国同普利什凯维奇之流的冲突是不可避免的，而这种冲突的动力正是被追随自由派的罗—柯夫"搁在一边不谈"的那些人。正因为米留可夫之流和古契柯夫之流"互相让步"，以迎合普利什凯维奇之流，所以，区别民主派同自由派的任务就日益迫切地落在工人身上。尼·罗—柯夫既不懂得俄国发生风暴的条件，也不懂得刚才指出的这个甚至在分明没有风暴的情况下也是必要的任务。

庸俗的民主派会把一切问题都归结为有没有发生风暴。在马克思主义者看来，首先要提出的问题是关于划分各阶级政治界限的路线，这条路线不管有没有风暴发生**都是一个样的**。如果罗—柯夫现在声明说，"工人应当在争取民主制度的斗争中担负起政治领导的任务"，那么，他在他宣言中写下所有那些话以后再说这种话，只不过是开开玩笑罢了。这就等于说：罗—柯夫要资产阶级签字画押，承认工人的领导权，而自己却向资产阶级签字画押，保证工人放弃构成领导权内容的任务！罗—柯夫挖空了这个内容，然后又天真地重复空洞的字句。罗—柯夫首先对时局作了估计，从这个估计可以看出，他认为自由派掌握领导权是已经形成的、不可改变的、不可抗拒的事实，可是后来他又硬要我们相信，他是承认工人阶级的领导权的！

罗—柯夫说道，杜马的"现实"意义"并不小于第二帝国末期法国立法团的意义，或者说，不小于上世纪 80 年代普鲁士所特有的介于德意志帝国国会和普鲁士邦议会之间的那种机构的意义"。

这种比较法是玩弄历史上的类似事件的典型例子，作这种比较是太不严肃了。在60年代的法国,资产阶级革命的时代早已完全结束,无产阶级同资产阶级面对面的搏斗即将来到,波拿巴主义就是政权在这两个阶级之间进行周旋的表现。把这种情况拿来同当代俄国比较是可笑的。第三届杜马更像1815年的无双议院[186]!在80年代的普鲁士,也是资产阶级革命已经全部完成的时代(这次革命在1870年以前就完成了自己的使命),因此,所有的资产阶级,直到城市和农村的小资产阶级,都满足了,都反动了。

也许罗—柯夫觉得,可以把法国立法团和帝国国会中的民主派和无产阶级的代表的作用,拿来同第三届杜马中相应的代表的作用加以比较吧?这样比较是可以的,但是,这种比较恰恰驳斥了罗—柯夫,因为格格奇柯利以及在一定程度上还有彼得罗夫第三①的行为,表明了他们所代表的那些阶级的力量、自信和斗争的决心,以致同普利什凯维奇之流"妥协"不仅是难以想象的,而且被完全排除了。

三

应当特别详细地谈谈罗—柯夫对各阶级的作用的估计,因为我们绝对分歧的思想根源正在这里。罗—柯夫(应当给他说句公道话)十分大胆地、坦率地作出的实践结论最值得注意的地方,是这些结论如何把作者的"理论"弄到荒谬绝伦的地步的。罗—柯夫

① 在《马克思主义和取消主义》文集里,"格格奇柯利以及在一定程度上还有彼得罗夫第三"这段话改为:"社会民主党代表,以及一定程度上还有劳动派"。——俄文版编者注

把关于建立公开的工人政治组织的可能性问题同对时局的估计和对政治制度的根本改变的估计联系在一起，这当然是千真万确的。但是糟糕的是，他避而不谈**实际生活中**的这些改变，只能向我们提出善良无比的教授式的三段论法：要向“文明的资本主义”过渡，必须以建立公开的工人政治组织“为前提”。在纸上写下这种话是轻而易举的，但是在实际生活中，俄国的政治制度决不会因此而变成“文明的”制度。

“进步主义，哪怕是最温和的进步主义，无疑一定会扩大现存的过于狭小的框框。”我们对这一点的回答是，只要决不是立宪民主党人的分子还没有用决不是杜马的方式活动起来，第四届杜马中立宪民主党人的进步主义就一定不会也不能“扩大”任何东西。

罗—柯夫在谈到公开的和广泛的工人政治组织时说道：“没有这种组织，斗争就必然具有无政府主义的性质，这不仅对工人阶级是有害的，对文明的资产阶级也是有害的。”

这段话的后一部分我们就不谈了，以免由于进行评述而冲淡了“妙论”。至于前一部分，从历史上看是不正确的：1878—1890年的德国没有无政府主义，尽管当时并没有“公开的和广泛的”政治组织。

其次，罗—柯夫提出建立公开的工人政治“组织”的具体计划，并且建议首先建立“保障工人阶级利益政治协会”，这也是做得十分正确的。说他做得正确，是因为只有好说空话的人才会长年累月地空谈建立“**公开的**”政党的可能性，而不采取任何简单的正常的步骤来公开政党。罗—柯夫自始至终都像是一个实干家，而不像是一个讲空话的人。

但是，他的所谓“行动”是**自由派的**行动，他“展开”的“旗帜”

(上引文章,第 35 页)是自由派工人政策的旗帜。在罗—柯夫要创立的协会的纲领中,是用不着写上“新社会是建立在生产资料公有制的基础上的”等等的。其实承认这一伟大的原则,过去没有妨碍上世纪 60 年代一部分德国社会民主党人执行“君主制普鲁士式的工人政策”,现在也没有妨碍拉姆赛·麦克唐纳(英国的对社会主义运动“独立的”工党领袖)执行自由派工人政策。而罗—柯夫在谈到我国当前时期的政治任务时,恰恰系统地说明了自由派的原则。罗—柯夫现在“展开”的“旗帜”早就被普罗柯波维奇之流、波特列索夫之流、拉林之流先生们展开了,而且这面旗帜愈“展开”,每一个人就愈明白,我们看到的是自由派的一块破烂不堪的脏抹布。

罗—柯夫一再说服我们,“这里没有一点点空想”。这就不得不改写一句名言来回答作者:你是个大空想家,但是,你的空想很小。的确,如果不用玩笑来回答这种显然不严肃的话,那也许是不严肃的。在绝对和平的、循规蹈矩的、非政治性的工会都遭到查封的时期,居然认为建立公开的工人政治协会不是空想!对各阶级的作用从“头”到“尾”作了自由派的估计,却硬说这一点上没有爬入改头换面的托尔马乔夫主义的制度!善良的罗—柯夫热心地说道:“这里没有鼓吹任何暴力,既没有一句话、也没有一个主张谈到暴力变革的必要性,因为实际上也决没有这种必要性。如果有人受了反动的疯狂行为的蒙蔽,居然想控告这个‘协会’的成员有进行暴力变革的意图,这种无意义的、无根据的、法律上不能成立的控告所构成的全部严重后果,就会落到控告者本人头上!”

尼·罗—柯夫说得多娓娓动听!完全像彼·伯·司徒卢威先生一样,这位先生在 1901 年曾把同样可怕的响雷猛击到地方自治机关的迫害者的"头上"[187]。出现了这样一个场面:尼·罗—柯夫向控告他的杜姆巴泽之流证明,由于他现在没有任何"主张",所以法律上不能成立的控告所构成的严重后果,就会落到杜姆巴泽之流自己头上。对,对,在我国还没有议会,但是议会迷却比比皆是。很明显,如果由于出了差错,没有把与会者在开会前分别发送到各个凉快的地方去,那么像马克思主义者格格奇柯利①,或者甚至不是马克思主义者而是忠诚的民主派彼得罗夫第三这样的会员在第一次全体大会上就会立刻被清除出新协会……

《我们的曙光》杂志的"取消派"感到高兴的是,罗—柯夫站在他们一边。兴高采烈的取消派没有充分估计到变成取消派的尼·罗—柯夫拥抱他们的热烈程度。他的拥抱非常热烈,非常有力,以至可以担保:取消主义将会被罗—柯夫的热烈拥抱扼杀,就像工人代表大会过去被尤·拉林的热烈拥抱扼杀一样。尤·拉林当时能用这种扼杀的办法干下这种不流血的谋杀,仅仅是因为在他的小册子出版后,人们都已提心吊胆(其实由于怕难为情),再也不敢维护召开工人代表大会这一主张了。罗—柯夫在《我们的曙光》杂志上发表了取消派的新"宣言"后,人们也会提心吊胆(其实由于怕难为情),不敢维护建立公开的取消派政党这一主张。

而在这种主张中(最后应当多少同意一点罗—柯夫的意见!),只有"一点点"非空想的东西。亲爱的,摘下你的教授眼镜,你就会看到你准备"真正建立"(在你的训诫的严重后果"落到"梅姆列佐夫[188]之流的"头上"之后)的"协会"已经**建立了两年**。你已经是这个协会的一员了!这个"保障工人阶级利益协会"就是《**我们的曙**

① 在《马克思主义和取消主义》文集里,"马克思主义者格格奇柯利"这一语词已改为:"马克思主义者波克罗夫斯基和格格奇柯利"。——俄文版编者注

光》杂志(作为思想集团,而不是作为印刷装订的概念)。建立公开的和广泛的工人组织是空想,但是机会主义知识分子的"公开的"和坦率直言的杂志绝对不是、绝对绝对不是空想。他们根据自己的观点来保障工人阶级的利益,这是无可争辩的;但是,每一个仍是马克思主义者的人都会亲眼看到,他们的"协会"是按自由派的方式保障自由派所理解的工人阶级利益的协会。

载于1911年12月3日《明星报》第32号

译自《列宁全集》俄文第5版第20卷第396—410页

附　录

《自由派工党的宣言》的报告提纲

（不晚于1911年11月14日〔27日〕）

1. 为什么要给《我们的曙光》杂志第9—10期合刊上尼·罗日柯夫的文章加上这样一个标题，并且要非常认真地加以分析？在不去管**一切**“冲突的”材料、**不去管**“纠纷”的情况下搞清工人运动中两条路线和“两个政党”问题的可能性。

2. “自由日子里的社会民主派”的典型。披着马克思主义外衣的资产阶级民主派。罗日柯夫是一个典型；他的文章**通篇**都是用自由主义偷换马克思主义。

3. 从自由派（罗日柯夫）和马克思主义者的观点看当代俄国农奴主的作用。俄国社会民主工党的“十二月决议”（1908年）。

4. 民主派对（斯托雷平）“通过资产阶级各个集团之间的妥协”来解决土地问题的态度。

5. 在俄国，“十分温和的资产阶级进步主义的胜利”是否即将来到？

6. 当代俄国和第三届杜马同19世纪60年代的法国、同立法团以及同80年代的普鲁士相比较。

7. “旧的口号”已经变成“僵化的字眼”了吗？

8. 为什么罗日柯夫建立的“保障工人阶级利益协会”是**按自由派的方式**保障**自由派**所理解的工人阶级利益的协会?

9. 对比:尤·拉林对工人代表大会的态度同尼·罗日柯夫对合法的取消派政党的态度一样。

载于1911年11月《工人报》小组印发的关于该报告的公告

译自《列宁全集》俄文第5版第20卷第414页

注　　释

1　指《社会民主党人报》第 18 号。

《社会民主党人报》(«Социал-Демократ»)是俄国社会民主工党秘密发行的中央机关报。1908 年 2 月在俄国创刊,第 2—32 号(1909 年 2 月—1913 年 12 月)在巴黎出版,第 33—58 号(1914 年 11 月—1917 年 1 月)在日内瓦出版,总共出了 58 号,其中 5 号有附刊。根据俄国社会民主工党第五次代表大会选出的中央委员会的决定,该报编辑部由布尔什维克、孟什维克和波兰社会民主党人的代表组成。实际上该报的领导者是列宁。1911 年 6 月孟什维克尔·马尔托夫和费·伊·唐恩退出编辑部,同年 12 月起《社会民主党人报》由列宁主编。该报先后刊登过列宁的 80 多篇文章和短评。在斯托雷平反动时期和新的革命高涨年代,该报同取消派、召回派和托洛茨基分子进行斗争,宣传布尔什维克的路线,加强了党的统一和党与群众的联系。第一次世界大战期间,该报同国际机会主义、民族主义和沙文主义进行斗争,反对帝国主义战争,团结各国坚持国际主义立场的社会民主党人,宣传布尔什维克在战争、和平和革命等问题上提出的口号,联合并加强了党的力量。该报在俄国国内和国外传播很广,影响很大。列宁在《〈反潮流〉文集序言》中写道,“任何一个觉悟的工人,如果想了解国际社会主义革命思想的发展及其在 1917 年 10 月 25 日的第一次胜利”,《社会民主党人报》上的文章“是不可不看的”(见本版全集第 34 卷第 116 页)。——1。

2　《俄罗斯新闻》(«Русские Ведомости»)是俄国报纸,1863—1918 年在莫斯科出版。它反映自由派地主和资产阶级的观点,主张在俄国实行君主立宪,撰稿人是一些自由派教授。至 19 世纪 70 年代中期成为俄国影响最大的报纸之一。80—90 年代刊登民主主义作家和民粹主义者的文章。1898 年和 1901 年曾经停刊。从 1905 年起成为右翼立宪民主党人的机关报。1917 年二月革命后支持资产阶级临时政府。十月革命后被查封。——1。

3 劳动派(劳动团)是俄国国家杜马中的农民代表和民粹派知识分子代表组成的小资产阶级民主派集团,1906 年 4 月成立。领导人是阿·费·阿拉季因、斯·瓦·阿尼金等。劳动派要求废除一切等级限制和民族限制,实行自治机关的民主化,用普选制选举国家杜马。劳动派的土地纲领要求建立由官地、皇族土地、皇室土地、寺院土地以及超过劳动土地份额的私有土地组成的全民地产,由农民普选产生的地方土地委员会负责进行土地改革,这反映了全体农民的土地要求,同时它又容许赎买土地,则是符合富裕农民阶层利益的。在国家杜马中,劳动派动摇于立宪民主党和布尔什维克之间。布尔什维克党支持劳动派的符合农民利益的社会经济要求,同时批评它在政治上的不坚定,可是劳动派始终没有成为彻底革命的农民组织。六三政变后,劳动派在地方上停止了活动。第一次世界大战期间,劳动派多数采取沙文主义立场。二月革命后,劳动派积极支持资产阶级临时政府,1917 年 6 月与人民社会党合并为劳动人民社会党。十月革命后,劳动派站在资产阶级反革命势力方面。——1。

4 《莫斯科呼声报》(«Голос Москвы»)是俄国十月党人的机关报(日报),1906 年 12 月 23 日—1915 年 6 月 30 日(1907 年 1 月 5 日—1915 年 7 月 13 日)在莫斯科出版。十月党人领袖亚·伊·古契柯夫是该报的出版者和第一任编辑,也是后来的实际领导者。参加该报工作的有尼·斯·阿夫达科夫、亚·弗·博勃里舍夫-普希金、尼·谢·沃尔康斯基、弗·伊·格里耶、费·尼·普列瓦科、亚·阿·斯托雷平等。该报得到俄国大资本家的资助。——2。

5 立宪民主党人是俄国自由主义君主派资产阶级的主要政党立宪民主党的成员。立宪民主党(正式名称为人民自由党)于 1905 年 10 月成立。中央委员中多数是资产阶级知识分子、地方自治人士和自由派地主。主要活动家有帕·尼·米留可夫、谢·安·穆罗姆采夫、瓦·阿·马克拉柯夫、安·伊·盛加略夫、彼·伯·司徒卢威、约·弗·盖森等。立宪民主党提出一条与革命道路相对抗的和平的宪政发展道路，主张俄国实行立宪君主制和资产阶级的自由。在土地问题上，主张将国家、皇室、皇族和寺院的土地分给无地和少地的农民；私有土地部分地转让，并且按"公平"价格给予补偿；解决土地问题的土地委员会由同等数量的地主和农民组成，并由官员充当他们之间的调解人。1906年春，曾同政府进行参加内阁的秘密谈判，后来在国家杜马中自命为"负责任的反对派"。第一次世界大战期间，支持沙皇政府的掠夺政策，曾同十月党等反动政党组成"进步同盟"，要求成立责任内阁，即为资产阶级和地主所信任的政府，力图阻止革命并把战争进行到最后胜利。二月革命后，立宪民主党在资产阶级临时政府中居于领导地位，竭力阻挠土地问题、民族问题等基本问题的解决，并奉行继续帝国主义战争的政策。七月事变后，支持科尔尼洛夫叛乱，阴谋建立军事独裁。十月革命胜利后，苏维埃政府于1917年11月28日(12月11日)宣布立宪民主党为"人民公敌的党"。该党随之转入地下，继续进行反革命活动，并参与白卫将军的武装叛乱。国内战争结束后，该党上层分子大多数逃亡国外。1921年5月，该党在巴黎召开代表大会时分裂，作为统一的党不复存在。——2。

6 《言语报》(«Речь»)是俄国立宪民主党的中央机关报(日报)，1906年2月23日(3月8日)起在彼得堡出版，实际编辑是帕·尼·米留可夫和约·弗·盖森。积极参加该报工作的有马·莫·维纳维尔、帕·德·多尔戈鲁科夫、彼·伯·司徒卢威等。1917年二月革命后，该报积极支持资产阶级临时政府的对内对外政策，反对布尔什维克。1917年10月26日(11月8日)被查封。后曾改用《我们的言语报》、《自由言语报》、《时代报》、《新言语报》和《我们时代报》等名称继续出版，1918年8月最终被查封。——2。

7 《俄国报》(«Россия»)是俄国黑帮报纸(日报)，1905年11月—1914年4月在彼得堡出版。从1906年起成为内务部的机关报。该报接受由内务大臣掌握的政府秘密基金的资助。——2。

8 指第三届国家杜马。

第三届国家杜马(第三届杜马)是根据 1907 年 6 月 3 日(16 日)沙皇解散第二届杜马时颁布的新的选举条例在当年秋天选举、当年 11 月 1 日(14 日)召开的,存在到 1912 年 6 月 9 日(22 日)。这届杜马共有代表 442 人,先后任主席的有尼·阿·霍米亚科夫、亚·伊·古契柯夫(1910 年 3 月起)和米·弗·罗将柯(1911 年起),他们都是十月党人。这届杜马按其成分来说是黑帮—十月党人的杜马,是沙皇政府对俄国革命力量实行反革命的暴力和镇压政策的驯服工具。这届杜马的 442 名代表中,有右派 147 名,十月党人 154 名,立陶宛—白俄罗斯集团 7 名,波兰代表联盟 11 名,进步派 28 名,穆斯林集团 8 名,立宪民主党人 54 名,劳动派 14 名,社会民主党人 19 名。因此它有两个多数:黑帮—十月党人多数和十月党人—立宪民主党人多数。沙皇政府利用前一多数来保证推行斯托雷平的土地政策,在工人问题上采取强硬政策,对少数民族采取露骨的大国主义政策;而利用后一多数来通过微小的让步即用改良的办法诱使群众脱离革命。

第三届杜马全面支持沙皇政府在六三政变后的内外政策。它拨巨款给警察、宪兵、法院、监狱等部门,并通过了一个大大扩充了军队员额的兵役法案。第三届杜马的反动性在工人立法上表现得尤为明显,它把几个有关工人保险问题的法案搁置了 3 年,直到 1911 年在新的革命高潮到来的形势下才予以批准,但保险条件比 1903 年法案的规定还要苛刻。1912 年 3 月 5 日(18 日),杜马工人委员会否决了罢工自由法案,甚至不许把它提交杜马会议讨论。在土地问题上,第三届杜马完全支持斯托雷平的土地法,于 1910 年批准了以 1906 年 11 月 9 日(22 日)法令为基础的土地法,而拒绝讨论农民代表提出的一切关于把土地分配给无地和少地农民的提案。在少数民族问题上,它积极支持沙皇政府的俄罗斯化政策,通过一连串的法律进一步限制少数民族的基本权利。在对外政策方面,它主张沙皇政府积极干涉巴尔干各国的内政,破坏东方各国的民族解放运动和革命。

第三届杜马的社会民主党党团,尽管工作条件极为恶劣,人数不多,在初期活动中犯过一些错误,但是在列宁的批评和帮助下,工作有所加强，在揭露第三届杜马的反人民政策和对无产阶级和农民进行政治教育等方面都做了大量的工作。——2。

9 十月党人是俄国十月党的成员。十月党(十月十七日同盟)代表和维护大工商业资本家和按资本主义方式经营的大地主的利益，属于自由派的右翼。该党于1905年11月成立，名称取自沙皇1905年10月17日宣言。十月党的主要领导人是大工业家和莫斯科房产主亚·伊·古契柯夫、大地主米·弗·罗将柯，活动家有彼·亚·葛伊甸、德·尼·希波夫、米·亚·斯塔霍维奇、尼·阿·霍米亚科夫等。十月党完全拥护沙皇政府的对内对外政策，支持政府镇压革命的一切行动，主张用调整租地、组织移民、协助农民退出村社等办法解决土地问题。第一次世界大战期间，号召支持政府，后来参加了军事工业委员会的活动，曾同立宪民主党等结成“进步同盟”，主张把帝国主义战争进行到最后胜利，并通过温和的改革来阻止人民革命和维护君主制。二月革命后，该党参加了资产阶级临时政府。十月革命后，十月党人反对苏维埃政权，在白卫分子政府中担任要职。——2。

10 即第一届国家杜马。

第一届国家杜马(维特杜马)是根据沙皇政府大臣会议主席谢·尤·维特制定的条例于1906年4月27日(5月10日)召开的。

在1905年十月全俄政治罢工的冲击下，沙皇尼古拉二世被迫发表了10月17日宣言，宣布召开具有立法职能的国家杜马以代替布里根咨议性杜马，借以把国家引上君主立宪的发展道路。1905年12月11日，沙皇政府公布了《关于修改国家杜马选举条例的命令》，这一命令原封不动地保留了为选举布里根杜马而制定的以财产资格和阶级不平等为基础的选举制度，只是在原来的三个选民团——土地占有者(地主)选民团、城市(资产阶级)选民团、农民选民团之外，新增了工人选民团。就分得的复选人数额来说，各选民团的权利不是平等的。地主的1票相当于城市资产阶级的3票、农民的15票、工人的45票。工人选民团的复选人只占国家杜马全部复选人的4%。选举不是普遍的。全体妇女、不满25岁的青年、游牧民族、军人、学生、小企业(50人以下的企业)的工人、短工、小手工业者、没有土地的农民都被剥夺了选举权。选举也不是直接的。一般是二级选举制,而为工人规定了三级选举制,为农民规定了四级选举制。

十二月起义失败后,沙皇政府一再限制曾经宣布过的杜马的权力。1906 年 2 月 20 日的诏书给了国务会议以批准或否决国家杜马所通过的法案的权力。1906 年 4 月 23 日(5 月 6 日)又颁布了经尼古拉二世批准的《国家根本法》,将国家政策的最重要问题置于杜马管辖之外。

第一届国家杜马选举于 1906 年 2—3 月举行。布尔什维克宣布抵制,但是没能达到搞垮这次选举的目的。当杜马终究召集起来时,列宁要求利用杜马来进行革命的宣传鼓动并揭露杜马的本质。

第一届国家杜马的代表共 478 人,其中立宪民主党 179 人,自治派 63 人(包括波兰、乌克兰、爱沙尼亚、拉脱维亚、立陶宛等民族的资产阶级集团的成员),十月党 16 人,无党派人士 105 人,劳动派 97 人,社会民主党 18 人。主席是立宪民主党人谢·安·穆罗姆采夫。

第一届国家杜马讨论过人身不可侵犯、废除死刑、信仰和集会自由、公民权利平等等问题,但是中心问题是土地问题。在杜马会议上提出的土地纲领主要有两个:一个是立宪民主党人于 5 月 8 日提出的由 42 名代表签署的法案,它力图保持地主土地占有制,只允许通过“按公平价格”赎买的办法来强制地主转让主要用农民的耕畜和农具耕种的或已出租的土地;另一个是劳动派于 5 月 23 日提出的“104 人法案”,它要求建立全民土地资产,把超过劳动土地份额的地主土地及其他私有土地收归国有,按劳动份额平均使用土地。

第一届国家杜马尽管很软弱,它的决议尽管很不彻底,但仍不符合政府的愿望。1906 年 7 月 9 日(22 日),沙皇政府解散了第一届国家杜马。——4。

11　进步派是俄国自由主义君主派资产阶级的一个政治集团。这一集团在国家杜马选举中以及在杜马中,试图把形形色色的资产阶级地主政党和派别的成员在“非党”的旗号下联合起来。在第三届国家杜马中,进步派组成了一个有和平革新党和民主改革党代表参加的集团。出于害怕爆发新的革命的动机,进步派批评沙皇政府的“极端行为”,认为政府不肯让步造成了左派革命力量活动的条件。在1912年第四届国家杜马选举中，进步派同立宪民主党结成联盟。进步派杜马代表在第三届杜马初期是28名，末期已增加到37名，到了第四届杜马又进一步增至48名。

进步派于1912年11月11—13日在彼得堡召开代表大会，组成独立政党——进步党。该党纲领要点是：制定温和的宪法，实行细微的改革，建立责任内阁即对杜马负责的政府，镇压革命运动。列宁称这个纲领为民族主义自由派纲领，认为进步党人按成分和意识形态来说是十月党人同立宪民主党人的混合物，该党将成为德国也有的那种"真正的"资本主义资产阶级政党（参看本版全集第22卷第265、352页）。进步派的创建人有著名的大工厂主亚·伊·柯诺瓦洛夫、帕·巴·里亚布申斯基、弗·巴·里亚布申斯基，大地主和地方自治人士伊·尼·叶弗列莫夫、格·叶·李沃夫、尼·尼·李沃夫、叶·尼·特鲁别茨科伊、德·尼·希波夫、马·马·柯瓦列夫斯基等。进步派在不同时期出版的报刊有《莫斯科周刊》、《言论报》、《俄国评论报》和《俄国晨报》。第一次世界大战期间，进步党人支持沙皇政府，倡议成立军事工业委员会。1915年夏，进步党同其他地主资产阶级政党联合组成"进步同盟"，后于1916年退出。1917年二月革命后，进步党的一些领袖加入了国家杜马临时委员会，后又加入了资产阶级临时政府。但这时进步党本身实际上已经瓦解。十月革命胜利后，原进步党领袖积极反对苏维埃政权。——4。

12 波兰代表联盟是俄国国家杜马中波兰代表的联合组织。在第一届和第二届国家杜马中，这个联合组织的领导核心是波兰地主资产阶级政党——民族民主党的党员。波兰代表联盟在杜马策略的一切主要问题上都支持十月党。——4。

13 德国社会民主党马格德堡代表大会于1910年9月18—24日举行。大会的中心议题是：关于巴登邦议会的社会民主党代表违反党纪的问题；为争取普鲁士的普选权而斗争的问题。

第一个问题的实质在于：巴登邦议会的社会民主党党团不顾历届

党代表大会的有关决议，对资产阶级政府的预算投了赞成票。马格德堡代表大会以289票对80票的压倒多数谴责了巴登社会民主党人的机会主义策略。巴登社会民主党人随即声明他们今后仍将保留不服从代表大会决定的权利。针对这个声明，代表大会以多数票通过一项特别决议，宣布：任何人如违反党代表大会关于表决预算的决定将立即予以开除出党。在通过这项决议前巴登代表示威性地退出了代表大会。

代表大会关于为争取普鲁士普选权而斗争的问题的讨论是德国社会民主党内以罗·卢森堡为一方和以卡·考茨基为另一方进行的一场争论的继续。1910年春天，由于普鲁士争取实行普选权的群众运动的高涨，德国社会民主党遂面临关于斗争策略和宣布群众罢工的可能性问题。卢森堡主张无产阶级采取进攻策略，认为它已成熟得足以举行群众性政治罢工了。考茨基则建议不采取开展群众运动的方针，而采取在当时即将举行的帝国国会选举中竞选和开展党的议会活动的方针。代表大会通过了卢森堡提出的对党执行委员会决议的补充，承认政治总罢工是为争取普鲁士实行选举改革而斗争的手段。——10。

14 反社会党人非常法(反社会党人法)即《反社会民主党企图危害治安法》，是德国俾斯麦政府从1878年10月21日起实行的镇压工人运动的反动法令。这个法令规定取缔德国社会民主党和一切进步工人组织，查封工人刊物，没收社会主义书报，并可不经法律手续把革命者逮捕和驱逐出境。在反社会党人非常法实施期间，有1 000多种书刊被查禁，300多个工人组织被解散，2 000多人被监禁和驱逐。在工人运动的压力下，反社会党人非常法于1890年10月1日被废除。——12。

15 德国民族自由党人是德国资产阶级政党民族自由党的成员。

德国民族自由党是1866年由分裂出来的进步党右翼组成的，起初是普鲁士资产阶级的政党，1871年起成为全德资产阶级的政党。民族自由党是容克—资产阶级联盟的支柱之一。它的纲领规定实行公民平等和资产阶级的民主自由。但是随着时间的推移，在德国工人运动加强的情况下，该党不再为这些要求而斗争，仅满足于奥·俾斯麦的不彻底的改革。它积极支持殖民扩张和军备竞赛以及镇压工人运动的政策，在1914—1918年第一次世界大战期间力求实现德国垄断组织的掠夺纲领。1918年德国十一月革命后，该党不复存在。在它的基础上成立了德国人民党。——13。

16 《社会主义月刊》(«Sozialistische Monatshefte»)是德国机会主义者的主要刊物，也是国际修正主义者的刊物之一，1897—1933年在柏林出版。编辑和出版者为右翼社会民主党人约·布洛赫。撰稿人有爱·伯恩施坦、康·施米特、弗·赫茨、爱·大卫、沃·海涅、麦·席佩耳等。第一次世界大战期间，该刊持社会沙文主义立场。——13。

17 这句话引自恩格斯的《德国的社会主义》一文(见《马克思恩格斯文集》第4卷第430页)。恩格斯在《卡·马克思〈1848年至1850年的法兰西阶级斗争〉一书导言》中重复了这一思想(同上书，第553页)。——16。

18 《社会民主党人呼声报》(«Голос Социал-Демократа»)是俄国孟什维克的国外机关报，1908年2月—1911年12月先后在日内瓦和巴黎出版，共出了26号(另外还于1911年6月—1912年7月出了《〈社会民主党人呼声报〉小报》6号)。该报编辑是：帕·波·阿克雪里罗得、费·伊·唐恩、尔·马尔托夫、亚·马尔丁诺夫和格·瓦·普列汉诺夫。《社会民主党人呼声报》从创刊号起就维护取消派的立场。普列汉诺夫于1908年12月与该报实际决裂，1909年5月13日正式退出该报编辑部。此后该报就彻底成为取消派的思想中心。

《生活》杂志(«Жизнь»)是俄国孟什维克取消派的合法的社会政治刊物，1910年8月和9月在莫斯科出版，共出了两期。

《复兴》杂志(«Возрождение»)是俄国孟什维克取消派的合法刊物(双周刊)，1908年12月—1910年7月在莫斯科出版。为该杂志撰稿的有费·伊·唐恩、亚·尼·波特列索夫、亚·马尔丁诺夫等。接替《复兴》杂志出版的是《生活》杂志。——17。

19 《新时代》杂志(«Die Neue Zeit»)是德国社会民主党的理论刊物，1883—1923年在斯图加特出版。1890年10月前为月刊，后改为周刊。1917年10月以前编辑为卡·考茨基，以后为亨·库诺。1885—1895

年间，杂志发表过马克思和恩格斯的一些文章。恩格斯经常关心编辑部的工作，帮助它端正办刊方向。为杂志撰过稿的还有威·李卜克内西、保·拉法格、格·瓦·普列汉诺夫、罗·卢森堡、弗·梅林等国际工人运动活动家。《新时代》杂志在介绍马克思主义基本理论、宣传俄国1905—1907年革命等方面做了有益的工作。随着考茨基转到机会主义立场，1910年以后，《新时代》杂志成了中派分子的刊物。第一次世界大战期间，杂志持中派立场，实际上支持社会沙文主义者。——17。

20 库庞先生（库庞是俄文 купон 的音译，意为息票）是19世纪80—90年代俄国文学作品中用来表示资本和资本家的借喻语。这个词是俄国作家格·伊·乌斯宾斯基在随笔《罪孽深重》中使用开的。——23。

21 正教院是俄国管理正教事务的最高国家机关，建立于1721年，当时称圣执政正教院，与参议院的地位相等。正教院管理的事项有：纯粹宗教性质的事务（解释教义、安排宗教仪式和祈祷等），教会行政和经济事项（任免教会负责人员、管理教会财产等），宗教法庭事项（镇压异教徒和分裂派教徒、管理宗教监狱、检查宗教书刊、审理神职人员案件等）。正教院成员由沙皇从高级宗教人士中任命，另外从世俗人士中任命正教院总监对正教院的活动进行监督。十月革命后，苏维埃政权撤销了正教院。正教院后来作为纯教会机构重新建立，是莫斯科和全俄总主教下的咨询机关。

列·尼·托尔斯泰于1901年被正教院革除教籍，原因之一是他在小说《复活》中对教会礼仪作了尖锐的批判。——24。

22 路标派指俄国立宪民主党的著名政论家、自由派资产阶级的代表人物尼·亚·别尔嘉耶夫、谢·尼·布尔加柯夫、米·奥·格尔申宗、亚·索·伊兹哥耶夫、波·亚·基斯嘉科夫斯基、彼·伯·司徒卢威和谢·路·弗兰克。1909年春，他们把自己论述俄国知识分子的一批文章编成文集在莫斯科出版，取名为《路标》，路标派的名称即由此而来。在这些文章中，他们企图诋毁俄国解放运动的革命民主主义传统，贬低维·格·别林斯基、尼·亚·杜勃罗留波夫、尼·加·车尔尼雪夫斯基、德·伊·皮萨列夫等人的观点和活动。他们诬蔑1905年的革命运动，感谢沙皇政府"用自己的刺刀和牢狱"把资产阶级"从人民的狂暴中"拯救了出来。列宁在《论〈路标〉》(见本版全集第19卷)一文中对立宪民主党的这一文集作了批判分析和政治评价。——25。

23 《新时报》(«Новое Время»)是俄国报纸,1868—1917年在彼得堡出版。出版人多次更换,政治方向也随之改变。1872—1873年采取进步自由主义的方针。1876—1912年由反动出版家阿·谢·苏沃林掌握,成为俄国最没有原则的报纸。1905年起是黑帮报纸。1917年二月革命后,完全支持资产阶级临时政府的反革命政策,攻击布尔什维克。1917年10月26日(11月8日)被查封。——25。

24 指1910年1月2—23日(1月15日—2月5日)在巴黎举行的俄国社会民主工党中央委员会全体会议,即所谓"统一的"全体会议。

关于巩固党及其统一的途径和方法问题,1909年秋天就特别尖锐地提出来了。1909年11月,列宁根据《无产者报》扩大编辑部会议的决定,提出布尔什维克同孟什维克护党派接近和结成联盟以便共同反对取消派和召回派的计划。调和派格·叶·季诺维也夫、列·波·加米涅夫、阿·伊·李可夫违抗列宁的计划,力图使布尔什维克同孟什维克呼声派(取消派)和托洛茨基分子联合,这实际上就意味着取消布尔什维克党。中央委员约·费·杜勃洛文斯基和维·巴·诺根也表现出调和主义的动摇。由于党内和俄国国内的既成局势迫切要求解决与联合党的力量有关的各项问题,布尔什维克于1909年11月1日(14日)致函中央委员会国外局,声明必须在最近期间召开党中央委员会全体会议。

出席这次全体会议的有布尔什维克、孟什维克取消派、波兰王国和立陶宛社会民主党、崩得、拉脱维亚社会民主党、前进派等派别和集团的代表。列·达·托洛茨基代表维也纳《真理报》出席。格·瓦·普列汉诺夫托词有病没有到会,因此,会上没有孟什维克护党派的代表。

全会的议程是:中央委员会俄国局的工作报告;中央委员会国外局的工作报告;中央机关报编辑部的工作报告;各民族社会民主党中央委员会的工作报告;党内状况;关于召开下届全党代表会议;俄国社会民

主工党中央委员会章程;其他问题。

在这次全会上,反对列宁立场的人占多数。列宁和他的拥护者经过紧张斗争,在有些问题上达到了目的,但由于调和派搞妥协,也不得不作一些局部的让步,包括组织问题上的让步。会议的决议最终具有折中性质。

在讨论党内状况问题时,孟什维克呼声派同前进派结成联盟并在托洛茨基分子支持下,竭力维护取消主义和召回主义。列宁在会议上与机会主义和调和派进行了顽强斗争,坚决谴责取消派和召回派,贯彻布尔什维克同孟什维克护党派接近的路线。在列宁的坚持下,全会通过的《党内状况》这一决议,乃是1908年十二月代表会议关于谴责取消主义、无条件地要求承认社会民主党的杜马工作和利用合法机会的决议的继续。尽管调和派和各民族组织的代表因受孟什维克呼声派、前进派和托洛茨基分子的压力而同意不在决议中提取消派和召回派的名称,全会决议仍然谴责了取消主义和召回主义,承认这两个派别的危险性和同它们斗争的必要性。

全会关于召开全党代表会议的决议反映了一些取消派的观点,但是承认必须召开代表会议,因此仍具有重要意义。布尔什维克根据这个决议展开了筹备召开代表会议的工作。

在全会上,调和派违反列宁的意旨同托洛茨基结成联盟,把孟什维克呼声派(取消派)而不是把孟什维克护党派安排进党的中央机关。全会还决定资助托洛茨基的维也纳《真理报》,并派中央委员会的代表加米涅夫参加该报编辑部,担任第三编辑。全会决定解散布尔什维克中央,《无产者报》停刊,布尔什维克将自己的部分财产移交中央委员会,其余部分交第三者(卡·考茨基、弗·梅林和克·蔡特金)保管,并由第三者在两年内移交给中央会计处,条件是孟什维克呼声派取消自己的派别中心并停止出版自己的派别机关报。在《关于派别中心》的决议中,全会指出"党的利益和党的统一的利益要求在最近停办《社会民主党人呼声报》",然而全会也只限于得到呼声派和前进派的口头允诺而已。

孟什维克呼声派、前进派和托洛茨基分子我行我素,拒绝服从全会的决定。因此,1910年秋天,布尔什维克宣布他们不受一月全会上各派通过的协议的约束,开始出版自己的机关报《工人报》,争取召开新的全体会议并要求归还交由中央暂时支配的、属于他们自己的财产和资金。

一月全会的记录未找到。关于全会的工作以及会上同取消派、前进派、托洛茨基分子和调和派的斗争,详见列宁《政论家札记》(本版全集第19卷)一文。——27。

25 *召回主义*是1908年在布尔什维克中间出现的一种机会主义思潮,主要代表人物有亚·亚·波格丹诺夫、格·阿·阿列克辛斯基、安·弗·索柯洛夫(斯·沃尔斯基)、阿·瓦·卢那察尔斯基、马·尼·利亚多夫等。召回派以革命词句作幌子,要求从第三届国家杜马中召回俄国社会民主党的代表,并停止党在合法和半合法组织中的工作,宣称在反动条件下党只应进行不合法的工作,实际上执行的是取消派的路线。列宁把召回派叫做"改头换面的孟什维克"。召回派的变种是最后通牒派,亦产生于1908年,代表人物有维·拉·尚采尔(马拉)、阿列克辛斯基、列·波·克拉辛等。在孟什维克的压力下,当时社会民主党国家杜马党团通过了党团对俄国社会民主工党中央委员会独立的决议。最后通牒派不是认真地教育杜马党团,纠正党团的错误,而是要求立即向杜马党团发出最后通牒,要它无条件地服从党中央,否则就把社会民主党杜马代表召回。最后通牒主义实际上是隐蔽的、伪装的召回主义。列宁把最后通牒派叫做"羞羞答答的召回派"。

同召回派的斗争是从1908年春天开始的。1908年3—4月在讨论第三届国家杜马社会民主党党团头5个月工作总结时,莫斯科的一些区通过了召回派的决议。5月,在莫斯科市党代表会议上,召回派提出的决议案仅以18票对14票被否决。布尔什维克机关报《无产者报》在1908年6月4日(17日)的第31号上发表了莫斯科党代表会议的材料,并根据列宁的建议从这一号起开始讨论对杜马和社会民主党杜马党团的态度问题。与此同时,在各个党组织的内部都同召回派展开了斗争。1908年秋,在彼得堡党组织选举出席第五次全国代表会议的代表时,召回派和最后通牒派制定了一个特别纲领,作为彼得堡委员会扩大会议的决议案。由于这个决议案在各个党组织得不到广泛支持，召回派才未敢在代表会议上公开提出自己的特别纲领。在代表会议以后，根据列宁的意见，《无产者报》登载了召回派的这个纲领。列宁并写了一系列文章，对召回主义进行批判。

召回派的领袖人物波格丹诺夫和卢那察尔斯基还同孟什维克取消派尼·瓦连廷诺夫、帕·索·尤什凯维奇一起在报刊上攻击马克思主义理论基础——辩证唯物主义和历史唯物主义。卢那察尔斯基并宣扬必须建立新的宗教，把社会主义同宗教结合起来。

1909 年，召回派、最后通牒派和造神派组成发起小组，在意大利卡普里岛创办了一所实际上是派别中心的党校。1909 年 6 月，布尔什维克机关报《无产者报》扩大编辑部会议斥责了召回派和最后通牒派，号召同这些背离革命马克思主义的倾向作最坚决的斗争，并把波格丹诺夫从布尔什维克队伍中开除出去。——27。

26 指"前进"集团的成员。

"前进"集团是俄国社会民主党内的一个反布尔什维主义的集团。它是在亚·亚·波格丹诺夫和格·阿·阿列克辛斯基的倡议下，由召回派、最后通牒派和造神派于 1909 年 12 月在它们的派别活动中心卡普里党校的基础上建立的。该集团出版过《前进》文集等刊物。前进派在 1910 年一月中央全会上与取消派-呼声派以及托洛茨基分子紧密配合行动。他们设法使全会承认"前进"集团为"党的出版团体"，并得到中央委员会对该集团刊物的津贴，在全会以后却站在召回派-最后通牒派的立场上尖锐抨击并且拒绝服从全会的决定。1912 年党的布拉格代表会议以后，前进派同孟什维克取消派和托洛茨基分子联合起来反对这次党代表会议的决议。由于得不到工人运动的支持，"前进"集团于 1913 年实际上瓦解，1917 年二月革命后正式解散。——27。

27 《工人报》(«Рабочая Газета»)是俄国布尔什维克的秘密通俗机关报，1910 年 10 月 30 日(11 月 12 日)—1912 年 7 月 30 日(8 月 12 日)在巴黎不定期出版，共出了九号。创办《工人报》的倡议者是列宁。出版《工人报》则是在 1910 年 8 月哥本哈根国际社会党代表大会期间举行的俄国社会民主工党代表(包括布尔什维克、孟什维克护党派、社会民主党杜马党团代表等)的联席会议上正式决定的。出席这次会议的有列宁、格·瓦·普列汉诺夫、格·叶·季诺维也夫、列·波·加米涅夫、亚·米·柯伦泰、阿·瓦·卢那察尔斯基、尼·古·波列塔耶夫、伊·彼·波克罗夫斯基等。

列宁是《工人报》的领导者。参加该报编辑部的有列宁、季诺维也夫和加米涅夫。积极为该报撰稿的有谢·伊·霍普纳尔、普·阿·贾帕里泽、尼·亚·谢马什柯、斯·格·邵武勉等。娜·康·克鲁普斯卡娅是编辑部秘书。马·高尔基曾给该报巨大的物质帮助。在国外的各布尔什维克团体中成立的《工人报》协助小组给予该报极大的物质支援,并协助运送报纸到俄国。该报很受俄国工人欢迎,印数达6 000份。工人们纷纷为该报募捐,并积极给该报写稿。该报在“党的生活”、“各地来信”两栏经常刊登工人和地方党组织的来信和通讯。该报登载过列宁的11篇文章。

《工人报》为筹备召开俄国社会民主工党第六次(布拉格)全国代表会议进行了大量工作。这次代表会议在特别决定中指出《工人报》坚定不移地捍卫了党和党性,并宣布《工人报》为俄国社会民主工党中央委员会正式机关报。——27。

28 指俄国社会民主工党第五次全国代表会议的决议。

俄国社会民主工党第五次全国代表会议于1908年12月21—27日(1909年1月3—9日)在巴黎举行。出席代表会议的有24名代表,其中有表决权的代表16名:布尔什维克5名(中部工业地区代表2名,彼得堡组织代表2名,乌拉尔组织代表1名),孟什维克3名(均持高加索区域委员会的委托书),波兰社会民主党5名,崩得3名。布尔什维克另有3名代表因被捕未能出席。列宁作为俄国社会民主工党中央委员会的代表出席代表会议,有发言权。代表会议的议程包括:俄国社会民主工党中央委员会、波兰社会民主党中央委员会、崩得中央委员会以及一些大的党组织的工作报告;目前政治形势和党的任务;关于社会民主党杜马党团;因政治情况变化而发生的组织问题;地方上各民族组织的统一;国外事务。

在代表会议上，布尔什维克就所有问题同孟什维克取消派进行了不调和的斗争，也同布尔什维克队伍中的召回派进行了斗争，并取得了重大胜利。代表会议在关于各个工作报告的决议里，根据列宁的提议建议中央委员会维护党的统一，并号召同一切取消俄国社会民主工党而代之以不定型的合法联合体的企图进行坚决的斗争。由于代表会议须规定党在反动年代条件下的策略路线，讨论目前形势和党的任务就具有特别重要的意义。孟什维克企图撤销这一议程未能得逞。会议听取了列宁作的《关于目前形势和党的任务的报告》（报告稿没有保存下来，但其主要思想已由列宁写入《走上大路》一文，见本版全集第17卷），并稍作修改通过了列宁提出的决议案。在讨论列宁的决议草案时，孟什维克建议要在决议里指出，专制制度不是在变成资产阶级君主制，而是在变成财阀君主制，这一修改意见被绝大多数票否决；召回派则声明他们不同意决议草案的第5条即利用杜马和杜马讲坛进行宣传鼓动那一条，但同意其他各条，因此投了赞成票。关于杜马党团问题的讨论集中在是否在决议中指出杜马党团的错误和中央委员会对党团决定有无否决权这两点上。孟什维克对这两点均持否定态度，并且援引西欧社会党的做法作为依据。召回派则声称俄国本来不具备社会民主党杜马党团活动的条件，杜马党团的错误是客观条件造成的，因此不应在决议中指出。列宁在发言中对召回派作了严厉批评，指出他们是改头换面的取消派，他们和取消派有着共同的机会主义基础。代表会议通过了布尔什维克的决议案，对党团活动进行了批评，同时也指出了纠正党团工作的具体措施。在组织问题上代表会议也通过了布尔什维克的决议案，其中指出党应当特别注意建立和巩固秘密的党组织，而同时利用各种各样的合法团体在群众中进行工作。在关于地方上各民族组织统一的问题上，代表会议否定了崩得所维护的联邦制原则。此外，代表会议也否决了孟什维克关于把中央委员会移到国内、取消中央委员会国外局以及把中央机关报移到国内等建议。

俄国社会民主工党第五次全国代表会议的意义在于它把党引上了大路，是在反革命胜利后俄国工人运动发展中的一个转折点。——28。

29 马赫主义者即经验批判主义者。列宁在《唯物主义和经验批判主义》一书里说:"马赫主义者这个名词比较简短,而且在俄国的著作中已经通用,我将到处把它作为'经验批判主义者'的同义语来使用。"(见本版全集第18卷第13页)经验批判主义是一种主观唯心主义的哲学流派,19世纪末—20世纪初在西欧广泛流行,创始人是奥地利物理学家、哲学家恩斯特·马赫和德国哲学家理查·阿芬那留斯。在斯托雷平反动年代,俄国社会民主党内有一部分知识分子接受经验批判主义的影响,出现了一些马赫主义者,其代表人物是孟什维克中的尼·瓦连廷诺夫、帕·索·尤什凯维奇和布尔什维克中的弗·亚·巴扎罗夫、亚·亚·波格丹诺夫、阿·瓦·卢那察尔斯基等人。俄国马赫主义者以发展马克思主义为幌子,实际上在修正马克思主义哲学原理。列宁在《唯物主义和经验批判主义》一书中揭露了经验批判主义的实质,捍卫了马克思主义哲学免遭修正主义者的歪曲,在新的历史条件下发展了辩证唯物主义和历史唯物主义。——30。

30 指俄国召回派、最后通牒派和造神派于1909年在意大利卡普里岛办的一所党校。

1908年俄国社会民主工党第五次全国代表会议之后,召回派、最后通牒派和造神派就以"给工人办一所党校"为名,着手建立他们自己的派别中心。1909年春,召回派、最后通牒派和造神派的领袖亚·亚·波格丹诺夫、格·阿·阿列克辛斯基和阿·瓦·卢那察尔斯基组成了创办这所"党校"的发起人小组。他们以代表会议关于必须"从工作中培养社会民主主义运动的实际工作和思想工作的领导者"这一指示为由,把马·高尔基和著名工人革命家尼·叶·维洛诺夫拉进他们的小组。

尽管如此,波格丹诺夫派还是利用了那几年工人强烈要求接受党的教育的愿望,通过一些党的中央机关负责人同俄国的一些社会民主党地方组织取得联系,在召回派,特别是召回派在莫斯科的领袖安·弗·索柯洛夫(斯·沃尔斯基)的协助下,由各地方组织给它派了13名学员入校。这所党校于1909年8月开学。在该校讲课的有波格丹诺夫、阿列克辛斯基、卢那察尔斯基、高尔基、马·尼·利亚多夫、米·

尼·波克罗夫斯基和瓦·阿·杰斯尼茨基。列宁回绝了该校的组织者要他到卡普里去当讲课人的建议。

1909年11月该校发生了分裂。以党校委员会成员维洛诺夫为首的一部分学员同波格丹诺夫派划清界限,向《无产者报》编辑部揭露该校讲课人的派别性行为,因而被开除。他们于11月底应列宁的邀请来到巴黎,听了一系列讲座,其中有列宁讲的《目前的形势和我们的任务》和《斯托雷平的土地政策》。1909年12月,该校的讲课人和留在卡普里的学员一起组成了反布尔什维克的"前进"集团。

列宁在《论拥护召回主义和造神说的派别》和《可耻的失败》(见本版全集第19卷)两文中详述了该校的历史,并对它作了评论。——30。

31 *16人集团*是指在一封公开信上签名的16名孟什维克取消派分子。这封公开信是为答复格·瓦·普列汉诺夫在《社会民主党人日志》第9期(1909年8月)上对取消派及其首领亚·尼·波特列索夫的批评而写的,发表于《社会民主党人呼声报》第19—20号合刊(1910年1—2月)。列宁称它是"将像赫罗斯特拉特那样有名的"文件(参看本版全集第19卷第208页;关于赫罗斯特拉特,见注63)。

*米哈伊尔、罗曼和尤里及其同伙的集团*是指以孟什维克取消派分子约·安·伊苏夫(米哈伊尔)、康·米·叶尔莫拉耶夫(罗曼)、彼·阿·勃朗施坦(尤里)为首的集团。伊苏夫是俄国社会民主工党第五次代表大会选出的中央委员,叶尔莫拉耶夫和勃朗施坦是这次代表大会选出的候补中央委员。1910年初,他们拒绝中央委员会俄国局的布尔什维克委员请他们参加俄国局的工作的建议,并且声称中央委员会的存在是有害的。——31。

32 这里的普列汉诺夫派即孟什维克护党派。

*孟什维克护党派*是孟什维克队伍中的一个在组织上没有完全形成的派别,于1908年开始出现,为首的是格·瓦·普列汉诺夫。1908年12月,普列汉诺夫同取消派报纸《社会民主党人呼声报》编辑部决裂;为了同取消派进行斗争,1909年他恢复出版了《社会民主党人日志》这一刊物。1909年在巴黎、日内瓦、圣雷莫、尼斯等地成立了孟什维克护

党派的小组。在俄国国内，彼得堡、莫斯科、叶卡捷琳诺斯拉夫、哈尔科夫、基辅、巴库都有许多孟什维克工人反对取消派，赞成恢复秘密的俄国社会民主工党。普列汉诺夫派在保持孟什维主义立场的同时，主张保存和巩固党的秘密组织，为此目的而同布尔什维克结成了联盟。他们同布尔什维克一起参加地方党委员会，并为布尔什维克的《工人报》、《明星报》撰稿。列宁的同孟什维克护党派接近的策略，扩大了布尔什维克在合法工人组织中的影响。

1911 年底，普列汉诺夫破坏了同布尔什维克的联盟。他打着反对俄国社会民主工党内部的"派别活动"和分裂的旗号，企图使布尔什维克党同机会主义者和解。1912 年普列汉诺夫派同托洛茨基分子、崩得分子和取消派一起反对俄国社会民主工党布拉格代表会议的决议。——31。

33 中央委员会国外局是由 1908 年 8 月俄国社会民主工党中央委员会全体会议批准成立的，是从属于中央委员会俄国局的全党的国外代表机构，由 3 人组成。其任务是与在俄国国内活动的中央委员会和在国外工作的中央委员保持经常联系，监督俄国社会民主工党国外各协助小组以及代表它们的国外中央局的活动，收纳国外组织上缴中央会计处的钱款，并为中央委员会募捐。1910 年中央委员会一月全会改组了中央委员会国外局，限定它的职能为领导党的一般事务，同时相应地加强了中央委员会俄国局的权力。中央委员会国外局改由 5 人组成，其中有各民族组织中央委员会的代表 3 人，布尔什维克代表 1 人和孟什维克代表 1 人。起初组成中央委员会国外局的是：阿·伊·柳比莫夫（布尔什维克）、波·伊·哥列夫（孟什维克）、扬·梯什卡（波兰社会民主党）、约诺夫（崩得）和扬·安·别尔津（拉脱维亚社会民主党）。但不久布尔什维克的代表改为尼·亚·谢马什柯，崩得代表改为米·伊·李伯尔，拉脱维亚社会民主党代表改为施瓦尔茨，后二人是取消派。这样，取消派就在中央委员会国外局的成员中取得了稳定的多数。他们极力破坏党中央机关的工作，阻挠召开中央委员会全会。布尔什维克代表谢马什柯被迫于 1911 年 5 月退出中央委员会国外局。

1911 年 6 月在巴黎召开的俄国社会民主工党中央委员会会议作

出了谴责中央委员会国外局政治路线的决议，指出国外局走上了反党的、维护派别策略的道路，决定把国外局是否继续存在的问题提交最近召开的中央委员会全会解决。1911 年 11 月，波兰社会民主党从中央委员会国外局召回了自己的代表，随后拉脱维亚社会民主党也召回了自己的代表。1912 年 1 月，中央委员会国外局自行撤销。——32。

34 《列·尼·托尔斯泰和现代工人运动》一文发表于俄国布尔什维克领导的半合法报纸《我们的道路报》第 7 号，该报于 1910 年 5 月 30 日(6 月 12 日)—1911 年 1 月 9 日(22 日)在莫斯科出版。——39。

35 这里说的是第三届国家杜马中的社会民主党代表的唁电，电报是发往列·尼·托尔斯泰的逝世地阿斯塔波沃、给托尔斯泰的密友和信徒弗·格·切尔特科夫的。电文说："社会民主党杜马党团谨表达俄国的和整个国际的无产阶级的情感，对天才的艺术家的逝世表示深切的哀悼，这位艺术家是反对官方教会观点的毫不调和的无敌战士，是曾大声疾呼反对死刑的专横与奴役之敌和被迫害者之友。"——39。

36 "希特罗夫人"意为流动工人，因莫斯科希特罗夫市场而得名，那里从 19 世纪 60 年代起是季节工人待雇的处所。——41。

37 中央委员会俄国委员会是俄国社会民主工党中央委员会在俄国活动的机构，其成员是第五次(伦敦)代表大会选出的中央委员会委员和候补委员。俄国委员会起初于 1908 年 8 月在俄国社会民主工党中央全会上成立，由 5 人组成(1 名孟什维克、1 名布尔什维克、3 名民族组织代表)。根据 1910 年中央一月全会通过的中央委员会章程，俄国委员会改由 7 人组成(4 名中央委员和 3 名民族组织代表)。章程还规定，俄国委员会拥有中央委员会的全部权力和自行增补委员的权利，中央一月全会后，由布尔什维克组成的中央俄国局尽一切努力召集俄国委员会，但由于孟什维克取消派的怠工而始终未能成功。——42。

38 这里说的是中央委员会国外局成员中的波兰王国和立陶宛社会民主党的代表。

波兰王国和立陶宛社会民主党成立于1893年7月，最初称波兰王国社会民主党，其宗旨是实现社会主义，建立无产阶级政权，最低纲领是推翻沙皇制度，争取政治和经济解放。1900年8月，该党和立陶宛工人运动中国际主义派合并，改称波兰王国和立陶宛社会民主党。在1905—1907年俄国革命中，波兰王国和立陶宛社会民主党提出与布尔什维克相近的斗争口号，对自由派资产阶级持不调和的态度。但该党也犯了一些错误。列宁曾批评该党的一些错误观点，同时也指出它对波兰革命运动的功绩。

1906年4月，在俄国社会民主工党第四次(统一)代表大会上，该党作为地区性组织加入俄国社会民主工党，保持组织上的独立。由于党的领导成员扬·梯什卡等人在策略问题上发生动摇，1911年12月该党分裂成两派：一派拥护在国外的总执行委员会，称为总执委会派；另一派拥护边疆区执行委员会，称为分裂派(见本版全集第22卷《波兰社会民主党的分裂》一文)。分裂派主要包括华沙和罗兹的党组织，同布尔什维克密切合作，赞同1912年俄国社会民主工党布拉格代表会议的决议。第一次世界大战期间，波兰王国和立陶宛社会民主党持国际主义立场，反对支持外国帝国主义者的皮尔苏茨基分子和民族民主党人。1916年该党两派合并。该党拥护俄国十月社会主义革命，1918年在波兰领导建立了一些工人代表苏维埃。1918年12月，在该党与波兰社会党“左派”的统一代表大会上，成立了波兰共产党。——44。

39 这里说的是拉脱维亚边疆区社会民主党和崩得的代表。

拉脱维亚边疆区社会民主党原称拉脱维亚社会民主工党，于1904年6月在该党第一次代表大会上成立。在1905年6月党的第二次代表大会上通过了党的纲领并作出了必须同俄国社会民主工党统一的决议。1905年该党领导了工人的革命行动并组织群众准备武装起义。1906年，在俄国社会民主工党第四次(统一)代表大会上，拉脱维亚社会民主工党作为一个地区性组织加入了俄国社会民主工党。代表大会后改名为拉脱维亚边疆区社会民主党。

崩得是立陶宛、波兰和俄罗斯犹太工人总联盟的简称，1897年9月在维尔诺成立。参加这个组织的主要是俄国西部各省的犹太手工业者。崩得在成立初期曾进行社会主义宣传，后来在争取废除反犹太特别法律的斗争过程中滑到了民族主义立场上。在1898年俄国社会民主工党第一次代表大会上，崩得作为只在专门涉及犹太无产阶级问题上独立的“自治组织”，加入了俄国社会民主工党。在1903年俄国社会民主工党第二次代表大会上，崩得分子要求承认崩得是犹太无产阶级的唯一代表。在代表大会否决了这个要求之后，崩得退出了党。根据1906年俄国社会民主工党第四次（统一）代表大会决议，崩得重新加入了党。从1901年起，崩得是俄国工人运动中民族主义和分离主义的代表。它在党内一贯支持机会主义派别（经济派、孟什维克和取消派），反对布尔什维克。第一次世界大战期间，崩得分子采取社会沙文主义立场。1917年二月革命后，崩得支持资产阶级临时政府。1918—1920年外国武装干涉和国内战争时期，崩得的领导人同反革命势力勾结在一起，而一般的崩得分子则开始转变，主张同苏维埃政权合作。1921年3月崩得自行解散，部分成员加入俄国共产党（布）。——44。

40 指尼·亚·谢马什柯。——44。

41 指哥本哈根国际社会党代表大会。

哥本哈根国际社会党代表大会（第二国际第八次代表大会）于1910年8月28日—9月3日举行。出席代表大会的有来自欧洲、南北美洲、南部非洲和澳洲33个国家的896名代表。同奥地利、英国、德国、法国一样，俄国在大会上拥有20票，其中社会民主党（包括立陶宛和亚美尼亚社会民主党）10票，社会革命党7票，工会3票。代表俄国社会民主工党出席代表大会的有列宁、格·瓦·普列汉诺夫、亚·米·柯伦泰、阿·瓦·卢那察尔斯基等。

代表大会的主要议题是：反对军国主义和战争、合作社与党的关系、国际团结和工会运动的统一等问题。为了预先讨论和草拟各项问题的决议，大会成立了5个委员会——合作社问题委员会；工会、国际团结和奥地利工会运动统一委员会；反战委员会；工人立法和失业问题委员会；关于社会党统一、关于死刑、关于芬兰、阿根廷、波斯等各种问题的决议制定委员会。

列宁参加了合作社问题委员会的工作。代表大会就合作社在无产阶级革命斗争中的作用和任务以及合作社与社会主义政党之间的相互关系问题展开了争论，并通过了一项决议，“对无产阶级合作社的任务作了一个基本正确的规定”(见本版全集第 19 卷第 348 页)。

代表大会通过的《仲裁法庭和裁军》这一反战问题的决议重申了 1907 年斯图加特代表大会的《军国主义与国际冲突》决议，要求各国社会党人利用战争引起的经济危机和政治危机来推翻资产阶级。决议还责成各国社会党及其议员在议会中提出下列要求：必须把各国间的一切冲突提交国际仲裁法庭解决；普遍裁军；取消秘密外交；主张各民族都有自决权并保护它们不受战争侵略和暴力镇压。决议号召各国工人反对战争的威胁。

为了团结各国革命马克思主义者，列宁在大会期间倡议召开了出席代表大会的各国左派社会民主党人的会议，与会者有法国的茹·盖得和沙·拉波波特，比利时的路·德·布鲁凯尔，德国的罗·卢森堡和埃·武尔姆，波兰的尤·马尔赫列夫斯基(卡尔斯基)，西班牙的巴·伊格莱西亚斯，奥地利的阿·布劳恩，俄国的普列汉诺夫等人。

代表大会期间，还举行了俄国社会民主工党代表——布尔什维克、孟什维克护党派和社会民主党杜马党团代表——的会议。参加会议的有列宁、普列汉诺夫和尼·古·波列塔耶夫等。在会议上达成了关于出版合法的和秘密的机关报以及孟什维克护党派为两者撰稿的协议。

鉴于德国社会民主党中央机关报《前进报》在大会期间刊出了列·达·托洛茨基诽谤俄国社会民主工党的匿名文章，普列汉诺夫和波兰社会民主党代表阿·瓦尔斯基(阿·绍·瓦尔沙夫斯基)以俄国社会民主工党中央机关报《社会民主党人报》代表名义，列宁以中央委员会代表和社会党国际局委员名义，联名向德国社会民主党执行委员会提出了抗议。——45。

42 《真理报》(«Правда»)是托洛茨基派的派别报纸，1908—1912 年出版，头 3 号在利沃夫出版，以后在维也纳出版，共出了 25 号。除前两号作为斯皮尔卡(乌克兰社会民主联盟)的机关报出版外，该报不代表俄国的任何党组织，按照列宁的说法，它是一家“私人企业”。该报编辑是列·达·托洛茨基。

该报以“非派别性”的幌子作掩护，从最初几号起就反对布尔什维主义，维护取消主义和召回主义，宣扬革命者同机会主义者共处于一党之中的中派理论。1910 年中央一月全会后，该报持取消派立场，支持“前进”集团。中央一月全会决定派遣列·波·加米涅夫为中央代表参加该报编辑部。由于该报根本不理会全会决议，双方不断发生摩擦和冲突，加米涅夫被迫于 1910 年 8 月退出。1912 年，托洛茨基及其报纸成了八月联盟的发起人和主要组织者。——45。

43 青年派是德国社会民主党内一个小资产阶级的半无政府主义反对派，产生于 1890 年。核心成员是一些大学生和年轻的著作家，主要领导人有麦克斯·席佩耳、布鲁诺·维勒、保尔·康普夫迈耶尔、保尔·恩斯特等。青年派奉行“左”倾机会主义，否定议会斗争和改良性的立法活动，反对党的集中制领导，反对党同其他阶级和政党在一定条件下结成联盟。恩格斯同青年派进行了斗争。当青年派机关报《萨克森工人报》企图宣布恩格斯和反对派意见一致的时候，恩格斯给了他们有力回击，指出他们的理论观点是“被歪曲得面目全非的‘马克思主义’”（见《马克思恩格斯文集》第 4 卷第 396 页）。1891 年 10 月，德国社会民主党爱尔福特代表大会把青年派的一部分领导人开除出党，从此结束了青年派在党内的活动。——69。

44 地方官是沙皇俄国农村中管理行政和司法的公职人员，其职权是监督农民社会管理机关的活动和农民案件的初审。按照 1889 年 7 月 12 日的法令，地方官由省长从拥有不动产的世袭贵族中任命，并由内务大臣批准。实行地方官制度是亚历山大三世政府的措施之一，目的在于加强领地贵族在废除农奴制后的农村中的作用。——74。

45 第二届国家杜马（第二届杜马）于 1907 年 2 月 20 日（3 月 5 日）召开，共有代表 518 人。主席是立宪民主党人费·亚·戈洛文。尽管当时俄国革命处于低潮时期，而且杜马选举是间接的、不平等的，但由于各政党间的界限比第一届杜马时期更为明显，群众的阶级觉悟较前提高，以及布尔什维克参加了选举，所以第二届杜马中左派力量有所加强。按政治集团来分，第二届杜马的组成是：右派即君主派和十月党 54 名，立宪民主党和靠近它的党派 99 名，各民族代表 76 名，无党派人士 50 名，哥萨克集团 17 名，人民社会党 16 名，社会革命党 37 名，劳动派 104 名，社会民主党 65 名。

同第一届杜马一样，第二届杜马的中心议题是土地问题。右派和十月党人捍卫 1906 年 11 月 9 日斯托雷平关于土地改革的法令。立宪民主党人大大删削了自己的土地法案，把强制转让土地的成分降到最低限度。劳动派在土地问题上仍然采取在第一届杜马中采取的立场。孟什维克占多数的社会民主党党团提出了土地地方公有化法案，布尔什维克则捍卫全部土地国有化纲领。除土地问题外，第二届杜马还讨论了预算、对饥民和失业工人的救济、大赦等问题。在第二届杜马中，布尔什维克执行与劳动派建立“左派联盟”的策略，孟什维克则执行支持立宪民主党人的机会主义策略。

1907 年 6 月 3 日(16 日)沙皇政府发动政变，解散了第二届杜马；同时颁布了保证地主和大资产阶级能在国家杜马中占绝对多数的新选举法。这一政变标志着俄国历史上斯托雷平反动时期的开始。——77。

46 指彼得堡工人阶级解放斗争协会。

彼得堡工人阶级解放斗争协会是列宁于 1895 年 11 月创立的，由彼得堡的约 20 个马克思主义工人小组联合而成，1895 年 12 月定名为“工人阶级解放斗争协会”。协会是俄国无产阶级革命政党的萌芽，实行集中制，有严格的纪律。它的领导机构是中心小组，成员有 10 多人，其中 5 人(列宁、格·马·克尔日扎诺夫斯基、瓦·瓦·斯塔尔科夫、阿·亚·瓦涅耶夫和尔·马尔托夫)组成领导核心。协会分设 3 个区小组。中心小组和区小组通过组织员同 70 多个工厂保持联系。各工厂有收集情况和传播书刊的组织员，大的工厂则建立工人小组。协会在俄国第一次实现了社会主义和工人运动的结合，完成了从小组内的马克思主义宣传到群众性政治鼓动的转变。协会领导了 1895 年和 1896 年彼得堡工人的罢工，印发了供工人阅读的传单和小册子，并曾筹备出版工人政治报纸《工人事业报》。协会对俄国社会民主主义运动的发展产生了巨大影响，有好几个城市的社会民主党组织以它为榜样，把马克思主义小组统一成为全市性的“工人阶级解放斗争协会”。

协会一成立就遭到沙皇政府的迫害。1895 年 12 月 8 日(20 日)夜间，沙皇政府逮捕了包括列宁在内的协会领导人和工作人员共 57 人。但是，协会并没有因此而停止活动，它组成了新的领导核心(米·亚·西尔文、斯·伊·拉德琴柯、雅·马·利亚霍夫斯基和马尔托夫)。列宁在狱中继续指导协会的工作。1896 年 1 月沙皇政府再次逮捕协会会员后，协会仍领导了 1896 年 5—6 月的彼得堡纺织工人大罢工。1896 年 8 月协会会员又有 30 人被捕。接二连三的打击使协会的领导成分发生了变化。从 1898 年下半年起，协会为经济派(由原来协会中的“青年派”演变而成)所掌握。协会的一些没有被捕的老会员继承协会的传统，参加了 1898 年俄国社会民主工党第一次代表大会的筹备工作。——80。

47 《火星报》(«Искра»)是第一个全俄马克思主义的秘密报纸，由列宁创办。创刊号于 1900 年 12 月在莱比锡出版，以后各号的出版地点是慕尼黑、伦敦(1902 年 7 月起)和日内瓦(1903 年春起)。参加《火星报》编辑部的有：列宁、格·瓦·普列汉诺夫、尔·马尔托夫、亚·尼·波特列索夫、帕·波·阿克雪里罗得和维·伊·查苏利奇。编辑部的秘书起初是因·格·斯米多维奇，1901 年 4 月起由娜·康·克鲁普斯卡娅担任。列宁实际上是《火星报》的主编和领导者。他在《火星报》上发表了许多文章，阐述有关党的建设和俄国无产阶级的阶级斗争的基本问题，并评论国际生活中的重大事件。

《火星报》在国外出版后，秘密运往俄国翻印和传播。《火星报》成了团结党的力量、聚集和培养党的干部的中心。在俄国许多城市成立了俄国社会民主工党列宁火星派的小组和委员会。1902 年 1 月在萨马拉举行了火星派代表大会，建立了《火星报》俄国组织常设局。

《火星报》在建立俄国马克思主义政党方面起了重大的作用。在列宁的倡议和亲自参加下，《火星报》编辑部制定了党纲草案，筹备了俄国社会民主工党第二次代表大会。这次代表大会宣布《火星报》为党的中央机关报。

根据俄国社会民主工党第二次代表大会的决议,《火星报》编辑部改由列宁、普列汉诺夫、马尔托夫三人组成。但是马尔托夫坚持保留原来的六人编辑部,拒绝参加新的编辑部,因此《火星报》第46—51号是由列宁和普列汉诺夫二人编辑的。

后来普列汉诺夫转到了孟什维主义的立场上,要求把原来的编辑都吸收进编辑部,列宁不同意这样做,于1903年10月19日(11月1日)退出了编辑部。《火星报》第52号是由普列汉诺夫一人编辑的。1903年11月13日(26日),普列汉诺夫把原来的编辑全部增补进编辑部以后,《火星报》由普列汉诺夫、马尔托夫、阿克雪里罗得、查苏利奇和波特列索夫编辑。因此,从第52号起,《火星报》变成了孟什维克的机关报。人们将第52号以前的《火星报》称为旧《火星报》,而把孟什维克的《火星报》称为新《火星报》。

1905年5月第100号以后,普列汉诺夫退出了编辑部。《火星报》于1905年10月停刊,最后一号是第112号。——80。

48 后来查明,伊·瓦·巴布什金等6位革命者是在从赤塔运出武器时,遭到亚·尼·美列尔-扎科梅尔斯基讨伐队的袭击而牺牲的。——81。

49 《我们的曙光》杂志(«Наша Заря»)是俄国孟什维克取消派的合法的社会政治刊物(月刊),1910年1月—1914年9月在彼得堡出版。领导人是亚·尼·波特列索夫,撰稿人有帕·波·阿克雪里罗得、费·伊·唐恩、尔·马尔托夫、亚·马尔丁诺夫等。围绕着《我们的曙光》杂志形成了俄国取消派中心。第一次世界大战一开始,该杂志就采取了社会沙文主义立场。——90。

50 指列·尼·托尔斯泰的童话《关于傻子伊万和他的两个哥哥军人谢明和大肚子塔拉斯、哑巴妹妹玛拉尼娅以及关于老魔鬼和三个小鬼的故事》。童话情节之一是蟑螂国国王派兵劫掠傻子伊万的国家。——92。

51 犹杜什卡是对犹大的蔑称,是俄国作家米·叶·萨尔蒂科夫-谢德林的长篇小说《戈洛夫廖夫老爷们》中的主要人物波尔菲里·弗拉基米罗维奇·戈洛夫廖夫的绰号。谢德林笔下的犹杜什卡是贪婪、无耻、伪善、阴险、残暴等各种丑恶品质的象征。列宁在这里用犹杜什卡这一文学形象来比喻列·达·托洛茨基。——96。

52 《前进报》(«Vorwärts»)是德国社会民主党的中央机关报(日报),1876年10月在莱比锡创刊,编辑是威·李卜克内西和威·哈森克莱维尔。1878年10月反社会党人非常法颁布后被查禁。1890年10月反社会党人非常法废除后,德国社会民主党哈雷代表大会决定把1884年在柏林创办的《柏林人民报》改名为《前进报》(全称是《前进。柏林人民报》),从1891年1月起作为中央机关报在柏林出版,由李卜克内西任主编。恩格斯曾为《前进报》撰稿,同机会主义的各种表现进行斗争。1895年恩格斯逝世以后,《前进报》逐渐转入党的右翼手中。它支持过俄国的经济派和孟什维克。第一次世界大战期间持社会沙文主义立场。俄国十月革命以后,进行反对苏维埃的宣传。1933年停刊。——96。

53 指1910年俄国社会民主工党中央一月全会任命的党校委员会,其任务是在国外筹建党校。该委员会由9人组成,其中布尔什维克2人,孟什维克2人,前进派2人,崩得、拉脱维亚社会民主党和波兰社会民主党代表各1人。——96。

54 社会革命党是俄国最大的小资产阶级政党。该党是1901年底—1902年初由南方社会革命党、社会革命党人联合会、老民意党人小组、社会主义土地同盟等民粹派团体联合而成的。成立时的领导人有马·安·纳坦松、叶·康·布列什柯-布列什柯夫斯卡娅、尼·谢·鲁萨诺夫、维·米·切尔诺夫、米·拉·郭茨、格·安·格尔舒尼等,正式机关报是《革命俄国报》(1901—1904年)和《俄国革命通报》杂志(1901—1905年)。社会革命党人的理论观点是民粹主义和修正主义思想的折中混合物。他们否认无产阶级和农民之间的阶级差别,抹杀农民内部的矛盾,否认无产阶级在资产阶级民主革命中的领导作用。在土地问题上,社会革命党人主张消灭土地私有制,按照平均使用原则将土地交村社支配,发展各种合作社。在策略方面,社会革命党人采用了社会民主党人进行群众性鼓动的方法,但主要斗争方法还是搞个人恐怖。为了进行恐怖活动，该党建立了事实上脱离该党中央的秘密战斗组织。

在1905—1907年俄国第一次革命中，社会革命党曾在农村开展焚烧地主庄园、夺取地主财产的所谓“土地恐怖”运动，并同其他政党一起参加武装起义和游击战，但也曾同资产阶级的解放社签订协议。在国家杜马中，该党动摇于社会民主党和立宪民主党之间。该党内部的不统一造成了1906年的分裂，其右翼和极左翼分别组成了人民社会党和最高纲领派社会革命党人联合会。在斯托雷平反动时期，社会革命党经历了思想上、组织上的严重危机。在第一次世界大战期间，社会革命党的大多数领导人采取了社会沙文主义的立场。1917年二月革命后，社会革命党中央实行妥协主义和阶级调和的政策，党的领导人亚·费·克伦斯基、尼·德·阿夫克森齐耶夫、切尔诺夫等参加了资产阶级临时政府。七月事变时期该党公开转向资产阶级方面。社会革命党中央的妥协政策造成党的分裂，左翼于1917年12月组成了一个独立政党——左派社会革命党。十月革命后，社会革命党人（右派和中派）公开进行反苏维埃的活动，在国内战争时期进行反对苏维埃政权的武装斗争，对共产党和苏维埃政权的领导人实行个人恐怖。内战结束后，他们在“没有共产党人参加的苏维埃”的口号下组织了一系列叛乱。1922年，社会革命党彻底瓦解。——97。

55　《人道报》（«L'Humanité»）是法国日报，由让·饶勒斯于1904年创办。该报起初是法国社会党的机关报，在第一次世界大战期间为法国社会党极右翼所掌握，采取了社会沙文主义立场。1918年该报由马·加香领导后，反对法国政府武装干涉苏维埃俄国的帝国主义政策。在法国社会党分裂和法国共产党成立后，从1920年12月起，该报成为法国共产党中央机关报。——97。

56　民意党是俄国土地和自由社分裂后产生的革命民粹派组织，于1879年8月建立。主要领导人是安·伊·热里雅鲍夫、亚·德·米哈伊洛夫、米·费·弗罗连柯、尼·亚·莫罗佐夫、维·尼·菲格涅尔、亚·亚·克维亚特科夫斯基、索·李·佩罗夫斯卡娅等。该党主张推翻专制制度，在其纲领中提出了广泛的民主改革的要求，如召开立宪会议，实现普选权，设置常设人民代表机关，实行言论、信仰、出版、集会等自由和广泛的村社自治，给人民以土地，给被压迫民族以自决权，用人民武装代替常备军等。但是民意党人把民主革命的任务和社会主义革命的任务混为一谈，认为在俄国可以超越资本主义，经过农民革命走向社会主义，并且认为俄国主要革命力量不是工人阶级而是农民。民意党人从积极的“英雄”和消极的“群氓”的错误理论出发，采取个人恐怖方式，把暗杀沙皇政府的个别代表人物作为推翻沙皇专制制度的主要手段。他们在1881年3月1日（13日）刺杀了沙皇亚历山大二世。由于理论上、策略上和斗争方法上的错误，在沙皇政府的严重摧残下，民意党在1881年以后就瓦解了。——97。

57 《民意导报》杂志（«Вестник Народной Воли»）是流亡国外的俄国民意党执行委员会委员们于1883—1886年在日内瓦出版的刊物，共出了5期。该刊编辑部设在巴黎，参加者有列·亚·吉霍米罗夫、玛·尼·奥沙尼娜和彼·拉·拉甫罗夫。该杂志阐述有关俄国的社会政治生活以及西欧的社会主义运动的问题，刊登过格·瓦·普列汉诺夫的文章。——97。

58 《交易所新闻》（«Биржевые Ведомости»）即《交易所小报》（«Биржевка»），是俄国资产阶级温和自由派报纸，1880年在彼得堡创刊。起初每周出两次，后来出四次，从1885年起改为日报，1902年11月起每天出两次。这个报纸的特点是看风使舵，趋炎附势，没有原则。1905年该报成为立宪民主党人的报纸，曾改用《自由人民报》和《人民自由报》的名称。从1906年起，它表面上是无党派的报纸，实际上继续代表资产阶级利益。1917年二月革命后，攻击布尔什维克党和列宁。1917年10月底因进行反苏维埃宣传被查封。——97。

59 指在俄国社会民主工党第五次（伦敦）代表大会（1907年4月30日—5月19日（5月13日—6月1日））上选出的中央委员会中的布尔什维克委员和候补委员。代表大会选出中央委员共12人，其中布尔什维克5人：约·彼·戈尔登贝格、尼·亚·罗日柯夫、约·费·杜勃洛文斯基、伊·阿·泰奥多罗维奇、维·巴·诺根；候补中央委员共24人，其中布尔什维克10人：列宁、亚·亚·波格丹诺夫、格·叶·季诺维也夫、列·波·克拉辛、伊·阿·萨美尔、阿·伊·李可夫、维·列·尚采尔、加·达·莱特伊仁、维·康·塔拉图塔、瓦季姆。——105。

60 《生活事业》杂志(«Дело Жизни»)是孟什维克取消派的合法机关刊物，1911年1—10月在彼得堡出版，共出了9期。——106。

61 《马克思主义和〈我们的曙光〉杂志》一文是应斯·格·邵武勉的请求而写的，发表于俄国社会民主工党巴库联合组织的合法机关刊物《现代生活》杂志第3期。——108。

62 《明星报》(«Звезда»)是俄国布尔什维克的合法报纸，1910年12月16日(29日)—1912年4月22日(5月5日)在彼得堡出版，起初每周出版一次，从1912年1月21日(2月3日)起每周出版两次，从1912年3月8日(21日)起每周出版三次，共出了69号。《明星报》的续刊是《涅瓦明星报》，它是因《明星报》屡被没收(69号中有30号被没收)而筹备出版的，于1912年2月26日(3月10日)即《明星报》尚未被查封时在彼得堡创刊，最后一号即第27号于1912年10月5日(18日)出版。根据在哥本哈根国际社会党代表大会期间召开的有布尔什维克、孟什维克护党派和社会民主党杜马党团的代表参加的会议上的协议(参看注41)，《明星报》编辑部起初由弗·德·邦契-布鲁耶维奇(代表布尔什维克)、尼·伊·约尔丹斯基(代表孟什维克护党派)和伊·彼·波克罗夫斯基(代表第三届国家杜马社会民主党党团)组成。尼·古·波列塔耶夫在组织报纸的出版工作方面起了很大作用。在这一时期，《明星报》是作为社会民主党杜马党团的机关报出版的，曾受孟什维克的影响。1911年6月11日(24日)，该报出到第25号暂时停刊。1911年10月复刊后，编辑部经过改组，已没有孟什维克护党派参加。该报就成为纯粹布尔什维克的报纸了。

列宁对《明星报》进行思想上的领导，他在《明星报》和《涅瓦明星报》上发表了约50篇文章。积极参加该报编辑和组织工作或为该报撰稿的还有尼·尼·巴图林、康·斯·叶列梅耶夫、米·斯·奥里明斯基、安·伊·叶利扎罗娃-乌里扬诺娃、瓦·瓦·沃罗夫斯基、列·米·

米哈伊洛夫、弗·伊·涅夫斯基、杰米扬·别德内依、马·高尔基等。《明星报》刊登过格·瓦·普列汉诺夫的多篇文章。

在列宁的领导下,《明星报》成了战斗的马克思主义的报纸。该报与工厂工人建立了经常的密切联系,在俄国工人阶级和劳动人民中享有很高的威信。1912 年春,由于工人运动的高涨,《明星报》的作用大大增强了。

以无产阶级先进阶层为读者对象的《明星报》,还为创办布尔什维克的群众性的合法报纸《真理报》作了准备。它宣传创办布尔什维克的群众性日报的主张并从 1912 年 1 月开始为筹办这种报纸开展募捐,得到了工人群众的热烈支持。——108。

63 赫罗斯特拉特是公元前 4 世纪希腊人。据传说,他为了扬名于世,在公元前 356 年纵火焚毁了被称为世界七大奇观之一的以弗所城阿尔蒂米斯神殿。后来,赫罗斯特拉特的名字成了不择手段追求名声的人的通称。——108。

64 爱·伯恩施坦的这一修正主义公式,最早是在他 1898 年 1 月发表的《崩溃论和殖民政策》一文中明确地提出来的。——111。

65 这是叶·德·库斯柯娃在 1899 年所写《信条》中提出的论点。列宁在《俄国社会民主党人抗议书》(见本版全集第 4 卷)中尖锐地批判了这一经济派的纲领性文件。——111。

66 所谓布伦坦诺式的阶级的政党即实行布伦坦诺主义的改良主义政党。布伦坦诺主义是 19 世纪 70 年代德国资产阶级经济学家、讲坛社会主义学派的主要代表人物之一路·布伦坦诺所倡导的改良主义学说,是资产阶级对马克思主义进行歪曲的一个变种。它宣扬资本主义社会里的"社会和平"以及不通过阶级斗争克服资本主义社会矛盾的可能性,认为可以通过组织工会和进行工厂立法来解决工人问题,调和工人和资本家的利益,实现社会平等。

在俄国传播类似布伦坦诺主义理论的是合法马克思主义的主要代表彼·伯·司徒卢威。司徒卢威企图利用马克思主义为资产阶级利益服务。他抽取马克思主义中一切可以为自由派资产阶级接受的东西，而抛弃马克思主义的活的灵魂——它的革命性。他同国外庸俗政治经济学的代表人物一样，说资本主义的目的是无微不至地满足人的一切要求，号召“向资本主义学习”，公开宣扬马尔萨斯主义。

司徒卢威的追随者之一亚·索·伊兹哥耶夫，也和司徒卢威一样，是地主资本家阶级的政论家。——112。

67 指1908年12月21—27日(1909年1月3—9日)举行的俄国社会民主工党第五次全国代表会议的决议(参看《苏联共产党代表大会、代表会议和中央全会决议汇编》1964年人民出版社版第1分册第246—260页)。——112。

68 列宁指的是涅·切列万宁的小册子《1907年俄国社会民主工党伦敦代表大会》。在这本小册子的最后一章中，作者从取消主义立场出发，批评了代表大会就工人代表大会和非党工人组织问题通过的决议。——112。

69 指卡·考茨基在其著作《卡尔·马克思的经济学说》和《劳动的立法保护和八小时工作制》中引用的各国限制工作日的资料。——114。

70 《解放》杂志(«Освобождение»)是俄国自由派资产阶级反对派的机关刊物(双周刊)，1902年6月18日(7月1日)—1905年10月5日(18日)先后在斯图加特和巴黎出版，共出了79期。编辑是彼·伯·司徒卢威。该杂志反映资产阶级的立宪和民主要求，在资产阶级知识分子和地方自治人士中影响很大。1903年至1904年1月，该杂志筹备成立了俄国资产阶级自由派的秘密组织解放社。解放派和立宪派地方自治人士一起构成了1905年10月成立的立宪民主党的核心。——116。

71 列宁指的是他的《立宪民主党的胜利和工人政党的任务》。这篇著作写于1906年3月，同年4月出了单行本(见本版全集第12卷)。——117。

72 指由沙皇政府大臣会议主席彼·阿·斯托雷平主持拟定、沙皇政府于

1906 年 11 月颁布的土地法令，包括 1906 年 11 月 9 日（22 日）《关于农民土地占有和土地使用现行法令的几项补充决定》（这个法令由国家杜马和国务会议通过后称为 1910 年 6 月 14 日法令）和 1906 年 11 月 15 日（28 日）《关于农民土地银行以份地作抵押发放贷款的法令》。根据这两个法令，农民可以退出村社，把自己的份地变成私产，也可以卖掉份地。村社必须为退社农民在一个地方划出建立独立田庄或独立农庄的土地。独立田庄主或独立农庄主可以从农民土地银行取得优惠贷款来购买土地。沙皇政府制定这些土地法令的目的是，在保留地主土地私有制和强制破坏村社的条件下，建立富农这一沙皇专制制度在农村的支柱。斯托雷平的土地政策通过最痛苦的普鲁士道路，在保留农奴主-地主的政权、财产和特权的条件下，加速了农业的资本主义演进，加剧了对农民基本群众的强行剥夺，加速了农村资产阶级的发展。

列宁称 1906 年斯托雷平土地法令是继 1861 年改革以后俄国从农奴主专制制度变为资产阶级君主制的第二步。尽管沙皇政府鼓励农民退出村社，但在欧俄部分，9 年中（1907—1915 年）总共只有 250 万农户退出村社。首先使用退出村社的权利的是农村资产阶级，因为这能使他们加强自己的经济。也有一部分贫苦农民退出了村社，其目的是为了出卖份地，彻底割断同农村的联系。穷苦的小农户仍旧像以前一样贫穷和落后。斯托雷平的土地政策并没有消除全体农民和地主之间的矛盾，只是导致了农民群众的进一步破产，加剧了富农和贫苦农民之间的阶级矛盾。——119。

73　指劳动派 1906 年 5 月 23 日（6 月 5 日）在俄国第一届国家杜马第 13 次会议上提出的有 104 位杜马代表签名的土地法案。法案提出的土地立法的目标是：建立一种全部土地及地下矿藏和水流属于全体人民、农业用地只给自食其力的耕种者使用的制度。法案要求建立全民地产，全部官地和皇室土地、皇族土地、寺院土地、教会土地都应归入全民地产，占有面积超过当地规定劳动土地份额的地主土地及其他私有土地也强制转归全民地产，对私有土地的转让给予某种补偿。法案规定，份地和小块私有土地暂时保留在其所有者手里，将来也逐步转为全民财产。土地改革由经过普遍、直接、平等和无记名投票选举产生的地方委员会实施。这个法案虽然不彻底,并带有空想性质,但却是争取把备受盘剥的农民中的一部分殷实户变成自由农场主的纲领。列宁指出,104 人法案"充满了小私有者的恐惧,害怕进行过分急剧的变革,害怕吸引太广泛太贫困的人民群众参加运动"(见本版全集第 14 卷第 285 页)。——120。

74 村社是俄国农民共同使用土地的形式,其特点是在实行强制性的统一轮作的前提下,将耕地分给农户使用,森林、牧场则共同使用,不得分割。村社内实行连环保制度。村社的土地定期重分,农民无权放弃和买卖土地。村社管理机构由选举产生。俄国村社从远古即已存在,在历史发展过程中逐渐成为俄国封建制度的基础。沙皇政府和地主利用村社对农民进行监视和掠夺,向农民榨取赎金和赋税,逼迫他们服徭役。

村社问题在俄国曾引起热烈争论,发表了大量有关的经济学文献。民粹派认为村社是俄国向社会主义发展的特殊道路的保证。他们企图证明俄国的村社农民是稳固的,村社能够保护农民,防止资本主义关系侵入他们的生活。早在 19 世纪 80 年代,格·瓦·普列汉诺夫就已指出民粹派的村社社会主义的幻想是站不住脚的。到了 90 年代,列宁粉碎了民粹派的理论,用大量的事实和统计材料说明资本主义关系在俄国农村是怎样发展的,资本是怎样侵入宗法制的村社、把农民分解为富农与贫苦农民两个对抗阶级的。

在 1905—1907 年革命中,村社曾被农民用做革命斗争的工具。地主和沙皇政府对村社的政策在这时发生了变化。1906 年 11 月 9 日,沙皇政府大臣会议主席彼·阿·斯托雷平颁布了摧毁村社、培植富农的土地法令,允许农民退出村社和出卖份地。这项法令颁布后的 9 年中,有 200 多万农户退出了村社。但是村社并未被彻底消灭,到 1916 年底,欧俄仍有三分之二的农户和五分之四的份地在村社里。村社在十月革命以后还存在很久,直到全盘集体化后才最终消失。——120。

75 指帕·波·阿克雪里罗得的《俄国社会民主党的统一及其任务》一文(载于 1903 年 12 月 5 日和 1904 年 1 月 15 日《火星报》第 55 号和第 57

号)。文中说:“既然合法马克思主义或半马克思主义给我国自由派提供了一个文坛上的领袖,为什么捉弄人的历史就不能从正统的革命的马克思主义学派中给革命的资产阶级民主派提供一个领袖呢?”这里说的自由派的文坛领袖是指彼·伯·司徒卢威,资产阶级民主派的领袖是暗指列宁。——121。

76 《俄国思想》杂志(«Русская Мысль»)是俄国科学、文学和政治刊物(月刊),1880—1918年在莫斯科出版。起初是同情民粹主义的温和自由派的刊物。90年代有时也刊登马克思主义者的文章。1905年革命后成为立宪民主党右翼的刊物,由彼·伯·司徒卢威和亚·亚·基泽韦捷尔编辑。十月革命后于1918年被查封。后由司徒卢威在国外复刊,成为白俄杂志,1921—1924年、1927年先后在索非亚、布拉格和巴黎出版。——125。

77 这些诗句引自俄国诗人尼·阿·涅克拉索夫的《抒情喜剧〈熊猎〉中的几场》(见《涅克拉索夫全集》1965年俄文版第2卷第207页),是剧中人物贵族米沙为自由派贵族辩护的话。——125。

78 这句话引自俄国作家伊·谢·屠格涅夫的长篇小说《父与子》,是书中主人公、平民知识分子代表人物巴扎罗夫对他的同学、喜欢讲所谓典雅语言的贵族子弟阿尔卡季·尼古拉耶维奇·基尔萨诺夫说的。——125。

79 分给我们的兔子一块熊耳朵意为给自我吹嘘者以奖赏,出典于俄国作家伊·安·克雷洛夫的寓言《兔子打猎》。寓言说,一群野兽正在分它们猎获的一只熊,没有参加猎熊的一只兔子却伸出前足来撕熊的耳朵,并且说是它把熊从树林里赶到空地上,野兽们才得以把熊逮住杀死的。野兽们感到兔子的话虽系吹牛,却十分有趣,于是分给它一块熊耳朵。——126。

80 马基雅弗利式的计划指按照尼·马基雅弗利的政治策略精神制定的一种计划。马基雅弗利是意大利政治思想家,1498—1512年在佛罗伦萨共和国历任要职。他反对意大利政治分裂，主张君主专制，认为君主为了达到政治目的可以采取任何手段，包括背信弃义、欺骗、暗杀等。——126

81 列宁指的是恩格斯的《反杜林论(欧根·杜林先生在科学中实行的变革)》(见《马克思恩格斯文集》第9卷)。——127。

82 列宁指的是格·瓦·普列汉诺夫的《论一元论历史观之发展》一书。该书是用恩·别尔托夫这一笔名于1895年出版的。——127。

83 指孟什维克的文集《20世纪初俄国的社会运动》。该文集由尔·马尔托夫、彼·巴·马斯洛夫和亚·尼·波特列索夫编辑，彼得堡公益出版社1909—1914年出版，原计划出5卷，实际上出了4卷。格·瓦·普列汉诺夫起初曾参加编辑部，后因不同意把波特列索夫的取消主义文章《革命前时期社会政治思想的演变》编入第1卷而于1908年秋退出。——132。

84 贵族联合会是农奴主-地主的组织，于1906年5月在各省贵族协会第一次代表大会上成立，存在到1917年10月。成立该组织的主要目的是维护君主专制制度，维护大地主土地占有制和贵族特权。贵族联合会的领导人是阿·亚·鲍勃凌斯基伯爵、H.Φ.卡萨特金-罗斯托夫斯基公爵、Д.A.奥尔苏菲耶夫伯爵、弗·米·普利什凯维奇等人。列宁称贵族联合会为“农奴主联合会”。贵族联合会的许多成员参加了国务会议和黑帮组织的领导中心。——139。

85 “科卢帕耶夫的”资本主义是列宁创造的一个术语；科卢帕耶夫是俄国作家米·叶·萨尔蒂科夫-谢德林的特写集《蒙列波避难所》(1878—1879)中的人物，农奴制废除后的新兴资产者的典型。列宁在《社会民主党在1905—1907年俄国第一次革命中的土地纲领》这篇著作中对“科卢帕耶夫的”资本主义作了评述(见本版全集第16卷第388—389页)。——140。

86 民族俱乐部(全俄民族俱乐部)于1910年2月成立，加入了俄国民族主义政党——全俄民族联盟。关于全俄民族联盟，见注 114。——141。

87 克里木战争是 1853—1856 年俄国同英国、法国、土耳其和撒丁王国之间为争夺近东统治权而进行的战争。这场战争以俄国战败、双方于 1856 年 3 月签订巴黎和约而结束。沙皇政府的失败使它在国际上和国内威信扫地，加速了俄国 1859—1861 年革命形势的成熟和俄国农奴制的崩溃。——142。

88 指 66 个莫斯科工商业资本家代表发表的声明（载于 1911 年 2 月 11 日（24 日）《俄罗斯新闻》第 33 号）。声明说："我们是必须同大学生罢课进行坚决斗争的坚定不移的拥护者，但我们认为，不能采用触及我们的高等学校存在本身的手段来进行这种斗争。"声明谴责政府采取的"安抚青年"的措施，强调指出对学潮参加者的处罚与他们的"实际罪过"不相当。——149。

89 《庶民报》（«Земщина»）是俄国黑帮报纸（日报），国家杜马极右派代表的机关报，1909 年 6 月—1917 年 2 月在彼得堡出版。——153。

90 这是乌克兰民歌中的一句歌词，意思是说：格利莎太年轻，缺乏社交经验，去参加晚会可能会被人诱入歧途。——156。

91 指波兰王国和立陶宛社会民主党。见注 38。——160。

92 2 月 19 日的法令即沙皇亚历山大二世于 1861 年 2 月 19 日（3 月 3 日）签署的《关于脱离农奴制依附关系的农民条例》，与法令同时签署的是废除农奴制的宣言。——163。

93 《欧洲通报》杂志（«Вестник Европы»）是俄国资产阶级自由派的历史、政治和文学刊物，1866 年 3 月—1918 年 3 月在彼得堡出版。1866—1867 年为季刊，后改为月刊。先后参加编辑出版工作的有米·马·斯塔秀列维奇、马·马·柯瓦列夫斯基等。——172。

94 列宁引用的是尼·加·车尔尼雪夫斯基的长篇小说《序幕》的主人公沃尔根的话（见该书第 1 部分《序幕的序幕》第 3 章）。——176。

95 指俄国社会民主工党中央委员会俄国局委员维·巴·诺根。——183。

96 《曙光》杂志(«Заря»)是俄国马克思主义的科学政治刊物,由《火星报》编辑部编辑,1901—1902年在斯图加特出版,共出了四期(第2、3期为合刊)。第5期已准备印刷,但没有出版。杂志宣传马克思主义,批判民粹主义和合法马克思主义、经济主义、伯恩施坦主义等机会主义思潮。——184。

97 这里说的是约·费·杜勃洛文斯基。他在同德·费·斯韦尔奇科夫的谈话中声明,没有一个布尔什维克中央委员在投票表决增补问题时,会同意一个取消派分子成为中央委员的(参看本卷第261页)。列宁写本文时,杜勃洛文斯基正在被流放中。——185。

98 指《思想》杂志。

《思想》杂志(«Мысль»)是俄国布尔什维克的合法的哲学和社会经济刊物(月刊),1910年12月—1911年4月在莫斯科出版,共出了5期。该杂志是根据列宁的倡议,为加强对取消派合法刊物的斗争和用马克思主义教育先进工人和知识分子而创办的。该杂志的正式编辑和出版者是П.К.皮罗日柯夫,实际编辑是列宁,他在国外领导这一杂志,经常与编辑部通信。积极参加杂志工作的有瓦·瓦·沃罗夫斯基、米·斯·奥里明斯基、伊·伊·斯克沃尔佐夫-斯捷潘诺夫等人,为杂志撰稿的还有孟什维克护党派格·瓦·普列汉诺夫、沙·拉波波特等人。《思想》杂志头四期刊载了6篇列宁的文章。《思想》杂志最后一期即第5期被没收,杂志也被查封。不久《启蒙》杂志在彼得堡出版,它实际上是《思想》杂志的续刊。——188。

99 健忘的伊万意为忘记自己身世者或六亲不认、数典忘祖的人。在革命前的俄国,潜逃的苦役犯和逃亡的农奴一旦落入警察之手,为了不暴露真实姓名和身份,常常自称"伊万"(俄国最常见的名字),并声称忘记了自己的身世。因此在警厅档案中,他们便被登记为"忘记身世者"。这些人就被统称为"健忘的伊万"。——190。

100　列宁指的是1909年12月28日—1910年1月6日(1910年1月10—19日)在彼得堡举行的全俄第一次禁酒代表大会和1909年4月1—6日(14—19日)在莫斯科举行的全俄工厂医生和工厂工业代表第一次代表大会。——190。

101　列宁引自孟什维克取消派分子费·伊·唐恩在俄国社会民主工党第五次全国代表会议(1908年)上就“关于目前形势和党的任务”问题所作的发言。——191。

102　你把本性赶出门外,它会从窗口飞进来!是法国作家让·拉封丹所写的寓言《变成女人的牝猫》的结束语,意思是事物的本性不能改变。寓言说,一个男人养了一只牝猫,经过日夜祈祷,牝猫终于变成了女人,做了他的妻子。可是一天夜里,老鼠来咬席子,新娘又像猫一样捉起老鼠来。——192。

103　第三种分子是对在地方自治机关里受雇担任农艺师、统计人员、技术员、医生、兽医、教师等职务的平民知识分子的一种称呼,以区别于政府与行政当局的人员(第一种分子)和选举产生的地方自治机关的代表(第二种分子)。“第三种分子”这个词是俄国萨马拉省副省长В.Г.康多伊迪于1900年首次使用的,在20世纪最初10年里流行于俄国。据统计,19世纪末俄国34个省共有65 000—70 000名地方自治机关职员。第三种分子的队伍中有不少资产阶级自由派人士和民粹派分子,也有社会民主党人。地方自治机关的文化经济活动,特别是医疗卫生和学校事业,靠着第三种分子而得到广泛发展。第三种分子作用的增强,遭到了沙皇行政机关和保守的贵族地方自治人士的反对。关于第三种分子,可参看本版全集第5卷《内政评论》一文。——193。

104　布勒宁式或缅施科夫式的巧妙手段是指俄国君主派黑帮报纸《新时报》撰稿人维·彼·布勒宁和米·奥·缅施科夫所特有的不诚实的论战方法。——195。

105　维特的改革是指1892—1906年谢·尤·维特担任沙皇俄国交通大臣、

财政大臣、大臣委员会主席和大臣会议主席期间在财政、关税政策、铁路建设、工人立法等方面实行的改革。维特还在土地政策方面提出一些意见，为后来彼·阿·斯托雷平所采用。

60年代的改革指19世纪60—70年代沙皇政府实行的改革，其中最主要的是：1860—1864年的财政改革；1863年的废除肉刑；1862—1864年的国民教育改革；1864年的地方自治改革和司法改革；1865年的出版和书报检查改革；1870年的城市改革；1874年的军事改革。——198。

106 即布朗基主义的拥护者。

布朗基主义是19世纪法国工人运动中的革命冒险主义的思潮，以路·奥·布朗基为代表。布朗基主义者不了解无产阶级的历史使命，忽视同群众的联系，主张用密谋手段推翻资产阶级政府，建立革命政权，实行少数人的专政。马克思和列宁高度评价布朗基主义者的革命精神，同时坚决批判他们的密谋策略。

巴黎公社失败以后，1872年秋天，在伦敦的布朗基派公社流亡者发表了题为《国际和革命》的小册子，宣布拥护《共产党宣言》这个科学共产主义的纲领。对此，恩格斯曾不止一次地予以肯定（参看《马克思恩格斯文集》第3卷第357—365页）。——201。

107 策略-过程是一种崇拜自发性的机会主义理论，它宣称策略是“党的任务随着党的发展而增长的过程”。列宁在《怎么办?》一书中批判了这种理论（见本版全集第6卷第44—47页）。——205。

108 爱尔福特纲领是指1891年10月举行的德国社会民主党爱尔福特代表大会通过的党纲。它取代了1875年的哥达纲领。爱尔福特纲领以马克思主义关于资本主义生产方式必然灭亡和被社会主义生产方式所代替的学说为基础，强调工人阶级必须进行政治斗争，指出了党作为这一斗争的领导者的作用。它从根本上说是一个马克思主义的纲领。但是，爱尔福特纲领也有严重缺点，其中最主要的是没有提到无产阶级专政是对社会实行社会主义改造的手段这一原理。纲领也没有提出推翻君主制、建立民主共和国、改造德国国家制度等要求。对此，恩格斯在

《1891年社会民主党纲领草案批判》(见《马克思恩格斯文集》第4卷)中提出了批评意见。代表大会通过的纲领是以《新时代》杂志编辑部的草案为基础的。——206。

109 指俄国社会民主工党第五次全国代表会议的决议。这些决议宣布要同取消主义进行斗争。——206。

110 人民社会党人是1906年从俄国社会革命党右翼分裂出来的小资产阶级政党人民社会党的成员。人民社会党的领导人有尼·费·安年斯基、韦·亚·米雅柯金、阿·瓦·彼舍霍诺夫、弗·格·博哥拉兹、谢·雅·叶尔帕季耶夫斯基、瓦·伊·谢美夫斯基等。人民社会党提出“全部国家政权应归人民”,即归从无产者到资产阶级知识分子的全体劳动者,主张对地主土地进行赎买和实行土地国有化,但不触动份地和经营“劳动经济”的私有土地。在俄国1905—1907年革命趋于低潮时,该党赞同立宪民主党的路线,六三政变后,因没有群众基础,实际上处于瓦解状态。第一次世界大战期间,持社会沙文主义立场。二月革命后,该党开始恢复组织。1917年6月,同劳动派合并为劳动人民社会党。这个党代表富农利益,积极支持资产阶级临时政府,十月革命后参加反革命阴谋活动和武装叛乱,1918年后不复存在。——207。

111 《俄国财富》杂志(«Русское Богатство»)是俄国科学、文学和政治刊物。1876年创办于莫斯科,同年年中迁至彼得堡。1879年以前为旬刊,以后为月刊。1879年起成为自由主义民粹派的刊物。1892年以后由尼·康·米海洛夫斯基和弗·加·柯罗连科领导,成为自由主义民粹派的中心,在其周围聚集了一批政论家,他们后来成为社会革命党、人民社会党和历届国家杜马中的劳动派的著名成员。在1893年以后的几年中,曾同马克思主义者展开理论上的争论。为该杂志撰稿的也有一些现实主义作家。1906年成为人民社会党的机关刊物。1914年至1917年3月以《俄国纪事》为刊名出版。1918年被查封。——211。

112 葡萄是酸的!一语出自俄国作家伊·安·克雷洛夫的寓言《狐狸和葡萄》。狐狸想吃葡萄够不着,就宽慰自己说:“这葡萄看上去挺好,其实都没熟,全是酸的!”——212。

113 1911年3月,沙皇俄国大臣会议主席彼·阿·斯托雷平提出的在西部各省实行地方自治的法案被国务会议所否决。斯托雷平为此提出辞职,但被尼古拉二世拒绝。斯托雷平遂将国家杜马和国务会议解散了3天(3月12日(25日)—14日(27日)),并在此期间援用《国家根本法》第87条(该条规定,在立法机关停止活动期间,如遇非常情况,政府可不经立法机关径行颁布法律)在西部各省实施关于地方自治的法令。1911年3月14日(27日),关于在西部各省推行地方自治机关条例的法令由尼古拉二世签署并在《政府法令汇编》上正式公布。为抗议政府回避立法机关而援用第87条,国家杜马主席亚·伊·古契柯夫提出辞职。右派十月党人米·弗·罗将柯被选为新任杜马主席。——213。

114 民族党人是指全俄民族联盟的成员。全俄民族联盟是俄国地主、官僚的反革命君主主义政党。该党前身是1908年初从第三届国家杜马右派总联盟中分离出来的一个独立派别,共20人,主要由西南各省的杜马代表组成。1909年10月25日,该派同当年4月19日组成的温和右派党的党团合并成为“俄国民族党人”共同党团(100人左右)。1910年1月31日组成为统一的党——全俄民族联盟,党和党团主席是彼·尼·巴拉绍夫,领导人有帕·尼·克鲁平斯基、弗·阿·鲍勃凌斯基、米·奥·缅施科夫和瓦·维·舒利金。该党以维护贵族特权和地主所有制、向群众灌输好战的民族主义思想为自己的主要任务。该党的纲领可以归结为极端沙文主义、反犹太主义和要求各民族边疆区俄罗斯化。1915年初,“进步”民族党人从全俄民族联盟分离出来,后来参加了“进步同盟”。1917年二月资产阶级民主革命后,该党即不复存在。——214。

115 指第一国际。

第一国际即国际工人协会,是无产阶级第一个国际性的革命联合组织,1864年9月28日在伦敦成立。马克思参与了国际工人协会的创建,是它的实际领袖,恩格斯参加了它后期的领导工作。在马克思和恩格斯的指导下,国际工人协会领导各国工人的经济斗争和政治斗争,积极支持被压迫民族的解放运动，坚决揭露和批判蒲鲁东主义、巴枯宁主义、拉萨尔主义、工联主义等错误思潮，促进了各国工人的国际团结。国际工人协会在1872年海牙代表大会以后实际上已停止活动，1876年7月15日正式宣布解散。国际工人协会的历史意义在于它“奠定了工人国际组织的基础，使工人作好向资本进行革命进攻的准备”（见本版全集第36卷第290页）。——221。

116　英国社会民主党是社会民主联盟后来的称呼。社会民主联盟是英国的社会主义组织，于1884年8月在民主联盟的基础上成立。参加联盟的除改良主义者（亨·迈·海德门等）和无政府主义者外，还有一批革命的社会民主党人即马克思主义的拥护者（哈·奎尔奇、汤·曼、爱·艾威林、爱琳娜·马克思等），他们构成了英国社会主义运动的左翼。恩格斯曾尖锐地批评社会民主联盟有教条主义和宗派主义倾向，脱离英国群众性的工人运动并且忽视这一运动的特点。1884年秋联盟发生分裂，联盟的左翼在1884年12月成立了独立的组织——社会主义同盟。1907年，社会民主联盟改称英国社会民主党。1911年，该党与独立工党中的左派一起组成了英国社会党。1920年，社会党的大部分党员参加了创立英国共产党的工作。

英国独立工党是英国改良主义政党，1893年1月成立。领导人有基·哈第、拉·麦克唐纳、菲·斯诺登等。党员主要是一些新、旧工联的成员以及受费边派影响的知识分子和小资产阶级分子。独立工党从建党时起就采取资产阶级改良主义立场，把主要注意力放在议会斗争和同自由主义政党进行议会交易上。列宁称它是始终依附资产阶级的机会主义政党。1900年，该党作为集体党员加入英国工党。——230。

117　《正义报》（«Justice»）是英国一家周报，1884年1月至1925年初在伦敦出版。最初是英国社会民主联盟的机关报，从1911年起成为英国社会党的机关报。第一次世界大战期间，该报采取社会爱国主义立场，由亨·迈·海德门编辑。1925年2月改名为《社会民主党人报》继续出版，1933年12月停刊。——231。

118　一勺焦油来源于俄国俗话“一勺焦油坏了一桶蜜”，意思相当于中国俗话“一粒老鼠屎坏了一锅饭”。——231。

119 关于这个问题,可参看《马克思恩格斯全集》第1版第38卷第106页,第39卷第54—55、236—237页;《马克思恩格斯文集》第10卷第672—675页。——232。

120 《工人领袖》(«The Labour Leader»)是英国的一家月刊,1887年起出版,最初刊名是《矿工》(«Miner»),1889年起改用《工人领袖》这一名称,是苏格兰工党的机关刊物;1893年起是独立工党的机关刊物;1894年起改为周刊;在1904年以前,该刊的编辑是詹·基尔·哈第。1922年该刊改称《新领袖》;1946年又改称《社会主义领袖》。——233。

121 《每日邮报》(«Daily Mail»)是英国报纸(日报),1896年起在伦敦出版,反映英国资产阶级极右翼的观点。——233。

122 《合法派同反取消派的对话》一文是针对尼·亚·罗日柯夫寄给《社会民主党人报》编辑部的《必要的创举》一文而写的。罗日柯夫在文章中阐述了他自己的关于在斯托雷平制度下建立合法工人政党的取消主义方案。列宁曾于1911年2月23日(3月8日)在别人给罗日柯夫的信里附笔,表示希望他放弃自己的观点(参看《列宁文稿》人民出版社版第12卷第592页),可是罗日柯夫坚持发表自己的文章,因此列宁便在《社会民主党人报》附刊《争论专页》第3号上发表了自己的这篇对话体文章。——236。

123 指奥·俾斯麦推行“铁血政策”,通过一系列战争实现德国的统一。——244。

124 弗·维·阿多拉茨基的文章是为《思想》杂志写的,但没有在该刊登载出来。文章所评论的帕·伊·诺夫哥罗德采夫的《现代法律意识的危机》一书是1909年出版的。诺夫哥罗德采夫是立宪民主党人,唯心主义哲学家和法学家,1896—1913年在莫斯科大学讲授法哲学史。——246。

125　Iucus a non Iucendo 是一句拉丁语，大意是：（树林被称为）光明的，是因为它里面黑暗（在拉丁语中“树林”和“光明”谐音）。这句话常被用来讽刺某种事物名不副实。——250。

126　*伊万·伊万诺维奇和伊万·尼基佛罗维奇*（伊万·伊万内奇和伊万·尼基佛雷奇）是俄国作家尼·瓦·果戈理的小说《伊万·伊万诺维奇和伊万·尼基佛罗维奇吵架的故事》中的主人公。这两个地主本是莫逆之交，竟为一支猎枪的争端而反目。伊万·尼基佛罗维奇骂伊万·伊万诺维奇是“一只真正的公鹅”（“公鹅”在俄语中喻狂妄自大的蠢人）。伊万·伊万诺维奇则捣毁了伊万·尼基佛罗维奇的鹅舍。为此，两人打了十几年的官司。在一次市长举行的宴会上，朋友们按照当地通行的调解习惯，设法将他们俩推到一起，使他们握手言和。但是这一努力没有成功。——251。

127　这是有关俄国社会民主工党中央委员会议的一组文献。

俄国社会民主工党中央委员会议（俄国社会民主工党国外中央委员会议）于1911年5月28日—6月4日（6月10—17日）在巴黎举行。这次会议是在列宁领导下而撇开中央委员会国外局筹备和召开的，因为该局的取消派多数一直在阻挠中央全会的召开。会议的筹备工作于1911年4月开始。1911年5月上半月，布尔什维克根据1910年中央一月全会通过的中央委员会章程，由自己在中央国外局的代表尼·亚·谢马什柯再次向中央委员会国外局提出必须在国外召开中央全会，结果再次遭到拒绝。1911年5月14日（27日）谢马什柯退出了中央委员会国外局。同一天，以布尔什维克和波兰社会民主党方面的中央委员和候补中央委员的名义，向国外的中央委员发出了参加会议的邀请书。

会议于1911年5月28日（6月10日）开幕。有权参加会议的9个人除崩得分子约诺夫外，都出席了会议，他们是布尔什维克列宁、格·叶·季诺维也夫、阿·伊·李可夫，波兰社会民主党代表扬·梯什卡、费·埃·捷尔任斯基，拉脱维亚社会民主党代表马·奥佐林，呼声派分子波·伊·哥列夫，崩得分子米·伊·李伯尔。

鉴于当时党内的状况，列宁在第 1 次会议上建议应承认这次中央委员会议不仅有权对某些问题提出意见，而且有权通过党必须执行的决议。呼声派分子哥列夫和崩得分子李伯尔则企图证明会议无权就召开中央全会和筹备全党代表会议采取任何实际措施。当会议通过关于确定会议性质的决定(会议根据这个决定把关于恢复中央的问题列入了议程)以后，哥列夫退出了会议，并指责会议的参加者“侵权”。

会议讨论了召开中央全会的问题。当讨论到有权参加全会的人选问题时，列宁声明说，孟什维克约·安·伊苏夫(米哈伊尔)、康·米·叶尔莫拉耶夫(罗曼)和彼·阿·勃朗施坦(尤里)是斯托雷平“工”党的组织者，无权参加全会。崩得分子李伯尔则为他们辩护，并退出了会议，以示对列宁声明的抗议。

会议通过了近期在国外召开中央全会的决议并为此成立了一个委员会。

会议拟出了制定党在第四届国家杜马选举运动中的策略和拟定选举纲领草案的措施。

会议议程上的主要问题是召开党的代表会议。会议就这个问题通过的决议指出，第四届杜马选举的临近，工人运动的活跃以及党内的状况，使召开党代表会议刻不容缓。鉴于不可能立即召开中央全会，会议主动承担了发起召开代表会议的责任，并成立了筹备代表会议的组织委员会。会议通过了列宁提出的关于成立俄国委员会以开展筹备代表会议的实际工作的建议(见本卷第 274 页)。会议的决议规定邀请在国外的党组织一道参加组织委员会的工作。在表决时，列宁对这项决议总的表示同意，同时声明反对邀请呼声派和前进派的代表参加组织委员会(见本卷第 275 页)。

会议谴责中央委员会国外局的派别政策，并决定把中央委员会国外局的存在问题提交中央全会解决。列宁在表决决议案的最后一部分时弃权，因为他坚持立即改组中央委员会国外局。会议成立了执行技术职能(为党的出版工作服务、组织运输等)的技术委员会，归参加会议的中央委员和候补中央委员领导。

为了筹备全党代表会议，列宁把富有经验的党的工作者——布尔什维克格·康·奥尔忠尼启则(谢尔戈)、波·阿·布列斯拉夫(扎哈尔)和伊·伊·施瓦尔茨(谢苗)派回国内。到1911年9月,赞同会议决议的已有基辅、叶卡捷琳诺斯拉夫、巴库和罗斯托夫委员会,俄国社会民主工党梯弗利斯选出的领导小组,俄国社会民主工党彼得堡组织市区小组代表大会以及乌拉尔许多城市的社会民主党组织等。1911年9月,组成了有许多社会民主党组织的代表参加的俄国组织委员会。该委员会筹备了1912年1月召开的俄国社会民主工党第六次(布拉格)全国代表会议。——254。

128 这里说的临时局是指俄国社会民主工党中央委员会临时俄国局。——254。

129 指约·费·杜勃洛文斯基(英诺)和维·巴·诺根(马卡尔)整顿中央委员会俄国局工作的尝试。这种尝试以在俄国工作的全体布尔什维克中央委员和候补中央委员被捕而告终。

关于奥尔金(孟什维克护党派瓦·巴·佛敏)的揭露,见本卷第161页。——255。

130 1910年俄国社会民主工党中央一月全会通过的中央委员会章程中说:"全体会议(15个中央委员组成的)由下列人员参加:(1)在俄国活动的委员会委员;(2)中央委员会国外局委员,但不是中央委员的国外局委员除外;(3)如果这两者加起来还不足15人时,则按下列次序吸收其他候补委员参加全会的工作:(a)伦敦代表大会选出的并在俄国从事党的某种工作的候补委员;(b)住在国外并从事中央委员会所委托的工作的中央委员和候补中央委员。"(参看《苏联共产党代表大会、代表会议和中央全会决议汇编》1964年人民出版社版第1分册第304页)——258。

131 这个文件是按费·埃·捷尔任斯基的手抄本刊印的。列宁的报告手稿已经失落。在中央委员六月会议的记录中并未指明报告是列宁在会上作的。看来,报告是在会前提交与会者的。——264。

132 《争论专页》(«Дискуссионный Листок»)是俄国社会民主工党中央机关报《社会民主党人报》的附刊,根据俄国社会民主工党中央委员会 1910 年一月全会的决议创办,1910 年 3 月 6 日(19 日)—1911 年 4 月 29 日(5 月 12 日)在巴黎出版,共出了 3 号。编辑部成员包括布尔什维克、孟什维克、最后通牒派、崩得分子、普列汉诺夫派、波兰社会民主党和拉脱维亚边疆区社会民主党的代表。《争论专页》刊登过列宁的《政论家札记》、《俄国党内斗争的历史意义》、《合法派同反取消派的对话》等文章。——266。

133 列宁是就下述情况发言的:孟什维克呼声派分子波·伊·哥列夫(戈尔德曼)在会上反对各民族组织代表(崩得代表米·伊·李伯尔、拉脱维亚边疆区社会民主党代表马·奥佐林)在没有相应中央委员会的全权证书的情况下出席会议。李伯尔声明说,各民族组织的代表还没有来得及和自己的中央取得联系,并说,他虽然出席会议,但不代表崩得。——269。

134 列宁指的是波·伊·哥列夫(戈尔德曼)和米·伊·李伯尔的发言,他们断言,在俄国国内有俄国局的委员,在国外召开中央全会以前,必须与这些委员取得联系。——269。

135 崩得分子约诺夫(费·马·科伊根)在声明中说,没有崩得中央的全权证书,他不能出席会议,只要一有机会,他就把他接到的出席会议的邀请书转寄给崩得中央委员会。——270。

136 列宁指的是米·伊·李伯尔(伯尔)的发言。他在发言中声称:没有必要通过紧急召开中央委员会议的办法来解决关于中央全会的问题,而应通过中央委员会国外局来寻求"合法的出路"。——270。

137 这个发言是由米·伊·李伯尔的声明引起的,他说,中央委员会国外局多数赞成召开全会并准备就这个问题通过正式决议。——272。

138 指中央委员会国外局取消派多数建议在国内召开中央全会。——272。

139 这个发言和下一个发言都与讨论有权参加中央全会的人选问题有关。——273。

140 组织委员会(国外组织委员会)是为筹备召开全党代表会议于1911年6月1日(14日)在中央委员六月会议上成立的,由布尔什维克、调和派和波兰社会民主党人的代表组成。被邀参加委员会的其他国外组织和团体没有派出自己的代表。组织委员会派格·康·奥尔忠尼启则为全权代表回国进行筹备全党代表会议的工作,并印发《告社会民主党各组织、团体和小组书》,号召它们着手选举俄国组织委员会。然而,国外组织委员会从成立时起就由调和派分子以及支持他们的波兰社会民主党代表占了多数,这一调和派多数执行了同拒绝派代表参加国外组织委员会的前进派和列·达·托洛茨基继续谈判的无原则方针。调和派在自己的刊物上指责布尔什维克搞派性。他们利用自己在国外组织委员会中的优势,迟迟不把党的经费寄回俄国,阻挠筹备代表会议。

由于布尔什维克进行工作的结果,成立了俄国组织委员会。1911年10月底,国外组织委员会讨论了俄国组织委员会通过的关于它的成立的《通报》和决议,根据决议,俄国组织委员会完全拥有召开代表会议的一切权力,而组织委员会和技术委员会均须服从俄国组织委员会。国外组织委员会的调和派多数拒绝服从这些决议,布尔什维克代表乃退出了国外组织委员会。10月30日(11月12日),由国内来到巴黎的奥尔忠尼启则在国外组织委员会会议上作了关于俄国组织委员会活动的报告,在这以后,国外组织委员会不得不承认俄国组织委员会的领导作用。然而,国外组织委员会不久就开始公开反对俄国组织委员会,11月20日(12月3日)它印发了《致俄国组织委员会的公开信》,指责俄国组织委员会搞派性。奥尔忠尼启则在1911年12月8日《社会民主党人报》第25号发表的《给编辑部的信》中,揭露了国外组织委员会的反党行为。俄国组织委员会把在俄国的秘密党组织团结在自己周围,一手完成了召开全党代表会议的全部筹备工作。——274。

141 指中央委员六月会议《关于召开党代表会议的决议》。——275。

142 布里根杜马即沙皇政府宣布要在1906年1月中旬前召开的咨议性国

家杜马。1905 年 8 月 6 日(19 日)沙皇颁布了有关建立国家杜马的诏书,与此同时,还颁布了《关于建立国家杜马的法令》和《国家杜马选举条例》。这些文件是受沙皇之托由内务大臣亚·格·布里根任主席的特别委员会起草的,所以这个拟建立的国家杜马被人们称做布里根杜马。根据这些文件的规定,在杜马选举中,只有地主、资本家和农民户主有选举权。居民的大多数——工人、贫苦农民、雇农、民主主义知识分子被剥夺了选举权。妇女、军人、学生、未满 25 岁的人和许多被压迫民族都被排除在选举之外。杜马只能作为沙皇属下的咨议性机构讨论某些问题,无权通过任何法律。布尔什维克号召工人和农民抵制布里根杜马。孟什维克则认为可以参加杜马选举并主张同自由派资产阶级合作。1905 年十月全俄政治罢工迫使沙皇颁布 10 月 17 日宣言,保证召开立法杜马。这样布里根杜马没有召开就被革命风暴扫除了。——278。

143　看来是指 1905 年 11 月 15 日(28 日)—12 月 15 日(28 日)的全俄邮电职工罢工。罢工的起因是政府当局下令禁止组织邮电工会并开除参与组织工会的一些邮电部门的职员。——279。

144　这里说的是 1911 年 4 月 13 日(26 日),在全俄工厂医生和工厂工业代表第二次代表大会开幕前夕,前来参加大会的工人代表被捕的事件。——281。

145　特里什卡的外套出自俄国作家伊·安·克雷洛夫的同名寓言。这则寓言说,特里什卡用挖东墙补西墙的办法补缀自己的外套,结果愈弄愈糟,把外套改得比小坎肩还短一截。——282。

146　俄国社会民主工党巴黎第二协助小组于 1911 年 6 月 18 日(7 月 1 日)在米·费·弗拉基米尔斯基主持下举行会议,讨论了党内状况问题,以 27 票的多数通过了列宁起草的这个决议。会上有 10 票赞成小组中少数提出的调和主义决议。列宁于 1911 年 7 月 3 日写信给阿·伊·柳比莫夫和米·康·弗拉基米罗夫,把他们在这次会议上所作的调和主义的发言叫做“对‘经济派’最蹩脚的言论的最蹩脚的重复”(见本版全集第46卷第30号文献)。

俄国社会民主工党巴黎第二协助小组于1908年11月5日(18日)成立。它是布尔什维克从与孟什维克合组的巴黎小组退出后组成的,后来孟什维克护党派和前进派分子也加入了这个小组。1911年参加巴黎第二协助小组的有:布尔什维克列宁、娜·康·克鲁普斯卡娅、尼·亚·谢马什柯、弗拉基米尔斯基、伊·费·阿尔曼德、柳·尼·斯塔尔、谢·伊·霍普纳尔、维·康·塔拉图塔、尼·瓦·库兹涅佐夫、亚·西·沙波瓦洛夫等;调和派柳比莫夫、弗拉基米罗夫等以及一些前进派分子。全组共有40余人。它同俄国的党组织发生联系,协助其工作,同取消派和托洛茨基分子进行斗争,并在俄国侨民工人中开展工作。——286。

147 这里说的是尔·马尔托夫写的一本小册子:《拯救者还是毁灭者?(谁破坏又是怎样破坏俄国社会民主工党)》,由《社会民主党人呼声报》编辑部于1911年春在巴黎出版。小册子大谈布尔什维克同乌拉尔"尔博夫分子"战斗队以及1907年梯弗利斯剥夺国库事件组织者的组织关系,并且提出一系列无中生有的指责,来证明布尔什维克领导人的所谓"涅恰耶夫主义"。小册子还带有明显的政治讹诈性质。

同乌拉尔"尔博夫分子"战斗队有联系的是召回派和最后通牒派。这些战斗队进行了多次剥夺,同时把剥夺得来的钱寄到国外,交给以亚·亚·波格丹诺夫为首的分裂派支配。前进派的第二所学校,主要就是使用这种剥夺来的资金办的。——290。

148 这里说的是布尔什维克的合法报纸《明星报》(见注62)。——291。

149 《社会民主党人日志》(«Дневник Социал-Демократа»)是格·瓦·普列汉诺夫创办的不定期刊物,1905年3月—1912年4月在日内瓦出版,共出了16期。1916年在彼得格勒复刊,仅出了1期。在第1—8期(1905—1906年)中,普列汉诺夫宣扬极右的孟什维克机会主义观点,拥护社会民主党和自由派资产阶级联盟,反对无产阶级和农民联盟,谴责十二月武装起义。在第9—16期(1909—1912年)中,普列汉诺夫反对主张取消秘密党组织的孟什维克取消派,但在基本的策略问题上仍站在孟什维克立场上。1916 年该杂志出版的第 1 期里则明显地表达了普列汉诺夫的社会沙文主义观点。——292。

150 指《给各党组织的信》，发表于 1910 年 2 月 13 日《社会民主党人报》第 11 号。——294。

151 俄国社会民主工党第五次(伦敦)代表大会(1907 年 4 月 30 日—5 月 19 日(5 月 13 日—6 月 1 日))在关于对非无产阶级政党的态度问题的决议中指出，同民粹派政党的共同行动，"决不应当违背社会民主党的纲领和策略，而只服务于向反动势力和自由派资产阶级的叛卖性策略进行总攻击的目的"。

俄国社会民主工党第三次代表会议(第二次全国代表会议)(1907 年 7 月 21—23 日(8 月 3—5 日))通过了和其他政党达成选举协议的下列方案：

"1. 社会民主党在选举中应独立活动，在第一阶段不参加任何选举协议。

2. 在决选时，允许同一切比立宪民主党左的政党达成协议。

3. 在第二阶段和以后各阶段，允许同一切革命政党与反对党直至立宪民主党(以及与之相类似的集团，如穆斯林集团、哥萨克集团等等)达成协议。

4. 在达成协议时，社会民主党应当按照非社会主义政党的民主主义程度加以区别，其顺序为：(1)社会革命党，(2)人民社会党，(3)劳动派，(4)立宪民主党。

5. 在工人选民团里，除了同未加入俄国社会民主工党的某些民族的社会民主主义组织和波兰社会党达成协议外，不得同其他政党和组织达成任何协议。

6. 协议的性质只能是技术性的。"——295。

152 技术委员会(国外技术委员会)即俄国社会民主工党中央委员会国外局技术委员会，于 1911 年 6 月 1 日(14 日)在俄国社会民主工党中央委员六月会议上成立，执行与党的出版、运输等工作有关的技术职能。技术委员会作为在中央全会召开前的临时机构，由出席六月会议的中央委员和候补中央委员领导。布尔什维克、调和派和波兰社会民主党各有一名代表参加这一委员会。该委员会中调和派多数（米·康·弗拉基米罗夫和支持他的弗·L.列德尔）拖延支付国外组织委员会用于召开党代表会议的款项以及出版布尔什维克的《明星报》的拨款，并企图阻止党中央机关报《社会民主党人报》的出版。技术委员会在自己的机关刊物《情报公报》中攻击列宁和布尔什维克。在10月19日（11月1日）委员会会议讨论俄国组织委员会的告各地党组织书即《通报》和各项决议时，布尔什维克代表米·费·弗拉基米尔斯基提议服从俄国组织委员会的决议。这一提议被否决，因而弗拉基米尔斯基退出了技术委员会，从此布尔什维克和该委员会断绝了一切联系。——296。

153 指设在离巴黎数公里的一个小镇——隆瑞莫的党校。这所党校是为俄国一些无产阶级中心地区党组织的工作人员开设的，1911年春在列宁领导下由布尔什维克筹办。根据1910年俄国社会民主工党中央一月全会的决定成立的党校委员会在建校方面做了大量的工作。该校学员由各地方党组织选派，并经资格审查委员会和党校委员会全体会议的批准。该校共收13名学员和5名旁听生。学员中多数是布尔什维克，也有一些孟什维克护党派和1名前进派分子。格·康·奥尔忠尼启则、伊·伊·施瓦尔茨等都在该校学习过。党校讲课人名单是党校委员会和学员共同拟定的。党校委员会把讲课邀请信分送给党内各派代表，但孟什维克尔·马尔托夫、费·伊·唐恩等拒绝应邀讲课，因此在党校中授课的主要是布尔什维克。

列宁是该校的思想领导者和主要讲课人。他除了给学员讲授马克思和恩格斯的《共产党宣言》外，共讲课56次，包括政治经济学29讲，土地问题12讲，俄国的社会主义理论和实践12讲，唯物史观3讲。列宁还应党员要求作了关于时局和党内状况的专题报告。

党校还开设了下列课程：工人立法（尼·亚·谢马什柯——7讲）、议会斗争和社会民主党杜马党团（谢马什柯——3讲）、俄国和西欧的工会运动（达·波·梁赞诺夫——11讲）、法国社会主义运动史（沙·拉波波特——8讲）、比利时社会主义运动史（伊·费·阿尔曼德——4讲）、德国社会主义运动史（拉波波特和弗·L.列德尔——11讲）、文学和艺术史(阿·瓦·卢那察尔斯基)。此外,党校还组织了关于国家法、民族问题、波兰政党和波兰社会主义、拉脱维亚社会民主党等题目的讲演。

8月17日(30日)党校结业。学员们分别返回俄国参加党的秘密工作。——296。

154 《无产者报》(«Пролетарий»)是俄国布尔什维克的秘密报纸,于1906年8月21日(9月3日)—1909年11月28日(12月11日)出版,共出了50号。该报由列宁主编,在不同时期参加编辑部的有亚·亚·波格丹诺夫、约·彼·戈尔登贝格、约·费·杜勃洛文斯基等。该报的头20号是在维堡排版送纸型到彼得堡印刷的,为保密起见,报上印的是在莫斯科出版。由于秘密报刊出版困难,从第21号起移至国外出版(第21—40号在日内瓦、第41—50号在巴黎出版)。该报是作为俄国社会民主工党莫斯科委员会和彼得堡委员会的机关报出版的,在头20号中有些号还同时作为莫斯科郊区委员会、彼尔姆委员会、库尔斯克委员会和喀山委员会的机关报出版,但它实际上是布尔什维克的中央机关报。该报共发表了100多篇列宁的文章和短评。该报第46号附刊上发表了1909年6月在巴黎举行的《无产者报》扩大编辑部会议的文件。斯托雷平反动时期,该报在保存和巩固布尔什维克组织方面起了卓越的作用。根据俄国社会民主工党中央委员会1910年一月全会的决议,该报停刊。——297。

155 指布尔什维克维·康·塔拉图塔(维克多)因1906年谣传他参与奸细活动一事而写的一封长信《致党》。俄国社会民主工党中央一月全会委任的调查委员会对这一案件进行了详细调查。鉴于没有任何可资指控的依据,委员会一致决定了结此案,并恢复塔拉图塔的党员权利。塔拉图塔在信中叙述了这一案件的详情。——298。

156 指列宁的《政论家札记》一文第2部分第4节《关于党内状况的决议的第1条》(见本版全集第19卷),本节是专门批评调和派在1910年俄国社会民主工党中央一月全会上的立场的。——305。

157 山岳派和吉伦特派是18世纪末法国资产阶级革命时期的两个政治派别。山岳派又称雅各宾派，是法国国民公会中的左翼民主主义集团，以其席位在会场的最高处而得名。该派代表中小资产阶级的利益，主张铲除专制制度和封建主义，其领袖是马·罗伯斯比尔、让·保·马拉、若·雅·丹东、安·路·圣茹斯特等。吉伦特派代表共和派的大工商业资产阶级和农业资产阶级的利益，主要是外省资产阶级的利益。该派许多领导人在立法议会和国民公会中代表吉伦特省，因此而得名。吉伦特派的领袖是雅·皮·布里索、皮·维·维尼奥、罗兰夫妇、让·安·孔多塞等。该派主张各省自治，成立联邦。吉伦特派动摇于革命和反革命之间，走同王党勾结的道路。列宁称革命的社会民主党人为山岳派，即无产阶级的雅各宾派，而把社会民主党内的机会主义派别称为社会民主党的吉伦特派。在俄国社会民主工党分裂为布尔什维克和孟什维克之后，列宁经常强调指出，孟什维克是工人运动中的吉伦特派。——308。

158 伊万努什卡是俄国民间故事《十足的傻瓜》里的主人公，他经常说不合时宜的话，并因此而挨打。一次，他看到农民在脱粒，叫喊道："你们脱三天，只能脱三粒！"为此他挨了一顿打。傻瓜回家向母亲哭诉，母亲告诉他："你应该说，但愿你们打也打不完，运也运不完，拉也拉不完！"第二天，傻瓜看到人家送葬，就叫喊道："但愿你们运也运不完，拉也拉不完！"结果又挨了一顿打。——316。

159 阿基里斯之踵意为致命弱点，出典于希腊神话。阿基里斯是希腊英雄珀琉斯和海洋女神西蒂斯所生的儿子。他的母亲为了使他和神一样永生不死，在他出生后曾捏着他的脚后跟把他放进冥河的圣水里浸过。他的脚后跟因为没有沾上圣水就成了他唯一可能受到伤害的部位。后来阿基里斯果然被暗箭射中脚后跟而死。——319。

160 列宁提到的通讯载于1911年9月1日(14日)《社会民主党人报》第23号。通讯中说，彼得堡一个著名的取消派著作家在维堡区社会民主党工人党员会议上建议不必恢复党的组织，而要成立种种"发起小组"来进行合法的教育工作。他的发言遭到包括孟什维克护党派在内的与会者的一致反对，没有一个人投票赞成这个取消主义的建议。——320。

161 《工人事业》杂志(«Рабочее Дело»)是俄国经济派的不定期杂志，国外俄国社会民主党人联合会的机关刊物，1899 年 4 月—1902 年 2 月在日内瓦出版，共出了 12 期(9 册)。该杂志的编辑部设在巴黎，担任编辑的有波·尼·克里切夫斯基、帕·费·捷普洛夫、弗·巴·伊万申和亚·萨·马尔丁诺夫。该杂志支持所谓“批评自由”这一伯恩施坦主义口号，在俄国社会民主党的策略和组织问题上持机会主义立场。聚集在《工人事业》杂志周围的经济主义的拥护者形成工人事业派。工人事业派宣扬无产阶级政治斗争应服从经济斗争的机会主义思想，崇拜工人运动的自发性，否认党的领导作用。他们还反对列宁关于建立严格集中和秘密的组织的思想，维护所谓“广泛民主”的原则。《工人事业》杂志支持经济派报纸《工人思想报》，该杂志的编辑之一伊万申参加了这个报纸的编辑工作。在俄国社会民主工党第二次代表大会上，工人事业派是党内机会主义极右派的代表。列宁在《怎么办?》(见本版全集第 6 卷)中批判了《工人事业》杂志和工人事业派的观点。——321。

162 《工人思想报》(«Рабочая Мысль»)是俄国经济派的报纸，1897 年 10 月—1902 年 12 月先后在彼得堡、柏林、华沙和日内瓦等地出版，共出了 16 号。头几号由“独立工人小组”发行，从第 5 号起成为彼得堡工人阶级解放斗争协会的机关报。参加该报编辑部的有尼·尼·洛霍夫(奥尔欣)、康·米·塔赫塔廖夫、弗·巴·伊万申、阿·亚·雅库波娃等人。该报号召工人阶级为争取狭隘经济利益而斗争。它把经济斗争同政治斗争对立起来，认为政治斗争不在无产阶级任务之内，反对建立马克思主义的无产阶级政党，主张成立工联主义的合法组织。它贬低革命理论的意义，认为社会主义意识可以从自发运动中产生。列宁在《俄国社会民主党中的倒退倾向》和《怎么办?》(见本版全集第 4 卷和第 6 卷)等著作中批判了《工人思想报》的观点。——321。

163 这是列宁给俄国社会民主工党中央委员六月会议委任的中央全会召集委员会的声明(载于 1911 年 9 月 1 日(14 日)《社会民主党人报》第 23 号)写的附注。召集委员会的声明列举了中央委员会国外局中的取消派进行破坏活动以阻挠召开中央全会的种种事实。——323。

164 根据1907年6月3日《国家杜马选举条例》,城市选民按照财产状况分为两个等级,城市选民团从而分成第一、第二两个选民团。第一选民团由大资产阶级组成。——328。

165 陛下的反对派一语出自俄国立宪民主党领袖帕·尼·米留可夫的一次讲话。1909年6月19日(7月2日),米留可夫在伦敦市长举行的早餐会上说:"在俄国存在着监督预算的立法院的时候,俄国反对派始终是陛下的反对派,而不是反对陛下的反对派。"(见1909年6月21日(7月4日)《言语报》第167号)——329。

166 国民公会是法兰西第一共和国的最高立法机关和执行机关,存在于1792年9月21日—1795年10月26日。国民公会的代表由年满21岁的全体男性公民普遍选举产生。在雅各宾派执政时期(1793年6月2日—1794年7月27日),国民公会是雅各宾专政的最高机关。这一专政完成了革命的最重要的任务,如组织全国力量战胜反革命,清除农村中的封建关系,通过1793年民主宪法等。——331。

167 《杜马报》(«Дума»)是立宪民主党右翼的机关报(每天出版的晚报),1906年4月27日(5月10日)—6月13日(26日)在彼得堡出版。编辑是彼·伯·司徒卢威,参加者有第一届国家杜马代表弗·伊·维尔纳茨基、谢·安·科特利亚列夫斯基、帕·伊·诺夫哥罗德采夫、伊·伊·彼特龙凯维奇、费·伊·罗季切夫、列·尼·雅斯诺波尔斯基等。——331。

168 《情报公报》(«Информационный Бюллетень»)是国外技术委员会的出版物,调和派借以进行反布尔什维克斗争的机关刊物,1911年8月11日和10月28日在巴黎先后出版了两期。——334。

169 列宁指的是1911年春天外高加索取消派代表会议通过的《关于取消主义的决议》。决议说:"代表会议认为'取消主义'这个词的意思是拒绝我们党思想上和组织上的继承性和遗产,因此除那些本来就已取消了同党的任何联系的个别一些人以外，在俄国社会民主工党的队伍中并不存在这种取消主义的完整派别。而所谓‘护党派’同《社会民主党人呼声报》领导者们之间在这个基础上产生的论战，代表会议认为在很大程度上是被夸张了的。”1911年10月18日(31日)《社会民主党人报》第24号刊登的《高加索来信》，揭露了这次代表会议的反党性质。——345。

170 《工人生活报》(«Рабочая Жизнь»)是呼声派和调和派的机关报(月报)，1911年2月21日(3月6日)—4月18日(5月1日)在巴黎出版，共出了3号。该报编辑部由呼声派和调和派各2人组成。——347。

171 指1908年沙俄军队在弗·普·利亚霍夫上校的指挥下对波斯革命运动的镇压。——358。

172 和平革新党人是俄国大资产阶级和地主的君主立宪主义组织和平革新党的成员。和平革新党由左派十月党人彼·亚·葛伊甸、德·尼·希波夫、米·亚·斯塔霍维奇和右派立宪民主党人尼·尼·李沃夫、叶·尼·特鲁别茨科伊等在第一届国家杜马中的“和平革新派”基础上组成，1906年7月成立。该党持介乎十月党和立宪民主党之间的立场，主要是在策略上与它们有所不同，而其纲领则十分接近于十月党。和平革新党维护工商业资产阶级和按资本主义方式经营的地主的利益。在第三届国家杜马中，和平革新党同民主改革党联合组成“进步派”，该派是1912年成立的进步党的核心。和平革新党的正式机关刊物是《言论报》和《莫斯科周刊》。——372。

173 卡尔普、西多尔是俄国常见的人名，此处是泛指某某人，相当于汉语中的张三李四。——372。

174 《关于第二届杜马的社会民主党党团》是列宁写的一篇报告。它同第二届杜马社会民主党代表案件的材料一起，由社会党国际局执行委员会作为第21号通报的附件，分别用德、法、英三种文字发表于《社会党国际局定期公报》第8号。

1912年3月17日(30日)《工人报》第8号的编辑部短评中说:“在社会党国际局把我党驻社会党国际局代表列宁同志关于这一案件的报告分发给各党并发出号召以后,外国各社会民主党大大加强了宣传鼓动。德国、法国、比利时、瑞典、芬兰、奥地利等国的社会民主党议员,都已提出了抗议。”——381。

175 《未来报》(«Будущее»(«L'Avenir»))是俄国自由派资产阶级的报纸,1911年10月22日—1914年1月4日在巴黎用俄文出版(有些材料用法文刊印),编辑是弗·李·布尔采夫,撰稿人中有孟什维克和社会革命党人。——382。

176 第二届国家杜马社会民主党党团成员共有55人受审,其中2人被拘留后不久即死去,所以1911年10月17日(30日)的杜马会议上说是53名代表。——384。

177 札格纳特是印度教大神毗湿奴的化身之一,崇拜它的教派称札格纳特派,是印度教毗湿奴教派的一个支派。该派的特点是宗教仪式十分豪华和极端的宗教狂热。这种狂热表现为教徒的自我折磨和自我残害。该派举行大祭时,用大车载着札格纳特神像游行,往往有教徒如疯似狂地投身车下,让车轮压死。马克思常用“札格纳特车轮”来比喻资本主义的剥削(参看《马克思恩格斯全集》第1版第16卷第161页;《马克思恩格斯文集》第5卷第323、743页)。——390。

178 拉萨尔派是全德工人联合会的成员,德国小资产阶级社会主义者斐·拉萨尔的拥护者,主要代表人物是约·巴·冯·施韦泽、威·哈森克莱维尔、威·哈赛尔曼等。全德工人联合会在1863年于莱比锡召开的全德工人代表大会上成立;拉萨尔是它的第一任主席,他为联合会制定了纲领和策略基础。拉萨尔派反对暴力革命,认为只要进行议会斗争,争取普选权,就可以把普鲁士君主国家变为“自由的人民国家”;主张在国家帮助下建立生产合作社,把资本主义和平地改造为社会主义;支持俾斯麦所奉行的在普鲁士领导下“自上而下”统一德国的政策。马克思和恩格斯曾多次尖锐地批判拉萨尔派的理论、策略和组织原则,指出它是德国工人运动中的机会主义派别。1875 年,拉萨尔派同爱森纳赫派合并成立了德国社会主义工人党。——391。

179 指马克思于 1881 年 6 月 20 日和 12 月 15 日给弗·阿·左尔格的信(见《马克思恩格斯文集》第 10 卷第 461—464 页;《马克思恩格斯全集》第 1 版第 35 卷第 238—241 页)。——392。

180 民主联盟是在亨·迈·海德门领导下建立的半资产阶级、半无产阶级性质的大不列颠的各种激进派团体的联合组织,1881 年 6 月 8 日成立。联盟的纲领具有资产阶级民主主义性质,包括:成年人享有选举权,议会任期三年,各选区平等,取消作为立法机构的上院,爱尔兰在立法方面独立自主,土地国有化等等。

在民主联盟的成立会议上,向与会者散发了海德门的小册子《大家的英国》。海德门在小册子第 2 章《劳动》和第 3 章《资本》里,把《资本论》第 1 卷的许多章节作为联盟的纲领条文来加以阐述,但既没有提到原作者,也没有提及这一著作本身,并且作了许多歪曲。

1884 年 8 月,民主联盟改组成为社会民主联盟。——392。

181 这是列宁于 1911 年 11 月 14 日(27 日)以《自由派工党的宣言》为题在巴黎公开作了专题报告后写成的文章,该报告提纲见本卷第 411—412 页。——395。

182 最后的莫希干人一语出自美国作家詹·费·库珀的小说《最后一个莫希干人》。小说描写北美印第安土著中的莫希干人在欧洲殖民主义者奴役和欺骗下最终灭绝的故事。后来人们常用"最后的莫希干人"来比喻某一社会集团或某一组织、派别的最后的代表人物。——399。

183 阿尔卡迪亚的田园生活美景是人们用来描绘宁静、闲适的牧歌式生活的一种比喻,含有讽刺的意味。阿尔卡迪亚是古希腊伯罗奔尼撒半岛中部的一个山区,居民主要从事牧畜,终年丰衣足食,生活无忧无虑。在古希腊的文学作品中,阿尔卡迪亚被描绘为世外桃源。——400。

184 议会迷是列宁著作中多次出现过的一个词,其德文原文是 parlamentarischer Kretinisms，直译为“议会克汀病”。马克思和恩格斯在1848—1849年革命时期首先使用这个术语批评法兰克福国民议会中的小资产阶级民主派领袖，后来他们用这个术语泛指欧洲大陆醉心于议会制度的资产阶级代表人物。列宁用“议会迷”来形容那种认为议会制度是万能的、议会活动在任何条件下都是政治斗争唯一的主要的形式的机会主义者。——402。

185 出自俄国诗人亚·谢·普希金的童话诗《渔夫和金鱼的故事》。童话里的老渔婆由于贪欲永无止境，结果失去了金鱼给她的一切，只剩下自己原有的破木盆。——403。

186 无双议院是指法国波旁王朝复辟初期于1815年8月选出的议会众议院，当选的议员几乎清一色是贵族和教士。——405。

187 指彼·伯·司徒卢威（署名：尔·恩·斯·）为《专制制度和地方自治机关。财政大臣谢·尤·维特的秘密记事（1899年）》一书写的序言。列宁在《地方自治机关的迫害者和自由主义的汉尼拔》（见本版全集第5卷）一文中分析批判了这篇序言。——408。

188 梅姆列佐夫是俄国作家格·伊·乌斯宾斯基的特写《岗亭》中的人物——俄国某县城的岗警。在沙皇军队的野蛮训练下，他丧失人的一切优良天性，“抓走”和“不准”成了他的口头禅。梅姆列佐夫这个形象是沙皇俄国专制警察制度的化身。——408。

人 名 索 引

A

阿德里安诺夫(Адрианов)——俄国孟什维克取消派分子,1910—1911 年住在国外。——270。

阿多拉茨基,弗拉基米尔·维克多罗维奇(Адоратский,Владимир Викторович 1878—1945)——苏联马克思主义宣传家,历史学家,哲学家。1900 年参加革命运动,1904 年加入俄国社会民主工党,1904—1905 年任党的喀山委员会委员。1905 年被捕,流放阿斯特拉罕省,1906 年被驱逐出境。1906—1907 年和 1911—1917 年住在国外,多次完成列宁交办的任务。十月革命后在教育人民委员部工作,曾在斯维尔德洛夫共产主义大学等院校任教。1920 年起任中央档案局副局长、列宁研究院副院长、马克思恩格斯列宁研究院院长、苏联科学院哲学研究所所长等职。是共产主义科学院和苏联科学院院士。参加《马克思恩格斯全集》和《列宁全集》的编辑出版工作,写有许多研究马克思列宁主义的参考书和马克思主义史方面的著作。——246—247。

阿尔卡季——见加里宁,费多尔·伊万诺维奇。

阿克雪里罗得,帕维尔·波里索维奇(Аксельрод,Павел Борисович 1850—1928)——俄国孟什维克领袖之一。19 世纪 70 年代是民粹派分子。1883 年参与创建劳动解放社。1900 年起是《火星报》和《曙光》杂志编辑部成员。这一时期在宣传马克思主义的同时,也在一系列著作中把资产阶级民主制和西欧社会民主党议会活动理想化。1903 年在俄国社会民主工党第二次代表大会上是《火星报》编辑部有发言权的代表,属火星派少数派,会后是孟什维主义的思想家。1905 年提出召开广泛的工人代表大会的取消主义观点。1906 年在党的第四次(统一)代表大会上代表孟什维克作了关于国家杜马问题的报告，宣扬无产阶级同资产阶级实行政治合作的机会主义思想。斯托雷平反动时期和新的革命高涨年代是取消派的思想领袖，参加孟什维克取消派《社会民主党人呼声报》编辑部。1912 年加入“八月联盟”。第一次世界大战期间表面上是中派，实际持社会沙文主义立场；曾参加齐美尔瓦尔德代表会议和昆塔尔代表会议，属于右翼。1917 年二月革命后任彼得格勒苏维埃执行委员会委员，支持资产阶级临时政府。十月革命后侨居国外，反对苏维埃政权，鼓吹武装干涉苏维埃俄国。——49、121、189—190、192、298。

阿列克先科，米哈伊尔·马尔丁诺维奇（Алексеенко，Михаил Мартынович 1848—1917）——俄国十月党人，大地主。1879 年起任哈尔科夫大学财政法教授，1891—1899 年任哈尔科夫大学校长。1901—1906 年任哈尔科夫学区督学。第三届和第四届国家杜马叶卡捷琳诺斯拉夫省代表，杜马预算委员会主席。——213—214、215。

埃利亚斯，К.Я.（施瓦尔茨）（Элиас，К.Я.（Шварц）1886—1963）——拉脱维亚社会民主党人，孟什维克。斯托雷平反动时期和新的革命高涨年代是取消派分子。1909—1913 年为拉脱维亚边疆区社会民主党国外委员会委员，1911 年起是拉脱维亚社会民主党取消主义的中央委员会驻俄国社会民主工党中央委员会国外局代表。1910—1914 年为《斗争报》编辑部成员，1912 年出席了托洛茨基在维也纳召开的反布尔什维克的八月代表会议。1917 年二月革命后是工人、士兵和无地农民代表苏维埃执行委员会委员。曾任拉脱维亚资产阶级的人民委员会（1918—1920）委员和立宪会议代表，第一届、第二届和第三届议会议员。——322、324。

艾森施塔特，伊赛·李沃维奇（尤金）（Айзенштандт，Исай Львович（Юдин）1867—1937）——崩得领袖之一。1886 年加入雅罗斯拉夫尔民意党小组，90 年代中期成为社会民主党人。1902 年起为崩得中央委员，在明斯克和敖德萨工作。曾代表崩得中央委员会出席俄国社会民主工党第二次代表大会，会上是反火星派分子，会后成为孟什维克骨干分子。敌视十月革命。1922 年侨居德国，领导诽谤苏联的崩得集团，为孟什维克的《社会主义通报》杂志撰稿。——254—255、264、265。

安东尼·沃伦斯基（**赫拉波维茨基，阿列克谢·巴甫洛维奇**）（Антоний

Волынский(Храповицкий,Алексей Павлович)1863—1936)——俄国黑帮分子,沙皇反动政治最著名的鼓吹者之一,俄国正教教会的极右派头目。1902年起在沃伦当主教,后为哈尔科夫的大主教。外国武装干涉和国内战争时期与邓尼金勾结。反革命势力被粉碎后逃往国外,成为流亡国外的君主派首领之一。——25、330。

奥博连斯基,阿列克谢·德米特里耶维奇(Оболенский,Алексей Дмитриевич 生于1855年)——俄国公爵。1898—1899年任副内务大臣。1902年起为执政参议院议员。1902—1905年任副财政大臣。1906年任圣正教院总监。1905—1917年为国务会议成员。——328。

奥尔,伊格纳茨(Auer,Ignaz 1846—1907)——德国社会民主党人;职业是鞍匠。1874年起任德国社会民主工党(爱森纳赫派)书记,1875年该党同拉萨尔派合并后任德国社会主义工人党书记。1877—1878年编辑社会民主党的《柏林自由新闻报》。多次当选为德意志帝国国会议员。后来转向改良主义,成为德国社会民主党机会主义派领袖之一。——205。

奥尔金——见佛敏,瓦连廷·巴甫洛维奇。

B

巴布什金,伊万·瓦西里耶维奇(Бабушкин,Иван Васильевич 1873—1906)——俄国工人,职业革命家,布尔什维克。1891年起在彼得堡谢米扬尼科夫工厂当钳工。1894年加入列宁领导的工人马克思主义小组。曾参加列宁起草的社会民主党第一份鼓动传单《告谢米扬尼科夫工厂工人书》的撰写工作,并在厂内散发。从彼得堡工人阶级解放斗争协会建立时起,就是该协会最积极的会员和列宁最亲密的助手。参加列宁的《火星报》的组织工作,是该报首批代办员之一和通讯员。1902年受党的委派到工人团体中进行革命工作,参加反对经济派和祖巴托夫分子的斗争,使工人摆脱祖巴托夫"警察社会主义"的影响。多次被捕、流放和监禁。参加1905—1907年革命,是俄国社会民主工党伊尔库茨克委员会和赤塔委员会委员,赤塔武装起义的领导人之一。1906年1月从赤塔到伊尔库茨克运送武器时被讨伐队捕获,未经审讯即被枪杀。列宁为巴布什金写了悼文,高度评价他忠于革命的精神。——79—83。

巴扎罗夫，弗·（**鲁德涅夫，弗拉基米尔·亚历山德罗维奇**）（Базаров，В.（Руднев，Владимир Александрович）1874—1939）——俄国哲学家和经济学家。1896年参加社会民主主义运动。1904—1907年是布尔什维克，曾为布尔什维克报刊撰稿。1907—1910年斯托雷平反动时期背弃布尔什维主义，宣传造神说和经验批判主义，是用马赫主义修正马克思主义的主要代表人物之一。1917年是孟什维克国际主义者，半孟什维克的《新生活报》的编辑之一；反对十月革命。1921年起在国家计划委员会工作。和伊·伊·斯克沃尔佐夫-斯捷潘诺夫合译了《资本论》（第1—3卷，1907—1909年）及马克思的其他一些著作。晚年从事文艺和哲学著作的翻译工作。其经济学著作涉及经济平衡表问题。哲学著作追随马赫主义，主要著作有《无政府主义的共产主义和马克思主义》（1906）、《两条战线》（1910）等。——90、91、92、93、94、109—110、111、115、123、131—132、133—134、135。

白恩士，约翰·埃利奥特（Burns，John Eliot 1858—1943）——英国工人运动活动家，改良主义者；职业是机械师。19世纪80年代是工联领导人之一，参加过多次罢工，领导了1889年伦敦码头工人大罢工。曾是英国社会民主联盟盟员，但不久退出该组织。1889年进入伦敦郡参议会。1892年被选入议会，在议会中不顾工人阶级的利益，主张同资本家合作。1905—1914年任地方自治事务大臣，1914年任商业大臣。1914年8月因不同意政府关于参加第一次世界大战的决定而辞职。后脱离政治活动。——282。

白里安，阿里斯蒂德（Briand，Aristide 1862—1932）——法国国务活动家，外交家；职业是律师。19世纪80年代参加法国社会主义运动，1898年加入法国独立社会党人联盟，一度属社会党左翼；1902年参加改良主义的法国社会党，同年被选入议会。1906年参加资产阶级政府，任教育部长，因此被开除出社会党；后同亚·米勒兰、勒·维维安尼等人一起组成独立社会党人集团（1911年取名“共和社会党”）。1909—1911年任“三叛徒（白里安、米勒兰、维维安尼）内阁”的总理。1910年宣布对铁路实行军管，残酷镇压铁路工人的罢工。1913年任总理，1915—1917年、1921—1922年任总理兼外交部长，1924年任法国驻国际联盟代表。1925年参与签订洛迦诺公约。1925—1931 年任外交部长。1931 年竞选总统失败后退出政界。——282。

倍倍尔，奥古斯特(Bebel, August 1840—1913)——德国工人运动和国际工人运动活动家，德国社会民主党和第二国际的创建人和领袖之一，马克思和恩格斯的朋友和战友；旋工出身。19 世纪 60 年代前半期开始参加政治活动，1867 年当选为德国工人协会联合会主席，1868 年该联合会加入第一国际。1869 年与威·李卜克内西共同创建了德国社会民主工党(爱森纳赫派)，该党于 1875 年与拉萨尔派合并为德国社会主义工人党，后又改名为德国社会民主党。多次当选国会议员，利用国会讲坛揭露帝国政府反动的内外政策。1870—1871 年普法战争期间持国际主义立场，在国会中投票反对军事拨款，支持巴黎公社，为此曾被捕和被控叛国，断断续续在狱中度过近六年时间。在反社会党人非常法施行时期，领导了党的地下活动和议会活动。90 年代和 20 世纪初同党内的改良主义和修正主义进行斗争，反对伯恩施坦及其拥护者对马克思主义理论的歪曲和庸俗化。是出色的政论家和演说家，对德国和欧洲工人运动的发展有很大影响。马克思和恩格斯高度评价了他的活动。——11—12、13、14—15、16、147、314—315。

彼得——见拉米什维里，诺伊·维萨里昂诺维奇。

彼得罗夫，康斯坦丁·马特维耶维奇(彼得罗夫第三)(Петров, Константин Матвеевич(Петров 3-й)生于 1877 年)——俄国劳动派分子，劳动派党团秘书；职业是排字工人。第三届国家杜马彼尔姆省代表，在杜马中被选入城市事务、工人问题、预算等委员会。——405、408。

彼得罗夫第三——见彼得罗夫，康斯坦丁·马特维耶维奇。

彼舍霍诺夫，阿列克谢·瓦西里耶维奇(Пешехонов, Алексей Васильевич 1867—1933)——俄国社会活动家和政论家。19 世纪 90 年代为自由主义民粹派分子。《俄国财富》杂志撰稿人，1904 年起为该杂志编委；曾为自由派资产阶级的《解放》杂志和社会革命党的《革命俄国报》撰稿。1903—1905 年为解放社成员。小资产阶级政党“人民社会党”的组织者(1906)和领袖之一，该党同劳动派合并后(1917 年 6 月)，参加劳动人民社会党中央委员会。1917 年二月革命后任彼得格勒工兵代表苏维埃执行委员会委员，同年 5—8 月任临时政府粮食部长，后任预备议会副主席。十月革命后反对苏维埃政权，参加了反革命组织“俄罗斯复兴会”。1922 年被驱逐出境，成为白俄流亡分子。——211。

俾斯麦，奥托·爱德华·莱奥波德（Bismarck，Otto Eduard Leopold 1815—1898）——普鲁士和德国国务活动家和外交家。普鲁士容克的代表。曾任驻彼得堡大使（1859—1862）和驻巴黎大使（1862），普鲁士首相（1862—1872、1873—1890），北德意志联邦首相（1867—1871）和德意志帝国首相（1871—1890）。1870 年发动普法战争，1871 年支持法国资产阶级镇压巴黎公社。主张在普鲁士领导下“自上而下”统一德国。曾采取一系列内政措施，捍卫容克和大资产阶级的联盟。1878 年颁布反社会党人非常法。由于内外政策遭受挫折，于 1890 年 3 月去职。——146、222、314。

别尔嘉耶夫，尼古拉·亚历山德罗维奇（Бердяев，Николай Александрович 1874—1948）——俄国唯心主义哲学家和神秘主义者。学生时代参加社会民主主义运动。19 世纪 90 年代末曾协助基辅的工人阶级解放斗争协会，因协会案于 1900 年被逐往沃洛格达省。在早期著作中倾向合法马克思主义，用新康德主义修正马克思的学说，后来公开反对马克思主义。1905 年加入立宪民主党。斯托雷平反动时期是宗教哲学流派——寻神说的代表人物之一。曾参与编撰《路标》文集。十月革命后成为封建主义和中世纪经院哲学的辩护士。1922 年因进行反革命活动被驱逐出境，在国外继续鼓吹哲学神秘主义，是白俄流亡分子的思想家。——252。

别尔托夫——见普列汉诺夫，格奥尔吉·瓦连廷诺维奇。

别列佐夫斯基，亚历山大·叶利扎罗维奇（别列佐夫斯基第一）（Березовский，Александр Елизарович（Березовски 1-й）生于 1868 年）——俄国地主，立宪民主党人，地方自治运动活动家；职业是农艺师。第三届国家杜马辛比尔斯克省代表，在杜马中是粮食、土地等委员会委员。1918 年起从事农艺专业工作。——157、373。

别列佐夫斯基第一——见别列佐夫斯基，亚历山大·叶利扎罗维奇。

别洛乌索夫，捷连季·奥西波维奇（Белоусов，Терентий Осипович 1875—1920）——俄国孟什维克取消派分子，第三届国家杜马伊尔库茨克省代表，在杜马中被选入预算和土地委员会。1912 年 2 月退出社会民主党杜马党团，但未辞去代表职务。后脱离政治活动，在莫斯科合作社组织中工作。

——130。

波格丹诺夫，波里斯·奥西波维奇（Богданов，Борис Осипович 1884—1956）——俄国孟什维克取消派分子，1910年底取消派在彼得堡建立的“发起小组”的成员。曾为《现代出版业》、《我们的曙光》、《生活事业》等取消派杂志撰稿。第一次世界大战期间为护国派分子，军事工业委员会的组织者之一。——209—212。

波格丹诺夫（**马林诺夫斯基**），亚历山大·亚历山德罗维奇（马克西莫夫，恩·）（Богданов（Малиновский），Александр Александрович（Максимов，Н.）1873—1928）——俄国社会民主党人，哲学家，社会学家，经济学家；职业是医生。19世纪90年代参加社会民主主义小组。1903年成为布尔什维克。在党的第三、第四和第五次代表大会上被选入中央委员会。曾参加布尔什维克机关报《前进报》和《无产者报》编辑部，是布尔什维克《新生活报》的编辑。在对待布尔什维克参加第三届国家杜马的问题上持抵制派立场。1908年是反对布尔什维克在合法组织里工作的最高纲领派的领袖。斯托雷平反动时期和新的革命高涨年代背离布尔什维主义，领导召回派，是“前进”集团的领袖。在哲学上宣扬经验一元论。1909年6月因进行派别活动被开除出党。第一次世界大战期间持国际主义立场。十月革命后是共产主义科学院院士，在莫斯科大学讲授经济学。1918年是无产阶级文化派的思想家。1921年起从事老年医学和血液学的研究。1926年起任由他创建的输血研究所所长。主要著作有《经济学简明教程》（1897）、《经验一元论》（第1—3卷，1904—1906）、《生动经验的哲学》（1913）、《关于社会意识的科学》（1914）、《普遍的组织起来的科学（组织形态学）》（1913—1922）。——46—47、273。

波克罗夫斯基，伊万·彼得罗维奇（波克罗夫斯基第二）（Покровский，Иван Петрович（Покровский 2-й）1872—1963）——俄国社会民主党人；职业是医生。第三届国家杜马库班州、捷列克州和黑海省代表，参加社会民主党杜马党团的布尔什维克派。1910年以第三届杜马社会民主党党团代表的身份参加布尔什维克报纸《明星报》编辑部。——376。

波克罗夫斯基第二——见波克罗夫斯基，伊万·彼得罗维奇。

波利亚科夫，索洛蒙·李沃维奇（利托夫采夫，索·）（Поляков，Соломон

Львович(Литовцев,С.)1875—1945)——俄国作家和新闻工作者。曾为立宪民主党的《言语报》、《俄罗斯言论报》和《现代言论报》撰稿。十月革命后侨居国外,积极参加白俄流亡分子的报刊工作。——215。

波利亚科夫,А.А.(卡察普)(Поляков,А.А.(Кацап)1884—1918)——俄国社会民主党人。1909年任俄国社会民主工党中部工业区区域局书记。1911年6月在巴黎召开的俄国社会民主工党中央委员会议上,被布尔什维克提名为参加筹备中央全会的国外组织委员会的候选人。后查明,他在1911—1915年期间是莫斯科保安处的暗探。——254。

波拿巴——见拿破仑第三。

波特列索夫,亚历山大·尼古拉耶维奇(Потресов,Александр Николаевич 1869—1934)——俄国孟什维克领袖之一。19世纪90年代初参加马克思主义小组。1896年加入彼得堡工人阶级解放斗争协会,后被捕,1898年流放维亚特卡省。1900年出国,参与创办《火星报》和《曙光》杂志。在俄国社会民主工党第二次代表大会上是《火星报》编辑部有发言权的代表,属火星派少数派,会后是孟什维克刊物的主要撰稿人和领导人。斯托雷平反动时期和新的革命高涨年代是取消派思想家,在《复兴》杂志和《我们的曙光》杂志中起领导作用。第一次世界大战期间是社会沙文主义者。1917年在反布尔什维克的资产阶级《日报》中起领导作用。十月革命后侨居国外,为克伦斯基的《白日》周刊撰稿,攻击苏维埃政权。——30、31、32、33、37、42、43、44、46—47、49—50、53、54、57、58—59、60—62、90、91、93、94、106、107、108—109、110、111、112、115—116、117—118、119、121—123、124、125—126、127—129、130—132、133—134、135、160、161、182、183、188、189—190、191、204、206、210、211、212、283、286、289、291、297、299、303、318、321—322、324、337、344、351、353、366、368、407。

伯恩施坦,爱德华(Bernstein,Eduard 1850—1932)——德国社会民主党和第二国际右翼领袖之一,修正主义的代表人物。1872年加入社会民主党,曾是欧·杜林的信徒。1879年和卡·赫希柏格、卡·施拉姆在苏黎世发表《德国社会主义运动的回顾》一文,指责党的革命策略,主张放弃革命斗争,适应俾斯麦制度,受到马克思和恩格斯的严厉批评。1881—1890年任党的中央机关报《社会民主党人报》编辑。从90年代中期起完全同马克思主义决裂。1896—1898年以《社会主义问题》为题在《新时代》杂志上发表一组文章,1899年发表《社会主义的前提和社会民主党的任务》一书,从经济、政治和哲学方面对马克思主义的理论和策略作了全面的修正。1902年起为国会议员。第一次世界大战期间持中派立场。1917年参加德国独立社会民主党,1919年公开转到右派方面。1918年十一月革命失败后出任艾伯特—谢德曼政府的财政部长助理。——111、115、200、205、299、310。

伯尔——见李伯尔,米哈伊尔·伊萨科维奇。

勃朗施坦,彼得·阿布拉莫维奇(查茨基,尤·;尤里)(Бронштейн,Петр Абрамович(Чацкий,Ю.,Юрий)1881—1944)——俄国社会民主党人,孟什维克。20世纪初参加社会民主主义运动,在敖德萨工作。俄国社会民主工党第二次代表大会后加入孟什维克。斯托雷平反动时期和新的革命高涨年代是取消派分子,任取消派《生活事业》杂志编辑,并为《涅瓦呼声报》、《光线报》及孟什维克取消派的其他报纸撰稿。1917年是彼得格勒孟什维克的领导人之一,孟什维克中央机关报《工人报》编委。十月革命后在南方进行反革命活动,后移居国外,为孟什维克《社会主义通报》杂志撰稿。——31、32、42、49、54、182、183—184、185、257、258、264、266、273、290、303、323、344、345、351、364、365、367、368。

博勃里舍夫-普希金,亚历山大·弗拉基米罗维奇(格罗莫博伊)(Бобрищев-Пушкин,Александр Владимирович(Громобой)1875—1937)——俄国律师,起初参加法制党,后加入十月十七日同盟,为该同盟中央委员。曾为十月党的《莫斯科呼声报》和《真理呼声报》撰稿。十月革命后参加邓尼金反革命叛乱,后逃亡国外。在国外参与编纂《路标转换》文集,并为同名杂志撰稿。苏联政府同意他的特赦请求后,于1923年回到苏联,从事律师工作。——149、151、155、158、225、228。

博德曼,约翰·亨利希(Bodman,Johann Heinrich 1851—1929)——德国国务活动家,男爵。1907—1917年任巴登大公国内务大臣,1917年12月起为巴登大公国政府首脑,依靠民族自由主义集团进行统治。1918年十一月革命后退职。——10—11。

布尔采夫,弗拉基米尔·李沃维奇(Бурцев,Владимир Львович 1862—

1942)——俄国政论家和出版家。19世纪80年代是民意党人。1885年被捕,流放西伯利亚,后逃往国外,从事收集和出版革命运动文献的工作。1897年在伦敦出版革命运动史料汇编《一百年来》。1900年开始出版《往事》杂志。曾把沙俄内务部警察司的秘密活动公诸于众,揭露了奸细叶·菲·阿捷夫和罗·瓦·马林诺夫斯基等人。俄国第一次革命前夕接近社会革命党人,革命失败后支持立宪民主党人。1911年10月—1914年1月在巴黎出版自由派资产阶级的《未来报》。第一次世界大战期间是沙文主义者。1915年回国,反对布尔什维克。1917年二月革命后开始出版《共同事业报》(后转到巴黎出版)。十月革命后侨居国外,参与建立君主派白卫组织,反对苏维埃俄国。——382。

布拉特(**布洛塔**),安德列·安德列耶维奇(Булат(Булота),Андрей Андреевич 1872—1941)——立陶宛社会活动家,第二届和第三届国家杜马苏瓦乌基省代表;职业是律师。1905年10月是邮电职员罢工的组织者之一;屡遭监禁。在杜马中参加劳动派党团,在第三届国家杜马中为劳动派党团领袖。1912—1915年在维尔纽斯当律师,1915—1917年住在美国。返回彼得格勒后,代表社会革命党被增补进工兵代表苏维埃中央执行委员会。1940年为立陶宛苏维埃社会主义共和国人民议会选举委员会委员。1940—1941年任共和国最高苏维埃主席团司法部部长。1941年被德国占领者枪杀。——216。

布勒宁,维克多·彼得罗维奇(Буренин,Виктор Петрович 1841—1926)——俄国政论家,诗人。1876年加入反动的《新时报》编辑部,成为新时报派无耻文人的首领。对一切进步社会思潮的代表人物肆意诽谤,造谣诬蔑。——195、196、197、198。

布里根,亚历山大·格里戈里耶维奇(Булыгин,Александр Григорьевич 1851—1919)——俄国国务活动家,大地主。1900年以前先后任法院侦查员和一些省的省长。1900—1904年任莫斯科总督助理,积极支持祖巴托夫保安处的活动。1905年1月20日就任内务大臣。同年2月起奉沙皇之命主持起草关于召开咨议性国家杜马的法案,以期平息国内日益增长的革命热潮。但布里根杜马在革命的冲击下未能召开。布里根于沙皇颁布十月十七日宣言后辞职,虽仍留任国务会议成员,实际上已退出政治舞台。

——278。

布鲁凯尔,路易·德(Brouckère,Louis de 1870—1951)——比利时工人党领袖和理论家之一,第一次世界大战前领导该党左翼。在第二国际斯图加特代表大会上就社会党同工会的关系问题发了言。第一次世界大战期间是社会沙文主义者,战后是工人党总委员会常务局成员和第二国际执行委员会委员。后参加政府,任参议员和比利时驻国际联盟代表。1919 年起任布鲁塞尔大学教授,1926 年起是比利时科学院院士。——207。

布伦坦诺,路约(Brentano,Lujo 1844—1931)——德国经济学家,讲坛社会主义代表人物。1891 年起任慕尼黑大学政治经济学教授。鼓吹放弃阶级斗争,主张通过组织改良主义的工会和工厂立法解决资本主义的社会矛盾,调和工人和资本家的利益。在土地问题上维护小农经济稳固论和土地肥力递减规律。晚年成了公开的帝国主义辩护士。——111、365。

布罗茨基,Б.Б.(Бродский,Б.Б.生于 1889 年)——原为俄国社会民主工党党员,1904 年起先后充当华沙保安处和彼得堡保安处的暗探。——381、382—383、384。

布洛赫,约瑟夫(Bloch,Joseph 1871—1936)——德国社会民主党人,著作家。1897—1933 年是德国机会主义者的主要刊物《社会主义月刊》的编辑兼出版人。1933 年法西斯上台后移居捷克斯洛伐克。——13。

C

蔡特金,克拉拉(Zetkin,Clara 1857—1933)——德国工人运动和国际工人运动活动家,国际社会主义妇女运动领袖之一,德国共产党创建人之一。19 世纪 70 年代末参加革命运动,1881 年加入德国社会民主党。1882 年流亡奥地利,后迁居瑞士苏黎世,为秘密发行的德国社会民主党机关报《社会民主党人报》撰稿。1889 年积极参加第二国际成立大会的筹备工作。1890 年回国。1892—1917 年任德国社会民主党主办的女工运动机关刊物《平等》杂志的主编。1907 年参加国际社会党斯图加特代表大会,在由她发起的第一次国际社会主义妇女代表会议上当选为国际妇女联合会书记处书记。1910 年在哥本哈根举行的第二次国际社会主义妇女代表会议上,根据她的倡议,通过了以 3 月 8 日为国际妇女节的决议。第一次世界大战期间持国际主义立场，反对社会沙文主义。曾积极参与组织1915年3月在伯尔尼召开的国际社会主义妇女代表会议。1916年参与组织国际派（后改称斯巴达克派和斯巴达克联盟）。1917年德国独立社会民主党成立后为党中央委员。1919年起为德国共产党党员，当选为中央委员。1920年起为国会议员。1921年起先后当选为共产国际执行委员会委员和主席团委员，领导国际妇女书记处。1925年起任国际支援革命战士协会主席。——298、303—304。

查茨基，尤·——见勃朗施坦，彼得·阿布拉莫维奇。

车尔尼雪夫斯基，尼古拉·加甫里洛维奇（Чернышевский，Николай Гаврилович 1828—1889）——俄国革命民主主义者和空想社会主义者，作家，文学评论家，经济学家，哲学家；俄国社会民主主义先驱之一，俄国19世纪60年代革命运动的领袖。1853年开始为《祖国纪事》和《同时代人》等杂志撰稿，1856—1862年是《同时代人》杂志的领导人之一，发扬别林斯基的民主主义批判传统，宣传农民革命思想，是土地和自由社的思想鼓舞者。因揭露1861年农民改革的骗局，号召人民起义，于1862年被沙皇政府逮捕，入狱两年，后被送到西伯利亚服苦役。1883年解除流放，1889年被允许回家乡居住。著述很多，涉及哲学、经济学、教育学、美学、伦理学等领域。在哲学上批判了贝克莱、康德、黑格尔等人的唯心主义观点，力图以唯物主义精神改造黑格尔的辩证法。对资本主义作了深刻的批判，认为社会主义是由整个人类发展进程所决定的，但作为空想社会主义者，又认为俄国有可能通过农民村社过渡到社会主义。所著长篇小说《怎么办？》（1863）和《序幕》（约1867—1869）表达了社会主义理想，产生了巨大的革命影响。——167、175—176。

D

达尼舍夫斯基，卡尔·尤利·克里斯蒂安诺维奇（格尔曼）（Данишевский，Карл Юлий Христианович（Герман）1884—1938）——1900年加入俄国社会民主工党，布尔什维克。1907年在党的第五次（伦敦）代表大会上代表拉脱维亚边疆区社会民主党当选为俄国社会民主工党中央委员。1907—1914年在彼得堡、巴库、梯弗利斯、华沙、里加、利耶帕亚和莫斯科等地做党的工作。1917 年二月革命后任党的莫斯科委员会委员和莫斯科苏维埃代表。同年 5 月起在拉脱维亚担任布尔什维克报纸《斗争报》和《战壕真理报》编辑。十月革命后任东方面军革命军事委员会委员、共和国革命军事委员会委员和共和国革命军事法庭庭长。拉脱维亚建立苏维埃政权后任拉脱维亚苏维埃政府副主席和革命军事委员会主席。在党的第八次代表大会上当选为候补中央委员。1921 年起任党中央委员会西伯利亚局书记、林业总委员会主席、苏联对外贸易银行和全苏木材出口联合公司管理委员会主席等职。1932—1936 年任苏联副森林工业人民委员。——350。

丹尼尔逊,尼古拉·弗兰策维奇(尼古拉·—逊)(Даниельсон,Николай Францевич(Николай —он)1844—1918)——俄国经济学家,政论家,自由主义民粹派理论家。他的政治活动反映了民粹派从对沙皇制度进行革命斗争转向与之妥协的演变。19 世纪 60—70 年代与革命的青年平民知识分子小组有联系。接替格·亚·洛帕廷译完了马克思的《资本论》第 1 卷(1872 年初版),以后又译出第 2 卷(1885)和第 3 卷(1896)。在翻译该书期间同马克思和恩格斯有过书信往来。但不了解马克思主义的实质,认为马克思主义理论不适用于俄国,资本主义在俄国没有发展前途;主张保存村社土地所有制,维护小农经济和手工业经济。1893 年出版了《我国改革后的社会经济概况》一书,论证了自由主义民粹派的经济观点。列宁尖锐地批判了他的经济思想。——163、164。

德涅夫尼茨基,普·恩·(**策杰尔包姆,费多尔·奥西波维奇**)(Дневницкий,П.Н.(Цедербаум,Федор Осипович)生于 1883 年)——俄国社会民主党人,孟什维克,政论家。1909 年起住在国外,追随孟什维克护党派,为普列汉诺夫的《社会民主党人日志》撰稿,参加布尔什维克《明星报》和《真理报》的工作。十月革命后反对苏维埃政权。——316。

迪马,沙尔(Dumas,Charles 生于 1883 年)——法国新闻工作者和政论家,社会党人,众议员。曾为法国和其他国家的社会主义报刊撰稿。第一次世界大战期间是社会沙文主义者。——385。

杜勃洛文斯基,约瑟夫·费多罗维奇(英诺;英诺森)(Дубровинский,Иосиф Федорович(Инок,Иннокентий)1877—1913)——1893 年参加俄国革命运动,起初加入民意党人小组,后同民粹派决裂,成为马克思主义者。莫斯科工人协会领导人之一。1902年起为《火星报》代办员。俄国社会民主工党第二次代表大会后是布尔什维克,被增补进中央委员会。1905年是莫斯科武装起义的组织者和领导人之一。1907年在党的第五次(伦敦)代表大会上当选为中央委员。1908年进入《无产者报》编辑部。斯托雷平反动时期对取消派采取调和主义态度。屡遭沙皇政府迫害。1913年死于图鲁汉斯克流放地。——160、254、255—256、261、264、265、266、272、273、348。

杜尔诺沃,彼得·尼古拉耶维奇(Дурново,Петр Николаевич 1845—1915)——俄国国务活动家,反动分子。1872年起在司法部门任职,1881年转到内务部。1884—1893年任警察司司长,1900—1905年任副内务大臣,1905年10月—1906年4月任内务大臣,残酷镇压俄国第一次革命。1906年起为国务会议成员。——328、369、373。

杜冈-巴拉诺夫斯基,米哈伊尔·伊万诺维奇(Туган-Барановский,Михаил Иванович 1865—1919)——俄国经济学家和历史学家。1895—1899年任彼得堡大学政治经济学讲师,1913年起任彼得堡工学院教授。19世纪90年代是合法马克思主义的代表人物。曾为《新言论》杂志和《开端》杂志等撰稿,积极参加同自由主义民粹派的论战。20世纪初起公开维护资本主义,修正马克思主义的基本原理,成了"马克思的批评家"。1905—1907年革命期间加入立宪民主党。十月革命后成为乌克兰反革命势力的骨干分子,1917—1918年任乌克兰中央拉达财政部长。主要著作有《现代英国的工业危机及其原因和对人民生活的影响》(1894)、《俄国工厂今昔》(第1卷,1898)等。——164。

杜林,欧根·卡尔(Dühring,Eugen Karl 1833—1921)——德国哲学家和经济学家。毕业于柏林大学,当过见习法官,1863—1877年为柏林大学非公聘讲师。70年代起以"社会主义改革家"自居,反对马克思主义,企图创立新的理论体系。在哲学上把唯心主义、庸俗唯物主义和实证论混合在一起;在政治经济学方面反对马克思的劳动价值学说和剩余价值学说;在社会主义理论方面以资产阶级改良主义精神阐述自己的社会主义体系,反对科学社会主义。他的思想得到部分德国社会民主党人的支持。恩格斯在《反杜林论》一书中系统地批判了他的观点。主要著作有《国民经济学和社会主义批判史》(1871)、《国民经济学和社会经济学教程》(1873)、《哲学教程》

(1875)等。——126—127。

杜姆巴泽,伊万·安东诺维奇(Думбадзе,Иван Антонович 1851—1916)——沙俄将军,黑帮分子,高加索俄罗斯化政策的维护者。1906年被任命为雅尔塔市总办。作为君主派的俄罗斯人民同盟的成员,依仗尼古拉二世的宠信,目无法纪,排斥异己,变雅尔塔为他个人的世袭领地,对居民实行恐怖政策,干预诉讼案件。他的所作所为甚至引起十月党人的抗议,1908年他们就他的非法行为向第三届国家杜马提出质问;杜姆巴泽于1910年被解职,但事过一个月之后,再次被任命为雅尔塔市总办。——359、408。

E

恩格斯,弗里德里希(Engels,Friedrich 1820—1895)——科学共产主义创始人之一,世界无产阶级的领袖和导师,马克思的亲密战友。——16、84、126—127、147、202、232、391—392、393—394。

F

费尔巴哈,路德维希·安德列亚斯(Feuerbach,Ludwig Andreas 1804—1872)——德国唯物主义哲学家和无神论者,德国古典哲学代表人物之一,德国资产阶级最激进的民主主义阶层的思想家。1828年起在埃朗根大学任教。在自己的第一部著作《关于死和不死的思想》(1830)中反对基督教关于灵魂不死的教义;该书被没收,本人遭迫害,并被学校解聘。1836年移居布鲁克贝格村(图林根),在农村生活了近25年。在从事哲学活动的初期是唯心主义者,属于青年黑格尔派。到30年代末摆脱了唯心主义;在《黑格尔哲学批判》(1839)和《基督教的本质》(1841)这两部著作中,割断了与黑格尔主义的联系,转向唯物主义立场。主要功绩是在唯心主义长期统治德国哲学之后,恢复了唯物主义的权威。肯定自然界是客观存在的,不以人的意识为转移;人是自然的产物,人能认识物质世界和客观规律。费尔巴哈的唯物主义是马克思主义哲学的理论来源之一。但他的唯物主义是形而上学的和直观的,是以人本主义的形式出现的,历史观仍然是唯心主义的;把人仅仅看做是一种脱离历史和社会关系而存在的生物,不了解实践在认识和社会发展过程中的作用。晚年关心社会主义文献,读过马克思的《资本论》，并于1870年加入德国社会民主党。在马克思《关于费尔巴哈的提纲》和恩格斯《路德维希·费尔巴哈和德国古典哲学的终结》中对费尔巴哈的哲学作了全面的分析。——91、92、130。

佛敏，瓦连廷·巴甫洛维奇(奥尔金)(Фомин，Валентин Павлович(Ольгин))——俄国社会民主党人，俄国社会民主工党第二次代表大会后为孟什维克，1909年起是孟什维克护党派，普列汉诺夫的拥护者；住在国外。1909—1910年为《社会民主党人呼声报》撰稿，1912—1914年为孟什维克护党派小报《护党报》撰稿。——161、255。

弗兰克，路德维希(Frank，Ludwig 1874—1914)——德国社会民主党人，社会沙文主义者；职业是律师。1907年起为帝国国会议员。1910年在德国社会民主党马格德堡代表大会上投票赞成军事拨款。第一次世界大战爆发后以志愿兵身份入伍，死于前线。——10—12、14、118。

福尔马尔，格奥尔格·亨利希(Vollmar，Georg Heinrich 1850—1922)——德国社会民主党机会主义派领袖之一，新闻工作者。早年是激进的民主主义者。1876年加入社会民主党，1879—1880年任党的中央机关报《社会民主党人报》编辑。1881年起多次当选帝国国会议员和巴伐利亚邦议会议员。反社会党人非常法废除后，很快转为右倾，提出一系列改良主义主张，建议把党的活动限制在争取改良的斗争上，主张同资产阶级合作，同政府妥协，反对阶级斗争尖锐化，鼓吹"国家社会主义"的优越性，号召社会民主党同自由派联合；在制定党的土地纲领时，维护小土地占有者的利益。第一次世界大战期间是社会沙文主义者。晚年不再从事政治活动。——205。

G

戈尔登贝格，约瑟夫·彼得罗维奇(梅什科夫斯基)(Гольденберг，Иосиф Петрович(Мешковский)1873—1922)——俄国社会民主党人，俄国社会民主工党第二次代表大会后是布尔什维克。国外俄国社会民主党人联合会成员。在1905—1907年革命期间起过重要作用，参加了布尔什维克所有报刊编辑部的工作，是俄国社会民主工党中央委员会负责同其他党派和组织联系的代表。1907年在党的第五次(伦敦)代表大会上当选为中央委员。1910年进入中央委员会俄国局，对取消派采取调和主义态度。第一次世界大战期间是护国派分子，普列汉诺夫的拥护者。1917—1919年参加新生活派。1920年重新加入布尔什维克党。——105、107、159、162、256、265、266。

哥列夫（**戈尔德曼**），波里斯·伊萨科维奇（伊哥尔；伊哥列夫）（Горев（Гольдман），Борис Исаакович（Игорь，Игорев）1874—1937）——俄国社会民主党人。19世纪90年代中期参加革命运动，彼得堡工人阶级解放斗争协会会员。1897年被捕并被流放到奥廖克明斯克。1905年是俄国社会民主工党彼得堡委员会委员，布尔什维克。1907年转向孟什维克。在俄国社会民主工党第五次（伦敦）代表大会上代表孟什维克当选为候补中央委员。曾为孟什维克取消派的《社会民主党人呼声报》和《我们的曙光》杂志撰稿。1910—1911年为党中央委员会国外局成员和书记。1912年参加了托洛茨基在维也纳召开的反布尔什维克的八月代表会议，在会上被选入组委会。1917年二月革命后为孟什维克《工人报》编辑之一、孟什维克中央委员会委员和第一届中央执行委员会委员。1920年8月声明退出孟什维克组织。后在高等院校从事教学工作。——43—44、52、53—54、184、254、255、258、289、299、324。

格尔曼——见达尼舍夫斯基，卡尔·尤利·克里斯蒂安诺维奇。

格格奇柯利，叶夫根尼·彼得罗维奇（Гегечкори，Евгений Петрович 1881—1954）——格鲁吉亚孟什维克。第三届国家杜马库塔伊西省代表，社会民主党杜马党团领袖之一。1917年二月革命后任临时政府外高加索特别委员会委员。1917年11月起任外高加索反革命政府——外高加索委员会主席，后为格鲁吉亚孟什维克政府的外交部长和副主席。1921年格鲁吉亚建立苏维埃政权后为白俄流亡分子。——251、376、405、408。

格拉西莫夫，阿列克斯·瓦西里耶维奇（Герасимов，Алекс Васильевич 生于1861年）——沙俄少将。1905—1909年任彼得堡保安处处长，1909—1914年是内务大臣的将级专员。——382。

格罗莫博伊——见博勃里舍夫-普希金，亚历山大·弗拉基米罗维奇。

葛伊甸，彼得·亚历山德罗维奇（Гейден，Петр Александрович 1840—1907）——俄国伯爵，大地主，地方自治运动活动家，十月党人。1895年起是普斯科夫省的县贵族代表、自由经济学会主席。1904—1905年积极参加地方自治运动。打着自由主义的幌子，力图使资产阶级和地主联合起来对付日益增长的革命运动。沙皇1905年10月17日宣言颁布后，公开转向反革命营垒，是十月党的组织者之一。在第一届国家杜马中领导右派代表集团。杜马解散后是和平革新党的组织者之一。——332—333、370、371、372、373。

古尔柯，弗拉基米尔·约瑟福维奇（Гурко，Владимир Иосифович 1863—1927）——俄国国务活动家。1902年起任内务部地方局局长，1906年起任副内务大臣。在第一届国家杜马中反对土地法案，维护农奴主-地主的利益。在哥列梅金政府中起过重要作用。后因同盗用公款一事有牵连，根据参议院判决被解职。1912年当选为国务会议成员。敌视十月革命，反对苏维埃政权，后流亡国外。——359。

古列维奇，埃马努伊尔·李沃维奇（斯米尔诺夫，叶·）（Гуревич，Эммануил Львович（Смирнов，Е.）生于1865年）——俄国政论家，1890年以前是民意党人，后来成为社会民主党人；俄国社会民主工党第二次代表大会后是孟什维克。斯托雷平反动时期和新的革命高涨年代是取消派分子，为左派立宪民主党人的《同志报》撰稿；是孟什维克取消派《我们的曙光》杂志的创办人之一和撰稿人。第一次世界大战期间是社会沙文主义者。——337。

古契柯夫，亚历山大·伊万诺维奇（Гучков，Александр Иванович 1862—1936）——俄国大资本家，十月党的组织者和领袖。1905—1907年革命期间支持政府镇压工农。1907年5月作为工商界代表被选入国务会议，同年11月被选入第三届国家杜马；1910年3月—1911年3月任杜马主席。第一次世界大战期间是中央军事工业委员会主席和国防特别会议成员。1917年3—5月任临时政府陆海军部长。同年8月参与策划科尔尼洛夫叛乱。十月革命后反对苏维埃政权，1918年起为白俄流亡分子。——117、138、327—328、332—333、369、371、372、375、403—404。

H

海德门，亨利·迈尔斯（Hyndman，Henry Mayers 1842—1921）——英国社会党人。1881年创建民主联盟（1884年改组为社会民主联盟），担任领导职务，直至 1892 年。曾同法国可能派一起夺取 1889 年巴黎国际工人代表大会的领导权，但未能得逞。1900—1910 年是社会党国际局成员。1911 年参与创建英国社会党，领导该党机会主义派。第一次世界大战期间是社会沙文主义者。1916 年英国社会党代表大会谴责他的社会沙文主义立场后，退出社会党。敌视俄国十月革命，赞成武装干涉苏维埃俄国。——230—232、388—394。

黑格尔，乔治·威廉·弗里德里希（Hegel，Georg Wilhelm Friedrich 1770—1831）——德国哲学家，客观唯心主义者，德国古典哲学的主要代表。1801—1807 年任耶拿大学哲学讲师和教授。1808—1816 年任纽伦堡中学校长。1816—1817 年任海德堡大学哲学教授。1818 年起任柏林大学哲学教授。黑格尔哲学是 18 世纪末至 19 世纪初德国唯心主义哲学的最高发展。他根据唯心主义的思维与存在同一的基本原则，建立了客观唯心主义的哲学体系，并创立了唯心主义辩证法的理论。认为在自然界和人类出现以前存在着绝对精神，客观世界是绝对精神、绝对观念的产物；绝对精神在其发展中经历了逻辑阶段、自然阶段和精神阶段，最终回复到了它自身；整个自然的、历史的和精神的世界都处于不断的运动、变化和发展中，矛盾是运动、变化的核心。黑格尔哲学的特点是辩证方法同形而上学体系之间的深刻矛盾。他的唯心主义辩证法是马克思主义哲学的理论来源之一。在社会政治观点上是保守的，是立宪君主制的维护者。主要著作有《精神现象学》(1807)、《逻辑学》(1812—1816)、《哲学全书》(1817)、《法哲学原理》(1821)、《哲学史讲演录》(1833—1836)、《历史哲学讲演录》(1837)、《美学讲演录》(1836—1838)等。——130。

洪达泽，加布里埃尔·伊万诺维奇（莫斯科夫斯基，阿·）（Хундадзе，Габриэль Иванович（Московский，А.）生于 1877 年）——1898 年参加俄国社会民主主义运动，俄国社会民主工党第二次代表大会后是孟什维克。1906 年 11 月—1907 年 10 月任俄国社会民主工党莫斯科委员会委员，党的第五次（伦敦）代表大会代表。1909—1913 年是孟什维克护党派分子，曾为俄国社会民主工党中央机关报《社会民主党人报》撰稿。第一次世界大战期间是孟什维克国际主义者。1917 年追随新生活派。1918—1920 年是格鲁吉亚孟什维克政府驻莫斯科代表。后脱离政治活动。——184。

霍尔，莱昂纳德（Hall，Leonard 1866—1916）——英国社会党人，社会主义同盟成员，领导该同盟的曼彻斯特分部。独立工党创建人之一，1894年起为该党执行委员会委员。——233、235。

霍米亚科夫，尼古拉·阿列克谢耶维奇（Хомяков，Николай Алексеевич 1850—1925）——俄国大地主，十月党人。1886—1896年是斯摩棱斯克省贵族代表。1896—1902年任农业和国家产业部农业司司长。1906年被选为国务会议成员。第二届、第三届和第四届国家杜马代表；1910年3月前任第三届国家杜马主席。与银行资本有联系，在东部铁路实行租让时入了股。——213—214。

J

吉霍米罗夫，列夫·亚历山德罗维奇（Тихомиров，Лев Александрович 1852—1923）——19世纪70年代参加俄国革命运动。1872—1873年为柴可夫斯基派小组成员，在工人中间进行宣传。1878年夏起为土地和自由社成员，1879年起为民意党执行委员会委员。1883年流亡国外，与彼·拉·拉甫罗夫一起出版《民意导报》。1888年背弃革命信念，在巴黎出版了《我为什么不再做革命者》的小册子，给沙皇写了请求赦免的忏悔书。1889年回国，成为君主派分子，为《莫斯科新闻》、《新时报》、《俄国评论报》撰稿。1917年起脱离政治活动。——97。

季奥涅奥——见什克洛夫斯基，伊萨克·弗拉基米罗维奇。

加里宁，费多尔·伊万诺维奇（阿尔卡季）（Калинин，Федор Иванович（Аркадий）1882—1920）——俄国织布工人，1903年加入俄国社会民主工党。1905年领导弗拉基米尔省亚历山德罗夫斯克市的武装起义，后在党的莫斯科委员会工作。斯托雷平反动时期和新的革命高涨年代参加派别性的卡普里党校和博洛尼亚党校（意大利）的工作，加入"前进"集团。1912年起侨居巴黎。1917年二月革命后回国，在彼得格勒五金工会工作。十月革命后任教育人民委员部部务委员，是无产阶级文化协会的领导人之一。——350。

加米涅夫（**罗森费尔德**），列夫·波里索维奇（Каменев（Розенфельд），Лев Борисович 1883—1936）——1901年加入俄国社会民主工党，党的第二次代表大会后是布尔什维克。是高加索联合会出席党的第三次代表大会的代表。1905—1907 年在彼得堡从事宣传鼓动工作,为党的报刊撰稿。1908 年底出国,任布尔什维克的《无产者报》编委。斯托雷平反动时期对取消派、召回派和托洛茨基分子采取调和主义态度。1914 年初回国,在《真理报》编辑部工作,曾领导第四届国家杜马布尔什维克党团。1914 年 11 月被捕,在沙皇法庭上宣布放弃使沙皇政府在帝国主义战争中失败的布尔什维克口号,次年 2 月被流放。1917 年二月革命后反对列宁的《四月提纲》。从党的第七次全国代表会议(四月代表会议)起多次当选为中央委员。十月革命前夕反对举行武装起义的决定。在全俄苏维埃第二次代表大会上当选为全俄中央执行委员会第一任主席。1917 年 11 月主张成立有孟什维克和社会革命党人参加的联合政府,遭到否决后声明退出党中央。1918 年起任莫斯科苏维埃主席。1922 年起任人民委员会副主席,1924—1926 年任劳动国防委员会主席。1923 年起为列宁研究院第一任院长。1919—1925 年为党中央政治局委员。1925 年参与组织"新反对派",1926 年 1 月当选为中央政治局候补委员,同年参与组织"托季联盟",10 月被撤销政治局候补委员职务。1927 年 12 月被开除出党,后来两次恢复党籍,两次被开除出党。1936 年 8 月 25 日被苏联最高法院军事审判庭以"参与暗杀基洛夫、阴谋刺杀斯大林及其他苏联领导人"的罪名判处枪决。1988 年 6 月苏联最高法院为其平反。——297、298。

捷斯连科,尼古拉·瓦西里耶维奇(Тесленко,Николай Васильевич 生于 1870 年)——俄国律师,从立宪民主党成立时起即为该党中央委员。第二届国家杜马莫斯科市代表,曾为《俄罗斯新闻》撰稿。十月革命后为白俄流亡分子。——276、277、278、279、384。

K

卡察普——见波利亚科夫,A.A.。

卡恩-科茨,泽尔达(Kahan-Coates,Zelda 生于 1883 年)——英国社会民主联盟成员,属该联盟左翼,反对海德门的机会主义政策。1907 年应邀出席了俄国社会民主工党第五次(伦敦)代表大会。1912 年当选为英国社会党执行委员会委员，积极反对军国主义、帝国主义侵略和资本主义国家的政策。——231、232。

卡尔斯基——见马尔赫列夫斯基，尤利安·约瑟福维奇。

卡拉乌洛夫，瓦西里·安德列耶维奇（Караулов，Василий Андреевич 1854—1910）——俄国立宪民主党人，法学家。曾是民意党人，1884年因十二个民意党人案在基辅被捕并被判处四年苦役，后流放西伯利亚。1905年加入立宪民主党，公开反对1905—1907年革命。第三届国家杜马叶尼塞斯克省代表，立宪民主党在杜马中的正式发言人。——97、98、154—155、279、309、373。

卡维林，康斯坦丁·德米特里耶维奇（Кавелин，Константин Дмитриевич 1818—1885）——俄国资产阶级自由派政论家，历史学家和实证论哲学家。莫斯科大学（1844—1848）和彼得堡大学（1857—1861）教授。曾为《同时代人》、《祖国纪事》和《欧洲通报》等杂志撰稿。在1861年农民改革的准备和进行期间，反对革命民主主义运动，赞成专制政府的反动政策。——167。

康德，伊曼努尔（Kant，Immanuel 1724—1804）——德国哲学家，德国古典唯心主义哲学奠基人。1755—1770年任柯尼斯堡大学讲师，1770—1796年任该校教授。1770年以前致力于研究自然科学，发表了《自然通史和天体论》（1755）一书，提出了关于太阳系起源的星云说。1770年以后致力于"批判地"研究人的认识以及这种认识的方式和界限，发表了《纯粹理性批判》（1781）、《实践理性批判》（1788）、《判断力批判》（1790），分别阐述他的认识论、伦理学、美学等观点。康德哲学的基本特点是调和唯物主义和唯心主义。它承认在意识之外独立存在的物，即"自在之物"，认为"自在之物"是感觉的源泉，但又认为"自在之物"是不可知的，是超乎经验之外的，是人的认识能力所不可能达到的"彼岸的"东西，人只能认识自己头脑里固有的先验的东西。——130。

康杜鲁什金，斯捷潘·谢苗诺维奇（Кондурушкин，Степан Семенович 1874—1919）——俄国作家和新闻工作者。1898—1903年在叙利亚的巴勒斯坦协会中当教师，后回国。曾为《俄国财富》杂志、《世间》杂志、《旗帜》文集等刊物撰稿。——378、379。

考茨基,卡尔(Kautsky,Karl 1854—1938)——德国社会民主党和第二国际的领袖和主要理论家之一。1875年加入奥地利社会民主党,1877年加入德国社会民主党。1881年与马克思和恩格斯相识后,在他们的影响下逐渐转向马克思主义。从19世纪80年代到20世纪初写过一些宣传和解释马克思主义的著作:《卡尔·马克思的经济学说》(1887)、《土地问题》(1899)等。但在这个时期已表现出向机会主义方面摇摆,在批判伯恩施坦时作了很多让步。1883—1917年任德国社会民主党理论刊物《新时代》杂志主编。曾参与起草1891年德国社会民主党纲领(爱尔福特纲领)。1910年以后逐渐转到机会主义立场,成为中派领袖。第一次世界大战前夕提出超帝国主义论,大战期间打着中派旗号支持帝国主义战争。1917年参与建立德国独立社会民主党,1922年拥护该党右翼与德国社会民主党合并。1918年后发表《无产阶级专政》等书,攻击俄国十月革命,反对无产阶级专政。——17、94、114、128—129、131、298、303。

科甘,В.Л.(Коган,В.Л.)——俄国社会民主党人,孟什维克,政论家。1906—1908年为《教育》杂志撰稿。——199、200。

科斯特罗夫——见饶尔丹尼亚,诺伊·尼古拉耶维奇。

克拉辛,列昂尼德·波里索维奇(尼基塔)(Красин,Леонид Борисович (Никита)1870—1926)——1890年参加俄国社会民主主义运动,是布鲁斯涅夫小组成员。1895年被捕,流放伊尔库茨克三年。流放期满后进入哈尔科夫工艺学院学习,1900年毕业。1900—1904年在巴库当工程师,与弗·扎·克茨霍韦利一起建立《火星报》秘密印刷所。俄国社会民主工党第二次代表大会后加入布尔什维克党,被增补进中央委员会;在中央委员会里一度对孟什维克采取调和主义态度,帮助把三名孟什维克代表增补进中央委员会,但不久即同孟什维克决裂。俄国社会民主工党第三次代表大会的参加者,在会上当选为中央委员。1905年是布尔什维克第一份合法报纸《新生活报》的创办人之一。1905—1907年革命期间参加彼得堡工人代表苏维埃,领导党中央战斗技术组。在党的第四次(统一)代表大会上代表布尔什维克作了关于武装起义问题的报告,并再次当选为中央委员,在第五次(伦敦)代表大会上当选为候补中央委员。1908年侨居国外。一度参加反布尔什维克的"前进"集团,后脱离政治活动,在国内外当工程师。

十月革命后是红军供给工作的组织者之一,任红军供给非常委员会主席、最高国民经济委员会主席团委员、工商业人民委员、交通人民委员。1919年起从事外交工作。1920年起任对外贸易人民委员,1920—1923年兼任驻英国全权代表和商务代表,参加了热那亚国际会议和海牙国际会议。1924年任驻法国全权代表,1925年起任驻英国全权代表。在党的第十三次和第十四次代表大会上当选为中央委员。——273。

克里切夫斯基,波里斯·尼古拉耶维奇(Кричевский,Борис Николаевич 1866—1919)——俄国社会民主党人,政论家,经济派领袖之一。19世纪80年代末参加社会民主主义小组的工作。90年代初侨居国外,加入劳动解放社,参加该社的出版工作。90年代末是国外俄国社会民主党人联合会的领导人之一。1899年任该会机关刊物《工人事业》杂志的编辑,在杂志上宣扬伯恩施坦主义观点。1903年俄国社会民主工党第二次代表大会后不久脱离政治活动。——205。

奎尔奇,哈里(Quelch,Harry 1858—1913)——英国工人运动和国际工人运动活动家,英国社会民主联盟及在其基础上成立的英国社会党的创建人和领导人之一;职业是排字工人。1886年起编辑联盟的机关报《正义报》和《社会民主党人》月刊。积极参加工会运动,在工人群众中宣传马克思主义。第二国际多次代表大会的代表;社会党国际局成员。1902—1903年列宁的《火星报》在伦敦出版期间,积极协助报纸的印行工作。——231—232。

L

拉法格,保尔(Lafargue,Paul 1842—1911)——法国工人运动和国际工人运动活动家,法国工人党和第二国际创建人之一,马克思主义的理论家和宣传家;马克思的女儿劳拉的丈夫。1865年初加入第一国际巴黎支部,1866年2月当选为国际总委员会委员。在马克思和恩格斯直接教诲下逐渐接受科学社会主义。巴黎公社时期曾组织波尔多工人声援公社的斗争,并前往巴黎会见公社领导人。公社失败后流亡西班牙,在反对巴枯宁主义者的斗争中起了重要作用。1872年10月迁居伦敦,为创建法国独立的工人政党做了大量工作。1880年和盖得一起在马克思和恩格斯指导下起草了法国工人党纲领,任工人党机关报《平等报》编辑。1882 年回到巴黎,和盖得一起领导工人党,同可能派进行了坚决的斗争。1889 年积极参加创建第二国际的活动。1891 年当选为众议员。19 世纪末 20 世纪初反对伯恩施坦修正主义,谴责米勒兰加入资产阶级内阁的行为。1905 年统一的法国社会党成立后为党的领袖之一。——386—387。

拉法格,劳拉(Lafargue,Laura 1845—1911)——法国工人运动活动家;马克思的二女儿,保·拉法格的妻子。为在法国传播马克思主义做了很多工作;与丈夫一起把《共产党宣言》译成法文,还把马克思的《政治经济学批判》、恩格斯的《路德维希·费尔巴哈和德国古典哲学的终结》以及马克思和恩格斯的其他一些重要著作译成了法文。——386—387。

拉甫罗夫,彼得·拉甫罗维奇(Лавров,Петр Лаврович 1823—1900)——俄国革命民粹主义思想家,哲学家,政论家,社会学家。1862 年加入秘密革命团体——第一个土地和自由社。1866 年被捕,次年流放沃洛格达省,在那里写了对俄国民粹主义知识界有很大影响的《历史信札》(1868—1869)。1870 年从流放地逃到巴黎,加入第一国际,参加了巴黎公社。1871 年 5 月受公社的委托去伦敦,在那里与马克思和恩格斯相识。1873—1876 年编辑《前进》杂志,1883—1886 年编辑《民意导报》,后参加编辑民意社文集《俄国社会革命运动史资料》(1893—1896)。作为社会学主观学派的代表,否认社会发展的客观规律,把人类的进步视为“具有批判头脑的个人”活动的结果,被认为是民粹主义“英雄”与“群氓”理论的精神始祖。还著有《国际史论丛》、《1873—1878 年的民粹派宣传家》等社会思想史、革命运动史和文化史方面的著作。——127。

拉林,尤·(**卢里叶,米哈伊尔·亚历山德罗维奇**)(Ларин,Ю.(Лурье,Михаил Александрович)1882—1932)——1900 年参加俄国社会民主主义运动,在敖德萨和辛菲罗波尔工作。1904 年起为孟什维克。1905 年是俄国社会民主工党彼得堡孟什维克委员会委员。1906 年进入党的统一的彼得堡委员会;是党的第四次(统一)代表大会有表决权的代表。维护孟什维克的土地地方公有化纲领,支持召开“工人代表大会”的取消主义思想。党的第五次(伦敦)代表大会波尔塔瓦组织的代表。斯托雷平反动时期和新的革命高涨年代是取消派领袖之一,参加了“八月联盟”。第一次世界大战期间是中派分子。1917 年二月革命后领导出版《国际》杂志的孟什维克国际主义派。1917 年 8 月加入布尔什维克党。在彼得格勒参加十月武装起义。十月革命后主张成立有孟什维克和社会革命党人参加的联合政府。在苏维埃和经济部门工作,曾任最高国民经济委员会主席团委员、国家计划委员会主席团委员等职。1920—1921 年工会问题争论期间先后支持布哈林和托洛茨基的纲领。——192—201、204、205、206—207、297、311、312—313、314、316、317—318、321—322、337、351、353、359、366、368、407、408、412。

拉米什维里,诺伊·维萨里昂诺维奇(彼得)(Рамишвили,Ной Виссарионович (Петр)1881—1930)——格鲁吉亚孟什维克领袖之一。1902 年加入社会民主党,在格鲁吉亚农民中开展工作。俄国社会民主工党第二次代表大会后加入孟什维克,从那时起一直反对布尔什维克。1907 年是俄国社会民主工党第五次(伦敦)代表大会的代表,在会上代表孟什维克被选入中央委员会。斯托雷平反动时期是取消派分子。1910 年在梯弗利斯工作,任俄国社会民主工党区域委员会委员。第一次世界大战期间是护国派分子。1917 年二月革命后为格鲁吉亚孟什维克党的中央委员,《统一报》编辑。1918—1920 年任格鲁吉亚孟什维克政府内务部长,主张格鲁吉亚从俄国分离出去,反对苏维埃政权。1923 年在国外时领导了企图在格鲁吉亚策动反苏维埃政权叛乱的孟什维克集团。——256、257、266、273。

拉萨尔,斐迪南(Lassalle,Ferdinand 1825—1864)——德国工人运动活动家,小资产阶级社会主义者,德国工人运动中的机会主义——拉萨尔主义的代表人物。积极参加德国 1848 年革命。曾与马克思和恩格斯有过通信联系。1863 年 5 月参与创建全德工人联合会,并当选为联合会主席。在联合会中推行拉萨尔主义,把德国工人运动引上了机会主义道路。宣传超阶级的国家观点,主张通过争取普选权和建立由国家资助的工人生产合作社来解放工人。曾同俾斯麦勾结并支持在普鲁士领导下"自上而下"统一德国的政策。在哲学上是唯心主义者和折中主义者。——391。

莱特伊仁,加甫里尔·达维多维奇(林多夫,加·;维亚泽姆斯基)(Лейтейзен,Гавриил Давидович(Линдов,Г.,Вяземский)1874—1919)——俄国社会民主党人,火星派分子。19 世纪 90 年代开始革命活动,后侨居国外，加入劳动解放社，后又参加国外俄国社会民主党人联合会。曾为《火星报》和《曙光》杂志撰稿。1903 年俄国社会民主工党第二次代表大会后是布尔什维克，为《前进报》、《无产者报》等布尔什维克报刊撰稿。1907 年在党的第五次(伦敦)代表大会上当选为中央委员。同年底被捕，后到图拉行医，同时在工人中进行革命工作。斯托雷平反动时期和新的革命高涨年代参加党中央委员会俄国局的工作。1917 年二月革命后一度持孟什维克国际主义者立场，追随新生活派。1918 年初回到布尔什维克党内。同年 8 月起为东方面军第 4 集团军革命军事委员会委员。1919 年 1 月 20 日在前线被白卫分子杀害。——254、255、256、264—265、269。

兰斯伯里，乔治(Lansbury, George 1859—1940)——英国工党领袖之一。1892 年加入社会民主联盟，1906 年加入工党。1910—1912 年和 1922—1940 年为议员。1912—1922 年任《每日先驱报》社长。1929—1931 年任公共工程大臣。1931—1935 年任工党主席。——234—235。

雷因博特(**雷兹沃伊**)，阿纳托利·阿纳托利耶维奇(Рейнбот(Резвой), Анатолий Анатольевич 1868—1918)——沙俄将军。1906—1907 年担任莫斯科市市长期间，残酷镇压莫斯科的革命运动，大搞贪污受贿、敲诈勒索和侵吞公款的活动。其警察暴行和专横跋扈激起了广大社会阶层的愤慨。沙皇政府被迫将其撤职并交付法庭审判，但对其案件的调查拖延多年，直到 1911 年才开庭审理，被判处剥夺权利和财产并在犯人感化所服刑一年。可是连这个判决也没有执行，不久即被释放。第一次世界大战期间曾任师长。——359。

李伯尔(**戈尔德曼**)，米哈伊尔·伊萨科维奇(伯尔)(Либер(Гольдман), Михаил Исаакович(Бер) 1880—1937)——崩得和孟什维克领袖之一。1898 年起为社会民主党人，1902 年起为崩得中央委员。1903 年率领崩得代表团出席俄国社会民主工党第二次代表大会，在会上采取极右的反火星派立场，会后成为孟什维克。1907 年在党的第五次(伦敦)代表大会上代表崩得被选入中央委员会，是崩得驻中央委员会国外局的代表。斯托雷平反动时期是取消派分子，1912 年是“八月联盟”的骨干分子，第一次世界大战期间是社会沙文主义者。1917 年二月革命后任彼得格勒工兵代表苏维埃执行委员会委员和第一届中央执行委员会主席团委员，采取孟什维克立场，支持资产阶级联合内阁，敌视十月革命。后脱离政治活动，从事经济工作。——270、289、299、322、324。

李卜克内西，威廉(Liebknecht，Wilhelm 1826—1900)——德国工人运动和国际工人运动活动家，德国社会民主党的创建人和领袖之一，马克思和恩格斯的朋友和战友。积极参加德国1848年革命，革命失败后流亡国外，在国外结识马克思和恩格斯，接受了科学共产主义思想。1850年加入共产主义者同盟。1862年回国。第一国际成立后，成为国际的革命思想的热心宣传者和国际的德国支部的组织者之一。1868年起任《民主周报》编辑。1869年与倍倍尔共同创建了德国社会民主工党(爱森纳赫派)，任党的中央机关报《人民国家报》编辑。1875年积极促成爱森纳赫派和拉萨尔派的合并。在反社会党人非常法施行期间与倍倍尔一起领导党的地下工作和斗争。1890年起任党的中央机关报《前进报》主编，直至逝世。1867—1870年为北德意志联邦国会议员，1874年起多次被选为德意志帝国国会议员，利用议会讲坛揭露普鲁士容克反动的内外政策。因革命活动屡遭监禁。是第二国际的组织者之一。——147、315。

李沃夫，尼古拉·尼古拉耶维奇(李沃夫第一)(Львов，Николай Николаевич (Львов 1-й)1867—1944)——俄国大地主，地方自治人士。1893—1900年是萨拉托夫省的贵族代表，1899年起任该省地方自治局主席。1904—1905年地方自治机关代表大会的参加者，解放社的创建人之一。1906年为立宪民主党中央委员，但因在土地问题上与立宪民主党人有意见分歧而退党，后为和平革新党的组织者之一。第一届、第三届和第四届国家杜马代表。在第三届和第四届杜马中是进步派领袖之一，1913年任杜马副主席。1917年为地主同盟的领导成员。国内战争时期在白卫军中当新闻记者，后为白俄流亡分子。——251、252、253、333、371、373。

李沃夫第一——见李沃夫，尼古拉·尼古拉耶维奇。

利托夫采夫，索·——见波利亚科夫，索洛蒙·李沃维奇。

连年坎普夫，帕维尔·卡尔洛维奇(Ренненкампф，Павел Карлович 1854—1918)——沙俄将军，扼杀革命运动的刽子手之一。1900—1901年在镇压中国义和团起义时凶狠残暴。1906年与美列尔-扎科梅尔斯基一起指挥讨伐队，镇压西伯利亚的革命运动。第一次世界大战初期曾指挥进攻东普鲁士的俄军第1集团军,行动迟缓,优柔寡断,导致俄军在东普鲁士的失败;1915年被撤职。1918年因从事反革命活动被枪决。——79、81、223。

列宁,弗拉基米尔·伊里奇(**乌里扬诺夫,弗拉基米尔·伊里奇**;列宁,尼·)(Ленин,Владимир Ильич(Ульянов,Владимир Ильин,Ленин,Н.)1870—1924)——188、305、334、336、337、351。

列维茨基(**策杰尔包姆**),弗拉基米尔·奥西波维奇(Левицкий(Цедербаум),Владимир Осипович 生于1883年)——俄国社会民主党人,孟什维克。19世纪90年代末参加革命运动,在德文斯克崩得组织中工作。1906年初是俄国社会民主工党统一的彼得堡委员会委员;彼得堡组织出席党的第四次(统一)代表大会的代表。在第二届国家杜马选举期间主张同立宪民主党结盟。斯托雷平反动时期和新的革命高涨年代是取消派领袖之一;加入孟什维克中央,在关于取消党的"公开信"上签了名;编辑《我们的曙光》杂志并为《社会民主党人呼声报》、《复兴》杂志以及孟什维克取消派的其他定期报刊撰稿。炮制了"不是领导权,而是阶级的政党"的"著名"公式。第一次世界大战期间是社会沙文主义者,支持护国派极右翼集团。敌视十月革命,反对苏维埃政权。1920年因"战术中心"案受审。后从事写作。——49、94、110—111、123、134、182、183、188、189—190、191、204、206、209—210、211、212、283—285、297、310、318、321—322、337、351、353、366、368。

林多夫,加·——见莱特伊仁,加甫里尔·达维多维奇。

柳比奇——见萨美尔,伊万·阿达莫维奇。

卢森堡,罗莎(Luxemburg,Rosa 1871—1919)——德国、波兰和国际工人运动活动家,德国社会民主党和第二国际左翼领袖和理论家之一,德国共产党创建人之一。生于波兰。19世纪80年代后半期开始革命活动,1893年参与创建和领导波兰王国社会民主党,为党的领袖之一。1898年移居德国,积极参加德国社会民主党的活动,反对伯恩施坦主义和米勒兰主义。曾参加俄国第一次革命(在华沙)。1907年参加俄国社会民主工党第五次(伦敦)代表大会,在会上支持布尔什维克。斯托雷平反动时期和新的革命高涨年代对取消派采取调和主义态度。1912年波兰王国和立陶宛社会民主党分裂后,曾谴责最接近布尔什维克的所谓分裂派。第一次世界大战期间持国际主义立场,是建立国际派(后改称斯巴达克派和斯巴达克联盟)的发起人之一。参加领导了德国1918年十一月革命，同年底参与领导德国共产党成立大会，作了党纲报告。1919年1月柏林工人斗争被镇压后，于15日被捕，当天惨遭杀害。主要著作有《社会改良还是革命》(1899)、《俄国社会民主党的组织问题》(1904)、《资本积累》(1913)等。——17。

鲁巴诺维奇，伊里亚·阿道福维奇(Рубанович，Илья Адольфович 1860—1920)——俄国社会革命党领袖之一。早年积极参加民意党运动，19世纪80年代侨居巴黎，1893年在巴黎加入老民意党人小组。社会革命党成立后即为该党积极成员。曾参加《俄国革命通报》杂志的工作，该杂志从1902年起成为社会革命党正式机关刊物。是出席国际社会党阿姆斯特丹代表大会(1904)和斯图加特代表大会(1907)的社会革命党代表，社会党国际局成员。第一次世界大战期间是社会沙文主义者。十月革命后反对苏维埃政权。——97、98。

鲁瓦奈，古斯塔夫(Rouanet，Gustave生于1855年)——法国社会党党员，属该党右翼；职业是新闻工作者。1893—1914年为议员。曾为社会党的《人道报》撰稿，担任过《社会主义评论》杂志的编辑。——204。

罗季切夫，费多尔·伊兹迈洛维奇(Родичев，Федор Измаилович 1853—1932)——俄国地主，地方自治运动活动家，立宪民主党领袖之一，该党中央委员。1904—1905年地方自治机关代表大会的参加者。第一届至第四届国家杜马代表。1917年二月革命后任临时政府芬兰事务委员。十月革命后为白俄流亡分子。——376。

罗将柯，米哈伊尔·弗拉基米罗维奇(Родзянко，Михаил Владимирович 1859—1924)——俄国大地主，十月党领袖之一，君主派分子。20世纪初曾任叶卡捷琳诺斯拉夫省地方自治局主席。1911—1917年先后任第三届和第四届国家杜马主席，支持沙皇政府的反动政策。1917年二月革命期间力图保持君主制度，组织并领导了反革命中心"国家杜马临时委员会"，后参与策划科尔尼洛夫叛乱。十月革命后投靠科尔尼洛夫和邓尼金，企图联合一切反革命势力颠覆苏维埃政权。1920年起为白俄流亡分子。——215—216。

罗—柯夫，尼·——见罗日柯夫，尼古拉·亚历山德罗维奇。

罗曼——见叶尔莫拉耶夫，康斯坦丁·米哈伊洛维奇。

罗曼诺夫——见尼古拉二世(**罗曼诺夫**)。

罗曼诺夫王朝(Романовы)——俄国皇朝(1613—1917)。——99、172、327、330。

罗日柯夫,尼古拉·亚历山德罗维奇(罗—柯夫,尼·)(Рожков,Николай Александрович(Р—ков,Н.)1868—1927)——俄国历史学家和政治活动家。19世纪90年代接近合法马克思主义者。1905年加入俄国社会民主工党,布尔什维克。1907年当选为中央委员,进入中央委员会俄国局。1905—1907年革命失败后成为取消派的思想领袖之一,为《我们的曙光》杂志撰稿,编辑孟什维克取消派的《新西伯利亚报》。1917年二月革命后在临时政府担任了几个月的邮电部副部长。同年8月加入孟什维克党,当选为该党中央委员。敌视十月革命,在外国武装干涉和国内战争时期反对苏维埃政权。20年代初因与孟什维克的反苏维埃活动有关而两次被捕。1922年同孟什维克决裂。后来在一些高等院校和科研机关工作。写有俄国史方面的著作。——266、395—408、411—412。

洛帕廷,格尔曼·亚历山德罗维奇(Лопатин,Герман Александрович 1845—1918)——俄国民粹派革命家。19世纪70年代在国外居住期间,与马克思和恩格斯关系密切。1870年被选入第一国际总委员会。与尼·弗·丹尼尔逊一起把马克思的《资本论》第1卷译成俄文。因从事革命活动多次被捕。1887年被判处死刑,后改为终身苦役,在施吕瑟尔堡要塞的单人囚房服刑。1905年大赦时获释,后脱离政治活动。——97。

M

马尔丁诺夫,亚历山大(**皮凯尔,亚历山大·萨莫伊洛维奇**)(Мартынов,Александр(Пиккер,Александр Самойлович)1865—1935)——俄国经济派领袖之一,孟什维克著名活动家,后为共产党员。19世纪80年代初参加民意党人小组,1886年被捕,流放东西伯利亚十年;流放期间成为社会民主党人。1900年侨居国外,参加经济派的《工人事业》杂志编辑部,反对列宁的《火星报》。在俄国社会民主工党第二次代表大会上是国外俄国社会民主党人联合会的代表,反火星派分子,会后成为孟什维克。1907年作为叶卡捷琳诺斯拉夫组织的代表参加了党的第五次(伦敦)代表大会的工作,在代表大会上当选为中央委员。斯托雷平反动时期和新的革命高涨年代是取消派分子，参加取消派的机关报《社会民主党人呼声报》编辑部。第一次世界大战期间持中派立场。1917 年二月革命后为孟什维克国际主义者。十月革命后脱离孟什维克。1918—1922 年在乌克兰当教员。1923 年加入俄共(布)，在马克思恩格斯研究院工作。1924 年起任《共产国际》杂志编委。——17、189—190、205、273、298。

马尔赫列夫斯基，尤利安·约瑟福维奇(卡尔斯基)(Marchlewski，Julian(Мархлевский，Юлиан Юзефович(Карский))1866—1925)——波兰工人运动和国际工人运动活动家。1889 年参与组织波兰工人联合会。1893 年流亡瑞士，是波兰王国社会民主党的创建人之一。曾帮助列宁组织出版《火星报》。在华沙积极参加俄国 1905—1907 年革命。1907 年在俄国社会民主工党第五次(伦敦)代表大会上当选为候补中央委员。第二国际苏黎世代表大会和斯图加特代表大会的代表。1909 年起主要在德国社会民主党内工作。第一次世界大战期间，反对社会沙文主义者，参与创建斯巴达克联盟。1916 年被捕入狱。在苏俄政府的坚决要求下，1918 年从德国集中营获释，来到苏俄；被选入全俄中央执行委员会，担任执行委员会委员直至逝世。执行过许多重要的外交使命，参加过与波兰、立陶宛、芬兰、日本和中国的谈判。1919 年当选为德国共产党中央委员。参与创建共产国际。1920 年为俄共(布)中央委员会波兰局成员、波兰临时革命委员会主席。1923 年起任国际支援革命战士协会中央委员会主席。写有一些经济问题、波兰历史和国际关系方面的著作。——17。

马尔柯夫，尼古拉·叶夫根尼耶维奇(马尔柯夫第二)(Марков，Николай Евгеньевич(Марков 2-й)生于 1876 年)——俄国大地主，反动的政治活动家，黑帮组织"俄罗斯人民同盟"和"米迦勒天使长同盟"领袖之一。第三届和第四届国家杜马代表，杜马中极右翼领袖之一。十月革命后为白俄流亡分子。——214、333、375、399、400、401。

马尔柯夫第二——见马尔柯夫，尼古拉·叶夫根尼耶维奇。

马尔托夫，尔·(**策杰尔包姆，尤利·奥西波维奇**)(Мартов，Л.(Цедербаум，Юлий Осипович)1873—1923)——俄国孟什维克领袖之一。1895 年参与组织彼得堡工人阶级解放斗争协会。1896 年被捕并流放图鲁汉斯克三年。1900年参与创办《火星报》，为该报编辑部成员。在俄国社会民主工党第二次代表大会上是《火星报》组织的代表，领导机会主义少数派，反对列宁的建党原则；从那时起成为孟什维克中央机关的领导成员和孟什维克报刊的编辑。曾参加党的第五次（伦敦）代表大会的工作。斯托雷平反动时期和新的革命高涨年代是取消派分子，编辑《社会民主党人呼声报》，参与组织"八月联盟"。第一次世界大战期间是中派分子，参加齐美尔瓦尔德代表会议和昆塔尔代表会议。曾参加孟什维克组织委员会国外书记处，为书记处编辑机关刊物。1917年二月革命后领导孟什维克国际主义派。十月革命后反对镇压反革命和解散立宪会议。1919年当选为全俄中央执行委员会委员，1919—1920年为莫斯科苏维埃代表。1920年9月侨居德国。参与组织第二半国际，在柏林创办和编辑孟什维克杂志《社会主义通报》。——17、42、43、48—51、52、54、62、94、123、182、183、185、189—190、194—196、197、198、199、200、201、202、203、204—205、206、207、211、267、290、297、298、299、302、303、311、316—317、318—319、321、347、351、366、367、368。

马基雅弗利，尼古洛（Machiavelli, Niccolò 1469—1527）——意大利政治家，著作家和历史学家，资本主义产生时期意大利资产阶级的思想家。1498—1512年在佛罗伦萨共和国担任要职。认为意大利的灾难主要是由于政治分裂，主张结束这种分裂，建立一个统一而强大的君主国；主张以国家的利益为政治行为的唯一准则，统治者为达到目的，可以不择手段。后来他的以"目的说明手段正当"的原则被称为"马基雅弗利主义"。代表作《君主论》。——126。

马卡尔——见诺根，维克多·巴甫洛维奇。

马克拉柯夫，瓦西里·阿列克谢耶维奇（Маклаков, Василий Алексеевич 1870—1957）——俄国立宪民主党领袖之一，地主。1895年起为律师，曾为多起政治诉讼案出庭辩护。1906年起为立宪民主党中央委员。第二届、第三届和第四届国家杜马代表。1917年二月革命后任国家杜马临时委员会驻司法部委员；支持帕·尼·米留可夫，主张把帝国主义战争进行到"最后胜利"。同年7月起任临时政府驻法国大使。十月革命后为白俄流亡分子。——155、179、249—250、252。

马克思,卡尔(Marx,Karl 1818—1883)——科学共产主义的创始人,世界无产阶级的领袖和导师。——103、129、164—165、201、202、388—394。

马克西莫夫,恩·——见波格丹诺夫,亚历山大·亚历山德罗维奇。

马斯洛夫,彼得·巴甫洛维奇(Маслов,Петр Павлович 1867—1946)——俄国经济学家,社会民主党人。写有一些土地问题著作,修正马克思主义政治经济学原理。曾为《生活》、《开端》和《科学评论》等杂志撰稿。俄国社会民主工党第二次代表大会后是孟什维克;曾提出孟什维克的土地地方公有化纲领。在俄国社会民主工党第四次(统一)代表大会上代表孟什维克作了关于土地问题的报告,被选入中央机关报编辑部。斯托雷平反动时期和新的革命高涨年代是取消派分子。第一次世界大战期间是社会沙文主义者。十月革命后脱离政治活动,从事教学和科研工作,研究社会主义政治经济学问题。1929年起为苏联科学院院士。——94。

马耶夫斯基,叶夫根尼(**古托夫斯基,维肯季·阿尼采托维奇**)(Маевский,Евгений(Гутовский,Викентий Аницетович)1875—1918)——俄国社会民主党人,孟什维克。19世纪90年代末参加社会民主主义运动,是俄国社会民主工党西伯利亚联合会组织者之一。1905年出席了在日内瓦召开的孟什维克代表会议。斯托雷平反动时期和新的革命高涨年代是取消派分子,为《我们的曙光》杂志、《光线报》及孟什维克取消派的其他报刊撰稿。第一次世界大战期间是护国派分子。十月革命后反对苏维埃政权。——112。

马志尼,朱泽培(Mazzini,Giuseppe 1805—1872)——意大利统一时期的资产阶级革命家,民族解放运动中民主派的领袖和思想家之一。早年参加秘密革命组织"烧炭党",后被捕,流亡国外。1831年在法国马赛建立青年意大利党。积极参加1848年革命,1849年为罗马共和国临时政府首脑。1860年支持加里波第对西西里的远征。主张通过革命道路把意大利从异族压迫下解放出来和建立统一的民主共和国,认为起义是基本的斗争手段,但惯于采用密谋策略,忽视农民利益,不懂得解决土地问题的重要性。反对阶级斗争,宣扬通过"劳资合作"来解决工人问题的小资产阶级空想主义计划。——389。

麦克唐纳,詹姆斯·拉姆赛(MacDonald,James Ramsay 1866—1937)——英

国政治活动家,英国工党创建人和领袖之一。1885年加入社会民主联盟。1886年加入费边社。1894年加入独立工党,1906—1909年任该党主席。1900年当选为劳工代表委员会书记,该委员会于1906年改建为工党。1906年起为议员,1911—1914年和1922—1931年任工党议会党团主席。推行机会主义政策,鼓吹阶级合作和资本主义逐渐长入社会主义的理论。第一次世界大战初期采取和平主义立场,后来公开支持劳合-乔治政府进行帝国主义战争。1918—1920年竭力破坏英国工人反对武装干涉苏维埃俄国的斗争。1924年和1929—1931年先后任第一届和第二届工党政府首相。1931—1935年领导由保守党决策的国民联合政府。——200、233、235、407。

曼,昂利·德(Man,Henri de 1885—1953)——比利时社会党人,1911年起参加工人启蒙组织的活动。第一次世界大战期间为社会沙文主义者。1935年任劳工大臣,1936—1940年任财政大臣。1939年起任比利时社会党主席。希特勒军队占领比利时期间,与法西斯合作。比利时解放后逃亡瑞士,1946年被比利时法庭缺席判处二十年徒刑。——207。

梅林,弗兰茨(Mehring,Franz 1846—1919)——德国工人运动活动家,德国社会民主党左翼领袖和理论家之一,历史学家和政论家,德国共产党创建人之一。19世纪60年代末起是资产阶级民主主义政论家,1877—1882年持资产阶级自由主义立场,后向左转化,逐渐接受马克思主义。曾任民主主义报纸《人民报》主编。1891年加入德国社会民主党,担任党的理论刊物《新时代》杂志撰稿人和编辑,1902—1907年任《莱比锡人民报》主编,反对第二国际的机会主义和修正主义,批判考茨基主义。第一次世界大战爆发后坚决谴责帝国主义战争和社会沙文主义者的背叛政策;是国际派(后改称斯巴达克派和斯巴达克联盟)的组织者和领导人之一。1918年参加建立德国共产党的准备工作。欢迎俄国十月革命,撰文驳斥对十月革命的攻击,维护苏维埃政权。在研究德国中世纪史、德国社会民主党史和马克思主义史方面作出重大贡献,在整理出版马克思、恩格斯和拉萨尔的遗著方面也做了大量工作。主要著作有《莱辛传奇》(1893)、《德国社会民主党史》(1897—1898)、《马克思传》等。——298、303。

梅什科夫斯基——见戈尔登贝格,约瑟夫·彼得罗维奇。

美列尔-扎科梅尔斯基，亚历山大·尼古拉耶维奇（Меллер-Закомельский, Александр Николаевич 生于 1844 年）——沙俄将军，男爵。1863 年参与镇压波兰解放起义。1905 年血腥镇压塞瓦斯托波尔水兵起义。1906 年同帕·卡·连年坎普夫一道指挥讨伐队镇压西伯利亚铁路工人的革命运动。1906 年 10 月被任命为波罗的海沿岸地区总督，残酷镇压拉脱维亚和爱沙尼亚的工农革命运动。1909—1917 年为国务会议成员。十月革命后为白俄流亡分子。——223。

米哈伊尔——见伊苏夫，约瑟夫·安德列耶维奇。

米海洛夫斯基，尼古拉·康斯坦丁诺维奇（Михайловский, Николай Константинович 1842—1904）——俄国自由主义民粹派理论家，政论家，文艺批评家，实证论哲学家，社会学主观学派代表人物。1860 年开始写作活动。1868 年起为《祖国纪事》杂志撰稿，后任编辑。1879 年与民意党接近。1882 年以后写了一系列谈"英雄"与"群氓"问题的文章，建立了完整的"英雄"与"群氓"的理论体系。1884 年《祖国纪事》杂志被查封后，给《北方通报》杂志、《俄国思想》杂志、《俄罗斯新闻》等报刊撰稿。1892 年起任《俄国财富》杂志编辑，在该杂志上与俄国马克思主义者进行激烈论战。——127。

米留可夫，帕维尔·尼古拉耶维奇（Милюков, Павел Николаевич 1859—1943）——俄国立宪民主党领袖，俄国自由派资产阶级思想家，历史学家和政论家。1886 年起任莫斯科大学讲师。90 年代前半期开始政治活动，1902 年起为资产阶级自由派的《解放》杂志撰稿。1905 年 10 月参与创建立宪民主党，后任该党中央委员会主席和中央机关报《言语报》编辑。第三届和第四届国家杜马代表。第一次世界大战期间为沙皇政府的掠夺政策辩护。1917 年二月革命后任第一届临时政府外交部长，推行把战争进行到"最后胜利"的帝国主义政策；同年 8 月积极参与策划科尔尼洛夫叛乱。十月革命后同白卫分子和武装干涉者合作。1920 年起为白俄流亡分子，在巴黎出版《最新消息报》。著有《俄国文化史概要》、《第二次俄国革命史》及《回忆录》等。——50、116、138、152、153、155、157、190、330、333、368、372、373、375、403—404。

米柳亭，弗拉基米尔·巴甫洛维奇（Милютин, Владимир Павлович 1884—

1937)——1903年参加俄国社会民主主义运动,起初是孟什维克,1910年起为布尔什维克。曾在库尔斯克、莫斯科、奥廖尔、彼得堡和图拉做党的工作,屡遭沙皇政府迫害。1917年二月革命后任俄国社会民主工党(布)萨拉托夫委员会委员、萨拉托夫苏维埃主席。在党的第七次全国代表会议(四月代表会议)和第六次全国代表大会上当选为中央委员。十月革命后参加第一届人民委员会,任农业人民委员。1917年11月主张成立有孟什维克和社会革命党人参加的联合政府,遭到否决后声明退出党中央和人民委员会。1918—1921年任最高国民经济委员会副主席。1922年任西北地区经济会议副主席。1924年起历任工农检查人民委员部部务委员、中央统计局局长、国家计划委员会副主席、苏联中央执行委员会学术委员会主席等职。1920—1922年为候补中央委员。1924—1934年为中央监察委员会委员。写有一些关于经济问题的著作。——254。

米罗夫,弗·——见伊科夫,弗拉基米尔·康斯坦丁诺维奇。

缅施科夫,米哈伊尔·奥西波维奇(Меньшиков,Михаил Осипович 1859—1919)——俄国政论家,黑帮报纸《新时报》撰稿人。十月革命后反对苏维埃政权,1919年被枪决。——144、149、150、152、153、155、158、168、179、195、196、379。

莫利,约翰(Morley,John 1838—1923)——英国政论家,历史学家和国务活动家,自由党人。1867—1882年为《双周评论》主编。1883年起为议员。1886年和1892年在格莱斯顿内阁任爱尔兰事务大臣,1905—1910年任印度事务大臣,实行镇压民族解放运动的政策;后任枢密院院长,1914年退职。写有论述伏尔泰、卢梭、狄德罗、科布顿、克伦威尔和格莱斯顿等人的著作;1917年出版了两卷回忆录。——232、389。

莫斯科夫斯基,阿·——见洪达泽,加布里埃尔·伊万诺维奇。

莫斯特,约翰·约瑟夫(Most,Johann Joseph 1846—1906)——德国社会民主党人,新闻工作者,后为无政府主义者;职业是装订工人。19世纪60年代参加工人运动,1871年起为德国社会民主工党和社会民主党党员。1874—1878年为帝国国会议员。在理论上拥护杜林,在政治上信奉“用行动做宣传”的无政府主义思想,认为可以立刻进行无产阶级革命。1878年反社会党人非常法颁布后流亡伦敦,1879年出版无政府主义的《自由》周报，号召工人进行个人恐怖活动，认为这是最有效的革命斗争手段。1880年被开除出社会民主党，1882年起侨居美国，继续出版《自由》周报和进行无政府主义宣传。晚年脱离工人运动。——69。

穆罗姆采夫，谢尔盖·安德列耶维奇（Муромцев，Сергей Андреевич 1850—1910）——俄国立宪民主党创建人和领袖之一，法学家和政论家。1877年起任莫斯科大学罗马法教授。1879—1892年任自由派资产阶级的《法学通报》杂志编辑。1897年开始从事地方自治活动。曾参加1904—1905年地方自治机关代表大会。1906年为第一届国家杜马代表和杜马主席。1908—1910年从事政论活动。——4—9、75、82、118、332—333、372、375。

N

拿破仑第三（**波拿巴，路易**）（Napoléon III（Bonaparte，Louis）1808—1873）——法国皇帝（1852—1870），拿破仑第一的侄子。法国1848年革命失败后被选为法兰西共和国总统。1851年12月2日发动政变，1852年12月称帝。在位期间，对外屡次发动侵略战争，包括同英国一起发动侵略中国的第二次鸦片战争。对内实行警察恐怖统治，强化官僚制度，同时以虚假的承诺、小恩小惠和微小的改革愚弄工人。1870年9月2日在普法战争色当战役中被俘，9月4日巴黎革命时被废黜。——223。

尼古拉·罗曼诺夫——见尼古拉二世（罗曼诺夫）。

尼古拉二世（**罗曼诺夫**；血腥的尼古拉）（Николай II（Романов，Николай Кровавый）1868—1918）——俄国最后一个皇帝，亚历山大三世的儿子。1894年即位，1917年二月革命时被推翻。1918年7月17日根据乌拉尔州工兵代表苏维埃的决定在叶卡捷琳堡被枪决。——77、172—173、197、326、330、331、332、333、358—359。

尼古拉·—逊——见丹尼尔逊，尼古拉·弗兰策维奇。

尼基塔——见克拉辛，列昂尼德·波里索维奇。

涅韦多姆斯基，米·（**米克拉舍夫斯基，米哈伊尔·彼得罗维奇**）（Неведомский，М.（Миклашевский，Михаил Петрович）1866—1943）——俄国社会民主党人，孟什维克，文学批评家和政论家。斯托雷平反动时期和新的革命高潮年代是取消派分子，同时表现出资产阶级自由主义倾向。十月革命后从事政论活动。——93—94。

诺夫哥罗德采夫，帕维尔·伊万诺维奇（Новгородцев，Павел Иванович 1866—1924）——俄国法学家和哲学家，立宪民主党人。1896—1913年在莫斯科大学讲授法哲学史。俄国唯心主义者的纲领性文集《唯心主义问题》（1902）的编者。第一届国家杜马代表。十月革命后移居国外，为白俄流亡分子的《俄国思想》杂志撰稿。——246—247。

诺根，维克多·巴甫洛维奇（马卡尔）（Ногин，Виктор Павлович（Макар）1878—1924）——1898年加入俄国社会民主工党，布尔什维克。曾在国内外做党的工作，是《火星报》代办员。积极参加1905—1907年革命。1907年和1917年两度当选为党中央委员。屡遭沙皇政府迫害。斯托雷平反动时期对孟什维克取消派采取调和主义态度。第一次世界大战期间在莫斯科和萨拉托夫的自治机关工作，为《莫斯科合作社》等杂志撰稿。1917年二月革命后先后任莫斯科苏维埃副主席和主席。十月革命后参加第一届人民委员会，任工商业人民委员。1917年11月主张成立有孟什维克和社会革命党人参加的联合政府，遭到否决后声明退出党中央和人民委员会。1918年起历任副劳动人民委员、最高国民经济委员会主席团委员、全俄纺织辛迪加管理委员会主席等职。1921年起任俄共（布）中央检查委员会主席。曾任苏联中央执行委员会主席团委员。——254—256、261、264、265、269、272。

P

潘涅库克，安东尼（Pannekoek，Antonie 1873—1960）——荷兰工人运动活动家，天文学家。1907年是荷兰社会民主工党左翼刊物《论坛报》创办人之一。1909年参与创建荷兰社会民主党。1910年起与德国左派社会民主党人关系密切，积极为该党的报刊撰稿。第一次世界大战期间是国际主义者，曾参加齐美尔瓦尔德左派理论刊物《先驱》杂志的出版工作。1918—1921年是荷兰共产党党员，参加共产国际的工作。20年代初是极左的德国共产主义工人党领袖之一。1921年退出共产党，不久脱离政治活动。——63—64、68、69。

皮列茨基，Я. А.（Пилецкий，Я. А. 生于1876年）——俄国社会民主党人。

1898 年参加莫斯科工人阶级解放斗争协会的活动。1905—1907 年革命的参加者。斯托雷平反动时期和新的革命高涨年代是取消派分子，为孟什维克取消派的《复兴》杂志和《我们的曙光》杂志撰稿。1917 年站在孟什维克一边参加有关立宪会议选举的宣传工作。后加入布尔什维克。——193、194。

普利什凯维奇，弗拉基米尔·米特罗范诺维奇（Пуришкевич, Владимир Митрофанович 1870—1920）——俄国大地主，黑帮反动分子，君主派。1900 年起在内务部任职，1904 年为维·康·普列韦的内务部特别行动处官员。1905 年参与创建黑帮组织"俄罗斯人民同盟"，1907 年退出同盟并成立了新的君主派反革命组织"米迦勒天使长同盟"。第二届、第三届和第四届国家杜马代表，因在杜马中发表歧视异族和反犹太人的演说而臭名远扬。第一次世界大战期间鼓吹把战争进行到"最后胜利"。1917 年二月革命后主张恢复君主制。十月革命后反对苏维埃政权，是 1917 年 11 月初被揭露的军官反革命阴谋的策划者。——50、130、152、154、214、333、358—359、361、375、376、400、402、403—404、405。

普列汉诺夫，格奥尔吉·瓦连廷诺维奇（别尔托夫）（Плеханов, Георгий Валентинович（Бельтов.）1856—1918）——俄国早期的马克思主义理论家，后来成为孟什维克和第二国际机会主义领袖之一。19 世纪 70 年代参加民粹主义运动，是土地和自由社成员及土地平分社领导人之一。1880 年侨居瑞士，逐步同民粹主义决裂。1883 年在日内瓦创建俄国第一个马克思主义团体——劳动解放社。翻译和介绍了马克思和恩格斯的许多著作，对马克思主义在俄国的传播起了重要作用；写过不少优秀的马克思主义著作，批判民粹主义、合法马克思主义、经济主义、伯恩施坦主义、马赫主义。20 世纪初是《火星报》和《曙光》杂志编辑部成员。曾参与制定俄国社会民主工党纲领草案和参加党的第二次代表大会的筹备工作。在代表大会上是劳动解放社的代表，属火星派多数派，参加了大会常务委员会，会后逐渐转向孟什维克。1905—1907 年革命时期反对列宁的民主革命的策略，后来在孟什维克和布尔什维克之间摇摆。在俄国社会民主工党第四次（统一）代表大会上作了关于土地问题的报告，维护马斯洛夫的孟什维克方案；在国家杜马问题上坚持极右立场，呼吁支持立宪民主党人的杜马。斯托雷平反动时期和新的革命高涨年代反对取消主义，领导孟什维克护党派。第一次世界大战期间持社会沙文主义立场。1917 年二月革命后支持资产阶级临时政府。对十月革命持否定态度，但拒绝支持反革命。最重要的理论著作有《社会主义与政治斗争》(1883)、《我们的意见分歧》(1885)、《论一元论历史观之发展》(1895)、《唯物主义史论丛》(1896)、《论个人在历史上的作用》(1898)、《没有地址的信》(1899—1900)，等等。——31—32、34、44—46、47、55、94、95、107—108、125—126、127、128—129、134—135、159、160、161、184、206、261、283、288、289、292、303、304、305、344、351。

普列韦，维亚切斯拉夫·康斯坦丁诺维奇(Плеве，Вячеслав Константинович 1846—1904)——俄国国务活动家。1881 年起任警察司司长，1884—1894 年任枢密官和副内务大臣。1902 年 4 月任内务大臣兼宪兵团名誉团长。掌权期间，残酷地镇压了波尔塔瓦省和哈尔科夫省的农民运动，破坏了许多地方自治机关；鼓动在俄国边疆地区推行反动的俄罗斯化政策。为了诱使群众脱离反对专制制度的斗争，促进了日俄战争的爆发；出于同一目的，多次策划蹂躏犹太人的暴行，鼓励祖巴托夫政策。1904 年 7 月 15 日(28 日)被社会革命党人刺死。——326、

普罗柯波维奇，谢尔盖·尼古拉耶维奇(Прокопович，Сергей Николаевич 1871—1955)——俄国经济学家和政论家。曾参加国外俄国社会民主党人联合会，是经济派的著名代表人物，伯恩施坦主义在俄国最早的传播者之一。1904 年加入资产阶级自由派的解放社，为该社骨干分子。1905 年为立宪民主党中央委员。1906 年参与出版半立宪民主党、半孟什维克的《无题》周刊，为左派立宪民主党人的《同志报》积极撰稿。1917 年 8 月任临时政府工商业部长，9—10 月任粮食部长。1921 年在全俄赈济饥民委员会工作，同反革命地下活动有联系。1922 年被驱逐出境。——111、407。

Q

乔治，亨利(George，Henry 1839—1897)——美国经济学家和社会活动家。19 世纪 70 年代起致力于土地改革运动。认为人民贫困的根本原因是人民被剥夺了土地；否认劳动和资本之间的对抗，认为资本产生利润是自然

规律；主张由资产阶级国家实行全部土地国有化，然后把土地租给个人。主要著作有《进步和贫困》(1879)、《土地问题》(1881)等。——393—394。

切列万宁，涅·(**利普金，费多尔·安德列耶维奇**)(Череванин，Н.(Липкин，Федор Андреевич)1868—1938)——俄国政论家，“马克思的批评家”，后为孟什维克领袖之一，取消派分子。俄国社会民主工党第四次(统一)代表大会和第五次(伦敦)代表大会的参加者，取消派报刊撰稿人，16个孟什维克关于取消党的“公开信”的起草人之一。1912年反布尔什维克的八月代表会议后是孟什维克领导中心——组委会成员。第一次世界大战期间是社会沙文主义者。1917年是孟什维克中央机关报《工人报》编辑之一和孟什维克中央委员会委员。敌视十月革命。——94、112。

丘科夫斯基，科尔涅伊·伊万诺维奇(Чуковский，Корней Иванович 1882—1969)——苏联作家、翻译家和文学研究家。1905年为讽刺杂志《信号》的编辑兼出版人，斯托雷平反动时期是小品文作家兼批评家。反映自由主义知识分子的观点，曾为立宪民主党的《言语报》以及《俄国思想》杂志、《田地》画报、《天平》杂志等撰稿。写有一些通俗童话诗，出版过一本研究儿童心理学的书《从二到五》，写过回忆瓦·雅·布留索夫、阿·马·高尔基、弗·弗·马雅可夫斯基、伊·叶·列宾等人的文章以及关于尼·阿·涅克拉索夫的生平和创作的专著，并将一些英、美作家的作品译成俄文。——132、134、135。

R

饶尔丹尼亚，诺伊·尼古拉耶维奇(科斯特罗夫)(Жордания，Ной Николаевич(Костров)1869—1953)——俄国社会民主党人。19世纪90年代开始政治活动，加入格鲁吉亚第一个社会民主主义团体“麦撒墨达西社”，领导该社的机会主义派。1903年在俄国社会民主工党第二次代表大会上是有发言权的代表，属火星派少数派，会后为高加索孟什维克的领袖。1905年编辑孟什维克的《社会民主党人报》(格鲁吉亚文)，反对布尔什维克在资产阶级民主革命中的策略。第一届国家杜马代表，社会民主党党团领袖。1907—1912年为俄国社会民主工党中央委员(代表孟什维克)。斯托雷平反动时期和新的革命高涨年代形式上参加孟什维克护党派，实际上支持取消派。

1914 年为托洛茨基的《斗争》杂志撰稿。第一次世界大战期间是社会沙文主义者。1917 年二月革命后任梯弗利斯工人代表苏维埃主席。1918—1921 年是格鲁吉亚孟什维克政府主席。1921 年格鲁吉亚建立苏维埃政权后成为白俄流亡分子。——254—255、257、264—265、273。

饶勒斯，让(Jaurès，Jean 1859—1914)——法国社会主义运动和国际社会主义运动活动家，法国社会党领袖，历史学家和哲学家。1885 年起多次当选议员。原属资产阶级共和派，90 年代初开始转向社会主义。1898 年同亚·米勒兰等人组成法国独立社会党人联盟。1899 年竭力为米勒兰参加资产阶级政府的行为辩护。1901 年起为社会党国际局成员。1902 年与可能派、阿列曼派等组成改良主义的法国社会党。1903 年当选为议会副议长。1904 年创办《人道报》，主编该报直到逝世。1905 年法国社会党同盖得领导的法兰西社会党合并后，成为统一的法国社会党的主要领导人。在理论和实践问题上往往持改良主义立场，但始终不渝地捍卫民主主义，反对殖民主义和军国主义。由于呼吁反对临近的帝国主义战争，于 1914 年 7 月 31 日被法国沙文主义者刺杀。写有法国大革命史等方面的著作。——200。

日尔金，伊万·瓦西里耶维奇(Жилкин，Иван Васильевич 1874—1958)——俄国新闻工作者，劳动派领袖之一。曾任《乌拉尔人报》编辑、《星期周报》秘书，为《圣彼得堡新闻》和左派立宪民主党人的《我们的生活报》和《同志报》撰稿。1906 年作为萨拉托夫省的农民代表被选进第一届国家杜马。杜马解散后，因在维堡宣言上签名被判处三个月监禁。刑满后不再积极从事政治活动，为各种资产阶级报刊撰稿。十月革命后在苏维埃机关工作，1925 年起从事新闻工作。——7。

S

萨美尔，伊万·阿达莫维奇(柳比奇)(Саммер，Иван Адамович(Любич) 1870—1921)——俄国社会民主党人，布尔什维克。1897 年参加革命运动，在基辅和喀山等地做党的工作，积极参加 1905—1907 年革命。1905 年秋被增补进党中央委员会。屡遭沙皇政府迫害。十月革命后在沃洛格达从事经济工作，任国民经济委员会主席。1919 年起在中央消费合作总社工作。1920—1921年任乌克兰消费合作总社主席和对外贸易人民委员部驻乌克兰特派员。——266、273。

桑巴特，韦尔纳(Sombart，Werner 1863—1941)——德国经济学家和社会学家。1890年起任布雷斯劳大学教授，1906年起任柏林大学教授。早期著作受到马克思主义的影响，后来反对历史唯物主义和马克思的经济学说，否认社会发展的一般规律，强调精神的决定性作用，把资本主义描绘成一种协调的经济体系。晚年吹捧希特勒法西斯独裁制度，拥护反动的民族社会主义。主要著作有《19世纪的社会主义和社会运动》(1896)、《现代资本主义》(1902)、《德国社会主义》(1934)。——111。

施瓦尔茨——见埃利亚斯，К.Я.。

什克洛夫斯基，伊萨克·弗拉基米罗维奇(季奥涅奥)(Шкловский，Исаак Владимирович(Дионео)1865—1935)——俄国政论家和记者，温和自由派分子。早年参加民粹主义运动，1886年被捕，流放西伯利亚雅库特州。1896年侨居伦敦，成为《俄国财富》杂志和《俄罗斯新闻》国外撰稿人。第一次世界大战期间支持协约国。十月革命后反对苏维埃政权。——388、392。

舒利金，瓦西里·维塔利耶维奇(Шульгин，Василий Витальевич 1878—1976)——俄国地主，第二届、第三届和第四届国家杜马代表，君主派分子和民族主义者。曾任俄国民族主义者刊物《基辅人报》编辑。1917年极力支持资产阶级临时政府。十月革命后参与组织白卫志愿军，支持阿列克谢耶夫、邓尼金和弗兰格尔，后逃往国外，继续进行反对苏维埃政权的活动。20年代脱离政治活动。——2。

司徒卢威，彼得·伯恩哈多维奇(Струве，Петр Бернгардович 1870—1944)——俄国经济学家，哲学家，政论家，合法马克思主义主要代表人物，立宪民主党领袖之一。19世纪90年代编辑合法马克思主义者的《新言论》杂志和《开端》杂志。1896年参加第二国际第四次代表大会。1898年参加起草《俄国社会民主工党宣言》。在1894年发表的第一部著作《俄国经济发展问题的评述》中，在批判民粹主义的同时，对马克思的经济学说和哲学学说提出"补充"和"批评"。20世纪初同马克思主义和社会民主主义彻底决裂，转到自由派营垒。1902年起编辑自由派资产阶级刊物《解放》杂志，

1903年起是解放社的领袖之一。1905年起是立宪民主党中央委员，领导该党右翼。1907年当选为第二届国家杜马代表。第一次世界大战爆发后鼓吹俄国的帝国主义侵略扩张政策。十月革命后敌视苏维埃政权，是邓尼金和弗兰格尔反革命政府成员，后逃往国外。——112、116、118、164、190、209、212、252、279、297、309、330、407。

斯米尔诺夫，叶·——见古列维奇，埃马努伊尔·李沃维奇。

斯塔霍维奇，米哈伊尔·亚历山德罗维奇（Стахович，Михаил Александрович 1861—1923）——俄国地主，温和自由派分子。1895—1907年是奥廖尔省贵族代表，在地方自治运动中起过显著作用。曾加入立宪民主党，后来是十月党的组织者之一。第一届和第二届国家杜马代表，国务会议成员。1917年二月革命后被任命为芬兰总督，后任临时政府驻国外代表。——328、369、371、372。

斯托雷平，彼得·阿尔卡季耶维奇（Столыпин，Петр Аркадьевич 1862—1911）——俄国国务活动家，大地主。1884年起在内务部任职。1902年任格罗德诺省省长。1903—1906年任萨拉托夫省省长，因镇压该省农民运动受到尼古拉二世的嘉奖。1906—1911年任大臣会议主席兼内务大臣。1907年发动"六三政变"，解散第二届国家杜马，颁布新选举法以保证地主、资产阶级在杜马中占统治地位，残酷镇压革命运动，大规模实施死刑，开始了"斯托雷平反动时期"。实行旨在摧毁村社和培植富农的土地改革。1911年被社会革命党人Д.Г.博格罗夫刺死。——7、50、53、78、96、140、172、178、182、214、225、226、227、228—229、249、250、255、261、269、276、277、278、279、280、289、315、316、318、325—333、353、358、360、361、368、370、371—372、373、375、411。

斯韦尔奇科夫，德米特里·费多罗维奇（Сверчков，Дмитрий Федорович 1882—1938）——1899年加入俄国社会民主工党，1903—1905年是布尔什维克，后为孟什维克。1905年参加彼得堡工人代表苏维埃。1909—1910年为党中央委员（代表孟什维克）。1917年二月革命后任叶卡捷琳诺达尔苏维埃主席，是临时政府负责建立自治机关的委员。十月革命后反对苏维埃政权。1920年公开放弃孟什维主义，申请加入布尔什维克党，被吸收为俄共（布）党员。曾在交通人民委员部工作，是苏联最高法院成员，后在莫斯科担任国家文学博物馆副馆长。——261。

苏霍姆林，瓦西里·伊万诺维奇（Сухомлин，Василий Иванович 生于 1860 年）——1879 年参加俄国革命运动，1882 年加入民意党。1884 年被捕，1887 年被判处死刑，后改判为十五年苦役。1903 年刑满后，加入社会革命党，是社会革命党战斗组织成员；多次被捕，后流亡国外，1910 年回国。——97。

T

塔拉图塔，维克多·康斯坦丁诺维奇（维克多）（Таратута，Виктор Константинович（Виктор）1881—1926）——1898 年加入俄国社会民主工党，布尔什维克。1904—1907 年先后在外高加索和莫斯科做党的工作，1906—1907 年任党的莫斯科委员会和莫斯科区域局书记。俄国社会民主工党的第四次（统一）和第五次（伦敦）代表大会代表，在第五次代表大会上当选为候补中央委员，进入布尔什维克中央，出席了《无产者报》扩大编辑部会议（1909）。多次被捕和流放，1909 年起侨居国外。1917 年加入法国社会党。1919 年回国，历任最高国民经济委员会办公厅主任、最高国民经济委员会化学局副局长、外贸银行管理委员会主席等职。——273、298。

唐恩（**古尔维奇**），费多尔·伊里奇（Дан（Гурвич），Федор Ильич 1871—1947）——俄国孟什维克领袖之一；职业是医生。1894 年参加社会民主主义运动，加入彼得堡工人阶级解放斗争协会。1896 年 8 月被捕，监禁两年左右，1898 年流放维亚特卡省，为期三年。1901 年夏逃往国外，加入《火星报》柏林协助小组。1902 年作为《火星报》代办员参加了俄国社会民主工党第二次代表大会的筹备会议，会后再次被捕，流放东西伯利亚。1903 年 9 月逃往国外，成为孟什维克。俄国社会民主工党第四次（统一）代表大会和第五次（伦敦）代表大会及一系列代表会议的参加者。斯托雷平反动时期和新的革命高涨年代在国外领导取消派，编辑取消派的《社会民主党人呼声报》。第一次世界大战期间是社会沙文主义者。1917 年二月革命后任彼得格勒苏维埃执行委员会委员和第一届中央执行委员会主席团委员，支持资产阶级临时政府。十月革命后反对苏维埃政权，1922 年被驱逐出境，在柏林领导孟什维克进行反革命活动。1923 年参与组织社会主义工人国际。同年被取消苏联国籍。——62、161、182—183、185、189—190、267、298、299、302、311、321、351、367。

特列波夫，德米特里·费多罗维奇（Трепов，Дмитрий Федорович 1855—1906）——沙俄少将（1900）。毕业于贵族子弟军官学校，曾在禁卫军供职。1896—1905年任莫斯科警察总监，支持祖巴托夫的“警察社会主义”思想。1905年1月11日起任彼得堡总督，4月起任副内务大臣兼独立宪兵团司令，10月起先后任彼得戈夫宫和冬宫警卫长。1905年10月全国政治大罢工期间发布了臭名昭著的“不放空枪，不惜子弹”的命令，是武装镇压1905—1907年革命的策划者。——8、375。

特鲁别茨科伊，叶夫根尼·尼古拉耶维奇（Трубецкой，Евгений Николаевич 1863—1920）——俄国资产阶级自由派思想家，宗教哲学家，公爵。曾先后任基辅大学和莫斯科大学法哲学教授，为俄国唯心主义者的纲领性文集《唯心主义问题》（1902）和《俄罗斯新闻》等出版物撰稿。1906年以前是立宪民主党人，1906年是君主立宪派政党“和平革新党”的组织者之一。在沙皇政府镇压1905—1907年革命和建立斯托雷平体制的过程中起过重要作用。第一次世界大战期间主张将战争进行到“最后胜利”。十月革命后反对苏维埃政权，是邓尼金的骨干分子。写有一些宗教神秘主义的哲学著作。——328、369、375。

梯也尔，阿道夫（Thiers，Adolphe 1797—1877）——法国国务活动家，历史学家。早年当过律师和新闻记者。19世纪20年代末作为自由资产阶级反对派活动家开始政治活动。七月王朝时期历任参事院院长、内务大臣、外交大臣和首相，残酷镇压1834年里昂工人起义。第二共和国时期是秩序党领袖之一，制宪议会和立法议会议员。1870年9月4日第二帝国垮台后，成为资产阶级国防政府实际领导人之一，1871年2月就任第三共和国政府首脑。上台后与普鲁士签订了丧权辱国的和约，又策划解除巴黎国民自卫军的武装，从而激起了3月18日起义。内战爆发后逃往凡尔赛，勾结普鲁士军队血腥镇压巴黎公社。1871—1873年任第三共和国总统。作为历史学家，他的观点倾向于复辟王朝时期的资产阶级历史编纂学派。马克思在《法兰西内战》一书中对他在法国历史上的作用作了详尽的评述。——221、223。

托尔马乔夫,伊万·尼古拉耶维奇(Толмачев,Иван Николаевич 生于 1863 年)——沙俄将军,黑帮组织"俄罗斯人民同盟"的骨干分子。1907—1911 年任敖德萨市市长,残酷迫害工人组织和进步报刊,纵容杀害革命者和蹂躏犹太人的暴行。他的专横暴戾和胡作非为达到了无以复加的地步,以至沙皇政府不得不于 1911 年将其撤职。——140、201、229、252、333、359。

托尔斯泰,列夫·尼古拉耶维奇(Толстой,Лев Николаевич 1828—1910)——俄国作家。出身贵族。他的作品深刻地反映了俄国社会整整一个时代(1861—1905)的矛盾,列宁称托尔斯泰为"俄国革命的镜子"。作为天才的艺术家,托尔斯泰创作了无与伦比的俄国生活的图画,创作了世界文学中第一流的作品,对俄国文学和世界文学产生了巨大影响;同时他的作品又突出地表现了以宗法制社会为基础的农民世界观的矛盾:一方面无情地揭露沙皇专制制度和新兴资本主义的种种罪恶,另一方面又鼓吹"不用暴力抵抗邪恶",鼓吹不问政治和道德上的自我修养。列宁在一系列著作中评述了托尔斯泰的世界观,并对他的全部活动作了评价。——19—26、33、39—41、71—72、75、90、91—92、93、94、100—104、361。

托洛茨基(**勃朗施坦**),列夫·达维多维奇(Троцкий(Бронштейн),Лев Давидович 1879—1940)——1897 年参加俄国社会民主主义运动。在俄国社会民主工党第二次代表大会上是西伯利亚联合会的代表,属火星派少数派。1905 年同亚·帕尔乌斯一起提出和鼓吹"不断革命论"。斯托雷平反动时期和新的革命高涨年代,打着"非派别性"的幌子,实际上采取取消派立场。1912 年组织"八月联盟"。第一次世界大战期间持中派立场。1917 年二月革命后参加区联派,在党的第六次代表大会上随区联派集体加入布尔什维克党,当选为中央委员。参加十月武装起义的领导工作。十月革命后任外交人民委员,1918 年初反对签订布列斯特和约,同年 3 月改任共和国革命军事委员会主席、陆海军人民委员等职。参与组建红军。1919 年起为党中央政治局委员。1920 年起历任共产国际执行委员会候补委员、委员。1920—1921 年挑起关于工会问题的争论。1923 年起进行派别活动。1925 年初被解除革命军事委员会主席和陆海军人民委员职务。1926 年与季诺维也夫结成"托季联盟"。1927 年被开除出党,1929 年被驱逐出境,1932 年被取消苏联国籍。在国外组织第四国际。死于墨西哥。——32—33、

35—36、44—47、48、53、54—59、60、61、96、105、106、159、160—161、286、291、300、301、303—304、305—306、320、321、322、335、336、337、338、341、342、344—345、347—348。

W

瓦·沃·——见沃龙佐夫，瓦西里·巴甫洛维奇。

威廉二世（**霍亨索伦**）（Wilhelm II（Hohenzollern）1859—1941）——普鲁士国王和德国皇帝（1888—1918）。——231。

维克多——见塔拉图塔，维克多·康斯坦丁诺维奇。

维利希，奥古斯特（Willich，August 1810—1878）——德国工人运动参加者。原为普鲁士军官，1847年因政治信仰退伍，同年加入共产主义者同盟。德国1848—1849年革命期间参加过德国南部共和派的一系列武装发动。1849年巴登—普法尔茨起义时指挥志愿军部队，恩格斯担任他的副官。起义失败后，先后流亡瑞士和英国。是1850年从共产主义者同盟分裂出去的冒险主义宗派集团的领袖之一。他与其拥护者的策略遭到马克思和恩格斯的反对。1853年移居美国，积极参加美国内战（1861—1865），在北方军队中担任指挥职务。——201、202。

维特，谢尔盖·尤利耶维奇（Витте，Сергей Юльевич 1849—1915）——俄国国务活动家。1892年2—8月任交通大臣，1892—1903年任财政大臣，1903年8月起任大臣委员会主席，1905年10月—1906年4月任大臣会议主席。在财政、关税政策、铁路建设、工厂立法和鼓励外国投资等方面采取了一系列措施，促进了俄国资本主义的发展。同时力图通过对自由派资产阶级稍作让步和对人民群众进行镇压的手段来维护沙皇专制制度。1905—1907年革命期间派军队对西伯利亚、波罗的海沿岸地区、波兰以及莫斯科的武装起义进行了镇压。——98、198、279、327—328、369、371、375。

维亚泽姆斯基——见莱特伊仁，加甫里尔·达维多维奇。

沃尔康斯基，弗拉基米尔·米哈伊洛维奇（Волконский，Владимир Михайлович 生于1868年）——俄国公爵，大地主。第三届和第四届国家杜马坦波夫省代表，杜马副主席。1915—1916年任副内务大臣。十月革命后是尤登尼奇向彼得格勒发动反革命进军的策划者之一，后为白俄流亡分子。

——216。

沃龙佐夫，瓦西里·巴甫洛维奇（瓦·沃·）（Воронцов，Василий Павлович (В.В.)1847—1918）——俄国经济学家，社会学家，政论家，自由主义民粹派思想家。曾为《俄国财富》、《欧洲通报》等杂志撰稿。认为俄国没有发展资本主义的条件，俄国工业的形成是政府保护政策的结果；把农民村社理想化，力图找到一种维护小资产者不受资本主义发展之害的手段。19世纪90年代发表文章反对俄国马克思主义者，鼓吹同沙皇政府和解。主要著作有《俄国资本主义的命运》(1882)、《俄国手工工业概述》(1886)、《农民经济中的进步潮流》(1892)、《我们的方针》(1893)、《理论经济学概论》(1895)。——163。

沃伊洛什尼科夫，阿维夫·阿德里安诺维奇（Войлошников，Авив Адрианович 1877—1930）——俄国第三届国家杜马外贝加尔哥萨克军屯区居民的代表，参加社会民主党党团，追随布尔什维克。因在义务兵役制条例问题上的发言，被杜马主席取消出席15次会议的权利。1911—1912年为布尔什维克的《明星报》和《真理报》撰稿。1913年起任外贝加尔省合作总社理事会主席。十月革命后在新西伯利亚、萨拉托夫、喀山和莫斯科从事经济工作。——216。

乌鲁索夫，谢尔盖·德米特里耶维奇（Урусов，Сергей Дмитриевич 生于1862年）——俄国公爵，大地主。拥护议会君主制，力图通过制定一部温和的宪法来巩固沙皇制度。1903年和1904年任比萨拉比亚总督。1905年一度任维特内阁副内务大臣。1906年被选入第一届国家杜马。是比立宪民主党更右的民主改革党党员。第一届国家杜马解散后，因在维堡宣言上签名而被捕并被判处监禁三个月。1917年3—6月任临时政府内务部副部长。十月革命后在最高国民经济委员会主席团所属库尔斯克磁力异常区调查特设委员会工作。1921—1929年在国家银行工作。——328、369、372、373、375。

X

希波夫，德米特里·尼古拉耶维奇（Шипов，Дмитрий Николаевич 1851—1920）——俄国大地主，地方自治运动活动家，温和自由派分子。1893—

1904 年任莫斯科省地方自治局主席。1904 年 11 月是地方自治人士非正式会议主席。1905 年 11 月是十月党的组织者之一，该党中央委员会主席。1906 年退出十月党，成为和平革新党领袖之一；同年被选为国务会议成员。1911 年脱离政治活动。敌视十月革命。1918 年是白卫组织“民族中心”的领导人。——117、328。

希尔施，卡尔（Hirsch，Karl 1841—1900）——德国社会民主党人，新闻工作者。曾在莱比锡同威·李卜克内西一起编辑《民主周报》。奥·倍倍尔和李卜克内西被捕后，主编社会民主党的《人民国家报》。在反社会党人非常法施行时期，流亡法国、比利时和英国，宣传科学社会主义思想；同马克思和恩格斯有过联系。1892 年回到德国。——389。

谢马什柯，尼古拉·亚历山德罗维奇（亚历山德罗夫）（Семашко，Николай Александрович（Александров）1874—1949）——1893 年参加俄国社会民主主义运动，布尔什维克。1905 年参加下诺夫哥罗德武装起义，被捕，释放后流亡国外。曾任俄国社会民主工党中央委员会国外局书记兼财务干事。1913 年参加塞尔维亚和保加利亚的社会民主主义运动，第一次世界大战初期在保加利亚被拘留。1917 年 9 月回国。积极参加莫斯科十月武装起义，为起义战士组织医疗救护。十月革命后任莫斯科苏维埃医疗卫生局局长。1918—1930 年任俄罗斯联邦卫生人民委员。1930—1936 年在全俄中央执行委员会工作，任全俄中央执行委员会主席团委员。苏联医学科学院和俄罗斯联邦教育科学院院士。1947—1949 年任苏联医学科学院保健组织和医学史研究所所长。写有许多公共卫生学和保健组织方面的著作。——298。

辛格尔，保尔（Singer，Paul 1844—1911）——德国社会民主党领袖之一，第二国际中马克思主义派的著名活动家。1878 年加入德国社会民主党。1887 年起任德国社会民主党执行委员会委员，1890 年起任执行委员会主席。1884—1911 年是帝国国会议员，1885 年起为社会民主党党团主席。1900 年起是社会党国际局成员，属于左翼，始终不渝地同机会主义进行斗争。列宁称他是为无产阶级事业而斗争的不妥协的战士。——145—148。

血腥的尼古拉——见尼古拉二世（罗曼诺夫）。

Y

雅柯夫列夫(Яковлев)——1911 年是彼得堡近郊伊若拉的霍尔瓦特工厂的经理。——378。

亚历山大二世(罗曼诺夫)(Александр II(Романов)1818—1881)——俄国皇帝(1855—1881)。——174。

亚历山大三世(罗曼诺夫)(Александр III(Романов)1845—1894)——俄国皇帝(1881—1894)。——330。

亚历山德罗夫——见谢马什柯,尼古拉·亚历山德罗维奇。

叶尔莫拉耶夫,康斯坦丁·米哈伊洛维奇(罗曼)(Ермолаев,Константин Михайлович(Роман)1884—1919)——俄国社会民主党人,孟什维克。1904—1905 年在彼得堡和顿涅茨煤田工作。俄国社会民主工党第五次(伦敦)代表大会代表,代表孟什维克被选入中央委员会。斯托雷平反动时期是取消派分子,1910 年是在关于取消党的"公开信"上签名的 16 个孟什维克之一。1917 年当选为孟什维克党中央委员,参加第一届全俄中央执行委员会。——31、32、42、49、54、182、183—184、185、257、258、264、273、290、303、323、344、345、351。

叶尔莫洛夫,阿列克谢·谢尔盖耶维奇(Ермолов,Алексей Сергеевич 1846—1917)——俄国沙皇政府官员。高等学校毕业后一直在国家产业部和财政部任职。1886—1888 年是自由经济学会副会长。写有一些农业问题的著作。1892 年出版《歉收和人民的灾难》一书,为沙皇政府的农业政策辩护。1892 年任副财政大臣。1893 年主持国家产业部,1894—1905 年任农业和国家产业大臣,后为国务会议成员。——77。

伊哥尔;伊哥列夫——见哥列夫,波里斯·伊萨科维奇。

伊科夫,弗拉基米尔·康斯坦丁诺维奇(米罗夫,弗·)(Иков,Владимир Константинович(Миров,В.)生于 1882 年)——俄国社会民主党人,孟什维克。作为维尔纳省斯莫尔贡组织的代表参加了俄国社会民主工党第五次(伦敦)代表大会的工作。支持召开"工人代表大会"的取消主义思想。曾为《复兴》杂志、《社会民主党人呼声报》及孟什维克取消派的其他报刊撰稿。第一次世界大战期间是护国派分子。十月革命后在合作社系统工作。

员，1906年代表崩得出席俄国社会民主工党第四次（统一）代表大会。1907年是党的第五次（伦敦）代表大会的代表。1908年12月参加俄国社会民主工党第五次代表会议的工作，在基本问题上支持孟什维克护党派的纲领，后对取消派采取调和主义态度。第一次世界大战期间加入接近中派立场的崩得国际主义派。十月革命后加入俄共（布），在党的沃佳基地区委员会工作。——270、338、341、348。

Z

左尔格，弗里德里希·阿道夫（Sorge，Friedrich Adolph 1828—1906）——美国工人运动和国际工人运动活动家，马克思和恩格斯的学生和战友。生于德国，参加过德国1848—1849年革命。革命失败后先后流亡瑞士、比利时和英国，1852年移居美国。在美国积极宣传马克思主义，是纽约共产主义俱乐部（1857年创立）和美国其他一些工人组织和社会主义组织的领导人之一。第一国际成立后，积极参加国际的活动，是第一国际美国各支部的组织者。1872年第一国际总委员会从伦敦迁至纽约后，担任总委员会总书记，直到1874年。1876年参加北美社会主义工人党的创建工作，领导了党内马克思主义者对拉萨尔派的斗争。与马克思和恩格斯长期保持通信联系。90年代从事美国工人运动史的研究和写作，著有《美国工人运动》一书以及一系列有关美国工人运动史的文章，主要发表在德国社会民主党理论刊物《新时代》杂志上。晚年整理出版了他与马克思和恩格斯等人的书信集。1907年书信集俄译本出版，并附有列宁的序言。列宁称左尔格为第一国际的老战士。——392、393。

K.——320。

文 献 索 引

阿尔先耶夫,康·《纪念日即将来临》(Арсеньев, К. Приближающаяся годовщина.—«Вестник Европы», Спб., 1911, кн.1, стр.273—284)——172。

[阿克雪里罗得,帕·波·]《所谓的护党派同所谓的取消派之间意见分歧的根源》([Аксельрод, П. Б.] Источники разногласий между так наз. партийцами и так назыв. ликвидаторами. (Рефераты П. Б. Аксельрода).—«Голос Социал-Демократа», [Париж], 1910, №23, ноябрь, стр. 13—14)——49。

—《俄国社会民主党的统一及其任务》(Объединение российской социал-демократии и ее задачи. Итоги ликвидации кустарничества.—«Искра», [Женева], 1903, №55, 15 декабря, стр. 2—5; 1904, №57, 15 января, стр. 2—4)——121。

阿兹拉《瓦·安·卡拉乌洛夫》(Азра. В. А. Караулов.—«Биржевые Ведомости», Спб., 1910, №12084, 21 декабря (8 января 1911), стр.2)——98。

埃尔弗《同饥饿作斗争》(Эльф. Борьба с голодом. Из Чистопольского уезда, Казанской губ.—«Речь», Спб., 1911, №291 (1885), 23 октября (5 ноября), стр.6)——378。

安东尼·沃伦斯基《给〈路标〉文集作者们的公开信》(Антоний Волынский. Открытое письмо авторам сборника «Вехи». 1 мая 1909 г.—«Слово», Спб., 1909, №791, 10(23) мая, стр.3)——25。

奥尔金,瓦·《致俄国社会民主工党全体党员》(1911年4月26日)[传单](Ольгин, В. Ко всем членам Росс. соц.-дем. рабочей партии. К вопросу об оздоровлении партии. 26 апреля. (н. ст.) 1911 г. [Листовка]. Париж, 1911. 1 стр.)——255。

—《致俄国社会民主工党全体党员》(1911年5月18日)[传单](Ко всем

членам Российской соц.-дем.рабочей партии.«В бессильной злобе!»18 мая 1911 г.[Листовка].Париж,1911.2 стр.)——255。

巴扎罗夫,弗·《论为什么重要的东西有时显得微不足道》(Базаров,В.О том, почему важные вещи кажутся иногда пустяками.—«Наша Заря»,Спб., 1910,№4,стр.80—89)——109—110、113、115、131—134。

—《托尔斯泰与俄国知识分子》(Толстой и русская интеллигенция.— «Наша Заря»,Спб.,1910,№10,стр.43—52)——90—93、94、95。

倍倍尔,奥·《我的一生》(Bebel,A.Aus meinem Leben.1.T.Stuttgart,Dietz, 1910.VIII,221 S.)——314—315。

波格丹诺夫,波·《手工业代表大会的总结》(Богданов,Б.Итоги ремесленного съезда.—«Наша Заря»,Спб.,1911,№2,стр.62—75)——209—212。

波特列索夫,亚·尼·《革命前时期社会政治思想的演变》(Потресов,А.Н. Эволюция общественно-политической мысли в предреволюционную эпоху.—В кн.:Общественное движение в России в начале XX-го века.Под ред.Л. Мартова,П.Маслова и А.Потресова.Т.I.Предвестники и основные причины движения.Спб.,тип.«Общественная Польза»,1909,стр.538—640)—— 206、283—284。

—《批判的提纲(关于一个机灵人的一个讲话)》(Критические наброски.По поводу одного выступления одного юркого человека.—«Наша Заря», Спб.,1910,№8—9,стр.66—78)——93、94。

—《批判的提纲(论为什么微不足道的东西取胜了)》(Критические наброски.О том,почему пустяки одолели.—«Наша Заря»,Спб.,1910,№2,стр.50— 62)——108—110、113、115—131、337、344。

伯恩施坦,爱·《社会主义的前提和社会民主党的任务》(Bernstein,E.Die Voraussetzungen des Sozialismus und die Aufgaben der Sozialdemokratie. Stuttgart,Dietz,1899.X,188 S.)——111、115、310。

博勃里舍夫-普希金,亚·弗·《被掘开的蚂蚁窝》(Бобрищев-Пушкин,А.В. Разрытый муравейник.—«Голос Москвы»,1911,№72,30 марта(12 апреля),стр.2.Подпись:Громобой)——225、228。

—《必要的警告》(Необходимое предостережение.—«Голос Москвы»,1911,

№38，17 февраля（2 марта），стр. 2. Подпись：Громобой.）—— 151、155、158。

查茨基，尤·《是开始的时候了！》（Чацкий，Ю. Пора начать！—«Наша Заря»，Спб.，1911，№6，стр.39—54）——365、367—368。

车尔尼雪夫斯基，尼·加·《序幕》（Чернышевский，Н.Г.Пролог）——176。

[达尼舍夫斯基，卡·克·和加里宁，费·伊·]《给〈真理报〉编辑部的信》（[Данишевский，К.Х.и Калинин，Ф.И.]Письмо в редакцию«Правды».—«Правда»，[Вена]，1911，№20，16（29）апреля，стр. 5 — 6. Подписи：Герман，Аркадий.）——350。

德涅夫尼茨基，普·恩·《究竟什么是取消主义？》（Дневницкий，П. Н. В самом деле，что же такое ликвидаторство？—«Дискуссионный Листок»，[Париж]，1911，№3，29 апреля（12 мая），стр.9—17）——292、316。

迪马，沙·《在案件审理前要说的话》（Dumas，Ch. Préface à la Revision.—«L'Avenir»（«Будущее»），Paris，1911，N 5，19 novembre，p.3）——385。

恩格斯，弗·《德国的社会主义》（Энгельс，Ф. Социализм в Германии. Около 24 октября и конец декабря 1891 г.）——16。

—《反杜林论》（Анти-Дюринг. Переворот в науке，произведенный господином Евгением Дюрингом. 1876—1878 гг.）——127。

—《给弗·阿·左尔格的信》（1886 年 11 月 29 日）（Письмо Ф. А. Зорге. 29 ноября 1886 г.）——84。

—《给弗·阿·左尔格的信》（1889 年 12 月 7 日）（Письмо Ф. А. Зорге. 7 декабря 1889 г.）——84。

—《给弗·阿·左尔格的信》（1891 年 6 月 10 日）（Письмо Ф. А. Зорге. 10 июня 1891 г.）——84、232。

—《给弗·阿·左尔格的信》（1893 年 3 月 18 日）（Письмо Ф. А. Зорге. 18 марта 1893 г.）——232。

—《给弗·阿·左尔格的信》（1894 年 5 月 12 日）（Письмо Ф. А. Зорге. 12 мая 1894 г.）——232。

—《给弗·阿·左尔格的信》（1894 年 11 月 10 日）（Письмо Ф. А. Зорге. 10 ноября 1894 г.）——232。

—《给弗·凯利-威士涅威茨基夫人的信》(1887年12月28日)(Письмо Ф. Келли-Вишневецкой. 28 декабря 1887 г.)——84。

—《卡·马克思〈1848年至1850年的法兰西阶级斗争〉一书导言》(Введение к работе К. Маркса «Классовая борьба во Франции с 1848 г. по 1850 г.». 6 марта 1895 г.)——16。

[哥列夫,波·伊·《给编辑部的信》]([Горев, Б. И. Письмо в редакцию].—«Голос Социал-Демократа», [Париж], 1910, №22, июль. Приложение к №22 «Голоса Социал-Демократа», стр. 2. Под общ. загл.: Письма в редакцию. Подпись: И.)——184。

格林卡,С.《65个空谈家》(Глинка, С. 65 пустозвонов.—«Земщина», Спб., 1911, №558, 12 февраля, стр. 2)——153。

古契柯夫,亚·伊·《给编辑部的信》(Гучков, А. И. Письмо в редакцию.—«Новое Время», Спб., 1911, №12767, 27 сентября (10 октября), стр. 2)——328、369、371。

[古契柯夫,亚·伊·]《亚·伊·古契柯夫给维特伯爵的答复》([Гучков, А. И.] Ответ А. И. Гучкова гр. Витте.—«Русские Ведомости», М., 1911, №222, 28 сентября, стр. 4)——369。

果戈理,尼·瓦·《伊万·伊万诺维奇和伊万·尼基佛罗维奇吵架的故事》(Гоголь, Н. В. Повесть о том, как поссорился Иван Иванович с Иваном Никифоровичем)——251、253。

海德门,亨·迈·《大家的英国》(Hyndman, H. M. England for all. Dedicated to the democratic and working men's clubs of Great Britain and Ireland. London, Gilbert et Rivington, 1881. VI, 194 p.)——392、394。

—《冒险生活记事》(The Record of an Adventurous Life. London, Macmillan, 1911. X, 460 p.)——388—394。

海涅,亨·《抒情插曲》(Гейне, Г. Лирическое интермеццо. Юноша девушку любит, а ей полюбился другой...)——152。

[加米涅夫,列·波·]《两个政党》([Каменев, Л. Б.] Две партии. С предисл. Н. Ленина и прилож. писем и заявлений тт. В. Вильямова, Ал. Власова, Иннокентиева, Э. и группы рабочих. Изд. ред. «Рабочей Газеты». [Paris],

1911.XII，155，XXIII стр.（РСДРП）. Перед загл. авт.：Ю. Каменев）——297—300、301。

卡尔斯基，尤·《一场误会》（Karski，J. Ein Mißverständnis.—«Die Neue Zeit»，Stuttgart，1910—1911，29.Jg.，Bd.1，N4，28.Oktober，S.100—107）——17。

康杜鲁什金，斯·《关于饥荒的信》（Кондурушкин，С. Письма о голоде. Правительство и общество.—«Речь»，Спб.，1911，№291（1885），23 октября（5 ноября），стр.2）——378—380。

考茨基，卡·《一封论马克思和马赫的信》（Kautsky，K. Ein Brief über Marx und Mach. Berlin－Friedenau，den 26. März 1909.—«Der Kampf»，[Wien]，1909，Jg.2，10.Hft.，1.Juli，S.452）——128、131。

科甘，В.《现实说明什么》（Коган，В. О чем говорит действительность.—«Образование»，Спб.，1907，№8，стр.49—66；№9，стр.26—43；№10，стр.24—45）——199、200。

克雷洛夫，伊·安·《狐狸和葡萄》（Крылов，И. А. Лисица и Виноград）——212。

克里切夫斯基，波·尼·《原则、策略和斗争》（Кричевский，Б. Н. Принципы，тактика и борьба.—«Рабочее Дело»，Женева，1901，№10，сентябрь，стр.1—36）——205。

[克列斯托夫尼科夫]《克列斯托夫尼科夫先生的信》（[Крестовников]. Письмо г. Крестовникова.—«Земщина»，Спб.，1911，№560，14 февраля，стр.3）——153。

拉林，尤·《创造之路》（Ларин，Ю. Пути созидания.—«Дело Жизни»，Спб.，1911，№5，31 мая，стлб.13—20）——311。

—《俄国的农业高潮及其社会政治后果》（Подъем русского земледелия и его общественно-политические последствия.—«Возрождение»，М.，1910，№9—10，15 июня，стлб.17—28）——193、194、200、311、313、316。

—《广泛的工人党和工人代表大会》（Широкая рабочая партия и рабочий съезд.[М.]，«Новый Мир»，[1907].95 стр.）——192、408、412。

—《合作社的雏形》（Кооперативные силуэты.—«Возрождение»，М.，1910，

№7,30 апреля,стлб.47—56)——193。

—《论我们社会政治发展的前景问题》(К вопросу о перспективах нашего социально-политического развития.(Ответ редакции«Возрождения»).—«Возрождение»,М.,1910,№11,7 июля,стлб.1—14)——193—194、195、196、197、198、199、200、205、313、316。

—《南俄农业的前景》(Перспективы южнорусского сельского хозяйства.—«Возрождение»,М.,1910,№4,15 марта,стлб.39—50;№5,30 марта,стлб.17—30)——193。

—《向右——向后转》(Направо — и кругом.(К современному положению).—«Дело Жизни»,Спб.,1911,№2,2 марта,стлб.9—20)——206—207、311、312、313、317—318、319。

—《资金流入俄国农业》(Приток средств в русское земледелие.—«Возрождение»,М.,1910,№8,15 мая,стлб.9—22)——193。

利托夫采夫,索·《议会活动》(Литовцев,С.В парламентских кругах.Впечатления.—«Речь»,Спб.,1911,№80(1676),23 марта(5 апреля),стр.2)——215。

[列宁,弗·伊·]《俄国党内斗争的历史意义》([Ленин,В.И.]Исторический смысл внутрипартийной борьбы в России.—«Дискуссионный Листок»,[Париж],1911,№3,29 апреля(12 мая),стр.3—8.Подпись:Н.Ленин)——335。

—《俄国社会民主工党巴黎第二小组的决议》(Резолюция II Парижской группы РСДРП.[Листовка].[Париж,июль 1911].2 стр.(РСДРП))——286、339。

—《反党的取消派的〈呼声报〉》(答《社会民主党人呼声报》)[传单](«Голос» ликвидаторов против партии.(Ответ«Голосу Социал-Демократа»).[Листовка].[Париж,1910].2 стр.(РСДРП.Отд.оттиск из №12«Социал-Демократа»))——106。

—《反党的取消派的〈呼声报〉》(答《社会民主党人呼声报》)(载于1910年3月23日(4月5日)《社会民主党人报》第12号)(«Голос» ликвидаторов против партии.(Ответ«Голосу Соц.-Демократа»)—«Социал-Демократ»,

[Париж],1910,№12,23 марта(5 апреля),стр.5—6.На газ.дата:23/5 апреля)——106。

—《关于选举运动和选举纲领》(Об избирательной кампании и избирательной платформе.—«Социал-Демократ»,[Париж],1911,№24,18(31) октября,стр.2—3)——368。

—《立宪民主党人的胜利和工人政党的任务》(Победа кадетов и задачи рабочей партии.Спб.,[«Наша Мысль»,1906].79 стр.Перед загл.авт.:Н. Ленин)——117。

—《论党内状况》[传单](О положении дел в партии.[Листовка].[Париж, 1910]. 4 стр.(РСДРП. Оттиск из №19 «Социал-Демократа», ЦО РСДРП))——323。

—《我们的取消派(关于波特列索夫先生和弗·巴扎罗夫)》(Наши упразднители.(О г. Потресове и В. Базарове).—«Мысль», М., 1911, №2, январь,стр.37—49.Подпись:В.Ильин)——188。

—《政论家札记》(Заметки публициста. II. «Объединительный кризис» в нашей партии.—«Дискуссионный Листок»,[Париж],1910,№2,25 мая (7 июня),стр.4—14.Подпись:Н.Ленин.На газ.дата:25/7 июня)——305、334—335、336、337、341、343、344。

列维茨基,弗·《取消还是复兴?》(Левицкий,В.Ликвидация или возрождение? —«Наша Заря»,Спб.,1910,№7,стр.91—103.Под общ.загл.:На темы дня)——110—111、112、113、206、284—285、310、366。

—《资产阶级反对派的觉醒》(Пробуждение буржуазной оппозиции.—«Наша Заря»,Спб.,1911,№3,стр.54—63)——283—285。

[卢森堡,罗·等][《关于选举问题的决议草案(提交德国社会民主党马格德堡代表大会的)》]([Luxemburg,R.u.andere.Der Resolutionsentwurf zur Wahlrechtsfrage,eingebracht auf dem Parteitag der Sozialdemokratischen Partei Deutschlands in Magdeburg].—In:Protokoll über die Verhandlungen des Parteitages der Sozialdemokratischen Partei Deutschlands.Abgehalten in Magdeburg vom 18. bis 24. September 1910. Berlin, Buchh. «Vorwärts»,1910,S.181—182)——17。

鲁巴诺维奇,伊·《瓦西里·卡拉乌洛夫代表之死》(Roubanovitch, E. Mort du député Vassili Karaouloff. La carrière d'un terroriste russe.—«L' Humanité», Paris, 1911, N 2459, 10 janvier, p.2)——97、98。

[罗日柯夫,尼·亚·]《俄国的现状和当前工人运动的基本任务》([Рожков, Н. А.] Современное положение России и основная задача рабочего движения в данный момент.—«Наша Заря», Спб., 1911, №9—10, стр. 31—35. Подпись: Н. Р—ков)——396—409、411。

马尔丁诺夫,亚·《党内状况》(Мартынов, А. Положение дел в партии. (Итоги пленума ЦК).—«Голос Социал-Демократа», [Париж], 1910, №19—20, январь—февраль, стр. 17—19)——336。

—《揭露性的刊物和无产阶级的斗争》(Обличительная литература и пролетарская борьба(«Искра», №№1—5).——«Рабочее Дело», Женева, 1901, №10, стр. 37—64)——205。

马尔托夫,尔·《到了什么地步?》(Мартов, Л. Куда пришли? —«Голос Социал-Демократа», [Париж], 1910, №23, ноябрь, стр. 9—13)——42、48、49、50、52、54、183。

—《普鲁士的争论和俄国的经验》(Martoff, L. Die preußische Diskussion und die russische Erfahrung.—«Die Neue Zeit», Stuttgart, 1910, 28. Jg., Bd.2, N 51, 16. September, S. 907—919)——17。

—《行动纲领的要点》(Основные положения платформы.—«Наша Заря», Спб., 1911, №7—8, стр. 42—54)——364、365—367。

—《拯救者还是毁灭者?(谁破坏又是怎样破坏俄国社会民主工党)》(Спасители или упразднители? (Кто и как разрушал РСДРП). Изд. «Голоса Социал-Демократа». Париж, imp. Gnatovsky, 1911. 47 стр. (РСДРП))——290、303。

—《政论家札记》(Заметки публициста. «Ликвидаторство» и «перспективы».—«Жизнь», М., 1910, №1, 30 августа, стлб. 1—12)——123、194—203、204—206、207、316、319。

马尔托夫,尔·和唐恩,费·《为了党员》(Мартов, Л. и Дан, Ф. Для членов партии. 9 января 1911 г. [Листовка. Париж, 1911]. 1 стр.)——65—66。

马克思，卡·《给弗·阿·左尔格的信》(1881年6月20日)(Маркс，К. Письмо Ф.А.Зорге.20 июня 1881 г.)——392、393。

—《给弗·阿·左尔格的信》(1881年12月15日)(Письмо Ф.А.Зорге.15 декабря 1881 г.)——392、393。

—《资本论》(Marx，K.Le capital.Trad.de M.J.Roy，entièrement revisée par l'auteur.Paris.Lachatre，[1872—1875].352 p.)——388、392。

[马克思，卡·《给亨利·迈尔斯·海德门的信》(1880年12月8日)]([Marx，K.The 1etter at Hyndman.December 8，1880].—In：Hyndman，H.M.The Record of an Adventurous Life.London，Macmillan，1911，p.284—285)——392—393。

马克思，卡·和恩格斯，弗·《共产党宣言》(Маркс，К.и Энгельс，Ф.Манифест Коммунистической партии.Декабрь 1847 г.—январь 1848 г.)——103。

马斯洛夫，彼·巴·《经济评论》(Маслов，П.П.Экономические заметки.—«Наша Заря»，Спб.，1910，№10，стр.13—28)——94。

马耶夫斯基，叶·《什么是"取消主义"?》(Маевский，Е.Что такое«ликвидаторство»?(Кое-что из истории возникновения вопроса).—«Наша Заря»，Спб.，1910，№11—12，стр.46—59)——108、112。

曼，昂·德·和布鲁凯尔，路·德·《比利时的工人运动》(Man，H.，de u. Brouckère，L.，de.Die Arbeiterbewegung in Belgien.Stuttgart，Singer，[1911].72 S.(Ergänzungshefte zur«Neuen Zeit»，N 9，1910/1911.Ausgegeben am 10.März 1911))——208。

米尔斯，J.F.《反对》(Mills，J.F.The case against.—«The Labour Leader»，London，1911，N 16，April 21，p.243.Под общ.загл.：Arms and the worker)——233。

米留可夫，帕·尼·《知识界和历史传统》(Милюков，П.Н.Интеллигенция и историческая традиция.—В кн.：Интеллигенция в России.Сборник статей.Спб.，«Земля»，1910，стр.89—191)——50。

缅施科夫，米·《不必要的纪念日》(Меньшиков，М.Ненужный юбилей.—«Новое Время»，Спб.，1911，№12512，11(24)января，стр.3)——144、168、179。

—《大学生的呼声》(Голоса студентов.—«Новое Время», Спб., 1911, №12549,17 февраля(2 марта),стр.5)——149—150、151、152、158。

—《农村中的恐怖》(Террор в деревне.—«Новое Время», Спб., 1910, №12404,23 сентября(6 октября),стр.2)——77。

莫斯科夫斯基,阿·《给编辑部的信》(Московский,А.Письмо в редакцию.—«Социал-Демократ»,[Париж],1909,№10,24 декабря(6 января 1910), стр.3—4.На газ.дата:24/6 января)——184。

涅克拉索夫,尼·阿·《抒情喜剧〈熊猎〉中的几场》(Некрасов,Н.А.Сцены из лирической комедии «Медвежья охота»)——125。

涅韦多姆斯基,米·《列夫·托尔斯泰的去世》(Неведомский,М.Смерть Льва Толстого.—«Наша Заря»,Спб.,1910,№10,стр.5—12)——93—94、95。

[诺根,维·巴·《给中央委员会国外局的信》]([Ногин, В.П.Письмо в ЗБЦК].—«Социал-Демократ», [Париж], 1910, №12, 23 марта(5 апреля),стр.6,в ст.:Ленин,В.И.««Голос» ликвидаторов против партии. Ответ«Голосу Социал-Демократа»».На газ.дата:23/5 апреля)——184、185、290。

潘涅库克,安·《工人运动中的策略分歧》(Panneckoek,A.Die taktischen Differenzen in der Arbeiterbewegung.Hamburg,Dubber,1909.132 S.)——63、69。

皮列茨基,Я.《短评》(Пилецкий,Я.Беглые заметки.—«Возрождение», М., 1910,№4,15 марта,стлб.49—58)——193。

普列汉诺夫,格·瓦·《合法的工人组织和俄国社会民主工党》(Плеханов,Г. В.Легальные рабочие организации и Российская социалдемократическая рабочая партия.—«Дневник Социал-Демократа»,[Женева],1910,№12, июль,стр.1—26)——292。

—《混乱的说明》(Запутанное объяснение.(К истории нашего ликвидаторства).—«Дневник Социал-Демократа»,[Женева],1911,№11,март,стр. 22—24)——184、288。

—《论一元论历史观之发展》(К вопросу о развитии монистического взгляда на историю,Ответ гг.Михайловскому,Карееву и комп.Спб.,1895.287

стр.Перед загл.авт.:Н.Бельтов)——128。

—《我党中央委员会最近一次全体会议》(Последнее пленарное собрание нашего Центрального Комитета.—«Дневник Социал-Демократа»,[Женева],1910,№11,март,стр.1—20)——305、344、351。

—《中央委员会请注意》(Вниманию Центрального Комитета.—«Дневник Социал-Демократа»,[Женева],1910,№12,июнь,стр.30—32)——184、289。

切列万宁,涅·《俄国社会民主工党伦敦代表大会》(1907年)(Череванин,Н. Лондонский съезд РСДРП.1907 г.С прилож.принятых резолюций и их проектов.[Спб.],«Борьба»,[1907].102 стр.)——112。

—《给彼·马斯洛夫的答复》(Ответ П.Маслову.—«Наша Заря»,Спб.,1910,№11—12,стр.26—35)——94。

—《马克思主义的几个基本问题》(Несколько основных вопросов марксизма.—«Наша Заря»,Спб.,1910,№7,стр.22—34)——94。

日尔金,伊·《生动的象征》(Жилкин,И.Живой символ.—«Речь»,Спб.,1910,№273(1511),5(18)октября,стр.3)——7。

[什克洛夫斯基,伊·弗·]《海德门记事》([Шкловский,И.В.]Записки Хайндмана.—«Русские Ведомости»,М.,1911,№236,14 октября,стр.2)——388、391—392。

[司徒卢威,彼·伯·]《[谢·尤·维特〈专制制度和地方自治机关〉一书]序言》([Струве,П.Б.]Предисловие[к книге С.Ю.Витте«Самодержавие и земство»].—В кн.:[Витте,С.Ю.]Самодержавие и земство.Конфиденциальная записка министра финансов статс-секретаря С.Ю.Витте(1899 г.).С предисл.и примеч.Р.Н.С.Печ.«Зарей».Stuttgart,Dietz,1901,стр.V—XLIV.Подпись:Р.Н.С.)——407。

[塔拉图塔,维·康·]《致党》([Таратута,В.К.]К партии.—В кн.:[Каменев,Л.Б.]Две партии.С предисл.Н.Ленина и прилож.писем и заявлений тт.В.Вильямова,Ал.Власова,Иннокентиева,Э.и группы рабочих.Изд.ред.«Рабочей Газеты».[Paris],1911,стр.I—XVI,в отд.:Документы.I.(РСДРП).Подпись:Виктор Вильямов-Сергеев.Перед загл.кн.авт.:Ю.

Каменев)——298。

唐恩，费·《关于选举运动的安排》(Дан，Ф.К постановке избирательной кампании.(Организационные и тактические штрихи).—«Наша Заря»，Спб.，1911，№7—8，стр.55—65)——364、367—368。

屠格涅夫，伊·谢·《父与子》(Тургенев，И.С.Отцы и дети)——125。

托尔斯泰，列·尼·《安娜·卡列尼娜》(Толстой，Л.Н.Анна Каренина.Т.II.—В кн.：[Толстой，Л. Н.]. Сочинения графа Л. Н. Толстого. Ч. 10. Анна Каренина.Т.II.Изд.5-ое.М.，тип.Волчанинова，1886.462 стр.)——100—101、102。

—《当代的奴隶制》(Рабство нашего времени.Изд.«Свободного Слова».№43. Purleigh，Maldon，Essex，Tchertkoff，1900.79 стр.)——101。

—《教养和教育》(Воспитание и образование.—В кн.：[Толстой，Л. Н.] Сочинения графа Л.Н.Толстого.Ч.4.Педагогические статьи.Изд.5-ое.М.，тип.Волчанинова，1886，стр.104—150)——102。

—《进步和教育定义》(Прогресс и определение образования.(Ответ г-ну Маркову.«Русский Вестник»，1862 г.，№5).—В кн.：[Толстой，Л. Н.] Сочинения графа Л.Н.Толстого.Ч.4.Педагогические статьи.Изд.5-ое.М.，тип.Волчанинова，1886，стр.151—190)——102、103。

—《克莱采奏鸣曲》(Крейцерова соната. М.，1889. 103 стр. Литогр. изд.)——102。

—《论生活的意义》(О смысле жизни.Мысли Л.Н.Толстого，собранные В. Чертковым.Изд.«Свободного Слова».№56.Christchurch，Hants，Tchertkoff，1901.54 стр.)——102。

—《聂赫留朵夫公爵日记摘录。卢塞恩》(Из записок князя Д.Нехлюдова. Люцерн.—В кн.：[Толстой，Л.Н.]Сочинения графа Л.Н.Толстого.Ч.2. Повести и рассказы.Изд.5-ое.М.，тип.Мамонтова，1886，стр.95—126)——101。

—《为尼·奥尔洛夫的画册〈俄国的农夫〉所写的序言》(Предисловие к альбому «Русские мужики» Н. Орлова.—В кн.：Орлов，Н. Русские Мужики.Картины художника Н.Орлова.С предисл.Л.Н.Толстого.Спб.，

Голике и Вильборг, 1909, стр.3—8)——361。

[托洛茨基,列·达·]《俄文版欧洲工人报》([Троцкий, Л.Д.]Европейская рабочая газета на русском языке.—«Правда», [Вена], 1911, №21, 25 июня(8 июля), стр.6)——347、348。

—《扫除一切障碍,走向统一!》(К единству—через все препятствия! —«Правда», [Вена], 1910, №12, 3(16) апреля, стр. 2—3)——337、338、341。

威克,E.P.《赞同》(Wake, E.P. The case for.—«The Labour Leader», London, 1911, N 16, April 21, p. 243. Под общ. загл.: Arms and the worker)——233。

[维特,谢·尤·《给编辑部的信》]([Витте, С.Ю. Письмо в редакцию].—«Новое Время», Спб., 1911, №12765, 25 сентября(8 октября), стр.3)——327—328、369、371。

叶尔莫洛夫,阿·谢·《俄国当前火灾频繁发生》(Ермолов, А.С. Современная пожарная эпидемия в России. Спб., 1910. 211 стр.)——77、78。

叶利舍夫,А.И.《莫斯科的教唆》(Елишев, А.И. Московские подстрекательства.—«Земщина», Спб., 1911, №559, 13 февраля, стр.4)——153。

伊科夫,弗·康·《杂志评论》(Иков, В.К. Журнальное обозрение.—«Возрождение», М., 1910, №5, 30 марта, стлб.47—52)——109。

—《政治短评》(Политические заметки. Еще о перспективах нашего политического развития.—«Возрождение», М., 1910, №11, 7 июля, стлб. 13—22. Подпись: В. Миров)——194、198。

伊兹哥耶夫,亚·索·《对比》(Изгоев, А.С. Сопоставление.—«Речь», Спб., 1911, №44(1640), 14(27) февраля, стр. 2—3)——152—153、155—156、157。

—《论知识青年》(Об интеллигентной молодежи. (Заметки об ее быте и настроениях).—В кн.: Вехи. Сборник статей о русской интеллигенции. М., [тип. Саблина, март]1909, стр.182—209)——152、153—154、279。

—《在转变中》(На перевале. VII. «Вехист» среди марксистов.—«Русская Мысль», М., 1910, кн. VIII, стр.63—72)——93、125。

［约诺夫］《反党派别》（［Ионов］.Фракции против партии.—«Отклики Бунда»，［Женева］，1910，№4，апрель，стр.19—23.Подпись：И—ов）——341。

*　*　*

《阿尔马维尔的大暴行》（Армавирский погром.—«Речь»，Спб.，1911，№291（1885），23 октября（5 ноября），стр.7）——377。

《摆脱了农奴制依附地位的农民状况》（Положения о крестьянах，вышедших из крепостной зависимости. 19 февраля 1861 г. Спб.，1861. 362 стр.）——163。

《报刊》（载于1911年9月28日（10月11日）《言语报》第266号（总第1862号））（Печать.—«Речь»，Спб.，1911，№266（1862），28 сентября（11 октября），стр.2）——328、369、370。

《报刊》（载于1911年9月30日（10月13日）《言语报》第268号（总第1864号））（Печать.—«Речь»，Спб.，1911，№268（1864），30 сентября（13 октября），стр.2）——373。

《被破坏了的传说》（Разрушенная легенда.（«Дело» тт. М.，Ю. и Р.）.—«Голос Социал-Демократа»，［Париж］，1911，№24，февраль. Приложение к №24 «Голоса Социал-Демократа»，стр.3—4）——183—186、323、351。

《崩得评论》［日内瓦］（«Отклики Бунда»，［Женева］，1910，№4，апрель，стр. 19—23）——341。

《彼·阿·斯托雷平》（П. А. Столыпин.—«Речь»，Спб.，1911，№244（1840），6（19）сентября，стр.2）——330—331、371。

彼得堡（Петербург.—«Русские Ведомости»，М.，1910，№260，11 ноября，стр. 4，в отд.：Последние известия）——1。

彼得堡，3月25日。［社论］（Петербург，25 марта.［Передовая］.—«Звезда»，Спб.，1911，№15，25 марта，стр.1）——213。

［《编辑部的话》］（［От редакции］.—«Информационный Бюллетень»，［Париж］，1911，№1，11 августа，стр.1）——339、340、345、349、351。

［《编辑部的话》］（关于前景的一种说法）（［От редакции］. Нечто о перспективах.—«Возрождение»，М.，1910，№9—10，15 июня，стлб. 29—32. Подпись：

Редакция)——194。

[《编辑部的话》(为布尔什维克日内瓦思想小组声明加的按语)]([От редакции. Примечание к заявлению Женевского идейного кружка большевиков].—В кн.: Вперед. Сборник статей по очередным вопросам. №3. Изд. гр. «Вперед».[Paris],кооп.тип.«Союз»,май 1911,стлб.78)——349、355。

[《编辑部的话》(为弗·巴扎罗夫《论为什么重要的东西有时显得微不足道》一文加的按语)]([От редакции.Примечание к статье В.Базарова«О том, почему важные вещи кажутся иногда пустяками»].—«Наша Заря», Спб.,1910,№4,стр.80.Подпись:Редакция)——132—133。

《编辑部的话》[为尼·亚·罗日柯夫《俄国的现状和当前工人运动的基本任务》一文加的按语](От редакции.[Примечание к статье Н.А.Рожкова «Современное положение России и основная задача рабочего движения в данный момент»].—«Наша Заря»,Спб.,1911,№9—10,стр.31—32)——408。

《编辑部[为弗·巴扎罗夫〈托尔斯泰和俄国知识分子〉一文加的]按语》(Примечание от редакции [к статье В. Базарова «Толстой и русская интеллигенция»].—«Наша Заря»,Спб.,1910,№10,стр.43)——90、93、94。

《伯明翰代表会议》(The Birmingham conference.Annual gathering of the Independent Labour Party.—«The Labour Leader»,London,1911,N 16, April 21,p.244—247,252)——233—234。

《布尔什维克的声明[1910 年 1 月俄国社会民主工党中央全会通过]》(Декларация большевиков,[принятая на пленуме ЦК РСДРП в январе 1910 г.].—«Социал-Демократ»,[Париж],1910,№11,26(13)февраля, стр.11,в резолюции:О фракционных центрах,в отд.:Из партии)——27、28、36、43、51、105、107、159、161、304。

察里津,10 月 22 日。(Царицын,22 октября.—«Речь»,Спб.,1911,№291 (1885),23 октября(5 ноября),стр.4.Под общ.загл.:Телеграммы.От наших корреспондентов)——378。

《代表们给大学生的呼吁书》(Воззвание депутатов к студентам.—«Речь»,

Спб.,1910,№310(1548),11(24)ноября,стр.4)——2。

《党内状况》[1910年1月俄国社会民主工党中央全会通过的决议](Положение дел в партии.[Резолюция,принятая на пленуме ЦК РСДРП в январе 1910 г.].—«Социал-Демократ»,[Париж],1910,№11,26(13)февраля,стр.10,в отд.:Из партии)——27、28、51、61—62、159、161、262、267、288、305、321、337、340、343、350。

《德国社会民主党纲领(1891年爱尔福特代表大会通过)》(Programm der Sozialdemokratischen Partei Deutschlands, beschlossen auf dem Parteitag zu Erfurt 1891.—In: Protokoll über die Verhandlungen des Parteitages der Sozialdemokratischen Partei Deutschlands. Abgehalten zu Erfurt vom 14. bis 20. Oktober 1891. Berlin, «Vorwärts», 1891, S.3—6)——205、241。

《德国社会民主党汉诺威代表大会会议记录》(1899年10月9—14日)(Protokoll über die Verhandlungen des Parteitages der Sozialdemokratischen Partei Deutschlands. Abgehalten zu Hannover vom 9. bis 14. Oktober 1899. Berlin, «Vorwärts», 1899. 304 S.)——205。

《德国社会民主党马格德堡代表大会会议记录》(1910年9月18—24日)(Protokoll über die Verhandlungen des Parteitages der Sozialdemokratischen Partei Deutschlands. Abgehalten in Magdeburg vom 18. bis 24. September 1910. Berlin, Buchh. «Vorwärts», 1910. 507 S.)——10—15、17。

《第二届国家杜马104人土地法案》——见《[土地改革]基本条例草案[以劳动团和农民协会的名义向第二届国家杜马提出]》。

[《第三届国家杜马社会民主党党团给弗·格·切尔特科夫的电报》]([Телеграмма социал-демократической фракции III Государственной думы на имя В.Г.Черткова].—«Речь»,Спб.,1910,№307(1545),8(21)ноября,стр.4.Под общ.загл.:В Государственной думе)——39。

《第三十一届年会》(The Thirty-first annual conference.—«Justice», London, 1911, N 1,423, April 22, p.5—6)——231。

《第一届国家杜马104人土地法案》——见《[土地法]基本条例草案[由104个国家杜马代表提出]》。

《斗争》杂志[维也纳](«Der Kampf», [Wien], 1909, Jg. 2, 10. Hft., 1. Juli, S.

452)——128、130。

《杜马报》(圣彼得堡)(«Дума»,Спб.)——331。

《对悼念谢·安·穆罗姆采夫的态度》(Отношение к памяти С.А.Муромцева.—«Речь»,Спб.,1910,№284(1522),16(29)октября,стр.5.Под общ.загл.:Государственная дума.Сессия IV.Заседание 1-е)——4、5—6、7。

《俄国报》(圣彼得堡)(«Россия»,Спб.)——50、153、154。

—1910,№1530,12(25)ноября,стр.1.——2。

—1911,№1587,20 января(2 февраля),стр.1.——136、137、140。

—1911,№1611,17 февраля(2 марта),стр.2.——150。

《俄国报刊》(Русская печать.—«Россия»,Спб.,1911,№1611,17 февраля(2 марта),стр.2)——150。

《俄国财富》杂志(圣彼得堡)(«Русское Богатство»,Спб.)——211。

《俄国代表在英国(6月19日(7月2日)伦敦市长早餐会上的讲话)》(Русские депутаты в Англии.Речи на завтраке у лордмэра.Лондон,19 июня(2 июля).—«Речь»,Спб.,1909,№167(1045),21 июня(4 июля),стр.3)——329、330、368、373。

《俄国社会民主工党纲领》(Программа Российской социал-демократической рабочей партии.—В кн.:Лондонский съезд Российской соц.-демокр.раб. партии(состоявшийся в 1907 г.).Полный текст протоколов.Изд.ЦК. Paris,1909,стр.12—16.(РСДРП))——240、292、362。

《俄国社会民主工党纲领(党的第二次代表大会通过)》(Программа Российской соц.-дем.рабочей партии,принятая на Втором съезде партии.—В кн.:Второй очередной съезд Росс.соц.-дем.рабочей партии.Полный текст протоколов.Изд.ЦК.Женева,тип.партии,[1904],стр.1—6.(РСДРП))——242。

《俄国社会民主工党全国代表会议》(1908年12月)(Всероссийская конференция Росс.соц.-дем.рабочей партии.(В декабре 1908 года).Изд.газ.«Пролетарий».[Paris,1909].47 стр.(РСДРП))——191、311。

[《俄国社会民主工党中央委员会国外局关于召开国外中央全会的决议(对布尔什维克1910年12月5日(俄历11月22日)申请的答复)》(1911年1

月 27 日)](【Резолюция Заграничного бюро ЦК РСДРП по вопросу о созыве заграничного пленума ЦК, принятая в ответ на заявку большевиков от 5 декабря(22 ноября)1910 г. 27 января 1911 г.].—В листовке: Ко всем членам партии. 27 июня 1911 г. Paris, кооп. тип. «Союз», 1911, стр. 1. (РСДРП. ЗБЦК))——289—290、324。

《[俄国社会民主工党中央委员会国外局]会议决议》(Резолюции Совещания [при Заграничном бюро ЦК РСДРП].—«Листок Заграничного Бюро Центрального Комитета», [Париж], 1911, №1, 8 сентября, стр. 4—5)——323。

《俄国思想》杂志(莫斯科)(«Русская Мысль», М.)——173。

—1910, кн. VIII, стр. 63—72.——93、125。

《俄罗斯新闻》(莫斯科)(«Русские Ведомости», М.)——140、154。

—1910, №260, 11 ноября, стр. 4.——1—2。

—1910, №261, 12 ноября, стр. 2—3.——1—2。

—1911, №12, 16 января, стр. 2.——136、137、138、225。

—1911, №33, 11 февраля, стр. 3.——149、150、158。

—1911, №222, 28 сентября, стр. 1—2, 4.——328、369。

—1911, №236, 14 октября, стр. 2.——388、392。

《20 世纪初俄国的社会运动》(第 1—4 卷)(Общественное движение в России в начале XX-го века. Под ред. Л. Мартова, П. Маслова и А. Потресова. Т. I—IV. Спб., тип. «Общественная Польза», 1909—1914. 5 т.)——132、191、399。

—第 1 卷:《运动的征兆和根本原因》(Т. I. Предвестники и основные причины движения. Спб., тип. «Общественная Польза», 1909. [5], 676 стр.)——206、283—284。

《复兴》杂志(莫斯科)(«Возрождение», М.)——17、106、111、189、207、210、288。

—1910, №4, 15 марта, стлб. 39—50, 49—58.——193。

—1910, №5, 30 марта, стлб. 17—30, 47—52.——109、193。

—1910, №7, 30 апреля, стлб. 47—56.——193。

—1910,№8,15 мая,стлб.9—22.——193。

—1910,№9—10,15 июня,стлб.17—32.——193、194、200、311、313、316。

—1910,№11,7 июля,стлб.1—22.——193—194、195、196、197、198、200、205、313、316。

《告俄国社会民主工党全体党员》[传单](Ко всем членам Российской социал-демократической рабочей партии.[Листовка]. Paris, кооп. тип. «Союз», [1911]. 2 стр. Подпись: Группа большевиков-партийцев)——334、336、338、339、340—342、344、345—346、348、349、352。

《告"前进"集团的党校学员同志们》(Товарищам слушателям школы группы «Вперед».[Листовка]. Б. м., [1911]. 3 стр. Подпись: Комитет общепарт. школы при ЦК.Гект.)——96、161。

《告全体党员书》(关于党内状况和党的代表会议的召开)(Ко всем членам партии.(О положении дел в партии и созыве партийной конференции). [Листовка]. Paris, кооп. тип. «Союз», [1911]. 2 стр. Подпись: Группа «Вперед»)——96。

《告全体党员书》(中央委员会国外局传单)(Ко всем членам партии.—«Листок Заграничного Бюро Центрального Комитета», [Париж], 1911, №1, 8 сентября, стр. 1—3. Подпись: Совещание при Загр. бюро ЦК)——323—324。

《告社会民主党各组织、团体和小组》(1911年8月1日)[传单](Ко всем соц.-дем. партийным организациям, группам и кружкам. 1 августа 1911 г. [Листовка].[Paris], 1911. 4 стр. (РСДРП). Подпись: Организационная комиссия по созыву партийной конференции)——298。

《给各党组织的信》(Письмо к партийным организациям.(Об очередной партийной конференции).—«Социал-Демократ», [Париж], 1910, №11, 26(13) февраля, стр. 11—12. Подпись: Центральный Комитет РСДРП)——274、294。

《给同志们的信》[传单](Письмо к товарищам.[Листовка]. Paris, imp. Gnatovsky, [1911]. 2 стр. (РСДРП). Подпись: Редакция «Голоса Социал-Демократа»)——185、186。

《工人报》(巴黎)(«Рабочая Газета»,Париж)——27、34、38、44、55、290、344、347、352。

《工人关于党内状况的呼声》(Голоса рабочих о положении в партии.—«Правда»,[Вена],1910,№13,15(28)мая,стр.2—3)——320、347。

《工人领袖》(伦敦)(«The Labour Leader»,London,1911,N 16,April 21,p.243,244—247,252)——233—235。

《工人生活报》(巴黎)(«Рабочая Жизнь»,[Париж])——347、348。

《工人事业》杂志(日内瓦)(«Рабочее Дело»,Женева)——321。

—1901,№10,стр.1—36,37—64.——205。

《工人思想报》(圣彼得堡—柏林—华沙—日内瓦)(«Рабочая Мысль»,[Спб.—Берлин—Варшава—Женева])——321。

《关于大学生示威游行问题》(Вопрос о студенческой манифестации.—«Русские Ведомости»,М.,1910,№261,12 ноября,стр.2—3.Под общ.загл.:Около Думы)——1—2。

《关于对非无产阶级政党的态度的决议》[俄国社会民主工党第五次(伦敦)代表大会通过](Резолюция об отношении к непролетарским партиям,[принятая на V(Лондонском)съезде РСДРП].—В кн.:Лондонский съезд Российской соц.-демокр.рабочей партии(состоявшийся в 1907 г.).Полный текст протоколов.Изд.ЦК.Paris,1909,стр.454—455.(РСДРП))——295、368。

《关于各个工作报告的决议》[俄国社会民主工党第五次代表会议(1908年全国代表会议)通过](Резолюция по отчетам,[принятая на Пятой конференции РСДРП(Общероссийской 1908 г.)].—В кн.:Извещение Центрального Комитета Российской с.-д.рабочей партии о состоявшейся очередной общепартийной конференции.[Изд.ЦК РСДРП.Paris,1909],стр.4.(РСДРП))——112。

《[关于建立国家杜马的]诏书》[1905年8月6日(19日)](Манифест[об учреждении Государственной думы.6(19)августа 1905 г.].—«Правительственный Вестник»,Спб.,1905,№169,6(19)августа,стр.1)——278。

《关于解散国家杜马、召开新杜马的时间和改变国家杜马选举制度》(О

роспуске Государственной думы, о времени созыва новой Думы и об изменении порядка выборов в Государственную думу. Манифест[3(16) июня 1907 г.].—«Собрание узаконений и распоряжений правительства, издаваемое при правительствующем Сенате», Спб., 1907, №94, 3 июня. Отд.I, ст.845, стр.1299—1302)——383。

《关于目前形势和党的任务》[俄国社会民主工党第五次代表会议(1908年全国代表会议)通过的决议](О современном моменте и задачах партии. [Резолюция, принятая на Пятой конференции РСДРП(Общероссийской 1908 г.)].—В кн.: Извещение Центрального Комитета Российской с.-д. рабочей партии о состоявшейся очередной общепартийной конференции. [Изд.ЦК РСДРП. Paris, 1909], стр. 4—5. (РСДРП))——179、181、196、197、199、206、237、297、311、313、362、366、367。

《关于派别中心》[1910年1月俄国社会民主工党中央全会通过的决议](О фракционных центрах. [Резолюция, принятая на пленуме ЦК РСДРП в январе 1910 г.].—«Социал-Демократ», [Париж], 1910, №11, 26(13) февраля, стр.11, в отд.: Из партии)——28、35—37、51、161。

《关于取消派》[外高加索社会民主党组织代表会议通过的决议](О ликвидаторстве. [Резолюция, принятая на конференции Закавказских соц.-дем. организаций].—«Правда», [Вена], 1911, №20, 16(29) апреля, стр. 1. Под общ. загл.: К возрождению партии! Конференция Закавказских соц.-дем. организаций)——345。

《关于同其他政党达成的选举协议》(俄国社会民主工党第三次代表会议("第二次全国代表会议")通过的决议)([Об избирательных соглашениях с другими партиями. Резолюция, принятая на Третьей конференции РСДРП («Второй общероссийской»)].—В листовке: Извещение о партийной конференции 21, 22 и 23 июля 1907 года. Изд. ЦК РСДРП. Б.м., [1907], стр.3. (РСДРП))——295。

《关于召开党的代表会议》[1911年俄国社会民主工党中央委员会议通过的决议](О созыве партийной конференции. [Резолюция, принятая на совещании членов ЦК РСДРП. 1911 г.].—В листовке: Извещение

［совещания членов ЦК РСДРП. 1911 г.］. Б. м.，［1911］，стр. 2. (РСДРП))——290。

《关于召开全党例行代表会议》［1910年1月俄国社会民主工党中央全会通过的决议］(О созыве очередной общепартийной конференции.［Резолюция，принятая на пленуме ЦК РСДРП в январе 1910 г.］.—«Социал-Демократ»，［Париж］，1910，№11，26(13)февраля，стр. 10，в отд.：Из партии)——184、294。

《关于〈真理报〉》［1910年1月俄国社会民主工党中央全会通过的决议］(О газете «Правда».［Резолюция，принятая на пленуме ЦК РСДРП в январе 1910 г.］.—«Социал-Демократ»，［Париж］，1910，№11，26(13)февраля，стр.10，в отд.：Из партии)——55。

《关于中央委员会国外局》［1911年俄国社会民主工党中央委员会议通过的决议］(О Заграничном бюро ЦК.［Резолюция，принятая на совещании членов ЦК РСДРП. 1911 г.］.—В Листовке：Извещение［совещания членов ЦК РСДРП.1911 г.］.Б.м.，［1911］，стр.2.(РСДРП))——290。

《国家杜马的建立》(Учреждение Государственной думы.［6(19)августа 1905 г.］.—«Правительственный Вестник»，Спб.，1905，№169，6(19)августа，стр.1—2)——278。

《［国家杜马的］速记记录》(1908年第2次常会)(Стенографические отчеты［Государственной думы］.1908 г.Сессия вторая.Ч.I.Заседания 1—35(с 15 октября по 20 декабря 1908 г.).Спб.，гос.тип.，1908.XIV стр.，3152 стлб.(Государственная дума.Третий созыв))——157、372—373。

《［国家杜马的］速记记录》(1910年第3次常会)(Стенографические отчеты［Государственной думы］.1910 г.Сессия третья.Ч.IV.Заседания 95—131 (с 26 апреля по 17 июня 1910 г.).Спб.，гос.тип.，1910.XXX стр.，3790 стлб.(Государственная дума.Третий созыв))——98。

《［国家杜马的］速记记录》(1910年第4次常会。第1—3册)(Стенографические отчеты［Государственной думы］.1910 г.Сессия четвертая.Ч.I—III.Спб.，гос.тип，1910—1911.3 т.(Государственная дума.Третий созыв))

—第1册(Ч.I.Заседания 1—38(с 15 октября по 17 декабря 1910 г.).XV стр.,3368 стлб.)——130。

—第 2 册(Ч.II.Заседания 39—73(с 17 января по 5 марта 1911 г.).XIX стр.,3722 стлб.)——178—179。

—第 3 册(Ч.III.Заседания 74—113(с 7 марта по 13 мая 1911 г.).XL стр., 4828 стлб.,8 стр.)——216、276—277、278。

《[国家杜马的]速记记录》(1911 年第 5 次常会)(Стенографические отчеты [Государственной думы].1911 г.Сессия пятая.Ч.I.Заседания 1—41(с 15 октября по 10 декабря 1911 г.).Спб.,гос.тип.,1911.XX стр.,3830 стлб. (Государственная дума.Третий созыв))——374、384。

《[国家杜马]第 101 次会议》([1911 年]4 月 27 日)(Заседание 101 [Государственной думы]. 27 апреля [1911 г.].—«Речь», Спб., 1911, №114(1710), 28 апреля(11 мая), стр. 3—6. Под общ. загл.: Государственная дума.Подпись:Л.Неманов)——249—253。

《国家杜马会外》(В кулуарах Гос.думы.—«Голос Москвы»,1910,№261,12 ноября,стр.3.Под общ.загл.:Студенческие манифестации)——2。

《国家杜马选举条例》(1905 年 8 月 6 日(19 日))(Положение о выборах в Государственную думу. 6(19)августа 1905 г.—«Правительственный Вестник»,Спб.,1905,№169,6(19)августа,стр.2—4)——278。

《国家杜马议事规则》(Наказ Государственной думы.Спб.,гос.тип.,1909.[1], 81 стр.)——7。

[《国家根本法第 87 条》]([87 статья основных государственных законов].—В кн.:Свод законов Российской империи.Т.1.Ч.I.Свод основных государственных законов. Изд. 1906 г. Спб., гос. тип., б. г., стр. 20)——214、280、358。

《合法工人组织活动家会议》(Совещание деятелей легальных рабочих организаций.—«Листок «Голоса Социал-Демократа»»,[Париж],1911,№1,25 июня,стр.1—3)——291。

《火星报》(旧的、列宁的)[慕尼黑—莱比锡—伦敦—日内瓦](«Искра»(старая, ленинская),[Мюнхен—Лейпциг—Лондон—Женева])——80、353。

—[Лейпциг—Мюнхен],декабрь 1900—1 мая 1902,№№1—20.——80。

《火星报》(新的、孟什维克的)[日内瓦](«Искра»(новая, меньшевистская), [Женева], 1903, №55, 15 декабря, стр. 2—5; 1904, №57, 15 января, стр. 2—4)——121。

《交易所新闻》(圣彼得堡)(«Биржевые Ведомости», Спб., 1910, №12084, 21 декабря(8 января 1911), стр. 2)——98。

《教育》杂志(圣彼得堡)(«Образование», Спб., 1907, №8, стр. 49—66; №9, стр. 26—43; №10, стр. 24—45)——199、200。

《解放》杂志(巴黎)(«Освобождение», Париж)——116。

《惊慌失措》(Тревожное настроение.—«Голос Москвы», 1910, №260, 11 ноября, стр. 4)——2。

《决议[俄国社会民主工党第五次代表会议(1908年全国代表会议)通过]》(Резолюции, [принятые на Пятой конференции РСДРП (Общероссийской 1908 г.)].—В кн.: Извещение Центрального Комитета Российской с.-д. рабочей партии о состоявшейся очередной общепартийной конференции. [Изд. ЦК РСДРП. Paris, 1909], стр. 4—7. (РСДРП))——28、112、237、293、362、410。

《库班的土地问题》(Земельный вопрос в Кубани. Из Армавира.—«Речь», Спб., 1911, №291(1885), 23 октября(5 ноября), стр. 7)——378。

《路标》文集(Вехи. Сборник статей о русской интеллигенции. М., [тип. Саблина, март] 1909. II, 209 стр.)——121、152—153、226、279、368、373。

《论俄国的情绪》(О российских настроениях. (Путевые впечатления).—«Правда», [Вена], 1910, №17, 20 ноября(3 декабря), стр. 2—3. Подпись: В.К.)——46。

《矛盾》(Противоречие.—«Звезда», Спб., 1911, №4, 6 января, стр. 3)——108、109。

《每日邮报》(伦敦)(«Daily Mail», London, 1911, April)——233—235。

《孟什维克巴黎会议告全体党员书》[传单](Ко всем членам партии от собрания меньшевиков в Париже. [Листовка]. Paris, кооп. тип. «Союз», [1911]. 2 стр.)——161、185、186。

《孟什维克护党派向1911年6月30日在日内瓦举行的俄国社会民主工党第

一和第二小组及崩得小组会议提出的决议案》(Резолюции, предложенные меньшевиками-партийцами собранию I и II групп РСДРП и группы Бунда, состоявшемуся в Женеве 30 июня 1911 г.[Листовка].Б.м.,[1911].4 стр.(РСДРП).Подпись:Женевские меньшевики-партийцы.Гект.)——303。

《免除他们的苦役!》(Верните их с каторги! —«L'Avenir»(«Будущее»), Paris,1911,№1,22 octobre,p.2)——382。

《民意导报》杂志(日内瓦)(«Вестник Народной Воли»,Женева)——97。

《明星报》(圣彼得堡)(«Звезда»,Спб.)——267、291。

—1911,№4,6 января,стр.3.——108、109。

—1911,№15,25 марта,стр.1,3.——213。

—1911,№27,29 октября,4 стр.——385。

《莫斯科呼声报》(«Голос Москвы»)——150。

—1910,№260,11 ноября,стр.1,4.——2。

—1910,№261,12 ноября,стр.3.——3。

—1911,№38,17 февраля(2 марта),стр.2.——151、154—155、157。

—1911,№72,30 марта(12 апреля),стр.2.——225—226、228—229。

《[莫斯科66个工业家]给编辑部的信》(Письмо в редакцию[66 московских промышленников].—«Русские Ведомости»,М.,1911,№33,11 февраля, стр.3)——149、150、151、152、158。

莫斯科,1月16日。[社论](Москва,16 января.[Передовая].—«Русские Ведомости»,М.,1911,№12,16 января,стр.2)——136、137、138、225。

莫斯科,9月28日。[社论](Москва,28 сентября.[Передовая].—«Русские Ведомости»,М.,1911,№222,28 сентября,стр.1—2)——328、369。

莫斯科,11月11日。(在哀悼的日子里)(Москва,11-го ноября. В дни скорби.—«Голос Москвы»,1910,№260,11 ноября,стр.1)——2。

《谋杀彼·阿·斯托雷平》(Покушение на П.А.Столыпина.—«Дело Жизни», Спб.,1911,№8,3 сентября,стлб.1—4.Подпись:Пс.)——325。

《目前形势和党的任务》(Современное положение и задачи партии.Платформа, выработанная группой большевиков. Изд. гр. «Вперед». Paris, кооп. тип. «Союз»,[1909].32 стр.(РСДРП))——33、44、45—46、57—58。

《[尼古拉二世]给大臣会议主席、内务大臣……彼·阿·斯托雷平的圣谕》(1911 年 2 月 19 日)(Рескрипт[Николая II],данный на имя председателя совета министров,министра внутренних дел...П.А.Столыпина.19 февраля 1911 г.—«Речь»,Спб.,1911,№49(1645),19 февраля(4 марта),стр.10)——172。

《欧洲通报》杂志(圣彼得堡)(«Вестник Европы»,Спб.,1911,кн.1,стр.273—284)——172。

[《普斯科夫省霍尔姆斯克县地方自治会议简讯》]([Заметка о земском собрании в Холмском уезде,Псковской губернии].—«Речь»,Спб.,1911,№293(1889),25 октября(7 ноября),стр.5.Под общ.загл.:В уездных земских собраниях)——378。

《前进报》(柏林)(«Vor Wärts»,Berlin)——96。

—1911,N 94,22.April,S.1.——233。

《"前进"集团关于召开代表会议的传单》——见《告全体党员书》(关于党内状况和党的代表会议的召开)。

《前进》文集(1910 年 7 月)(Вперед.Сборник статей по очередным вопросам.Изд.гр.«Вперед».[Paris,кооп.тип.«Союз»],июль 1910.64 стлб.)——42、59。

《前进》文集(1911 年 5 月)(Вперед.Сборник статей по очередным вопросам.№3.Изд.гр.«Вперед».[Paris],кооп.тип.«Союз»,май 1911.78 стлб.)——348、349、350、355。

《情报公报》[巴黎](«Информационный Бюллетень»,[Париж],1911,№1,11 августа.6 стр.)——334、339、345、349、351。

—1911,№2,28 октября,6 стр.——354。

《人道报》(«L' Humanité»,Paris,1911,N 2459,10 janvier,p.2)——97、98。

[《"人民自由党"党团决定投票赞成米·马·阿列克先科……》]([Фракция «Народной свободы» постановила голосовать за М.М.Алексеенко...].—«Речь»,Спб.,1911,№78(1674),21 марта(3 апреля),стр.2,в отд.:Хроника)——213。

《社会民主党布尔什维克日内瓦思想小组决议》(Резолюция Женевского

идейного кружка соц.-дем. большевиков.—«Голос Социал-Демократа», [Париж], 1911, №24, февраль. Приложение к №24 «Голоса Социал-Демократа», стр.7)——186。

《社会民主党第二高级宣传鼓动工人党校工作报告》(Отчет Второй Высшей социал-демократической пропагандистско-агитаторской школы для рабочих. (Ноябрь 1910 —март 1911 г.). Изд. гр. «Вперед». [Paris, кооп. тип. «Союз»], 1911.31 стр.(РСДРП))——350。

《社会民主党和军备》(Die S.D.P. und Kriegsrüstungen.—«Vorwärts», Berlin, 1911, N 94, 22. April, S.1)——233。

《社会民主党人报》[维尔诺—圣彼得堡—巴黎—日内瓦](«Социал-Демократ», [Вильно—Спб.—Париж—Женева])——31、33、44、48、49、50、54、55—56、57、160、255、264、265、269、288、290、297、346、348。

—1909, №10, 24 декабря(6 января 1910), стр.3—4. На газ. дата: 24/6 января.——184。

—1910, №11, 26(13) февраля, стр.10—12.——27、28、29、30、35—37、43、51—52、53、54、55、56、57、60、105、107、159、161、183、261、266、267、272、273、274、288、289、290、293、294、304、305、321、337、340、341、343、349、350、351、362。

—1910, №12, 23 марта(5 апреля), стр.5—6. На газ. дата: 23/5 апреля.——106、182、183—184、185、290。

—1910, №18, 16(29) ноября, 12 стр.——1。

—1911, №21—22, 19 марта(1 апреля), стр.11.——290。

—1911, №23, 14(1) сентября, стр.7.——320。

—1911, №24, 18(31) октября, стр.2—3.——368。

《社会民主党人呼声报》[日内瓦—巴黎](«Голос Социал-Демократа», [Женева—Париж])——17、27、31、33、38、49、50、51、57、59、106、182、183、186、262、288、289、290、294、304、305、311、337、344、345。

—1910, №19—20, январь—февраль, стр.17—19, 23—24.——49、336。

—1910, №22, июль. Приложение к №22 «Голоса Социал-Демократа», стр. 2.——184。

—1910,№23,ноябрь,стр.9—14.——42、48、49、50、55、183。

—1911,№24,февраль.Приложение к №24«Голоса Социал-Демократа».8 стр.——183—186、323、351。

《〈社会民主党人呼声报〉小报》[巴黎](«Листок«Голоса Социал-Демократа»»,[Париж],1911,№1,25 июня,стр.1—3)——291。

《社会民主党人日志》[日内瓦](«Дневник Социал-Демократа»,[Женева])——304、351。

—1910,№11,март,стр.1—20,22—24.——184、289、305、344。

—1910,№12,июнь,стр.1—26,30—32.——184、289、292。

《社会主义月刊》(柏林)(«Sozialistische Monatshefte», Berlin)——13、17。

《生活事业》杂志(圣彼得堡)(«Дело Жизни»,Спб.)——106、111、189、207、210、262、266、288、294、320、321、329、358、365。

—1911,№2,2 марта,стлб.9—20.——206—207、311、312、313、317—318、319。

—1911,№5,31 мая,стлб.13—20.——311。

—1911,№8,3 сентября,стлб.1—4.——325。

《生活》杂志(莫斯科)(«Жизнь»,М.)——17、124、132、189、210。

—1910,№1,30 августа,стлб.1—12)——123、194—203、204、206、207、316、318。

圣彼得堡(С.-Петербург.—«Социал-Демократ»,[Париж],1911,№23,14(1) сентября,стр.7.Под общ.загл.:Из лагеря столыпинской«рабочей»партии.(Посвящается нашим«примирителям»и«соглашателям»).Подпись:К.)——320。

圣彼得堡,11 月 11 日。[社论](载于 1910 年 11 月 11 日(24 日)《言语报》)(С.-Петербург, 11 ноября.[Передовая].—«Речь», Спб., 1910, №310(1548),11(24)ноября,стр.1—2)——2。

圣彼得堡,11 月 11 日。[社论](载于 1910 年 11 月 12 日(25 日)《俄国报》)(С.-Петербург,11 ноября.[Передовая].—«Россия»,Спб.,1910,№1530,12(25)ноября,стр.1)——2。

圣彼得堡,1 月 19 日。[社论](С.-Петербург, 19 января.[Передовая].—

«Россия», Спб., 1911, №1587, 20 января (2 февраля), стр. 1)——136、137、139—140。

圣彼得堡，1月20日。[社论](С.-Петербург, 20 января. [Передовая].— «Речь», Спб., 1911, №19(1615), 20 января (2 февраля), стр. 2)——139。

圣彼得堡，1月21日。[社论](С.-Петербург, 21 января. [Передовая].— «Речь», Спб., 1911, №20(1616), 21 января (3 февраля), стр. 1—2)——136、137、138、139—140、203、225。

圣彼得堡，4月14日。[社论](С.-Петербург, 14 апреля. [Передовая].— «Речь», Спб., 1911, №100(1696), 14(27) апреля, стр. 1—2)——281、282、283。

圣彼得堡，4月28日。[社论](С.-Петербург, 28 апреля. [Передовая].— «Речь», Спб., 1911, №114(1710), 28 апреля (11 мая), стр. 1)——249。

圣彼得堡，10月25日。[社论](С.-Петербург, 25 октября. [Передовая].— «Речь», Спб., 1911, №293(1889), 25 октября (7 ноября), стр. 1—2)——374、375、376。

《[16个俄国孟什维克取消派分子的]公开信》(Открытое письмо [16-ти русских меньшевиков-ликвидаторов].—«Голос Социал-Демократа», [Париж], 1910, №19—20, январь—февраль, стр. 23—24)——49。

《庶民报》(圣彼得堡)(«Земщина», Спб., 1911, №558, 12 февраля, стр. 2; №559, 13 февраля, стр. 4; №560, 14 февраля, стр. 3)——153。

《私刑》(Самосуд.—«Речь», Спб., 1911, №293(1889), 25 октября (7 ноября), стр. 3)——378。

《思想》杂志(莫斯科)(«Мысль», М., 1911, №2, январь, стр. 37—49)——188。

《[土地法]基本条例草案[由104个国家杜马代表提出]》(Проект основных положений [земельного закона, внесенный 104 членами Государственной думы].—В кн.: Стенографические отчеты [Государственной думы]. 1906 год. Сессия первая. Т. I. Заседания 1—18 (с 27 апреля по 30 мая). Спб., гос. тип., 1906, стр. 560—562. (Государственная дума))——120。

《[土地改革]基本条例草案[以劳动团和农民协会的名义向第二届国家杜马

提出]》(Проект основных положений[земельной реформы，внесенный во II Государственную думу от имени Трудовой группы и Крестьянского союза].—В кн.:[Материалы，поступившие в общее собрание Государственной думы 2-го созыва].Б.м.,[1907],л.17—19,37)——120。

《维也纳社会民主党俱乐部全体会议通过的决议(1910 年 11 月 26 日)》[传单](Резолюция，принятая на общем собрании партийного социал-демократического клуба в Вене 26 ноября 1910 года.[Листовка].Б.м.,[1910].2 стр.)——44—47、48、53、54—55、56—57、58、59、60、160。

《维也纳社会民主党俱乐部通过的决议(1910 年 4 月 17 日)》[传单](Резолюция，принятая Венским партийным социал-демократическим клубом 17 апреля 1910 г.[Листовка].Б.м.,[1910].1 стр.)——336—337、338、341。

[《为〈编辑部的话〉一文加的按语》]([Примечание к статье «От редакции»].——«Информационный Бюллетень»,[Париж],1911,№1,11 августа,стр.1)——339。

《未来报》(巴黎)(«L'Avenir»(«Будущее»),Paris,1911,N 1,22 octobre,p.2)——382。

—1911,N 5,19 novembre,p.3)——385。

《我们的曙光》杂志(圣彼得堡)(«Наша Заря»,Спб.)——90、94、96、106、111、112、124、132、189、191、207、210、262、266、288、294、320、321、337、358、365、408。

—1910,№№1—12.——108。

—1910,№2,стр.50—62.——108—110、113、115—132、337、344。

—1910,№4,стр.80—89,89—98.——109、113、115、130—134、135。

—1910,№7,стр.22—34,91—103.——94、110—111、112、113、206、285、310、366。

—1910,№8—9,стр.66—78.——93、94。

—1910,№10,100 стр.——90—94、95、113。

—1910,№11—12,136 стр.——94、108、111—112、113。

—1911,№2,стр.62—75.——209—212。

—1911,№3,стр.54—63.——283—285。

—1911,№6,стр.39—54.——364—365、367。

—1911,№7—8,стр.42—54,55—65.——364、365—367。

—1911,№9—10,стр.31—35.——395—409、410—411。

《我们要求重新审理》(«Мы требуем пересмотра».—«Звезда»,Спб.,1911,№27,29 октября,стр.1)——384—385。

《无产者报》[维堡—日内瓦—巴黎](«Пролетарий»,[Выборг—Женева—Париж])——297。

《58人传单》——见《孟什维克巴黎会议告全体党员书》。

《新时报》(圣彼得堡)(«Новое Время»,Спб.)——25、90、209。

—1910,№12404,23 сентября(6 октября),стр.2.——77。

—1911,№12512,11(24)января,стр.3.——144、168、179。

—1911,№12549,17 февраля(2 марта),стр.5.——149—150、151、155、158。

—1911,№12765,25 сентября(8 октября),стр.3.——327—328、369、371。

—1911,№12767,27 сентября(10 октября),стр.2.——327—328、369、371。

《新时代》杂志(斯图加特)(«Die Neue Zeit»,Stuttgart,1910,28.Jg.,Bd.2,N 51,16.September,S.907—919)——17。

—1910—1911,29.Jg.,Bd.1,N 4,28.Oktober,S.100—107.——17。

[《信条》]([Credo].—В кн.:[Ленин,В.И.]Протест российских социал-демократов.С послесл.от ред.«Рабочего Дела».Изд.Союза русских социал-демократов.Женева,тип.«Союза»,1899,стр.1—6.(РСДРП.Оттиск из №4—5«Рабочего Дела»))——111、297。

《言论报》(圣彼得堡)(«Слово»,Спб.,1909,№791,10(23)мая,стр.3)——25。

《言语报》(圣彼得堡)(«Речь»,Спб.)——60、116、139、154、331。

—1909,№167(1045),21 июня(4 июля),стр.3.——329、330、368、372—373。

—1910,№273(1511),5(18)октября,стр.3.——7。

—1910,№284(1522),16(29)октября,стр.5.——4、5、7。

—1910,№307(1545),8(21)ноября,стр.4.——39。

—1910,№310(1548),11(24)ноября,стр.1—2,4.——2。

—1911,№19(1615),20 января(2 февраля),стр.2.——139。

—1911,№20(1616),21 января(3 февраля),стр.1—2.——136、137、138、139、140、203、225。

—1911,№44(1640),14(27)февраля,стр.2—3.——152、155、157。

—1911,№49(1645),19 февраля(4 марта),стр.1,10.——172。

—1911,№78(1674),21 марта(3 апреля),стр.2.——213。

—1911,№80(1676),23 марта(5 апреля),стр.2.——215。

—1911,№100(1696),14(27)апреля,стр.1—2.——281、282、283。

—1911,№114(1710),28 апреля(11 мая),стр.1,3—6.——249—253。

—1911,№244(1840),6(19)сентября,стр.2.——331、371。

—1911,№266(1862),28 сентября(11 октября),стр.2.——328、369、370。

—1911,№268(1864),30 сентября(13 октября),стр.2.——373。

—1911,№291(1885),23 октября(5 ноября),стр.2,4,6,7.——377—380。

—1911,№293(1889),25 октября(7 ноября),стр.1—2,3,5.——374、375、376、377—378。

《1907年6月3日(16日)宣言》——见《关于解散国家杜马、召开新杜马的时间和改变国家杜马选举制度》。

[《1910年1月俄国社会民主工党中央全会通过的决议》]([Резолюции, принятые на пленуме ЦК РСДРП в январе 1910 г.].—«Социал-Демократ», [Париж], 1910, №11, 26(13)февраля, стр. 10—11, в отд.: Из партии)——29、30、57、184、262、266、267、272、273、274、289、290、293、340、343、349、351、362。

《[1911年俄国社会民主工党中央委员会议]通告》[传单](Извещение [совещания членов ЦК РСДРП. 1911 г.]. [Листовка]. Б. м., [1911]. 2 стр.(РСДРП).Подпись:Совещание членов ЦК РСДРП)——290。

[《1911年俄国社会民主工党中央委员会议通过的决议》]([Резолюции, принятые на совещании членов ЦК РСДРП. 1911 г.].—В листовке: Извещение[совещания членов ЦК РСДРП.1911 г.].Б.м.,[1911],стр.2.(РСДРП))——290。

《一周之内》[社论](За неделю. [Передовая].—«Речь», Спб., 1911, №78

(1674),21 марта(3 апреля),стр.2)——213。

《在彼得堡的大街上》(В Петербурге на улице.—«Русские Ведомости»,М.,1910,№261,12 ноября,стр.2.Под общ.загл.:Сходки и манифестации)——1。

《真理报》(维也纳)(«Правда»,[Вена])——45、54、58、96、291。

—1910,№12,3(16)апреля,стр.2—3.——337、338、340—341。

—1910,№13,15(28)мая,стр.2—3.——320、347。

—1910,№17,20 ноября(3 декабря),стр.2—3.——45。

—1911,№20,16(29)апреля,стр.1,5—6.——345、350。

—1911,№21,25 июня(8 июля),стр.6.——347、348。

《争论专页》[巴黎](«Дискуссионный Листок»,[Париж])——266、345。

—1910,№2,25 мая(7 июня),стр.4—14.На газ.дата:24/7 июня.——305、334、335、336、337、341、343、344。

—1911,№3,29 апреля(12 мая),стр.3—8,9—17.——292、316、335。

《正义报》(伦敦)(«Justice», London,1911,N 1,423,April 22,p.5—6)——231—232。

《致全体党员同志的决议》[传单](Резолюция ко всем партийным товарищам.[Листовка].[Paris, 1911]. 2 стр.(РСДРП). Подпись: Парижские партийцы-меньшевики)——160。

《中央委员会俄国局给中央委员会国外局的信》(载于1910年3月23日(4月5日)《社会民主党人报》第12号)([Письмо Русского бюро ЦК к Заграничному бюро ЦК].—«Социал-Демократ»,[Париж],1910,№12,23 марта(5 апреля),стр.6,в ст.:Ленин,В.И.««Голос» ликвидаторов против партии.(Ответ«Голосу Социал-Демократа»)».На газ.дата:23/5 апреля)——182、183—184、290。

[《中央委员会俄国局给中央委员会国外局的信》](载于1911年3月19日(4月1日)《社会民主党人报》第21—22号合刊)([Письмо Русского бюро ЦК к Заграничному бюро ЦК].—«Социал-Демократ»,[Париж],1911,№21—22,19 марта(1 апреля),стр.11,в ст.:Ленин,В.И.««Разрушители партии в роли«разрушителей легенд»»)——290。

《中央委员会国外局会议》(Совещание при Заграничном бюро ЦК.—«Листок Заграничного Бюро Центрального Комитета», [Париж], 1911, №1, 8 сентября, стр.1)——322。

《中央委员会国外局小报》[巴黎](«Листок Заграничного Бюро Центрального Комитета», [Париж], 1911, №1, 8 сентября, стр.1—5)——322。

《中央委员会章程[1910 年 1 月俄国社会民主工党中央全会通过]》(Устав ЦК, [принятый на пленуме ЦК РСДРП в январе 1910 г.].—«Социал-Демократ», [Париж], 1910, №11, 26 (13) февраля, стр. 10, в отд.: Из партии)——53、54、261、289。

《主席危机》(Председательский кризис.—«Звезда», Спб., 1911, №15, 25 марта, стр.3. Под общ. загл.: Государственная дума)——213。

组织委员会传单——见《告社会民主党各组织、团体和小组》。

《组织问题》[俄国社会民主工党第五次代表会议(1908 年全国代表会议)通过的决议](Организационный вопрос. [Резолюция, принятая на Пятой конференции РСДРП (Общероссийской 1908 г.)].—В кн.: Извещение Центрального Комитета Российской с.-д. рабочей партии о состоявшейся очередной общепартийной конференции. [Изд. ЦК РСДРП. Paris, 1909], стр.4—5. (РСДРП))——294。

年　表

(1910 年 11 月—1911 年 11 月)

1910 年

1910 年 11 月—1911 年 11 月

列宁侨居巴黎。

11 月 1 日(14 日)

致函在卡普里岛的阿·马·高尔基,告知给他寄去《工人报》第 1 号以及拟好的《关于出版〈工人报〉的通知》和为报纸募捐的签名簿;告知准备同格·瓦·普列汉诺夫联合出版合法的《思想》杂志;指出《工人报》是必需的,但不能同列·达·托洛茨基这个为维护取消派和召回派的利益而搞阴谋活动的人共事。

11 月 1 日和 29 日(11 月 14 日和 12 月 12 日)之间

收到阿·马·高尔基的来信,信中赞成出版《工人报》并为支持该报寄来 500 法郎。

11 月 3 日(16 日)

出席《社会民主党人报》编辑部会议。会议讨论列宁的《两个世界》一文。会议拒绝费·伊·唐恩和尔·马尔托夫提出的关于从列宁的文章中删掉反对机会主义的一段文字的要求。

11 月 7 日(20 日)以后

收到《社会民主党人报》编辑部秘书的来信,信中请求列宁写一篇关于列·尼·托尔斯泰的文章。

11 月 9 日(22 日)

复函格·瓦·普列汉诺夫,征求他对《工人报》第 1 号的意见。

致函阿·马·高尔基,不赞成他为《同时代人》杂志撰稿,并尖锐批评该杂志脱离马克思主义，脱离社会民主党的思想倾向。

11月15日(28日)

写《转变不是开始了吗？》一文。

11月16日(29日)

列宁的《转变不是开始了吗？》、《为穆罗姆采夫去世而举行的游行示威》、《两个世界》和《列·尼·托尔斯泰》等文章发表在《社会民主党人报》第18号上。

11月20日(12月3日)以前

收到"前进"集团创办的博洛尼亚学校邀请去讲课的来信。

11月20日(12月3日)

鉴于博洛尼亚学校组织者采取反党方针和分裂行动，列宁在致该校学员的信中拒绝到该校讲课的邀请，打算请这些学员来巴黎，说自己准备给他们就策略问题、党的状况以及土地问题作一系列报告。

在巴黎观看布尔什维克侨民互助会会员演出的阿·马·高尔基的戏剧《怪人》。

11月21日(12月4日)

致函在彼得堡的尼·古·波列塔耶夫，告知给《明星报》寄去了自己的《欧洲工人运动中的分歧》一文以及其他作者的文章；询问报纸编辑部内的摩擦是否已经消除。

11月22日(12月5日)

致函俄国社会民主工党中央委员会国外局，建议立即为出版《明星报》再寄1 000卢布。

同格·叶·季诺维也夫和列·波·加米涅夫一起签署提交中央委员会国外局的声明，要求尽快召开中央全会，讨论归还布尔什维克过去委托国际社会民主党的三位著名活动家保管的款项和其他财产的问题，因为取消派破坏了俄国社会民主工党一月中央全会通过的协议。

11月22日(12月5日)以后

以《工人报》编辑部的名义，写《致全体社会民主党护党派的公开信》，分析了党内的状况。列宁在公开信中指出，为了制止分裂，除了加强和巩固布尔什维克和护党派孟什维克的接近，并从形式上把这种接近固定下来之外，没有别的办法。

11月24日(12月7日)

致函在彼得堡的尼·古·波列塔耶夫，告知将寄去出版《明星报》用的钱款，并表示坚决反对取消派参加报纸工作。

11月25日(12月8日)以前

写《我们的取消派(关于波特列索夫先生和弗·巴扎罗夫)》一文。

11月26日(12月9日)

致函在彼得堡的弗·德·邦契-布鲁耶维奇，请他尽快出版《明星报》，并及时报告报纸出版工作的进展情况。

11月28日(12月11日)

列宁的《列·尼·托尔斯泰和现代工人运动》一文发表在《我们的道路报》第7号上。

秋天

在巴黎会见赤塔1905年革命的领导人维·康·库尔纳托夫斯基，向他了解赤塔1905年革命的情况；关心库尔纳托夫斯基，去医院看望他，给他以同志般的支持和帮助。

11月—12月21日(1911年1月3日)以前

给彼得堡出版的《现代世界》杂志编辑部寄去自己的一篇关于土地问题的文章(篇名不详，原文没有找到)。

11月或12月

在《工人报》协助小组会上发言，宣读关于对待召回主义的态度的决议草案。

11月—1911年1月3日(16日)以前

抵达柏林，会见卡·考茨基，同他就俄国社会民主工党党内状况以及其他问题进行交谈。

12月1日(14日)以后

收到博洛尼亚学校委员会的来信，信中说只有在中央委员会国外局支付有关活动的一切费用的条件下，学员才能来巴黎学习补充课程。

12月4日(17日)

收到社会党国际局1910年12月15日(公历)给第二国际各党的通告，

通告中要求审议对哥本哈根代表大会关于仲裁法庭和裁减军备问题的决议的一项修正案。

在社会党国际局的通告上作记号，并将通告送交《社会民主党人报》编辑部发表。

致函《社会民主党人报》编辑部，建议把社会党国际局的通告和布尔什维克的声明一起刊登出来。列宁还指出，只有无产阶级群众的革命进击才能防止战争，而罢工作为孤立的反抗行动是不能防止战争的。

12 月 5 日（18 日）

把卡·胡斯曼关于 1910 年 12 月 15 日（公历）社会党国际局给第二国际各党的通告的来信和自己给胡斯曼的复信草稿寄给格·瓦·普列汉诺夫（列宁的复信草稿没有找到）。

12 月 9 日（22 日）

在巴黎意大利同盟大厅举行的纪念俄国 1905 年十二月武装起义五周年的群众大会上发言。这次大会是由俄国社会民主工党巴黎第二协助小组组织的。

12 月 13 日（26 日）以前

出席《社会民主党人报》编辑部会议。会议委托列宁写一篇文章，答复尔·马尔托夫于 1910 年 11 月发表在《社会民主党人呼声报》第 23 号上的《到了什么地步？》一文。

不晚于 12 月 15 日（28 日）

写《论党内状况》一文。

致函俄国社会民主工党中央委员会俄国委员会，谈党内状况问题。

12 月 15 日（28 日）

出席《社会民主党人报》编辑部会议，会议讨论他的《论党内状况》一文。

12 月 16 日（29 日）

列宁的《欧洲工人运动中的分歧》一文发表在《明星报》第 1 号上。

12 月 18 日（31 日）

列宁的《托尔斯泰和无产阶级斗争》、《游行示威开始了》、《农村发生了什么事情？》和《伊万·瓦西里耶维奇·巴布什金（悼文）》等文章发表在《工人报》第 2 号上。列宁在《游行示威开始了》一文中指出，俄国人民正在觉醒起来投入新的斗争,迎接新的革命。

12月20日(1911年1月2日)以前

收到姐姐安·伊·乌里扬诺娃-叶利扎罗娃的来信,信中告知同出版人格·费·李沃维奇谈判出版列宁的关于土地问题的著作没有成功。

12月20日或21日(1911年1月2日或3日)

致函《明星报》编辑部,称赞格·瓦·普列汉诺夫发表在《明星报》第1号上的文章,对编辑部为该文加的按语提出批评。

12月21日(1911年1月3日)以前

列宁的《"有保留"的英雄们》一文发表在《思想》杂志第1期上。

12月21日(1911年1月3日)以前和1911年1月18日(31日)以后

列宁的《论俄国罢工统计》一文发表在《思想》杂志第1期和第2期上。

12月21日(1911年1月3日)

收到从莫斯科寄来的《思想》杂志第1期。

致函在萨拉托夫的马·季·叶利扎罗夫,说还没有找到出版自己关于土地问题的书的出版人。

致函在卡普里岛的阿·马·高尔基,对《同时代人》杂志持否定态度;认为孟什维克的《我们的曙光》杂志对列·尼·托尔斯泰的评价是错误的;阐明革命的社会民主党关于资本主义及其殖民政策问题的观点;请高尔基帮助找一位出版人出版列宁的关于土地问题的书;谈了对《明星报》和《思想》杂志的看法。

12月23日(1911年1月5日)

列宁的《论马克思主义历史发展中的几个特点》一文发表在《明星报》第2号上。

12月31日(1911年1月13日)夜—1911年1月1日(14日)凌晨

同娜·康·克鲁普斯卡娅与朋友们在一起迎接新年。

12月—1911年1月11日(24日)以前

把《我们的取消派(关于波特列索夫先生和弗·巴扎罗夫)》一文的修改意见和与出版《思想》杂志有关的信寄往莫斯科《思想》杂志编辑部(修改意见和信都没有找到)。

12月—1911年4月

领导在莫斯科出版的布尔什维克合法杂志《思想》(第1—5期)的出版

工作,定期同编辑部通信。

12月—1912年4月22日(5月5日)

领导在彼得堡出版的布尔什维克合法报纸《明星报》的出版工作,同编辑部通信。

1910年底

会见从俄国来的布尔什维克 M.Г.菲利亚,向他了解外高加索的工人运动情况以及布尔什维克反对取消派的斗争情况。

1910年

委托娜·康·克鲁普斯卡娅同在伊朗的格·康·奥尔忠尼启则通信,告诉他列宁和布尔什维克同取消派和召回派进行斗争的情况。

1911年

年初

作笔记,记下要办的事:必须就吸收尼·亚·罗日柯夫等人为中央委员会国外局、中央机关报编辑部等机构的候补成员一事写信给阿·伊·李可夫。

1月2日(15日)以后

写短评《犹杜什卡·托洛茨基羞红了脸》。

1月5日(18日)

在巴黎科学协会大厅作题为《列·尼·托尔斯泰和俄国社会》的专题报告。

1月6日(19日)

收到母亲玛·亚·乌里杨诺娃的来信,信中对列宁的经济状况表示担心。列宁复信母亲,请她不必寄钱来;告知已寄信给阿·马·高尔基,商谈出版关于土地问题的书;说最近还要去瑞士各地作关于列·尼·托尔斯泰的专题报告。

1月6日和21日(1月19日和2月3日)之间

收到尼·古·波列塔耶夫的来信,信中说:由于《明星报》第4号发表了尼·伊·约尔丹斯基的短评《矛盾》,引起了取消派新的攻击。

1月11日(24日)

收到《思想》杂志编辑部的来信,信中告知收到了列宁的信和《我们的取消派(关于波特列索夫先生和弗·巴扎罗夫)》一文的修改意见,说这篇文章已排好版了,无法修改。信中还谈到《思想》杂志很受欢迎,发行量正在增加。

1月11日和2月8日(1月24日和2月21日)之间

写《农奴制崩溃五十周年》一文。

1月13日(26日)

列宁的《俄国恐怖主义者飞黄腾达的一生》一文发表在《社会民主党人报》第19—20号上。

1月14日(27日)以后

收到波·伊·哥列夫的来信,信中就列宁等布尔什维克要求中央委员会国外局召开中央全会解决退还款项一事作了答复。

1月18日(31日)以前

收到卡·考茨基的妻子的来信,信中说考茨基病了。

1月18日(31日)

初次会见巴库党组织派到巴黎进党校学习的格·康·奥尔忠尼启则,向他了解社会民主党在高加索的工作以及其他情况。

签署给中央委员会国外局的信(该信是答复中央委员会国外局1911年1月14日(27日)的来信的),信中对中央委员会国外局破坏召开中央全会的做法提出抗议,同意召开小范围的中央委员会会议,同意从保管人保管的款项中只借因为进行全党事业开支不足的部分。

致函在柏林的卡·考茨基,请他为《思想》杂志写文章;询问能否在《新时代》杂志上发表《论俄国罢工统计》等文章。

1月18日(31日)以后—2月

列宁的《我们的取消派(关于波特列索夫和弗·巴扎罗夫)》一文发表在《思想》杂志第2期和第3期上。

1月18日(31日)以后

在格·瓦·普列汉诺夫的《概念的混淆(列·尼·托尔斯泰的学说)》一文的结尾部分中画重点和标线,该文发表在《思想》杂志第2期上。

1月21日(2月3日)

收到格·瓦·普列汉诺夫的来信,信中告知保·辛格尔逝世了。

致函在意大利圣雷莫的格·瓦·普列汉诺夫，告知在尼·伊·约尔丹斯基的短评《矛盾》在《明星报》第4号上发表以后，取消派采取了新的攻势。

1月21日和2月5日(2月3日和18日)之间

写《立宪民主党人谈"两个阵营"和"合理妥协"》一文。

1月22日(2月4日)

列宁的《列·尼·托尔斯泰和他的时代》一文发表在《明星报》第6号上。

1月22日和4月22日(2月4日和5月5日)之间

写《马克思主义和〈我们的曙光〉杂志》一文。

1月22日(2月4日)以后

以布尔什维克的全权代表的名义写《致中央委员会》的声明，揭露呼声派、前进派和托洛茨基分子破坏1910年一月全会上布尔什维克同中央委员会签订的解散派别的协定，揭露这些派别的反党活动，宣布布尔什维克将同它们继续进行无情的斗争。

1月23日和2月8日(2月5日和21日)之间

写悼念德国社会民主党的领导人之一保尔·辛格尔的文章。

1月27日(2月9日)以前

写《政治经济学原理》课程第四讲的讲授提纲——《资本主义生产方式的本质》。

1月27日(2月9日)

出席巴黎社会科学讲习班开学典礼；讲《政治经济学原理》课程第一讲。

1月27日—4月27日(2月9日—5月10日)

每星期四在巴黎社会科学讲习班讲授《政治经济学原理》，每次都有100多人出席，其中有许多工人。

1月29日(2月11日)以后

致函阿·伊·李可夫，尖锐批判以波兰社会民主党为一方，以布尔什维克和调和派为另一方于1911年1月29日(2月11日)在巴黎签订的关于党的中央机构的组成和当前任务问题的协议条文。

1月

同来到巴黎的弗·维·阿多拉茨基多次交谈；审阅他的论国家的著作的

手稿。

在巴黎就雅·阿·日托米尔斯基（“奥佐夫”）被怀疑是奸细一事同康·彼·皮亚特尼茨基谈话。

2月4日（17日）

同马·尼·利亚多夫谈话，说必须去俄国同中央委员会俄国局成员维·巴·诺根和加·达·莱特伊仁商谈在国外召开中央全会的问题。

致函阿·伊·李可夫，告知给他寄去波·伊·哥列夫1911年2月4日（17日）给中央委员会国外局的声明的抄件和其他材料；建议立即派马·尼·利亚多夫去俄国同维·巴·诺根和加·达·莱特伊仁商谈在国外召开中央全会的问题；说关于取消派和召回派的宣言的提纲将于第二天寄去。

2月5日（18日）

列宁的《立宪民主党人谈“两个阵营”和“合理妥协”》一文发表在《明星报》第8号上。

2月5日（18日）以后

在2月5日《明星报》第8号刊载的《立宪民主党人谈“两个阵营”和“合理妥协”》一文的剪报上作批注和写补充。

2月8日（21日）

列宁的《农奴制崩溃五十周年》一文和悼念文章《保尔·辛格尔》发表在《工人报》第3号上。

2月12日（25日）

收到阿·伊·李可夫从柏林的来信，信中对关于取消派和召回派的宣言提出许多修改意见，说派马·尼·利亚多夫去俄国商谈在国外召开中央全会问题是徒劳无益的，请列宁写信给伊·阿·萨美尔，让他准备好到国外来。

致函阿·伊·李可夫，指示伊·阿·萨美尔出国参加即将举行的俄国社会民主工党中央全会；批评李可夫对待前进派的调和主义路线，要求他坚决同前进派划清界限；主张在全会的决议中着重指出前进派和呼声派的反党立场。

收到从彼得堡的来信，信中说维·巴·诺根建议第三届国家杜马社会民主党党团出版选举纲领。

2月17日和26日(3月2日和11日)之间

写《评论。缅施科夫、格罗莫博伊和伊兹哥耶夫》一文。

2月21日(3月6日)以后

收到圣彼得堡市联合委员会常务委员会1911年2月21日(3月6日)关于学生罢课的宣言书,宣言书中提出要求:人身不受侵犯,言论、集会和结社自由,让被开除和被驱逐的同学返校,高等学校自治。

2月22日或23日(3月7日或8日)

致函在彼得堡的尼·古·波列塔耶夫,揭露取消派的讹诈策略,指出必须坚决地、持续不断地同他们作斗争;请求告知《明星报》编辑部内的状况;要他立即把社会民主党杜马党团参加莫斯科的国家杜马补选的纲领寄来。

2月25日(3月10日)

致函在柏林的阿·伊·李可夫,揭露崩得分子在俄国社会民主工党内为争取多数票而斗争的情况,提出召开中央全会和恢复俄国社会民主工党中央委员会的具体措施。

2月25日(3月10日)—3月初

收到阿·伊·李可夫的来信,信中建议致电维·巴·诺根和加·达·莱特伊仁,叫他们出国来准备召开俄国社会民主工党中央全会。

2月25日和3月19日(3月10日和4月1日)之间

写《"农民改革"和无产阶级-农民革命》一文。

2月26日(3月11日)

列宁的《评论。缅施科夫、格罗莫博伊和伊兹哥耶夫》一文发表在《明星报》第11号上。

2月

以在1910年一月全会上同中央委员会签订协定的布尔什维克派代表的名义,写《致中央委员会俄国委员会》的信,揭露呼声派、前进派以及列·达·托洛茨基的分裂活动。

列宁的《关于纪念日》一文作为社论发表在《思想》杂志第3期上。

3月5日(18日)

在巴黎纪念巴黎公社成立四十周年群众大会上发表讲话,大会是在劳动总联合会(“劳动介绍所”)所在地举行的。

3月5日和4月15日(3月18日和4月28日)之间

写《纪念公社》一文。

3月6日(19日)

出席《社会民主党人报》编辑部会议。

不晚于3月13日(26日)

启程去柏林,同保管布尔什维克款项的卡·考茨基、克·蔡特金和弗·梅林商谈给《明星报》拨款的问题。参加商谈的有《明星报》编委尼·古·波列塔耶夫。

3月上半月

致函在柏林的阿·伊·李可夫,严厉批评他在筹备召开俄国社会民主工党中央全会的工作方面行动迟缓。

3月19日(4月1日)

列宁的《“农民改革”和无产阶级-农民革命》和《党的破坏者扮演着“传说的破坏者”角色》两篇文章发表在《社会民主党人报》第21—22号上。

3月22日和4月6日(4月4日和19日)之间

在巴黎会见阿·马·高尔基。

3月23日和4月2日(4月5日和15日)之间

写《立宪民主党人和十月党人》一文。

3月26日(4月8日)

写信给在萨拉托夫的母亲玛·亚·乌里扬诺娃,询问她们打算在何处过夏天并谈了自己在巴黎的生活情况。

会见米·费·弗拉基米尔斯基。

3月30日和4月16日(4月12日和29日)之间

写《论危机的意义》一文。

不晚于3月

收到博洛尼亚前进派党校的一名工人学员的来信,信中批判前进派的纲领,说他自己想来巴黎了解布尔什维克的立场。

3月

致函阿·伊·李可夫,说如果他要退出中央委员会,就是在困难时刻对布尔什维主义的背叛；建议从俄国调来维·巴·诺根和伊·阿·萨美尔以保证布尔什维克在俄国社会民主工党中央全会上占多数；告知已派尼·亚·谢马什柯去博洛尼亚前进派党校，邀请学员来巴黎学习补充课程。

收到尼·古·波列塔耶夫和尼·伊·约尔丹斯基的来信，信中请求寄去出版《明星报》的钱款。

致函某某人（可能是阿·伊·李可夫），请求从物质上帮助尼·古·波列塔耶夫和尼·伊·约尔丹斯基出版《明星报》。

列宁的《关于政权的社会结构、关于前景和取消主义》一文和《论战性的短评》发表在《思想》杂志第 4 期上。

4 月 2 日（15 日）

列宁的《立宪民主党人和十月党人》一文发表在《明星报》第 16 号上。

4 月 6 日（19 日）以前

抵达柏林。根据杜马党团的委托，同从俄国来的尼·古·波列塔耶夫商谈出版社会民主党第三届国家杜马党团的报告的问题。

从尼·古·波列塔耶夫那里收到经社会民主党第三届国家杜马党团讨论过的出版党团的报告的计划。

致函社会民主党第三届国家杜马党团，同意党团拟定的关于出版它的报告的计划，同时告知出版党团的报告的编辑委员会的组成人员及其职责。

4 月 6 日（19 日）以后

收到阿·马·高尔基的夫人玛·费·安德列耶娃的来信，信中说高尔基已从巴黎返回，还谈到高尔基的健康情况。

4 月 8 日和 16 日（21 日和 29 日）之间

写《英国社会民主党代表大会》一文。

4 月 12 日（25 日）

参加起草给在柏林的扬·梯什卡、阿·瓦尔斯基和阿·伊·李可夫的信的初稿，信中建议他们参加中央委员会的磋商会议，解决立即召开中央全会的问题。

4 月 15 日（28 日）

列宁的《纪念公社》一文发表在《工人报》第 4—5 号上。

4 月 16 日(29 日)

列宁的《论危机的意义》和《英国社会民主党代表大会》两篇文章发表在《明星报》第 18 号上。

4 月 17 日(30 日)

致函中央委员会国外局,告知关于出版社会民主党第三届国家杜马党团的报告的谈判已正式结束;建议从"保管人"保管的款项中拨款给出版党团的报告的编辑委员会。

4 月 21 日(5 月 4 日)以前

致函尼·亚·罗日柯夫,谈罗日柯夫寄给《社会民主党人报》编辑部的《必要的开端》一文,作者在这篇文章中发挥了取消派关于在斯托雷平制度条件下建立广泛的工人合法政党的设想。

4 月 22 日(5 月 5 日)

列宁的《马克思主义和〈我们的曙光〉杂志》一文发表在《现代生活》杂志第 3 期上。

4 月 28 日和 5 月 7 日(5 月 11 日和 20 日)之间

写《"遗憾"和"羞耻"》一文。

4 月 29 日(5 月 12 日)

列宁的《合法派同反取消派的对话》和《俄国党内斗争的历史意义》两篇文章发表在《争论专页》第 3 号上。

在巴黎庆祝五一节的群众大会上发表讲话,谈到新的革命高潮的开始,认为俄国革命是不可避免的。这次集会是由布尔什维克和护党派孟什维克召集的。出席集会的约有 300 名俄国政治流亡者。

4 月底和 5 月之间

同从俄国来的彼得堡工人、未来的隆瑞莫党校学员谈话,向他们了解彼得堡的情况和他们的工作情况,从他们的谈话中预感到了工人运动即将出现新的高涨的征兆。

不晚于 4 月

为《思想》杂志写对弗·维·阿多拉茨基的文章《论新自由主义。评帕·诺夫哥罗德采夫〈现代法律意识的危机〉一书》的意见。

5 月初

拜访尤·米·斯切克洛夫。斯切克洛夫是从彼得堡派来同社会民主党党团建立联系的，他请求列宁协助出版美国极地探险家罗·彼利的《北极探险》一书的俄译本。

致函阿·马·高尔基，告知《思想》杂志被查禁，请高尔基协助找一位出版人，以便在彼得堡创办一个新的杂志；询问能否出版1911年2月《新时代》杂志第18、19和20期上发表的卡·考茨基批判彼·巴·马斯洛夫的《马尔萨斯主义和社会主义》一文的俄译文；谈到尤·米·斯切克洛夫请求协助出版罗·彼利的《北极探险》一书的俄译本一事。

5月7日(20日)

列宁的《"遗憾"和"羞耻"》一文发表在《明星报》第21号上。

5月14日(27日)以前

收到尼·古·波列塔耶夫的来信，信中说阿·马·高尔基建议以某一机关报为中心联合布尔什维克、护党派孟什维克和社会民主党杜马党团。

5月14日(27日)

致函阿·马·高尔基，强烈反对同孟什维克取消派联合，告知自己对以某一机关报为中心联合布尔什维克、护党派孟什维克和社会民主党杜马党团的建议持否定态度，因为孟什维克在党团中占优势；批评《明星报》编辑部缺乏一条坚定的政治路线；告知有人说斯托雷平要发布通令，查封所有的社会民主党的机关刊物；说巴库的布尔什维克合法杂志《现代生活》已被查封；认为必须加强秘密工作。

签署给在国外的俄国社会民主工党中央委员的信，信中邀请他们参加中央委员会议，讨论于1911年6月5日(公历)召开俄国社会民主工党中央全会的问题。

5月17日和20日(5月30日和6月2日)之间

致函马·奥佐林，请他作为拉脱维亚社会民主党的代表出席即将举行的俄国社会民主工党中央委员会议(这封信没有找到)。

不早于5月19日(6月1日)

收到孟什维克呼声派分子波·伊·哥列夫关于召开中央全会问题的来信。

5月19日和23日(6月1日和6月5日)之间

鉴于波·伊·哥列夫1911年5月18日(6月1日)的声明，列宁写信给在国外召开的俄国社会民主工党中央委员会议，揭露取消派破坏召开俄国社会民主工党中央全会。

写《三个布尔什维克中央委员向九个中央委员的非正式会议的报告提纲》。

写《关于党内状况的报告》，提交即将召开的俄国社会民主工党中央委员会议。

不早于5月23日(6月5日)

收到崩得分子米·伊·李伯尔的来信，信中说他参加俄国社会民主工党中央委员会议只是为了了解情况。

5月24日(6月6日)

由于原中央委员会国外局3名成员就关于“保管人”保管的款项问题发表声明，列宁用德文致函卡·考茨基，谈关于“保管人”保管的款项问题。

5月26日(6月8日)

出席俄国社会民主工党中央委员会议的预备会议，会议决定将中央委员会议推迟两天开幕。

5月28日—6月4日(6月10日—17日)

主持俄国社会民主工党中央委员会议。这次会议的目的是研究尽快召开俄国社会民主工党中央全会和全党代表会议的措施。

5月28日(6月10日)

在中央委员会议第1次会议上就确定会议的性质问题发言10次。

就会议进行的程序问题发言。

起草关于确定会议的性质的决议草案以及其他决议草案。中央委员会议第1次会议通过了这些决议草案。

列宁的《谈谈杜马会议的结果。“共同做的事”》一文发表在《明星报》第24号上。

5月29日(6月11日)

出席布尔什维克和波兰社会民主党代表举行的非正式会议，会上就必须把呼声派开除出党一事同费·埃·捷尔任斯基交换便条。

5月30日(6月12日)

出席中央委员会议第3次会议，在讨论召开俄国社会民主工党中央全会问题时发言 9 次。

5 月和 6 月之间

同娜·康·克鲁普斯卡娅迁居巴黎南郊隆瑞莫。

在隆瑞莫党校正式开学之前，同学员一起学习马克思和恩格斯的《共产党宣言》。

5 月和 7 月之间

在隆瑞莫同列·波·加米涅夫讨论他的小册子《两个政党》。

春天

在巴黎同从俄国侨居国外的 T.Ф.柳德温斯卡娅谈话，询问彼得堡党组织的工作；听她讲述布尔什维克地下党的积极分子和先进工人积极学习已经出版的《唯物主义和经验批判主义》一书的情况。

出席布尔什维克巴黎支部会议，在会议选举领导机构之前发言，强调要选举那些与国内实际工作有联系的人，有实践经验的人。

春天和 8 月 17 日（30 日）之间

领导隆瑞莫党校的筹建和实际工作，该校是为俄国各无产阶级大中心的党组织的工作者举办的。

5 月和 8 月 17 日（30 日）之间

在隆瑞莫党校讲授政治经济学、土地问题以及俄国社会主义理论和实践等课程。

根据隆瑞莫党校学员的要求，作关于目前形势和党内状况的报告。

5 月和夏天之间

同俄国社会民主工党中央机关报《社会民主党人报》编辑部中的波兰王国和立陶宛社会民主党代表弗·列德尔谈话，批评让·饶勒斯的改良主义观点，这些观点促使饶勒斯走上机会主义道路。

6 月 1 日（14 日）

在俄国社会民主工党中央委员会议表决关于中央委员会国外局的决议的第二部分时弃权。该决议认为应将中央委员会国外局的存在问题转交最近即将召开的中央全会解决，而列宁主张立即改组中央委员会国外局。

在中央委员会议的上午会议上签署并提出关于不承认中央委员会

国外局是党的机关的专门意见；声明赞成尼·亚·谢马什柯在中央委员会国外局的行动，认为没有把谢马什柯选入技术委员会是不公正的；起草关于成立俄国组织委员会的建议，并在讨论关于召开党代表会议的决议草案时提出了这一建议。

起草关于不能邀请呼声派分子和前进派分子参加筹备全俄党代表会议的组织委员会的声明。这一声明是在讨论关于召开党代表会议的决议草案时提出来的。

6月2日(15日)

在俄国社会民主工党中央委员会议上提出关于会议记录办法的声明。

谢马什柯为了抗议中央委员会国外局中的孟什维克多数拒绝他的关于召开中央全会的建议，于5月14日(27日)退出了中央委员会国外局，并就这一问题向中央委员会议提出书面声明。列宁起草声明，支持尼·亚·谢马什柯。

6月4日(17日)以后

在有波兰社会民主党人费·埃·捷尔任斯基和扬·梯什卡参加的布尔什维克会议上，作关于俄国社会民主工党中央委员会议的报告。

赞同隆瑞莫党校学员格·康·奥尔忠尼启则、伊·伊·施瓦尔茨和波·阿·布列斯拉夫关于在党校课程结束前返回俄国进行全俄党代表会议筹备工作的决定。

6月4日(17日)和7月上半月之间

鉴于隆瑞莫党校学员格·康·奥尔忠尼启则、伊·伊·施瓦尔茨和波·阿·布列斯拉夫即将回俄国进行全俄党代表会议的筹备工作，列宁多次会见他们并同他们谈话。

格·康·奥尔忠尼启则等人启程回俄国时，根据列宁的指示，写抗议书交国外组织委员会，抗议国外组织委员会内调和派进行派别活动和阻挠党的工作者去俄国筹备全俄党代表会议。列宁审阅并修改了这一抗议书。

不晚于6月6日(19日)

就国外组织委员会的组成问题致函国外组织委员会(这封信没有找到)。

6月6日(19日)以后

签署给波兰王国和立陶宛社会民主党总执行委员会的抗议书，抗议扬·

梯什卡破坏俄国社会民主工党六月中央委员会议决议的行动,要求采取措施制止此类行动。

6月11日(24日)以前

致函《明星报》编辑部,谈该报的财务问题(这封信没有找到)。

6月11日(24日)

列宁的《关于旧的但又万古常新的真理》一文发表在《明星报》第25号上。

不晚于6月14日(27日)

启程前往斯图加特,就"保管人"保管的款项问题同克·蔡特金商谈。

6月18日(7月1日)

出席俄国社会民主工党巴黎第二协助小组会议,提出关于党内状况的决议。会议通过了这一决议。

6月18日(7月1日)和7月之间

为7月出版的俄国社会民主工党巴黎第二协助小组关于党内状况的决议写序言。

6月20日(7月3日)

致函阿·伊·柳比莫夫和米·康·弗拉基米罗夫,认为不能同调和派采取一致行动,因为他们同呼声派、托洛茨基派和前进派分子结成了同盟;说如果调和派继续进行破坏活动,布尔什维克就要退出技术委员会和组织委员会。

出席《社会民主党人报》编辑部会议。会议讨论下一号报纸的内容以及尔·马尔托夫和费·伊·唐恩关于他们退出中央机关报编辑部的声明。列宁建议在《社会民主党人报》上发一通告,说明马尔托夫和唐恩退出编辑部,并在一篇短评中对他们的行动予以评论。

6月20日(7月3日)以后

在用征询意见的方式进行表决时,列宁赞成必须召开中央机关报编辑部同中央机关报撰稿人的联席会议,讨论为选举第四届国家杜马而进行的选举运动出版传单和小册子的问题。

6月22日(7月5日)

用德文从隆瑞莫致函克·蔡特金,说自己于7月5日(公历)去巴黎银行,近日就把给蔡特金的款项寄出。

6月25日(7月8日)

致函技术委员会,谈它增加1911年6—7月的预算问题。

7月4日(17日)

收到社会党国际局给各国社会党总书记和代表的信,信中征询是否有必要召开各社会党代表磋商会议,研究德国政府决定派遣巡洋舰去摩洛哥的问题。列宁在原信上作批注、画重点和标线。

7月14日(27日)

签署给俄国社会民主工党六月中央委员会议参加者的信,信中提议表决一项决议草案:认为技术委员会决定扣留拨给组织委员会的1万法郎是不合法的,建议技术委员会立即把钱交给组织委员会全权处理。

7月17日(30日)

以俄国社会民主工党六月中央委员会议参加者的名义写声明,抗议技术委员会拒绝给隆瑞莫党校拨款;提议表决通过关于从现有的款项或从"保管人"保管的款项中拨出党校所需经费的决定。

7月20日(8月2日)

给列·波·加米涅夫的小册子《两个政党》写序言。

7月20日(8月2日)以后

审阅列·波·加米涅夫的小册子《两个政党》的校样;写对该小册子的补充,谈反对同取消派划清界限的人的反党行为,谈在1910年俄国社会民主工党中央一月全会以后反对同合法派完全划清界限的调和派和妥协派所犯的重大错误。

致函列·波·加米涅夫,告知给他寄去了他的小册子《两个政党》的校样,认为《两个政党》中有一节必须进行一系列原则性的修改,同时寄去自己写的对该小册子的补充意见;要他务必把修改过的关于调和派的一节的校样寄来。

7月21日(8月3日)

列宁和其他中央委员,作为中央委员六月会议的多数,决定向其余有表决权的会议参加者费·埃·捷尔任斯基和扬·梯什卡,就技术委员会把钱款转交组织委员会全权处理的问题征求意见。

7月29日(8月11日)以后

收到被流放的社会民主党人Г.Е.别洛乌索夫从伊尔库茨克省乌索利耶寄来的信,信中请求给他寄去《工人报》和党的其他刊物。信中还告知苦役期限已满,征求对他未来的工作的意见。

7月底和9月上半月之间

读调和派的《告俄国社会民主工党全体党员书》并画重点和作记号,在后来写作《论调和分子或道德高尚的人的新派别》一文时参考了这一材料。

7月

同马·亚·萨韦利耶夫谈话,谈关于出版合法的布尔什维克杂志《启蒙》以及自己参加该杂志的编辑工作的问题。

列宁拟定的俄国社会民主工党巴黎第二协助小组关于党内状况的决议印成单页发表。

写《党内状况》一文。

8月7日(20日)

同娜·康·克鲁普斯卡娅去法国北部塞纳-马恩省的枫丹白露休息一天。

8月10日和23日(8月23日和9月5日)之间

收到社会党国际局书记卡·胡斯曼从布鲁塞尔寄来的一份关于第三届国家杜马代表的名单,胡斯曼请列宁审阅并加以修改。

8月11日(24日)以前

写《俄国社会民主主义运动中的改良主义》和《来自斯托雷平"工"党阵营的议论(献给我们的"调和派"和"妥协派")》两篇文章。

不晚于8月17日(30日)

由于格·瓦·普列汉诺夫不能来隆瑞莫党校讲哲学课,列宁根据学员的请求,就唯物主义的历史观讲了三讲。

8月23日(9月5日)

复函卡·胡斯曼,告知给他寄去已作修改的关于第三届国家杜马代表的名单。

8月30日(9月12日)以前

以《社会民主党人报》编辑部的名义,写信给即将召开的拉脱维亚边疆区社会民主党代表大会，信中特别强调同取消派进行斗争（这封信没有找到）。

8月

列宁作序的列·波·加米涅夫的小册子《两个政党》在巴黎由《工人报》编辑部出版。

9月1日（14日）

列宁的《俄国社会民主主义运动中的改良主义》、《来自斯托雷平“工”党阵营的议论（献给我们的“调和派”和“妥协派”）》和《〈社会民主党人报〉编辑部对俄国社会民主工党中央全会召集委员会的声明加的附注》等文章发表在《社会民主党人报》第23号上。

9月2日（15日）

收到从彼得堡寄来的信，信中说取消派打算买下乌克兰资产阶级报纸《基辅戈比报》并将它迁往彼得堡。

致函阿·马·高尔基，赞成他出版杂志和报纸的计划，说取消派打算在彼得堡出版《基辅戈比报》，必须组织对他们的反击；请求高尔基给《明星报》写稿；说卡·考茨基和克·蔡特金严厉地批评了尔·马尔托夫的小册子《拯救者还是毁灭者?》；还谈了党内的状况。

9月7日（20日）以后

收到社会党国际局书记卡·胡斯曼的来电，电报中说拟定在苏黎世举行社会党国际局会议。

不晚于9月8日（21日）

从隆瑞莫写信给在德国的姐姐安·伊·乌里扬诺娃-叶利扎罗娃，说由于娜·康·克鲁普斯卡娅的母亲伊·瓦·克鲁普斯卡娅生病，他不能去意大利，而要返回巴黎。

9月8日（21日）

同娜·康·克鲁普斯卡娅从隆瑞莫迁回巴黎。

9月9日（22日）以前

收到米·费·弗拉基米尔斯基的便函，弗拉基米尔斯基说格·瓦·普列汉诺夫要求寄给去苏黎世出席社会党国际局会议的路费，询问列宁是否需要这种路费。

9月9日(22日)

致函克·蔡特金,要求从“保管人”保管的党的款项中拨出1万法郎,转交俄国组织委员会会计处,作筹备和召开党代表会议的费用。

9月9日或10日(22日或23日)

启程去瑞士出席在苏黎世举行的社会党国际局会议。

9月10日—11日(23日—24日)

在苏黎世出席社会党国际局会议,发言支持罗·卢森堡的立场,反对德国社会民主党的机会主义政策。

9月12日(25日)

致函格·李·什克洛夫斯基,告知在苏黎世将作题为《斯托雷平与革命》的报告;说打算去日内瓦和伯尔尼;询问能否在伯尔尼会见布尔什维克小组的成员。

在苏黎世俄国社会民主工党地方小组会议上就党内状况问题发表讲话。

9月13日(26日)以前

致电在伯尔尼的格·李·什克洛夫斯基,请他给安排题为《斯托雷平与革命》的报告。

9月13日(26日)

在苏黎世俄国侨民会议上作题为《斯托雷平与革命》的报告。

9月13日和15日(26日和28日)之间

致函格·李·什克洛夫斯基,说在伯尔尼和日内瓦举行报告会的收入归《工人报》;请给弄到作报告所需要的材料;同意布尔什维克与护党派孟什维克举行座谈。

9月14日—15日(27日—28日)

在去伯尔尼途中,到达卢塞恩,登上海拔2 122米的皮拉特山。

9月15日(28日)

从卢塞恩写信给住在萨拉托夫的母亲玛·亚·乌里扬诺娃,说他是趁社会党国际局在苏黎世举行会议的机会到瑞士来的,还说要在瑞士的一些城市作题为《斯托雷平与革命》的报告。

9月中

写《论调和分子或道德高尚的人的新派别》一文。

不早于9月15日(28日)

在伯尔尼作题为《斯托雷平与革命》的报告。

在伯尔尼同俄国社会民主工党地方小组成员谈党内的状况。

9月19日(10月2日)

在日内瓦作题为《斯托雷平与革命》的报告,有150人左右出席了报告会。

9月24日(10月7日)

致函列·波·加米涅夫,建议他去同弗·哥林和维·阿·卡尔宾斯基商量组织报告会的事情。

列宁于9月19日(10月2日)在日内瓦作题为《斯托雷平与革命》的报告一事,被巴黎的特务官员报告给警察司司长。

9月26日(10月9日)

《社会民主党人报》编辑部会议决定委托列宁写《斯托雷平与革命》一文。

9月30日和10月23日(10月13日和11月5日)之间

写《总结》一文。

9月

给社会党国际局书记卡·胡斯曼寄去波斯民主党中央委员会致国际无产阶级的贺信的法译文,请求发表这一贺信并转发给参加社会党国际局的各个政党。

10月10日(23日)

致函卡·胡斯曼,请求寄来国际工会代表大会的报告和第二国际代表大会的决议(这封信没有找到)。

10月12日(25日)

委托娜·康·克鲁普斯卡娅写信给俄国社会民主工党彼得堡组织。信中建议同莫斯科组织取得联系,说尼·古·波列塔耶夫受到警察监视,请求另外寄一个通信地址来,答应使彼得堡组织同中央委员会俄国委员会成员取得联系。

10月13日(26日)

致函格·叶·季诺维也夫,对进行关于“保管人”保管的款项问题的谈判作指示。

10月18日(31日)

在巴黎作题为《斯托雷平与革命》的报告。

列宁的《斯托雷平与革命》、《论调和分子或道德高尚的人的新派别》、《关于选举运动和选举纲领》和《来自斯托雷平"工"党阵营的议论》等文章发表在《社会民主党人报》第24号上。

10月19日(11月1日)

致函在莱比锡的约·阿·皮亚特尼茨基，建议他去布拉格筹备党的代表会议(这封信没有找到)。

用德文致函在布拉格的捷克社会民主党驻社会党国际局代表安·涅梅茨，询问是否可以在布拉格召开俄国社会民主工党代表会议，并请他协助筹备这次代表会议。

10月20日(11月2日)

致函卡·考茨基，谈交出"保管人"保管的党的款项一事，说在仲裁法庭垮台和卡·考茨基和弗·梅林退出仲裁法庭之后，布尔什维克将不再重建法庭。

出席国外组织委员会会议并作报告。

10月21日(11月3日)

委托娜·康·克鲁普斯卡娅写信给在彼得堡的伊·施瓦尔茨，信中说明调和派在关于服从俄国组织委员会决议的问题上表现动摇以及仲裁法庭垮台的详情。信中还简要复述给"保管人"的信的草稿(草稿中要求把款项移交给俄国组织委员会)和请求来信详细谈谈俄国组织委员会会议的情况。

10月22日(11月4日)

以俄国社会民主工党驻社会党国际局代表的身份致函在布加勒斯特的罗马尼亚社会民主党人伊·弗里穆，请他帮助两名俄国政治流亡者尼·帕舍夫和伊·杰米多夫斯基。

10月23日(11月5日)

列宁的《总结》一文发表在《明星报》第26号上。

10月23日或24日(11月5日或6日)

抵达布鲁塞尔，在那里作题为《斯托雷平与革命》的报告。出席报告会的约 100 人。

10 月 23 日和 11 月 5 日(11 月 5 日和 18 日)之间

写《旧的和新的(一个报纸读者的短评)》一文。

10 月 24 日或 25 日(11 月 6 日或 7 日)

抵达安特卫普,在布尔什维克安特卫普小组书记 A.H.马卡连科的寓所停留。

10 月 25 日(11 月 7 日)

参观安特卫普博物馆和港口。

晚上,在安特卫普作题为《斯托雷平与革命》的报告。出席报告会的约 200 余人。报告之后,列宁同会议的组织者和参加者座谈。

10 月 25 日或 26 日(11 月 7 日或 8 日)

自安特卫普启程去伦敦。

10 月 25 日和 11 月 5 日(11 月 7 日和 18 日)之间

写《两个中派》一文。

10 月 26 日和 28 日(11 月 8 日和 10 日)之间

抵达伦敦。

10 月 28 日(11 月 10 日)

致函列·波·加米涅夫,说他很喜欢在英国博物馆工作,研究斐·拉萨尔的追随者、德国作家约·施韦泽的作品;请加米涅夫了解一下巴黎国立图书馆有哪些上一世纪 60 年代社会主义者的书籍。

10 月 29 日(11 月 11 日)

晚上 7 时,在伦敦作题为《斯托雷平与革命》的报告。

10 月 30 日(11 月 12 日)以前

写关于瑞典农民状况的文章(这篇文章没有找到)。

10 月 31 日(11 月 13 日)

伊·施瓦尔茨从彼得堡寄信给娜·康·克鲁普斯卡娅,信中请求列宁为俄国社会民主工党彼得堡委员会写一篇关于沙皇政府陷害和审判第二届国家杜马社会民主党代表的文章,因为《明星报》于 10 月 29 日(11 月 11 日)已经提出修改判决的问题。

11 月 5 日(18 日)

列宁的《两个中派》和《旧的和新的(一个报纸读者的短评)》两篇文章发

表在《明星报》第 28 号上。

11 月 6 日(19 日)以后

写《关于第二届杜马的社会民主党党团。对整个案件的介绍》一文。这篇文章同第二届杜马社会民主党代表案件的材料一起,由社会党国际局执行委员会分别用德、法、英三种文字发表在《社会党国际局定期公报》第 8 期上。

不晚于 11 月 7 日(20 日)

自伦敦返回安特卫普。

11 月 7 日(20 日)

抵达列日。

在列日作题为《斯托雷平与革命》的报告。

11 月 8 日(21 日)

在列日同俄国社会民主工党地方小组成员交谈。

11 月 12 日和 12 月 10 日(11 月 25 日和 12 月 23 日)之间

写《旧的和新的》一文。

不晚于 11 月 14 日(27 日)

起草《自由派工党的宣言》的报告提纲。

11 月 14 日(27 日)

在巴黎作题为《自由派工党的宣言》的报告。报告会是由《工人报》协助小组组织的。

11 月 16 日(29 日)以后

收到社会党国际局书记卡·胡斯曼的来信,信中请求寄去俄国第二届国家杜马社会民主党人代表受审的材料。胡斯曼随信还附去致社会党议员沙尔·迪马的信的抄件,迪马曾发言反对迫害第二届杜马社会民主党人代表。

11 月 17 日(30 日)

致函在伦敦的费·阿·罗特施坦,告知给他寄回了亨利·迈尔斯·海德门的回忆录《冒险生活记事》。列宁根据这本书写了《海德门谈马克思》一文。

11 月 19 日(12 月 2 日)

访问法国社会党报纸《人道报》编辑部,表示愿意在保尔·拉法格和劳拉·拉法格的葬礼上代表俄国社会民主工党发表演说。

11月20日(12月3日)

代表俄国社会民主工党在保尔·拉法格和劳拉·拉法格的葬礼上发表演说。演说发表在12月8日(21日)《社会民主党人报》第25号上。

11月22日(12月5日)

致函社会党国际局书记卡·胡斯曼,告知给他寄去了自己的文章《关于第二届杜马的社会民主党党团。对整个案件的介绍》以及其他材料。

11月24日(12月7日)

收到波斯民主党中央委员会1911年12月5日(公历)的来电,电报中抗议沙皇俄国和英帝国主义干涉波斯人民的内政。

把波斯民主党中央委员会的来电寄给社会党国际局书记卡·胡斯曼。在致胡斯曼的附信中说,这份电报将在俄国社会民主工党中央机关报《社会民主党人报》上发表,并希望将电报内容通知参加第二国际的各个政党。

11月26日(12月9日)以前

写《第四届国家杜马选举运动》一文。

11月26日(12月9日)

列宁的《海德门谈马克思》一文发表在《明星报》第31号上。

11月26日(12月9日)以后

收到伊万·格拉德涅夫(萨·马·扎克斯)从彼得堡寄来的信,信中报告以下情况:《明星报》的资金很困难;读者同情《明星报》的政治立场;《明星报》就第二届国家杜马社会民主党党团案件所采取的行动很成功;《明星报》打算在该报第31号上发表列宁关于自由派工党的文章;《明星报》编辑部对列宁的《第四届国家杜马选举运动》一文给予很好的评价;国内警察专横行为日益猖獗,编辑部打算就此问题发表一系列文章。

1911年11月和1912年3月之间

翻阅《我们的曙光》杂志1911年第11期,在弗·奥·列维茨基(策杰尔包姆)的《我国的"宪法"和争取权利的斗争》一文中和《编者的话》一栏里写批注和画重点。

秋天

同尼·古·波列塔耶夫一起在柏林会见奥·倍倍尔,请倍倍尔在资金方面支援《明星报》。

12月3日(16日)

列宁的《自由派工党的宣言》一文发表在《明星报》第32号上。

《列宁全集》第二版第 20 卷编译人员

译文校订：张　舆　汤钰卿　于江志　崔仰云　张树芳　李福安
马景晨

资料编写：杨祝华　张瑞亭　王　澍　刘方清　王丽华　刘彦章
王锦文

编　　辑：李洙泗　江显藩　许易森　任建华　李京洲　李桂兰

译文审订：屈　洪　何宏江

《列宁全集》第二版增订版编辑人员

李京洲　高晓惠　翟民刚　张海滨　赵国顺　任建华　刘燕明
孙凌齐　门三姗　韩　英　侯静娜　彭晓宇　李宏梅　付　哲
戢炳惠　李晓萌

审　　定：韦建桦　顾锦屏　柴方国

本卷增订工作负责人：张海滨　孙凌齐

项目统筹：崔继新
责任编辑：杜文丽
装帧设计：石笑梦
版式设计：周方亚
责任校对：胡　佳

图书在版编目(CIP)数据

列宁全集.第20卷/(苏)列宁著；中共中央马克思恩格斯列宁斯大林著作编译局编译.
—2版(增订版)-北京：人民出版社，2017.3(2024.7重印)
ISBN 978-7-01-017107-4
Ⅰ.①列…　Ⅱ.①列…②中…　Ⅲ.①列宁著作-全集　Ⅳ.①A2
中国版本图书馆CIP数据核字(2016)第316475号

书　　名　列宁全集
LIENING QUANJI
第二十卷
编 译 者　中共中央马克思恩格斯列宁斯大林著作编译局
出版发行　人民出版社
(北京市东城区隆福寺街99号　邮编 100706)
邮购电话　(010)65250042　65289539
经　　销　新华书店
印　　刷　北京新华印刷有限公司
版　　次　2017年3月第2版增订版　2024年7月北京第2次印刷
开　　本　880毫米×1230毫米 1/32
印　　张　19.25
插　　页　3
字　　数　507千字
印　　数　3,001—6,000册
书　　号　ISBN 978-7-01-017107-4
定　　价　48.00元